汕尾市城区年鉴

SHANWEISHI CHENGQU YEARBOOK

2015

汕尾市城区地方史志编纂委员会办公室 编

方志出版社
Publishing Houseof Local Records

图书在版编目（CIP）数据

汕尾市城区年鉴. 2015 / 汕尾市城区地方史志编纂委员会办公室编. -- 北京 ： 方志出版社，2015.12
ISBN 978-7-5144-1905-4

Ⅰ. ①汕… Ⅱ. ①汕… Ⅲ. ①区（城市）–汕尾市–2015–年鉴 Ⅳ. ①Z526.53

中国版本图书馆 CIP 数据核字（2015）第 320226 号

汕尾市城区年鉴（2015）

编　　者：汕尾市城区地方史志编纂委员会办公室
责任编辑：陈 菁

出 版 人：冀祥德
出 版 者：方志出版社
地址　北京市朝阳区潘家园东里 9 号（国家方志馆 4 层）
邮编　100021
网址　http://www.fzph.org
发　　行：方志出版社发行中心
电话（010）67110500
经　　销：各地新华书店
印　　刷：深圳市金丽彩印刷有限公司

开　　本：889×1194　1/16
印　　张：20　插　页：18
字　　数：574 千字
版　　次：2015 年 12 月第 1 版　2015 年 12 月第 1 次印刷
印　　数：0001~1000 册

ISBN 978-7-5144-1905-4　定价：280.00 元

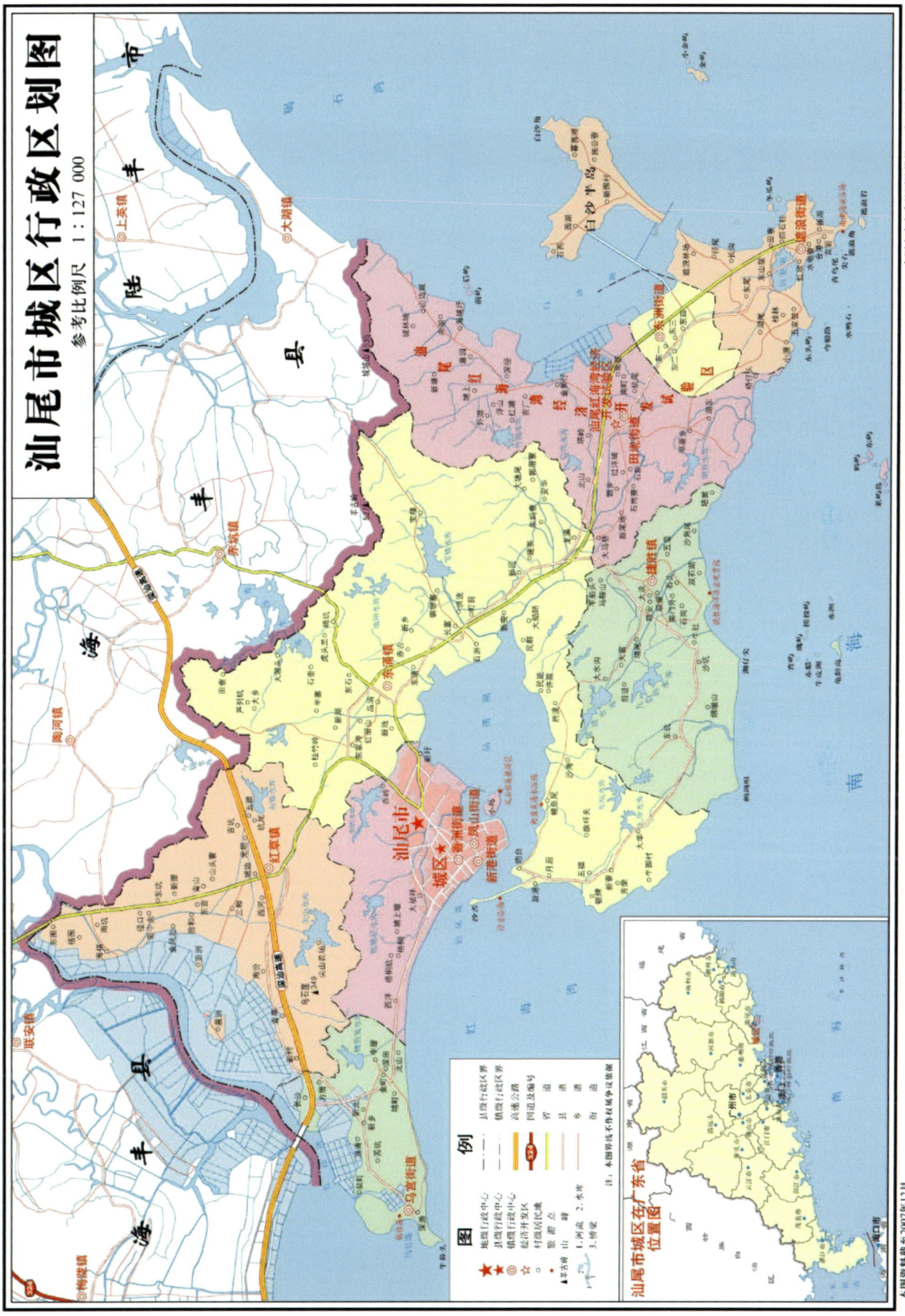
汕尾市城区行政区划图
参考比例尺 1：127 000
图 例
地级行政中心
县级行政中心
镇级行政中心
经济开发区
村级居民地
旅游点
山峰
1.河流 2.水库 3.桥梁
县级行政区界
镇级行政区界
高速公路
国道及编号
省道
县道
乡道
街道
注：本图界线不作权属争议依据
汕尾市城区在广东省位置图
汕尾市
城区
香洲街道
凤山街道
新港街道
马宫街道
红草镇
东涌镇
捷胜镇
田墘街道
东洲街道
遮浪街道
汕尾红海湾经济开发试验区
海丰县
陆丰县
南海
本图资料截至2007年12月
本图由广东省地图院提供　审图号：粤S（2012）042号

本图资料截至2007年12月

本图由广东省地图院提供　审图号：粤S（2012）042号

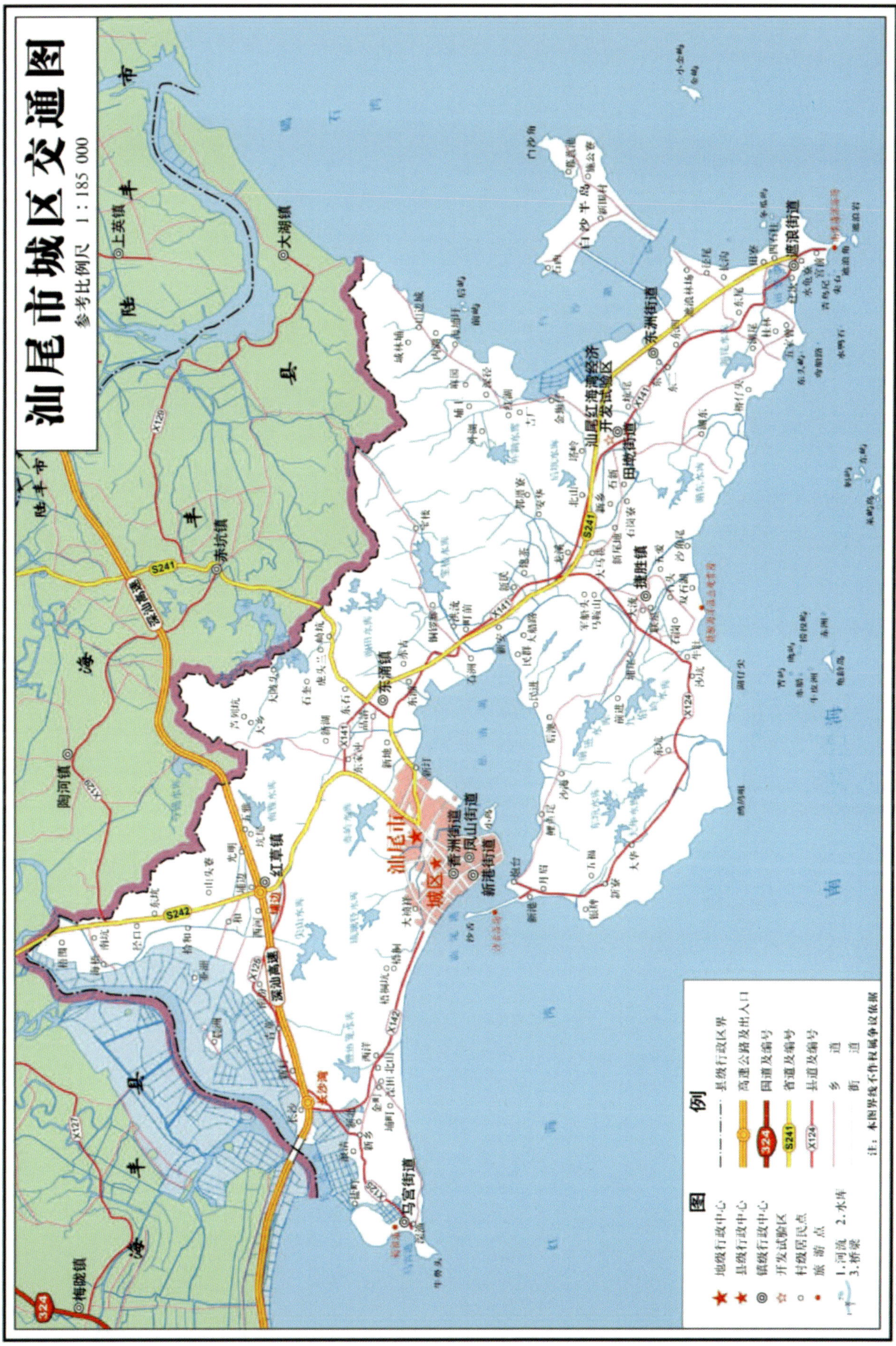

本图由广东省地图院提供 审图号：粤S（2012）042号

本图资料截至2007年12月

汕尾新区规划示意图
新区发展定位：
1、我市实现振兴发展的新引擎；
2、珠三角与粤东协同发展的首要门户；
3、广东海洋经济发展新增长点；
4、宜居宜业宜游的现代化滨海新区。
规划范围
海丰县
陆丰市
梅陇农场
红草镇
马宫街道
香洲街道
凤山街道
城区
新港街道
东涌镇
红海湾经济开发区
田墘街道
捷胜镇
东洲街道
遮浪街道
鲘门镇
图例
新区规划范围：
包括市城区、红海湾经济开发区、海丰县鲘门镇和梅陇农场等，共12个镇（街道、农场），规划总面积465.1平方公里，海岸线长195公里。
空间结构
红草高新技术产业园
鲘门特色休闲区
白沙湖临港产业园
马宫渔港旅游区
环品清湖中心城
红海湾滨海度假区
新区将构建"一城（环品清湖中心城）、两园（红草高新技术产业园、白沙湖临港产业园）、三区（红海湾滨海度假区、马宫渔港旅游区、鲘门特色休闲区）"的空间格局。
核心区和起步区
红草高新技术产业园起步区（4km²）
中央商务区起步区（6km²）
金町湾滨海旅游区起步区（3km²）
环品清湖城市核心区（42km²）
图例
起步区
核心区
核心区为环品清湖中心城，面积约42平方公里；采取多点起步的方式，初步选定中央商务区、红草高新技术产业园、金町湾滨海旅游区等三个起步区，面积合计13平方公里。

（区档案局　提供）

2014年4月16日，省长朱小丹（左三）到汕尾市调研扶贫开发“双到工作”时，与城区红草镇埔边村干部群众面对面交流

（孙彦修　摄）

2014年4月17日，副省长陈云贤（右三）到德昌电子有限公司调研企业生产研发经营等情况

（孙彦修　摄）

2014年8月19日，市委书记温国辉（左五）、市政协主席莫英群（右二）在市委常委、区委书记陈少荣（左四）陪同下到城区调研推进中心城区教育工作

（孙彦修　摄）

2014年11月27日，市人大常委会组织工作和居住在汕尾市的全国、省、市人大代表到城区就城市扩容提质和依法行政、底线民生保障、产业园区建设工作进行集中专题视察。图为市委书记、市人大常委会主任温国辉（右三）等人大代表正在听取有关情况汇报（孙彦修 摄）

2014年9月17日，区长刘闪星（左二）、副区长何秀滔（左三）带领区水利局、红草镇等部门负责人到红草马宫堤围梧围段检查指导工作（区府办 提供）

2015年8月19日，区长林展海（左三）陪同深圳市政协副主席张晓莉（左四）到市城区捷胜镇沙角尾村调研帮扶工作（叶声标 摄）

市委常委、区委书记、区人大常委会主任陈少荣作人大常委会工作报告 （区档案局 提供）

汕尾市城区第七届人民代表大会第四次会议召开
（区档案局 提供）

中国人民政治协商会议汕尾市城区第四届委员会第四次会议召开
（区档案局 提供）

区人民政府代区长林展海作政府工作报告　（区档案局　提供）

汕尾市城区第七届人民代表大会第五次会议召开
（区档案局　提供）

中国共产党汕尾市城区第七届纪律检查委员会第四次会议召开
（区档案局　提供）

2014年6月24日，召开深圳市光明新区——汕尾市城区共建产业园区招商推介会 （区档案局　提供）

2014年12月31日，汕尾市城区举办妈祖大学堂讲座 （何夏逢　摄）

2014年9月25日，汕尾保利金町湾项目举行动工奠基仪式 （马宫街道办事处　提供）

2014年12月31日，汕尾市城区海峡两岸妈祖文化交流暨凤山祖庙重光20周年隆重举行 （何夏逢　摄）

绿色汕尾市城区新貌　　（何夏逢　摄）

市区新貌一角　　（何夏逢　摄）

市区绿道　　（何夏逢　摄）

品清湖畔新貌一角　　（何夏逢　摄）

繁忙的汕尾渔港　　（颜伦庚　摄）

2014年汕尾渔歌节启动仪式会场　（区科技文体局　提供）

2014年汕尾渔歌节之凤山渔唱　（何夏逢　摄）

2014年汕尾渔歌节之疍家风情　（区科技文体局　提供）

2014年汕尾渔歌节之凤山渔唱　（何夏逢　摄）

2014年3月26日，由汕尾市城区编导的广东省首部原诞渔歌剧《默娘》成功演出　（何夏逢　摄）

2014汕尾渔歌节专场文艺演出　（区科技文体局　提供）

汕尾渔歌节之默娘剧照　（区科技文体局　提供）

五丰水产品有限公司海洋大楼

农业产业化国家重点龙头企业国泰食品有限公司厂房

万盛针织厂外景

雅泰隆食品有限公司车间

德昌电子有限公司生产车间

美顿食品有限公司外貌

（以上照片由区档案局提供）

万亩养蚝基地　　（区档案局　提供）

城区南美白对虾高位池养殖基地一角　（区档案局　提供）

（区档案局　提供）

新港街道网箱养殖基地　（区档案局　提供）

凤仪牌坊　　（区旅游局　提供）

银龙湾　　（区旅游局　提供）

黎明洞　　（区旅游局　提供）

铜鼎山旅游区　　（何夏逢　摄）

品清湖夜景　　（区旅游局　提供）

红草镇效尧村 新农村建设展新颜

效尧（后寮）村是红草镇梧围村委会的一个自然村，2014年底全村人口500多人，其中移居香港、深圳、汕尾、海城等城市的达200多人。该村自建居300多年以来，村容、村貌因年久失修脏乱不堪,不利于村民生活。针对这种状况，2011年10月该村组织召开村民动员大会，商议决定开展村容村貌整治行动，群策群力形成整治村容村貌、建设社会主义新农村的热潮，外出乡贤慷慨解囊，广大村民踊跃参与，同时，积极争取上级有关部门的支持，共筹集资金180多万元。2012年3月第一期整治工程圆满竣工，完成了瓦屋拆迁、月池的清理修整，自来水管及照明线路的整改安装，新修建了地下引水管和排污管、村口石牌坊、利民候车亭、村前草皮绿化带等基础设施。通过整治，效尧村面貌焕然一新，美化、绿化、亮化，文明幸福的社会主义新农村生机盎然。

村前果木绿化带

村前果木绿化带

村前公园一角

村前月池

(以上照片由效尧村提供)

汕尾市公安局城区分局

SHANWEISHIGONG'ANJU CHENGQUFENJU

2015年3月5日，城区分局局长陈少华部署“六大专项”打击整治行动

汕尾市公安局城区分局成立于1988年6月28日，定为正科级机构。2002年1月起，城区分局不再列入城区行政机构，人、财、物由市公安局管理。其主要职责：维护全区政治稳定、治安安定，为城区经济发展保驾护航。2014年，城区分局设置政工室、警务保障室、法制室（加挂信访室牌子）、监督室（与纪委合署办公，加挂监察室、审计室、警务督察大队牌子）等4个综合管理机构；设置指挥中心、刑侦大队、治安大队、国内安全保卫大队等4个执法勤务机构；选设经济犯罪侦查大队、巡警大队、出入境管理大队、治安拘留所等4个机构；设置新区、新港、新联、凤山、中区、城西、新湖、东涌、红草等9个公安派出所；管理捷胜、马宫、港口三个边防派出所及消防大队、边防大队。分局现有民警271人（含职工9人）。

2014年，分局党委班子在市局和区委、区政府的正确领导下，全面贯彻落实中共十八届三中全会和习近平总书记系列重要讲话精神，以党的群众路线教育实践活动为抓手，紧紧围绕“平安城区”这一主线，在组织开展“六大专项”打击整治行动的同时，开展了为期9个月的党的群众路线教育实践活动。

2014年11月11日，城区分局局长陈少华接受群众赠送锦旗

2015年7月3日，城区分局领导深入夏深铁路汕尾站检查安保工作

2014年7月17日，城区分局禁毒统一清查行动战前动员会

2015年8月24日，全区公安工作会议

城区公安局外貌

汕尾市城区人民检察院

SHANWEISHICHENGQURENMINJIANCHAYUAN

2015年8月21日，区检察院检察长陈嘉涛主持召开检察委员会议

汕尾市城区人民检察院成立于1989年3月，现有内设机构11个和1个直属行政单位：办公室、政工科、案管科、反贪污贿赂局、职务犯罪预防科、控告申诉检察科、民事行政检察科、反渎职侵权局、侦查监督科、监所检察科、公诉科和司法警察大队。政法专项编制58人，实有在编干警48人，平均年龄为41岁，35岁以下的有16人，具有本科学历38人（全日制毕业15人）。

近年来，共有19名干警被省、市检察院授予二等功和三等功，7名干警被省院评为先进个人，2名干警获得全省检察文化优秀奖；汕尾市城区人民检察院被省院评为“广东省检察机关基础建设五好检察院”、“全省检察机关‘两房’建设先进集体”，反贪局被省检察院授予集体一等功，公诉科被市检察院授予集体三等功；该院查办的城内村案件和城区海洋渔业局“509”案件分别被省检察院评为全省检察机关反贪部门“十大精品案件”之一。

城区检察院检察官出庭支持公诉

2014年5月8日，城区检察院“青年检察官宣讲团”深入学校开展普法宣传活动

汕尾市城区人民法院

SHANWEISHICHENGQURENMINFAYUAN

2014年11月4日，省司法厅副厅长何流明（右二）一行到区法院检查法治文化建设工作

2014年1月17日，市委副书记、政法委书记陈央（右二）一行到区法院视察、指导工作，并对干警进行慰问

汕尾市城区人民法院位于汕尾市城区香洲街道勤政街1号，1989年1月9日正式挂牌办公，现有内设机构13个和基层人民法庭1个，共有干警85人。2014年，该院共受理刑事、民商事、行政、执行等各类案件1913件，办结1689件，结案率为88.29%，为维护城区社会稳定，实现将城区建设为“高端产业创新区、宜居城市后起之秀”的目标提供了有力的司法保障。2014年被省依法治省工作领导小组授予“广东省法治文化建设示范点”称号。

2014年2月20日，全院法官宣誓

2014年2月20日，区法院召开党的群众路线教育实践活动动员大会

2014年3月8日，区法院举办法律咨询活动

2014年11月14日，区法院举行人民陪审员任命书颁发暨培训会

汕尾市城区国家税务局

SHANWEISHICHENGQU GUOJIASHUIWUJU

团结奋进的干部队伍

swcqgs

汕尾市城区国家税务局主要负责汕尾市直、城区国税管理和纳税服务工作，内设级别为正股级10个行政股室和1个事业机构。

2014年，汕尾城区国税局在区委、区政府和上级局的正确领导下以组织税收收入为中心，以推进依法治税为主线，以强化税收征管为基础，以优化纳税服务为归宿，以队伍建设和廉政建设为抓手，以创建“风至人和，税正品高”的税务文化品牌为着力点，努力争当推进汕尾国税发展排头兵。2014年实现组织税收收入10.51亿元，首次突破十亿元大关，为地方经济建设做出新的贡献，荣获广东省“五一劳动奖状”和汕尾市“模范职工之家”称号。2015年区局办税服务厅荣获“广东省工会女职工工作先进集体”称号。

2015年1月29日，广东省省委常委、常务副省长徐少华（右二）在市委副书记、市长吴紫骊（右一）、区委书记陈少荣（左二）等陪同下到区国税局挂驻的捷胜联安村慰问，充分肯定区国税局“双扶双到”工作

2015年7月22日，省国税局党组成员、总审计师梁世桃（右二），在市局党组书记、局长吴德（左一）陪同下到该局调研

2014年5月9日，正式启动汕尾城区国税微信公众平台

汕尾市城区地方税务局

SHANWEISHICHENGQUDIFANGSHUIWUJU

2014年11月14日，城区地税局办税厅获汕尾市“青年文明号”荣誉称号

2014年1月10日，城区地税局领导班子成员春节前慰问新民村老同志

2014年该局组织各项税费收入12.28亿元，优化办税流程，推广CA电子办税服务厅和网上办税系统，落实金税三期工程上线工作，实现税收征管和纳税服务“双丰收”。

文化建设方面，通过地税讲堂、绩效管理、“连心桥”工程等，加强队伍建设，先后被团市委授予“青年文明号”称号，被团区委授予“五四红旗团支部”称号。

党廉建设方面，认真开展党的群众路线教育实践活动，全面加强领导班子建设。通过开展批评与自我批评，筑牢拒腐防变的思想防线；通过抓好“节”点，把好“廉”关，完善防腐倡廉的监控机制。

回馈社会方面，替挂点扶贫单位东涌镇新民村解决饮水难等基础民生问题，同时，积极替新民村谋求经济发展新出路，推动新民村渔业养殖发展。

2014年1月8日，城区地方税收研究会成立，填补了城区地方税收研究的空白

2014年4月11日，城区地税局开展发票宣传户外活动，为纳税人提供纳税咨询服务

2014年6月20日，城区地税局参加区直机关党的群众路线教育实践活动知识竞赛现场

汕尾市城区教育局

SHANWEISHICHENGQUJIAOYUJU

2014年2月18日，开展党的群众路线教育实践活动

2013年10月11日，全区创建教育强镇工作会议

2014年10月11日，组织参加汕尾渔歌节文娱晚会

1988年4月13日，城区教育局成立，履行区人民政府主管教育的职能。内设人事监察股、教育股、教研室、招生办公室、电教站和计财股等。1999年机构改革，区教育局增设秘书股、监察保卫股。2003年12月为加强对学校各项资金的管理，设立区教育财务结算中心。2004年成立了教育督导室。2007年开始区教育局内设机构有秘书股、人事股、监察保卫股、计划财务股、教育股、招生工作股、督导股、教研室、电教站、教育工会，核定行政编制19人、事业编制10人。设局长1名，副局长3名。

城区教育局研究制定全区的教育事业发展规划、年度发展指导性计划，并协调、指导实施工作；检查、指导全区各级各类学校执行教育方针、政策和推进素质教育，巩固九年义务教育工作，加快发展中等职业技术教育和普及高中阶段教育；区内各级各类学校的组织建设、人事管理和教育经费的筹措及使用；全区教育督导，会同有关部门实施全区各级各类学校专业技术人员职务资格评审、教师资格考试和认定工作。

2014年8月23日，小学升初中摇号现场

2014年10月12日，召开备考指导专家聘任仪式

2014年6月5日，召开高考会议

汕尾市城区工商行政管理局

SHANWEISHICHENGQUGONGSHANGXINGZHENGGUANLIJU

2014年1月27日，局长陈建文（左二）陪同市委书记温国辉（右一）、市委副书记、市长吴紫骊（右二）、副市长李贤谋（左三）等领导视察春节节前市场情况

2015年3月24日，市委常委、区委书记陈少荣指导城区工商局对接工商体制调整工作

2015年3月4日，区长林展海到城区工商局慰问

2014年城区工商局按照《广东省商事登记制度改革方案》的要求，认真落实改革部署，积极深入推进工商登记制度改革，推动工商注册制度便利化。改革经营范围登记、简化住所（经营场所、营业场所）登记手续，为各类投资主体创造一个公开、规范、统一的准入环境，激发全社会的创业热情，促使市场主体增量提质。2014年新增个体户和企业分别为3141户和154户，注册资金分别为10854万元和41602万元，分别比去年同期增长1.14%和116.4%，提供了近8000个就业岗位。

2014年城区工商局从构建市场监管长效机制入手，以人民群众关心的热点、难点问题为突破口，全面加强对市场流通领域各种违法违规行为的查处工作，重点是依法取缔无照经营、积极开展食品安全监管、打击非法传销和销假贩私、查处商标侵权和虚假广告、反不正当竞争各类经济案件，强化市场监管力度，狠抓案件查处工作，整顿和规范市场经济秩序取得新进展。全年共查处各类经济违法案件302宗，罚没款累计39.7万元。

2014年9月23日，市人大调研组到城区工商局窗口检查指导工作

2015年1月6日，区政协领导班子到城区工商局参观党的群众路线教育实践活动图片展

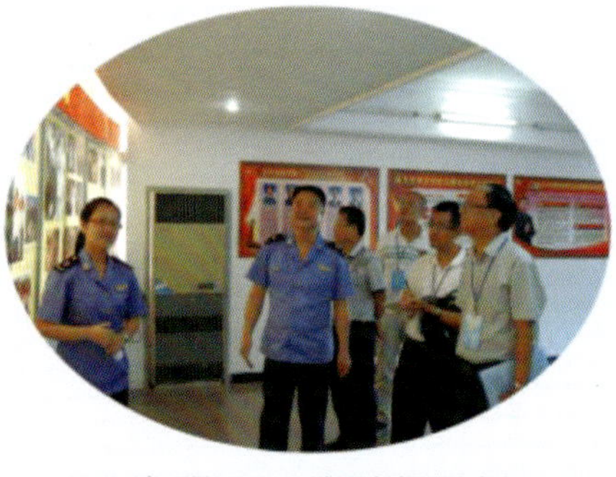

2014年9月25日，城区行评团到城区工商局参加该局召开的民主评议政风行风回头查工作会议

城区分局参加城区庆祝建党90周年暨“好歌献给党”演唱会

局领导班子在开展党的群众路线教育实践活动中集中学习

1 2
3 4

1、2012年3月5日，城区工商局领导亲自带队检查箱包市场
2、2014年3月4日，城区工商局到偏远农村开展上门办（验）照服务
3、2015年9月2日，汕尾市城区工商局发出首份「三证合一」营业执照
4、2014年7月30日，局长陈建文（左二）深入分局扶贫挂钩点慰问贫困户

汕尾市城区民政局

SHANWEISHICHENGQUMINZHENGJU

汕尾市城区民政局是汕尾市城区人民政府主管有关社会行政事务的职能部门，正科级单位，全局现有干部职工36人。单位的主要职能：

一、贯彻落实国家有关民政工作的方针、政策和法规，拟订地方性法规和民政事业中长期发展规划、年度计划并组织实施；

二、负责全区社会团体和民办非企业单位的审查登记、管理和年检工作；

三、负责全区拥军优属、优抚抚恤、烈士褒扬和牺牲病故军人家属安置工作；负责移交地方管理的军队离退休干部、复员退伍义务兵、转业士官的接收安置工作；

四、负责殡葬管理工作，推行殡葬改革，指导殡葬事业单位的建设和管理。

五、负责全区自然灾害救济工作和五保供养工作；

六、负责全区城乡居民最低生活保障的管理工作；

七、指导基层政权建设和基层群众自治组织建设；负责行政区划及地名管理工作；协助调处边界争议，做好勘界日常工作；

八、负责全区婚姻登记管理和依法收养儿童登记工作；协助有关部门做好流浪、乞讨等人员的收容遣送工作；

九、监督管理民政事业费的发放、使用；

十、负责全区慈善福利工作及常年社会捐助工作。

2014年7月3日，局长黄超慰问困难群众

2015年8月1日，局长黄超慰问武警中队

2014年7月1日，该局召开民主生活会

汕尾市城区安全生产监督管理局

SHANWEISHICHENGQUAN'QUANSHENGCHANJIANDUGUANLIJU

2015年8月18日，区委书记陈少荣、常务副区长余汉生等领导到企业进行安全检查

汕尾市城区安全生产监督管理局，成立于2001年9月，是汕尾市城区人民政府主管安全生产综合监督管理的工作部门，履行安全生产综合监管和行政执法职能，行政单位正科级建制。全局现有工作人员12人，内设人秘股（加挂政策法规股）、监管股、职业危害股等3个职能股室。设立汕尾市城区执法监察大队为区安监局直属单位，设立汕尾市城区安全生产应急救援指挥中心为区安监局下属单位。

2015年3月5日，区安委会有关成员单位联合行动清理清查烟花爆竹

2015年9月1日，危险化学品清理行动

汕尾市城区畜牧兽医局

2015年8月24日，局长黄思达（左二）陪同市畜牧兽医局总畜牧兽医师黄显涉一行，到区畜禽养殖场及屠宰厂进行安全生产检查

城区畜牧兽医局依法实施免疫、检疫，疫情监管和畜产品质量安全监管，以农民增收为目的，不断调整养殖业组构，改善养殖生产环境，确保全区无重大疫情发生，动物及动物产品质量安全，保障全区畜牧业生产平稳发展。

2013年6月份在潮州参加全省粤东四市比武大赛获得团体第一名、个人一等奖1人、二等奖2人的佳绩。在区委、区政府的正确领导下和上级业务部门的指导下，该局认真做好全区动物疫病防控及预防免防各项工作，该局在消毒灭源、疫情监测、开展兽药专项整治、生猪屠宰管理等工作方面取得了较大的成绩。

今后工作，该局将进一步加强领导，把发展畜牧业工作作为主要任务，因地制宜，分类指导，发展有城区特色的畜禽养殖业。积极为群众提供畜牧兽医技术咨询服务，为群众排忧解难。

2013年6月，该局畜牧兽医系统基层动物防疫人员参加省畜牧兽医局在潮州市举办的粤东四市基层防疫人员防疫技术比武大赛，取得了团队第一名，个人一等奖一名，个人二等奖二名的佳绩

SHANWEISHICHENGQUXUMUSHOUYIJU

汕尾市城区卫生和计划生育局

SHANWEISHICHENGQUWEISHENGHEJIHUASHENGYUJU

2014年5月18日，区委、区政府领导到区计生服务站检查夏季计生服务活动

2014年，汕尾市城区卫生和计划生育局以科学发展观和中共十八届三中全会精神为指导，坚持以深化医药卫生体制改革为主线，上下联动，狠抓落实，圆满完成各项工作目标任务。2014年全区共有卫生医疗机构164家，其中公立医院1所、民营医院2所、社区卫生服务中心4所、社区卫生服务站8所、卫生院3所、妇幼保健院1所、专科防治站1所、计生服务站1所、个体门诊76所、乡村卫生站67所。卫生系统在岗人员共1389人，其中在编在岗人员905人，临时聘用人员484人；在编在岗人员卫生专业技术人员702人，临时聘用卫生专业技术人员403人；高级职称81人，初中级职称1024人，全区病床数有967张。

2014年5月29日，区卫计局开展“建设幸福家庭，救助贫困母亲活动”

2014年1月16日，该局联合逸挥基金医院举办“人感染H7N9培训班”

2014年6月20日，参加区直机关党的群众路线实践活动知识竞赛

汕尾市城区妇女联合会

SHANWEISHICHENGQU FUNVLIANHEHUI

2014年，区妇女联合会（简称“区妇联”）坚持科学发展观，以党的群众路线教育实践活动为主线，围绕党委政府中心，以联系妇女、引导妇女、服务妇女、维护妇女儿童合法权益为根本任务，积极发挥妇联作为党和政府联系妇女群众的桥梁纽带作用，团结带领全区妇女为和谐幸福城区建设作出了积极贡献。

2014年7月9日，妇女参加“两癌”筛查活动

2014年3月7日，城区纪念“三八”节104周年暨寻找“最美家庭”活动启动仪式

2014年5月30日，城区六一孤儿慰问会

汕尾市城区经济和信息化局

SHANWEISHICHENGQU JINGJIHEXINXIHUAJU

2014年5月26日，区经信局召开股室负责人会议

汕尾市城区经济和信息化局属正科级行政单位，内设6个职能股室，分别为人秘股、经济运行综合股、流通市场服务股（挂生猪屠宰管理执法队牌子）、节能与循环经济股、行业管理与电子信息产业股和改革发展与技术进步股。2008～2014年间，单位机关行政编制8名，实有人员10名；机关事业编制5名，实有人员5名；工勤编制2名，实有人员2名。单位自2010年保留了其属下事业单位区节能监察中心的机构设置和人员编制，机构编制5名，实有人员5名。

2014年，区经信局紧紧把握深汕对口帮扶和高新区建设全面启动的有利契机，加大招商引资工作力度，大力抓好规模工业，促进全区工业经济稳定健康发展。一是规模以上民营工业平稳增长。2014年全区规模以上工业产值完成181.71亿元，完成年计划的78.3%，基本达到去年总值规模。其中规模以上民营工业产值完成36.75亿元，完成年计划91.9%，同比增长14.5%。二是红草高新区稳步推进。红草高新区已获省认定通过，高新区征地工作推进加快，广物汽车城顺利实现动工建设。三是信息化工作加快推进。完成了党政办公自动化OA系统调试工作，并在年底前全面启动单位办公自动化系统，同时网上办事分厅也实现开通。四是市场流通趋于稳定。2014年全区社会消费品零售总额完成81.13亿元，同比增长10.2%。市区肉食供应也较为稳定，全区5家生猪定点屠宰厂（场）屠宰生猪10.34万头，累计缴纳税费总额408万元，同比下降2%。2014年各厂（场）共检出病害猪526头。五是节能监察成效良好。2014年全区节能目标完成情况良好，全区万元GDP能耗下降3.9%，超额完成年度节能目标。

党的群众路线教育实践活动学习专栏

汕尾市城区人力资源和社会保障局

SHANWEISHICHENGQU RENLIZIYUANHESHEHUIBAOZHANGJU

2014年，城区人力资源和社会保障局（简称人社局）以“民生为本、人才优先”为工作主线，面对新局势真抓实干、攻坚克难，认真应对新任务、处理新情况、解决新问题，顺利完成人力资源社会保障各项指标，取得显著工作成效。

2014年2月20日，城区人社局与市人社局联合举办2014年“南粤春暖”劳务对接企业用工招聘会

区人社局内设机构有办公室、公务员管理股、专业技术人员管理股、就业促进股、工资福利股、社会保险股、劳动关系股、培训教育股、事业单位人事管理股、人才服务办公室、劳动监察股。2个下属单位：劳动就业服务管理中心、城乡居民医疗保险管理中心。

2014年11月4日，召开全区2015城乡居民医疗保险参保工作动员会议

汕尾市城区林业局

SHANWEISHICHENGQULINYEJU

2014年3月10日，省林业厅厅长张育文（右二）和市委书记温国辉（左一）参加城区植树造林活动

汕尾市城区林业局是汕尾市城区政府主管全区林业工作的职能部门，内设办公室、营林股、林政股、防火办3个股室办，下辖种苗技术推广中心、森林防治与检疫站、生态中心、林权改革办公室、森林派出所、森林防火护林队6个直属单位。全系统共有干部职工37人，其中在职职工17人（正科1人、副科2人、一般干部职工14人、专职护林队员20）。全区林业系统机构和队伍健全，基层服务体系完善。全区现有林业用地面积为21.92万亩，其中生态公益林地为19.09万亩，森林覆盖率2011年为44.10%，2012年为47.49%，年均增长3.39%；林地绿化率2011年为49.26%，2012年为53.85%，增长率为4.59%；森林蓄积保有量2011年为413436立方米，2012年为470582立方米，增加57146立方米，森林蓄积保有量已达规划目标，并达到省、市森林资源“双增”目标。林木绿化率54.39%，森林蓄积量450718立方米。2014年，全区森林覆盖率48.95%，林木绿化率54.39%，森林蓄积量5065320立方米，森林资源保护和发展目标考核为全市前例。

2015年3月23日，城区区委陈少荣书记（右二）、区长刘闪星（左二）等区领导参加植树造林

城区各部门各单位参加植树造林

SHANWEISHICHENGQU KEJIWENTIJU 汕尾市城区科技文体局

2014年10月3日，市委书记温国辉和区委书记陈少荣慰问参加汕尾渔歌节——凤山渔唱演出的演员

该局认真贯彻落实省市科技工作会议精神，加快创新驱动发展，主要从知识创新、科技宣传、科技转化和资源集聚方面发挥科技部门职能作用，着力做好“四个推进”：推进创新载体建设；推进创新平台建设；推进服务体系建设；推进人才队伍建设。

以习近平总书记在文艺工作座谈会上的重要讲话为指导，树立新的文化发展理念，弘扬时代文化精神，积极推进公共文化设施建设，鼓励精品创作，创设文化艺术团体和文化志愿者服务队，做实做强非物质文化遗产的传承与发展，改进文化市场管理和促进文化市场的健康发展。

紧扣绿色体育、阳光体育，全面贯彻《全民健身计划》，充分利用市区体育资源共享优势和挖掘社会资源，积极推进城区全民健身公共服务体系建设，大力开展群众体育和竞技体育活动，使城区体育事业呈现蓬勃发展局面。

2013年10月31日，市文广新局局长林来平到基地调研

2014年2月21日，渔歌研讨会在区政府召开

2014年8月5日，有台湾15家新闻媒体来访渔歌节

汕尾市第二人民医院
汕尾逸挥基金医院

2015年9月16日，广东省副省长温国辉（中）、省卫计委主任陈元胜（右二）一行在市、区党政领导的陪同下莅临医院视察调研

2015年8月7日，副市长骆金堤（中）莅临医院视察重点项目建设工作

2014年12月12日，党委书记、院长余健儿（中）陪同省卫生厅党组副书记亓玉台（右一）等相关领导参观医院

汕尾市第二人民医院是一所政府公立医院，1997年由香港爱国同胞洪逸挥先生无偿捐资和汕尾市城区政府出资兴建的汕尾逸挥基金医院。医院占地总面积30000多平方米，总建筑面积40000多平方米，由门诊楼、医技楼、住院楼三座主体建筑和两座附属楼组成，目前正在开工建设肿瘤防治中心和科研教学大楼，未来医院总建筑面积将达到60000平方米。经政府同意，现正在征用隔邻乡村土地约20000平方米作为医院后续发展的用地。2009年医院提出创建教学医院、三级医院、非直属附属医院三点一线的医院发展战略目标，同年成为广东省高等医学院校教学医院。2011年通过三级乙等医院评审，成为汕尾市首家三级乙等医院，是国家首批全科医生培训基地和住院医师规范化培训基地协同医院。

经过18年努力，从150张病床起点至现已建成可容纳560多张病床，明年底将扩展至900张病床，有临床医技科室45个，医院目前拥有心血管、危重急救医学、中医脾胃病科为省级重点专科，市级重点专科为心血管、危重急救医学和骨科，骨科也列为广东省医学重点扶持建设临床专科，妇产科已获得省卫计委四级手术技术准入；还有耳鼻喉头颈外科、眼科、微创手术、肿瘤介入、放射科、B超诊断等具有技术优势的特色专科。现有大、中型设备近1000台，后勤大型设备110台，适应三级医院的临床诊疗、教学、科研等的需要。医院拥有一支优秀的专业人材梯队，各学科带头人均具备主任医师技术职称，2014年全院职工848名，卫生专业技术人员760名，正副高职称人员86名，初中级职称人员530名，本科学士学位人员220名，硕士研究生5名。现有护理人员414名，正副主任护师14名，主管护师37名，护师72名，护士185名。医院管理干部80%以上均参加中山大学现代医院管理研修班等培训学习，设有医院管理研究所，研究员1名。有40多名专家分别当选为广东省医学会、医师协会、医院协会委员、常委、常务理事，担任《现代医院》杂志和《急救医学》杂志常务编委等。是目前汕尾市集医疗、教学、科研为一体，专业配置比较齐全、技术力量较为雄厚、医疗设备较先进、管理机制新颖、服务优良的三级乙等综合医院，为解决当地群众“看病难看病贵”做出了一定的成绩。

在政府投入较少的情况下，结合汕尾市情和医院院情十八年来采用银行贷款、融资、租赁等多渠道筹集资金，以较少的投入，产生较好效益，滚动发展医院，在保证医院日常运行的基础上，固定资产从原来医院创办时的2000多万元增加至3亿多元，医院固定资产实现了保值增值。

建院以来成功创建“无红包医院”，并获得汕尾市人民政府纠风办颁发“无红包医院”称号，在百姓中享有良好口碑。医院连续八年四届获得了广东省“文明单位”，并先后获得了全国“百姓放心医院”、广东省委“先进基层党组织”、省职业道德建设“百优单位”、省“百家文明医院”、省“白求恩式先进集体”、省“文明窗口单位”、省“物价先进单位”、汕尾市“廉政建设先进单位”等一系列荣誉。2015年5月，医院被广东省委、省人民政府授予“广东省先进集体”称号，并以“现代化平民医院”进行公开报导。

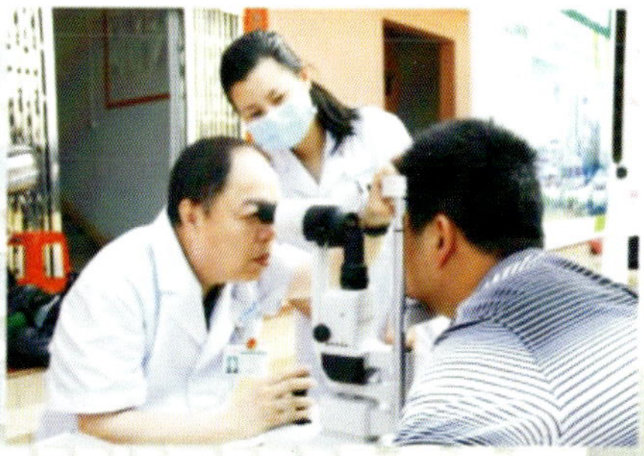

2015年4月27日，医院医疗志愿服务队在院长余健儿的带领下到汕尾市城区西兴社区为农村群众进行宣教义诊活动

汕尾农村商业银行股份有限公司

SHANWEINONGCUN SHANGYEYINHANG GUFENYOUXIANGONGSI

2014年4月17日，副省长陈云贤（右二）、市长吴紫骊（左二）视察汕尾农商行

汕尾农村商业银行是在原汕尾市城区农村信用合作联社和汕尾市红海湾开发区农村信用合作联社的基础上合并改制而成，于2014年1月26日挂牌开业，注册资本349602956元，设立了股东大会、董事会、监事会和经营管理层的“三会一层”管理架构，是年年底，内设13个职能部门和5个中心，现有营业网点20个，分布在市区及各乡镇，是城乡金融服务的主力军。在上级部门的有效监管和地方党政的支持下，汕尾农商银行管理机制日臻完善，经营实力不断增强。截止2014年6月末，资产总额214248.10万元，其中各项贷款余额56221.30万元；负债总额151587.15万元，其中，各项存款140007.91万元；所有者权益62660.95万元；不良贷款率为3.58%；存贷比为42.88%。业务范围包括：吸收人民币公众存款；发放人民币短期、中期和长期贷款；办理国内结算；代理发行、代理兑付、承销政府债券；从事同业拆借；从事银行卡（借记卡）业务；代理收付款项和经国务院银行业监督管理机构批准的其他业务。

该行办公大楼

2014年1月26日，汕尾农村商业银行股份有限公司开业仪式

汕尾中学

SHANWEIZHONGXUE

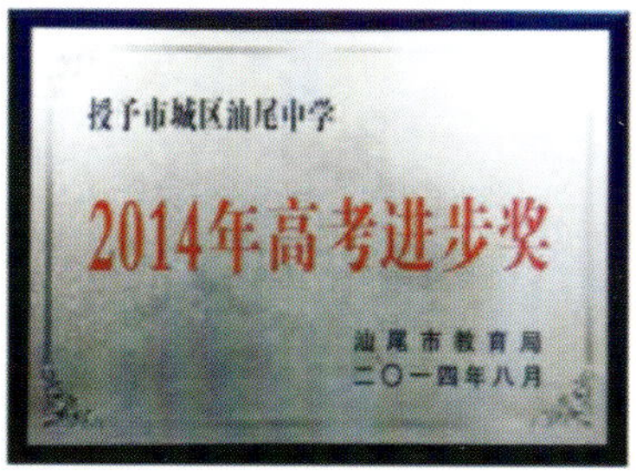

区委书记陈少荣、区长林展海等区领导到校调研

学校领导班子成员

德育为首，立足学生。融会先进的理念，注重学生的亲身体验，通过校舞蹈队、碧潮文学社、演讲辩论学社、青鸟漫画社、弘武学社、英语社、轮滑社等12个学生社团广泛开展第二课堂活动。学生会被评为2014年“广东省优秀学生会”，被命名为“汕尾市学雷锋示范点”。同时更加注重“三结合教育”，本年度学校被创建全国优秀家长学校实验基地广东办公室批准为广东省第三批“全国优秀家长学校实验基地”。

创新模式，以研促教。2014年度，已结课题有国家级一项，市级四项；已立项省级课题有七项。张竞能校长主持的《中学生习得传统文化的有效途径探究》获省二等奖。高考、中考成绩颇佳，2014年高考，一本上线21人，超指标3人；二本上线257人，超指标1人；三A上线430人；本科上线率38.1%，三A上线率63.7%，两个上线率均居全市各县区公办学校第一。学校获得市教育局颁发的“高考进步奖”。中考成绩总分平均616居全市第一。2014年，与深圳市第二高级中学正式达成结对帮扶协议。

改善办学条件，消除安全隐患。学校努力争取扩建春晖楼，改建大操场，规划修建了临时停车场。

2014年10月13日，德育课题组成员合影

2015年元旦学生麒麟队在校园文化艺术节闭幕式上表演

红草高新技术产业园效果图

红草镇

红草镇位于广东省汕尾市城区北部，辖下15个村（社区）委会，总面积约有70平方公里，总人口四万多人。近年来，该镇坚持以“农业稳镇，工业强镇，第三产业兴镇”的经济战略，加快转变经济发展方式，着力引进一批效益型、基地型、税收型的大企业。目前，该镇埔边工业园区拥有德昌电子有限公司、银鹏发展有限公司、快捷通导设备有限公司等一批电子机械类的龙头骨干企业。据统计，2014年全镇实现工农业总产值72.21亿元，同比增长7.7%，社会固定资产投资4.01亿元，同比增长8.4%。另外，座落于该镇的省级高新技术开发区，规划建设总面积17.3平方公里，具有地理位置优越、土地资源丰富、发展潜力巨大等优势，随着园区建成将会引进大量的电子机械类企业，产业规模也会越来越大。

2014年10月16日，镇委书记王建忠（左四）在党的群众路线教育实践活动总结大会上作讲话

2014年11月13日，镇长陈伦庭（左）与亚洲村书记冯凯伦（右）签订禁毒工作责任书

农业稳镇　工业强镇　第三产业兴镇

2014年2月19日，市委常委、区委书记陈少荣陪同市委书记温国辉等市有关领导到捷胜镇汕尾市新雅地毯厂制造有限公司调研

2014年9月3日，捷胜镇召开党的群众路线教育实践活动抓整改落实、建章立制工作会议

捷胜镇

JIESHENGZHEN

捷胜镇新建文化广场

2014年，捷胜镇党委、政府认真学习贯彻中共十八届三中、四中全会精神以及省、市、区有关会议精神，围绕区委提出的“迎接高铁，融入新区，扩容提质，振兴发展”，打造城区“六个中心”的目标要求，以党的群众路线教育实践活动为载体，坚持发展理念，履职担当，真抓实干，加强投资拉动，项目推动，增强经济发展后劲；加强项目建设，强力推进，为发展经济提供支撑；加快基础设施建设，打造亮点，推进新农村建设步伐；加强民生保障，惠民为民，提高群众幸福指数；加强基层党建，夯实基础，着力改善政务环境，通过努力，促使全镇经济社会各项事业稳中有进，平稳健康发展。

汕尾市捷胜红卫渔网厂厂场外貌

编辑说明

一、《汕尾市城区年鉴》是中共汕尾市城区委、城区人民政府组织编纂的地方性综合年鉴，属信息性资料工具书。由《汕尾市城区年鉴》编纂委员会组织实施，城区地方史志编纂委员会办公室、《汕尾市城区年鉴》编辑部编辑。

二、《汕尾市城区年鉴（2015）》是继创刊号后的第二次出版。其宗旨是系统、翔实地反映全区政治、经济、文化和社会生活的基本面貌及发展情况，为各级领导决策提供依据，为广大读者了解和研究城区社会状况提供服务，同时也为续修《汕尾市城区志》积累史料。

三、《汕尾市城区年鉴》采用按部类分篇。为方便检索，结构采用类、篇、章、节、目、段六个层次的结构形式。不同层次的标题，在字体、字号和版式设计上都有明显区别，书中的“目”标题最多，统一用黑体字加“【】”号表示，个别“目”内容较多，则分段表述。

四、本年鉴所刊内容为2014年1月1日至2014年12月31日全区社会状况，设有专载、特辑、大事记、汕尾市城区概况、政治、武装、法治、经济管理、农业、工业、国土资源、交通·通信·城乡建设、经贸流通、财政·金融、教育、旅游·科技·文化·体育、医疗·卫生、社会生活、建制镇（街道）概况、荣誉奖项等20篇，共50多万字。同时还组编了部分彩色图片，进行直观地宣传记载。

五、本年鉴稿件由市直、区直各有关单位、各镇（街道）提供，并标示撰稿人姓名，经年鉴编辑部编辑和初审，后由各撰稿单位领导审核，并经年鉴编委会领导终审定稿。所用统计数字由于来源与统计口径的不同，数据可能不一致，使用时以区统计局公布的数据为准。

六、本年鉴的编纂工作得到区委、区政府和市直、区直各有关单位的支持和协助，各撰稿人的辛勤劳作。谨此，表示真诚的感谢。由于年鉴编纂工作涉及面广，个别单位资料缺失，编印中难免出现纰漏之处，敬请读者批评指正，以便今后改进。

汕尾市城区年鉴编纂委员会

汕尾市城区年鉴编辑部

主　　　编：刘泽扬（区政府办）

常务副主编：许争荣（区档案局、区地方志办）

　　　　　　周富然（聘任）

副　主　编：王清红（区政府办）

编　　　委：陈春杰（区档案局、区地方志办）　郑新稳（借调）

电　　　脑：郑新稳（借调）

《汕尾市城区年鉴（2015)》撰稿人名单

（按姓氏笔画排序）

马如燕	王业链	王冬妮	王正国	王立新	王金鸿	冯振炯	叶妙钰	叶德望
石巧芳	刘水照	刘东生	刘志平	刘泽良	刘霭敏	孙冬奇	庄镇声	朱宗贤
朱家博	江力航	江翠萍	许建民	何　璋	何秀泉	余尚樾	余锦雄	余德财
吴　静	吴伯荣	吴忠源	吴怡明	吴春满	吴振业	吴晓映	张永聪	张伟江
张佳丽	张国平	张桂嘉	李映慧	李啟斌	李嘉琦	李武汉	邱如君	邹春怀
陈天明	陈文待	陈文清	陈永基	陈汉森	陈伟军	陈成洲	陈建波	陈若谷
陈剑钊	陈春杰	陈贵层	陈晓晓	陈晓婷	卓　越	周佳茵	林　程	林文省
林木寿	林伊露	林位彬	林映杰	林荣加	林振捐	林海鹏	林粉虹	林培歆
林鸿靖	罗　镲	罗其乐	罗玢琦	罗思琦	郑达生	郑和悦	郑昌城	郑梦霞
施智严	胡良岸	胡振坤	赵文辉	赵华良	钟少钮	钟华城	唐万里	翁晓敏
郭建群	崔建文	黄冬琪	黄伟航	黄吉庆	黄国维	黄建民	黄建军	黄映珠
黄春波	黄界洲	黄雪玲	黄舜佛	黄佳球	彭永强	彭怡秀	彭春晓	曾　行
曾小倩	曾文芳	曾彦森	曾春泉	曾越雷	谢国辉	谢维拉	韩冬敏	赖思远
赖静维	廖海娜	蔡子良	蔡玉贞	蔡和家	蔡剑锋	蔡楚洲	颜秋萍	黎友群
黎明静	魏秀如							

2014 年数字城区

国内全区生产总值（GDP）	105.5 亿元
规模以上工业增加值	46.63 亿元
农业总产值	26.05 亿元
社会消费品零售总额	81.13 亿元
固定资产投资	34.34 亿元
公共财政预算收入	3.86 亿元
外经贸出口	13216 万美元
实际利用外资	148 万美元
城镇常住居民人均可支配收入	21150 元

目 录

武　装

法　治

经济管理

农　业

工　业

国土资源

交通·通信·城乡建设

经贸流通

财政·金融

教　育

旅游·科技·文化·体育

医疗·卫生

社会生活

建制镇（街道）概况

荣誉奖项

专 载

ZHUAN ZAI

中共汕尾市委常委、城区区委书记陈少荣在区委七届四次全会上的报告

用法治理念推进振兴发展

同志们：

现在，我代表区委常委会向全会报告工作。

一、2014年的主要工作

2014年，在市委、市政府的坚强领导下，区委认真贯彻落实党的十八届三中、四中全会和习近平总书记系列重要讲话精神，深入践行党的群众路线，紧紧围绕扩容提质、振兴发展目标，团结带领全区人民群众和党员干部，当好“两机两器”，担当实干，狠抓落实，推动全区经济社会稳步发展。

（一）深入学习贯彻习近平总书记系列重要讲话精神

区委始终把学习贯彻习近平总书记系列重要讲话精神作为一项重大政治任务，常委会坚持带头学习，采取理论学习中心组学习、支部会、专题报告会、组织宣讲团等多种形式，第一时间集中传达学习，利用电视、网络、报刊及宣传栏等宣传媒介，扎实开展好学习宣传。坚持把学习习近平总书记系列重要讲话精神贯穿于党的群众路线教育实践活动全过程，在工作中抓落实。2014年，全区举办专题学习培训班41期，参加学习培训5674人，区委宣讲团到各镇（街道）宣讲26场次，给党员干部配发《习近平总书记系列重要讲话读本》1500多册。广大党员干部在学习中进一步加深了对习近平总书记系列重要讲话丰富内涵和精神实质的理解和把握，增强了贯彻落实中央决策部署、维护中央权威的坚定性和自觉性，成为推动城区扩容提质、振兴发展的强大思想武器。

（二）全力维护社会稳定

始终坚持稳定压倒一切，落实属地管理责任和“谁管谁负责”的主管责任，抓好维稳工作，社会保持稳定态势。

妥善处置信访维稳问题。落实村（社区）、镇（街道）排查，区每月例会、一案一台账及限期办结制度，及时化解社会矛盾纠纷。2014年，全区排查出重大矛盾纠纷39宗，已化解39宗，化解率达100%。进京上访1宗（属涉法涉诉案件），没有到省集体访，到市集体访批次和人次同比分别下降66.7%和14.5%。按时办结了省交办的信访积案和信访案件，妥善处置了小岛村纠纷斗殴、品清湖渔船“7·11”火灾事故、黄金海岸业主到市政府上访等涉稳问题。

严厉打击违法犯罪行为。结合“六大专项”打击整治行动，严厉打击“黑恶势力”、制毒贩毒、私卖土地等各种违法犯罪活动。特别是在10月份的禁毒整治行动中，全面开展地毯式清理清查、严厉打击制毒贩毒，打掉制毒窝点1个，捣毁疑似制毒窝点2个，抓获制毒分子7人，有效地震慑了毒品犯罪。全区没有发生严重暴力犯罪案件，群众安全感不断增强。

落实安全生产“一岗双责”。积极组织开展“打非治违”工作，有效控制各项指标，没有发生重大安全生产事故。

（三）推进振兴发展起步工作

加强和改善对经济工作的领导，切实当好新区建设“发动机”和“推土机”，推动经济持续稳步发展，为振兴发展开好局、起好步。初步统计，2014年全区实现地区生产总值109.55亿元，比增6.6%；规模以上工业增加值46.63亿元，比增6.8%。

着力做好新区起步区征地拆迁。落实每个起步区一名区领导牵头负责，依法依规推进新区三个起

步区征地拆迁工作，促进项目落实。目前，新区三个起步区已签征地7000多亩，其中火车站片区1800亩、汕遮路新湖段三块473.5亩、东涌青山仔边1300亩、马宫金町村842亩、红草高新区2500亩、碧桂园二期在建682亩。2.2万亩“三旧”改造土地，已进入省国土资源厅“笼子”，为振兴发展做好土地储备。

全力服务保障重点项目落地开工。保利旅游开发项目、广物汽车城项目已动工建设；广晟南储、恒美珍珠、宝民汽车用品等项目挂牌落户，华耀城、信利光电、胜大光电、海达舍画阁药业等一批项目将要落地；红草工业园区申报省级高新技术开发区及省市共建循环经济产业基地已获省批准认定；马宫中心渔港将上报国家级渔港，签订了招商引资协议；过海通道已做设计方案并报市拍板定夺；深汕高速公路长沙湾互通立交改造工程已开工建设；续建了城区凤飞山至捷胜公路。

加强招商选资。岭峰、扬越服装研发设计生产基地、伊之情化妆品生产基地等11家项目或已签约，或正在准备供地。

（四）加快民生社会事业发展

稳步改善民生。扎实办好民生实事，着力保障困难群众基本生活，就业、社保、医保、扶贫“双到”等民生工作稳步推进。2014年，城镇新增就业、城镇失业人员实现再就业、就业困难人员实现就业、转移农村劳动力等各项就业目标任务，以及城乡居民社会保险参保任务都全面完成，被省评为城乡居民社会养老保险示范县区。全区投入扶贫建设项目87个，深圳市光明新区帮扶建设首期资金已落实，首期帮扶项目村头公园和道路已动工建设。

扎实推进“创文”工作。制定《汕尾市城区创建广东省文明城市实施方案》及《汕尾市城区开展增强市民城市意识提高公民道德素质宣传教育活动工作方案》《市民文明行为规范手册》，加强市民意识宣传教育。组成10支志愿服务队伍，发动志愿者3000多人次，在火车站引导游客、帮助提行李及介绍景点，在红绿灯路口和重点路段当“临时协警”，到福利院送“温暖”，开展法制宣传咨询等志愿服务活动38场次。发放创文、交通安全及健康资料2万多份。凤山、马宫等地还开展“吃邻里饭、喝邻里茶”活动，以群众喜闻乐见的形式，宣扬文明守礼的新风尚。积极配合市城管局开展市区占道经营专项整治行动，主动配合联合执法，支持从严执法，依法拆除了市区香洲头村大中华用地范围内违法建筑物。

加快发展社会事业。科技事业不断进步，发明专利、实用新型及外观设计授权量同比增长69%。第一批申报的新港、马宫2个单位被评为“广东省教育强镇”；凤山祖庙旅游区被评为“国家AAAA景区”；组织开展汕尾渔歌节和妈祖文化节，在市区妈祖文化广场、马思聪文化中心举行渔歌表演多场次，组织了海峡两岸妈祖文化交流活动；渔歌演唱获得省第十一届“百歌颂中华”歌咏比赛铜奖，大型渔歌剧《默娘》被省定为创新剧种并参加省第十二届文化艺术节演出，汕尾渔歌被列入国家级非物质文化遗产。建设了红草铜鼎山郊野公园、墩下城公园、西兴社区村头健身园，以及镇（街道）综合文化站、村（社区）文化室和“农家书屋”等公共文体设施。创建广东省卫生村12个，省人口与计划生育基层群众自治示范村3个。

与此同时，加强依法治区工作，贯彻落实法治城区建设五年规划，大力推进法治村社建设，加强基层民主法治建设，全面铺开一村（社区）一法律顾问工作。区司法局被评为“全省依法治省先进单位”，区法院、田家炳中学被省评为“法治文化建设示范点”。加强和改进党管武装工作，支持和服务好海训部队海训，积极开展了“双拥”活动。

（五）提升政务服务水平

以便企便民为服务导向，加大政务整治力度，全区政务服务水平明显提升。

精简办事程序。推进行政审批制度改革，推行OA自动化办公系统，拓展完善网上办事大厅建设工作，梳理了全区第一批上网单位28个，网上办事大厅全流程办理服务事项294项，精简办事程序，方便群众办事。

严肃整治问责。制定出台《汕尾市城区领导干部作风整治行动方案》《市城区开展明查暗访专项行动工作方案》等制度，通过明察暗访、组织问责等方式，狠刹干部队伍中的“四风”突出问题。如因工作存在“中梗阻”问题，把区发改局一名评估中心负责人在3小时内交流到供销社，作为反面典型在全区引起震动。2014年，明察暗访80多个部门，18个办事窗口，约谈镇（街道）及区直部门主要领导15人次，批评教育47人，对14个单位发出督办通知督促整改落实；查处违反八项规定案件4宗，给予党政纪处分4人；查处侵害群众利益违纪案件5宗，给予党政纪处分5人。

提供“保姆式”服务。为加快重点项目建设，落实每个项目一名领导挂钩，提供“保姆式”“一站式”服务，确保项目顺利推进。如在保利旅游度假项目办理落户手续过程中，区招商办协调提供“保姆式”服务，仅用一个半小时就代办了工商登记，领取了工商执照，不到一天时间就把工商执照、税务登记、技术监督代码证及公安印鉴等相关手续办妥；整个征地拆迁过程中，保利集团人员不用与群众接触，由我们全程负责征地、交地。

（六）落实从严治党要求

坚持从严治党，突出抓基层、抓作风，建设与振兴发展形势相适应的担当实干队伍。

深入开展党的群众路线教育实践活动。组织全区党组织及党员在高标准、严要求全面完成“规定动作”的同时，把当好“两机两器”作为“自选动作”贯穿活动始终，使活动更加紧贴城区实际，更加突出实效。活动中，全区各单位制订的1438条整改措施，已落实整改的有905条，占总数62.9%。全区各地各单位制定规章制度225个，废除165个，完善427个。

加强宣传思想工作。广泛开展提升市民素质宣传教育、文化惠民、法制宣传教育和社会整治“四项活动”，推进“道德讲堂”建设，加大网络信息监测力度，及时搜集处理网络舆情，做好政府官方微博发布信息。

加强干部队伍建设。深入贯彻落实《党政领导干部选拔任用工作条例》，从严管理、监督和任用干部。坚持在征地拆迁、维护稳定等重难点工作中培养、锻炼、选任干部，形成良好用人导向。对干部出入境、干部配偶子女移居国（境）外情况及干部在企业、社会团体兼职等情况进行核查清理，规范管理。2014年，区委共召开常委会研究人事事项5次，集体讨论决定任免科级干部67人次。

从严抓好基层组织建设。深入开展“送法下乡”大普法宣传教育，以土地、村务、财务管理为主题，以法律法规为重点，对村（社区）“两委”干部进行普法轮训，组织“流动党校”下基层，为“两委”干部和村民小组组长、村民代表上法制课。建设普法网站、普法微信平台、手机普法短信平台“三个平台”，加强普法宣传教育。实行整改台账销号办结制度，完成全区24个软弱涣散基层党组织整顿工作。落实一村（社区）一策，集中全力攻坚克难，全面提前完成村（社区）“两委”换届选举工作，东涌、后径等几个多年没完全换届的重难点村（社区）都按时全面顺利完成。抓好基层“一把手”党建述职工作，镇（街道）党（工）委书记接受述职评议。

加强党风廉政建设。印发《区委、区政府领导班子成员党风廉政建设岗位职责》，推进主体责任的落实。制定贯彻落实中央《建立健全惩治和预防腐败体系2013~2017年工作规划》及中共广东省委印发《关于贯彻落实中央〈建立健全惩治和预防腐败体系2013-2017年工作规划〉实施办法》的实施方案，明确责任分工。突出抓好村账镇代管及村务公开等工作，大力查处农村涉土、涉“三资”等腐败案件。全区立案查处各类违纪案件45宗，结案41宗，其中，立案查处科级干部2名，其他人员43名，追究法律责任6人，挽回经济损失30多万元。

坚定不移地走中国特色社会主义政治发展道路，全力推进民主政治建设。加强对人大、政协工作的领导，加强民族宗教工作，不断巩固壮大爱国统一战线，支持工青妇等人民团体发挥作用，形成了加快城区振兴发展的强大合力。

同志们，以上报告的是常委会一年来的主要工作。这些工作的开展和成绩的取得，是省委、省政府及市委、市政府的正确领导，全区人民团结奋斗的结果，也离不开各民主党派、工商联、人民团体和社会各界人士的支持参与，离不开深圳的全面帮扶。在此，我代表区委常委会向大家表示衷心的感谢！

在取得成绩的同时，我们也清醒地认识到，我区经济社会发展仍然存在一些问题和困难，主要是经济上行压力巨大，发展后劲不足，缺乏大型企业和可持续发展税源支撑；维稳形势依然严峻，随着城市发展加快，特别几个起步区大量征地，再加上历史遗留问题、留成地问题及征地后失地农民的民生问题逐步增多，维稳压力巨大。基层组织建设、民生保障、政务服务都存在薄弱问题，很多民生保障工作和社会管理不到位，农村土地管理、“三资”管理、村务公开等都还不够规范。我们必须高度重视，切实采取措施认真加以解决。

希望同志们对区委常委会的工作多提意见和建议，以利集思广益、群策群力，把工作做得更好。

二、2015年的工作安排

2015年是贯彻落实党的十八届四中全会精神，全面推进依法治国方略的重要一年，也是深入推进新区建设，加快振兴发展的关键一年。这一年中，城区面临着新区的大建设、大发展，机遇千载难逢，但伴随而来的征地拆迁利益博弈、矛盾纠纷将越来越多，维护稳定的任务也将越来越重。总的来说，做好今年工作意义重大，机遇难得，任务繁重。

今年全区工作的总体要求是，全面贯彻党的十八届四中全会及省委、市委全会精神，坚持以问题为导向，善于用法治理念解决发展中的问题，依法妥善处理稳定与发展关系，坚定不移地担当“推土机”和“稳压器”，大力推进社会稳定、新区建设、政务服务、依法治区等重点任务，强化党的建设，推动城区加快扩容提质、振兴发展。

（一）担当“稳压器”重任，全力护稳定保平安

城区是市委、市政府所在地，维护社会稳定一直是城区党政的首要任务。必须始终坚持稳定压倒一切，突出落实责任和主动治理并举、改善民生和张扬法制结合，以不出现严重的“街头政治”事件、不发生重大群体性事件、不发生严重暴力恐怖事件和极端恶性犯罪事件为底线，围绕上省进京信访率、重复访率下降，矛盾纠纷排查化解率提升、破案率提升等目标任务，切实担当“稳压器”重任。

1. 要落实常态化管理机制。按照“谁管谁负责”及属地管理原则，各负其责，继续落实排查、督察和研判工作机制，力争在一线排查化解矛盾纠纷，做到小事不出村、镇，矛盾不上交。对重大信访维稳问题，特别是历史遗留问题，落实一案一台账，明确办结时限，全力处置化解。坚决张扬法制权威，依法严厉查处非正常上访或群体性事件背后的腐败行为和挑头者。对禁毒、信访维稳工作实行动态式管理，及时掌握动态，限期解决问题。

2. 要深入推进平安建设。建立立体化治安防控体系，将警力摆上路面，对涉土、涉毒、“双抢一盗”等群众反映强烈的问题，全力处置解决，创造和谐稳定社会环境。始终保持对毒品违法犯罪活动“零容忍”，落实村（社区）每日一巡查、镇（街道）每十日一汇总工作机制，重点加大对毒品犯罪的打击力度，坚决防止毒品问题在城区渗透蔓延。

3. 要注重抓好基础性工作。牢固树立民生无小事观念，切实办好民生实事，特别是解决被征地后失地农民的留成地、征地款等民生问题，从源头上化解社会矛盾。同时，要加强社会建设，夯实社会基础。加强市民素质宣传教育，培育文明意识，破除生活陋习，宣传文明礼仪。加快教育创强步伐，力争凤山街道、香洲街道和捷胜镇通过省“教育强镇”督导验收，推进市区教育实验园区及教师公租房建设。加大对传统文化的挖掘和保护力度，加强区文化馆、图书馆等文化基础设施建设。加快基层医疗卫生改革，全面推进平价医院、平价诊室建设。加强社会保障体系建设，加快实现社保“一卡通”，提高低保标准和补助水平。

（二）发挥“推土机”作用，全力加快振兴发展

振兴发展离不开项目，绕不开征地。必须坚定不移地当好“推土机”，为振兴发展铺路清障。

1. 要着力加快三个起步区征地拆迁。进一步严格落实重点项目建设领导分工负责制及专责小组责任，全力做好红草高新产业园区、金町湾滨海旅游区、火车站片区等片区中的重大项目征地拆迁工作，为振兴发展储备更多的土地。

2. 要大力推进项目建设。加强跟踪服务，建立项目推进工作台账，积极推进华耀城、信利光电等一批项目落地建设。加强与深圳光明新区的深度联系，精选好项目，借助对口帮扶资金，加快工业园

区、市区道路等基础设施项目建设。进一步强化“招大引强”意识，深化与央企、省企对接合作，切实做好乡贤反哺工程，以商引商，充分发挥高新产业园区招商载体作用，推动产业链招商，切实引进符合城区发展的大项目、大企业。提前组织力量开展系统研究，着力做好“十三五”规划编制工作，争取更多项目纳入国家、省、市的规划“笼子”。

3. 做大实体经济“蛋糕”。发展缓慢、财政困难是目前城区最突出的问题，必须通过发展实体经济，从根本上解决问题。一要努力做大工业经济。无工不富。借助红草工业园区完成省级高新区和省市共建循环基地认定的契机，利用园区载体作用，发挥信利、德昌等电子信息产业优势，做大工业经济。二要切实做强第三产业。在服务好保利旅游度假项目的同时，根据品清湖开发规划，启动过海通道规划建设，开发环品清湖和沙舌对面海半岛，发展文化休闲旅游，与市区相互辉映，突出汕尾特色。三要着力做长海洋渔业产业链。利用好深汕高速公路长沙湾互通立交改造工程建设，加快启动汕尾（马宫）中心渔港及海洋渔业科技产业园区建设，用足用好国家和省的扶持政策，加快远洋渔业发展，配套海产品交易、市场、冷冻加工、仓储物流，做长海洋渔业产业链。

4. 要支持、服务现有企业增资扩产。积极落实省市支持大型骨干企业和中小微企业发展政策措施，用好用足上级专项扶持资金和各项优惠政策措施，加大服务支持力度，鼓励和支持现有企业创新驱动，引导企业增资扩产、技术改造。落实领导干部联系帮扶企业制度，进一步优化服务，着力解决重点企业在生产经营中的问题。

（三）强化政务服务，营造良好政商环境

坚持把让群众和企业满意作为衡量政务服务工作的最高标准，全力提升政务服务水平。

1. 要加快改革简政步伐。加强与上级有关部门的沟通衔接，认真落实好国有企业、财政体制、户籍制度、土地制度、投融资体制、行政审批制度、科技体制、收入分配制度、教育综合、生态文明制度、司法体制、公车等年度改革工作任务。进一步减少行政审批事项，积极探索，创新思路，加快推行出台我区第二批行政审批事项改革，积极开展行政审批标准化试点工作。继续推进政府机构改革，按照精简、统一、效能原则，改革相关政府机构，推进机构职责整合，精简办事程序。

2. 要持续整治政务服务突出问题。采取暗访、查处、追责、曝光四管齐下，深入整治干部队伍尤其是窗口部门、职能部门“吃拿卡要”“中梗阻”等不良风气。加大对督办事项落实情况的督察问责力度，整治干部队伍中纪律松弛、作风漂浮、落实不力、“为官不为”等问题，进一步转变工作作风。在区直单位特别是窗口部门开展“佩党徽、亮承诺、强服务、作表率”主题实践活动，提升服务能力。开辟“绿色通道”，在服务企业、服务项目等方面，借鉴保利集团项目征地及办理相关手续的经验，提供“一站式”“保姆式”服务，提高办事效率。

3. 要深入实施硬环境提升行动。以群众、客商是否满意，作为衡量“创文”和城市管理的根本标准，加大“创文”工作力度，努力建设宜居宜业宜商城区。推进城市网格化管理，落实定片区、定地段、定人员、定标准、定责任、定奖惩“六定”措施，以法治理念强力治理城市“脏乱差”，积极配合市职能部门大力改善市容市貌、交通秩序和环境卫生。提倡诚信守法经营，维护良好市场秩序。

（四）强化法治理念，推进法治城区建设

要深入贯彻落实《中共广东省委贯彻落实〈中共中央关于全面推进依法治国若干重大问题的决定〉的意见》，强化法治理念，加强和改进对依法治区工作的领导。充分发挥人大主导作用，政府、法院和检察院主体作用，以及政协监督作用，从政府、社会和基层三个层面推进法治工作，加快法治政府、法治社会、法治村社的一体化建设。

1. 要加快推进法治政府建设。各级政府依法执政、依法行政，当好表率，是法治建设的前提。深入推进依法行政，完善行政决策机制、执法程序和各类政务平台建设，积极推进政府治理能力现代化进程。加快编制和公布区级政府权责清单及行政审批事项通用目录，加大对经济性管制领域行政审批事项的“减、放、转、并”力度。深入探索对涉毒、“涉黑”、涉枪（爆）、涉黄、涉赌，以及环境卫生等突出问题的有效治理机制，依法整治人民群众反映强烈的社会问题。

2. 要扎实推进法治社会建设。深入开展“六五”普法、法治宣传教育周、国家宪法宣传日、法治文化示范点创建等活动，加强群众性普法教育，增强全民法治观念，引导全民自觉守法、遇事找法、解决问题靠法，促进形成良好社会秩序。改进社会治理方式，推进社区网络化管理和服务体系规范化建设。创新化解社会矛盾的法治机制，推进信访法制化，完善网上信访制度，落实涉法涉诉信访制度改革，努力把社会矛盾引导到法治平台上解决。

3. 要推进依法治村、创建法治村社。法治建设基础在基层，工作重难点也在基层。要把创建法治村社作为法治建设重中之重，落实“送法下乡”、“村（组）账镇代管”、年审计制度、农村“三资”管理、推行村务公开、“一村（社区）一法律顾问”活动、农村社会组织管理、社会治安网格化管理、维稳工作责任追究制等十二项制度和措施，让基层干部懂法依法办事，让群众知法守法，从根本上推进基层依法治理。目前，区已拟出初步方案，创建工作将从2015年起至2016年止，分四个阶段实施。

4. 要大力提高司法公信力。加快形成保证公正司法的体制机制，建立领导干部干预司法、插手案件的记录、通报和责任追究制度；健全司法机关内部监督制约机制，推行办案质量终身负责制和错案责任倒查制度。扎实推进公正司法、严格司法的平台和载体建设。健全和完善阳光司法机制，畅通人民群众参与司法的渠道，保障人民群众依法有序参与司法，提高司法活动透明度。以零容忍的态度清除司法腐败，切实解决影响司法公信力的突出问题。

（五）坚持从严治党，形成作风建设新常态

强化“抓好党建是最大政绩”的理念，坚持党要管党、从严治党，形成从严治党和作风建设新常态，不断开创党的建设新局面。

1. 要切实加强思想政治建设。发挥区委理论学习中心组及党校平台作用，深入学习贯彻习近平总书记系列重要讲话精神，加强理想信念教育，加强党章学习，加强党性修养锻炼，坚定中国特色社会主义道路自信、理论自信、制度自信。强化党员干部的政治意识和政治纪律，切实增强政治敏感性和政治鉴别力，保持思想上、政治上的清醒，纪律严明。坚持党性原则，严肃党内政治生活，用好批评和自我批评的武器，着力提高民主生活会质量。

2. 要从严打造担当实干干部队伍。贯彻落实《2014~2018年全国党政领导班子建设规划纲要》和新修订的《干部任用条例》，重视培养选拔符合好干部标准，政治上强、能够驾驭全局、善于抓班子带队伍、民主作风好、群众威信高的党政正职人选。更加注重在重点项目、重点工作和突发事件等各个主战场培养、锻炼与任用干部，深入开展“敢担当”活动，把“比一比”“看一看”在项目征地拆迁、处置信访维稳问题中是否敢担当作为今年活动主题，进一步增强干部担当意识。把好动议提名关、考察考核关、程序步骤关，遏制带病提拔现象。坚持严字当头，加强对干部的日常管理监督，加大专项治理力度，把守纪律讲规矩摆到更加重要的位置来抓。深化干部人事制度改革，健全谈心谈话制度，完善干部能上能下机制，改进优秀年轻干部培养工作。建立健全人才培养、引进、评价、激励、服务、保障等制度，深化扩展人才驿站创建工作。

3. 要大力加强基层工作。按照“年年排查、年年整顿”的要求，建立常态化排查整顿软弱涣散基层党组织机制，扎实抓好软弱涣散基层党组织的整顿转化工作。加强基层治理创新，开展“法治村社”创建工作，今年重点要制定出台《汕尾市城区村（社区）村（居）民小组长管理办法（试行）》等制度规定，彻底摸清全区村（社区）“三资”底数，完善“三资”平台建设，填补村级干部“人、财、物”管理上的“空档”，从根本上管好干部“末梢”。加强基层党组织书记队伍建设，发展镇村集体经济，完善基层党建经费保障机制，从严抓好基层党员干部的教育管理和监督，提升党员干部的能力素质。继续抓好抓实党委书记抓基层党建述职评议工作，增强工作主动性。全面开展镇（街道）领导干部驻点普遍直接联系群众活动，编印以惠民利民政策、便民办事程序为主要内容的《惠民之策》，落实人员、时间、地点、经费，做好宣传政策法规、掌握社情民意、听取意见建议、解决实际问题、推进基层治理五项工作，解决好服务联系群众“最后一公里”问题。

4. 要坚决推进党风廉政建设。按照中央要求开展“三严三实”专题教育，加强领导干部党性修养、改进作风。坚持无禁区、全覆盖、零容忍，严肃查处腐败分子，持续保持高压态势不放松，坚决遏制腐败势头蔓延，着力营造不敢腐、不能腐、不想腐的政治氛围。深入推进惩治和预防腐败体系建设，切实加强党规党纪教育，推动廉政风险防控全覆盖，健全权力运行制约和监督体系，进一步强化源头防腐。全面落实党风廉政建设党委主体责任和纪委监督责任，强化责任追究，坚持“一案双查”，对违反党的政治纪律和政治规矩、组织纪律，“四风”问题突出、发生顶风违纪问题，出现区域性、系统性腐败案件的地方、部门和单位，既追究主体责任、监督责任，又严肃追究领导责任。

同志们，今年是城区加快推动振兴发展的关键年，任务繁重，使命光荣。让我们紧密团结在以习近平同志为总书记的党中央周围，在省委、省政府和市委、市政府的坚强领导下，用法治理念推进振兴发展，为建设更加美好的城区而努力奋斗。

中共汕尾市委常委、城区区委书记陈少荣在区委七届四次全会结束时的讲话

以项目清单确保精准落实

同志们：

经过大家的努力，区委七届四次全会圆满完成了各项议程。全会听取了区委常委会工作报告以及展海同志关于经济工作的讲话，通过了《中共汕尾市城区委七届四次全体会议决议》。会议期间，与会同志进行了认真讨论，一致认为全会深入学习贯彻习近平总书记系列重要讲话精神，全面落实中央、省、市重大决策，作出用法治理念推进振兴发展的工作部署，主题明确，措施得力，符合区情，具有很强的指导性和可操作性。与会同志围绕学习全会报告、经济工作讲话和讨论审议的文件，提出了很好的意见和建议。这次会议时间虽短，但开得很成功，收获很大。现在，全区振兴发展的思路措施已定，目标任务已明，摆在我们面前的首要任务就是抓落实。下面，我就贯彻全会精神，抓好落实，讲三点意见。

一、抓落实事关振兴发展大局，必须用抓落实的结果说话

抓落实的重大意义不言而喻。这次省委十一届四次全会更把今年确定为抓落实年，把抓落实作为衡量党员干部遵守政治纪律、检验精神状态和能力水平的重要标志，强化各地各部门要抓好落实。市委六届四次全会也强调要制定项目清单，推动工作落实。我们一定要深刻领会省委、市委关于抓落实的新内涵、新要求，切实增强政治自觉和行动自觉。

一直以来，抓落实是城区值得自豪的一件事情。在近年来的品清湖围网养殖清理、墩下城违章建筑拆迁、处置东涌事件及新区征地拆迁等重难点工作中，全区各级干部严格按照市委、市政府和区委、区政府的决策部署，担当实干，攻坚克难，出色地完成各项任务，充分体现了良好的执行力和落实力。同时实践也证明，不管体制机制不顺、职能职权缺乏，不管工作多难、任务多重，只要我们敢于担当，勤抓落实，就一定能战无不胜、完成任务。

当前，我们正处在艰难起步、爬坡越坎的关键阶段。扩容提质、振兴发展虽然实现起好步、开好局，但需要解决的问题和困难很多，在加强社会稳定、基层基础等方面还要做大量工作，尤其是越来越多的征地拆迁矛盾纠纷必须依法依规及时妥善处置，发展、稳定任务将更加繁重，工作压力阻力将更加巨大。这对我们的工作提出了更高要求，对我们抓落实的能力提出了更大考验。

态度决定力度，落实才有成效。新的一年，能否乘势而上，深入推进振兴发展，最为关键的就是各级党员干部要端正态度，加大力度，把这次全会集思广益制定的思路、措施，不折不扣、逐件逐项地落到实处。否则，任务无法完成，蓝图再好，也将只是镜中花水中月。从我区的干部队伍来看，总体战斗力、执行力较好，但目前有一种“为官不为”的不良倾向值得警惕。个别干部过于强调体制不顺及“无钱办事”问题，特别是在反腐倡廉新常态下怕做多错多，这看似是讲客观，实则是不作为的借口和幌子，严重影响了抓落实的态度和力度，最终必将影响振兴发展工作大局，非常要不得，必须坚决防止。因此，全区各级领导干部一定要充分认识到抓落实事关振兴发展大局，从政治、发展的

高度抓好落实，担当实干，大干快上，用落实的结果说话，交出一份满意答卷。

二、制定项目清单，确保各项目标任务实现

这次全会报告中，对今年的工作提出了六个方面意见。要树立项目清单意识，像党的群众路线教育实践活动制定整改清单一样，把区每一件工作都当作一个项目来抓，分解细化任务，逐项制定“项目清单”，及时建账盘点，以“项目清单”为当好“两机两器”提供指引和动力，确保振兴发展目标任务落到实处。

（一）要制定产业项目清单。要严格落实重点项目建设领导分工和责任单位责任制，对项目情况进行全面梳理，建立项目明细清单，明确责任领导，责任单位和工作时限，对项目推进情况进行台账管理，全面跟踪，特别要围绕项目落地，倒排相应的规划编制、基础设施、政务服务等相关工作，逐项加紧落实，确保项目落地投产。要建立“客商库”和“引资项目库”，逐一列出招商引资明细项目，明确专人，有效衔接，特别要加强对洽谈项目的跟踪力度，力争使洽谈项目尽快转为协议项目，协议项目转为合同项目，合同项目转为开工项目，让更多大项目、好项目落地生根。

（二）要制定平安建设项目清单。要按照全会提出的平安底线和信访维稳目标任务，分解列出平安建设的项目清单，定时定人负责，一个个排查，一项项处置。对重点案件要落实“一案一台账”，加大排查化解和跟踪协调力度，限期处置。各地、各部门领导干部要始终坚持稳定压倒一切，落实好维稳责任，加强排查化解，确保自己分管的地域和领域不出事。

（三）要制定民生项目清单。要制定出今年民生实事和社会事业发展的项目清单，明确落实时限、责任人、措施手段，一项项整改落实，并在适当范围内公示公布。要结合教育卫生、社保医保、对口帮扶等群众反映强烈的民生工作，在认真总结有效经验的同时，对存在问题及简易程度进行分类归总，有针对性地加以解决。要结合省文明城市创建，加强与市有关部门的协调，落实好分工责任，制定工作清单，有序推进城市环境综合整治，形成常态化管理，提升城市形象。

（四）要制定政务服务项目清单。要严格对照中央、省委和市委关于行政审批改革的要求，对符合行政审批改革的事项进行全面梳理，建立改革简政的目录清单。要制定落实“一站式”“保姆式”服务清单，明确服务内容及办结时限，提升服务效能。

（五）要制定政治纪律项目清单。要制定习近平总书记系列重要讲话精神的学习、宣传计划，将学习和要求实化、细化到具体工作上，打牢思想基础。制定严守政治纪律台账，让每名党员干部逐项逐条对照、检查、落实，切实把自己摆进去，以增强政治敏锐性和政治鉴别力。各级宣传部门要把党管宣传、党管意识形态、党管媒体的原则，具体化为明细的措施清单，一项一项落实，牢牢把握意识形态工作主动权、主导权、领导权。

（六）要制定党建项目清单。逐项制定落实从严治党的项目清单，一项一项排查、整改、落实，确保党建工作落到实处。要抓紧落实好教育活动中形成的制度建设清单，逐项建章立制，特别要建立促进“为官有为”的长效机制，进一步巩固教育实践活动成果。各地各部门要按照中央八项规定精神和作风建设的要求，排查本部门作风建设存在的问题，逐条制定出整改项目清单，年底区委、区政府组织专门检查。对法治村社创建、“直联制”工作、基层干部队伍建设管理等基层党建各项工作，都要逐一列出项目清单，分阶段、明要求、制流程，严格有序加以推进，抓出成效。

三、围绕项目清单，提高抓落实的水平和成效

要围绕项目清单的制定、落实，加强责任分解、督促检查、考核问责，切实提高抓落实的水平和成效。

（一）要细化任务，明确责任。将全会部署的各项重点任务及时分解细化制定项目清单，让每名干部都明晰自己该干什么、能干什么、要干什么；每一项工作，谁牵头、谁配合、谁考核、谁监督，时间进度怎么安排、目标要求有哪些、奖罚措施是什

么，都必须详细列明，使各项工作和各个环节有人抓、有人管的工作格局。区委办公室要在会后抓紧制定2015年区委常委会工作要点，将任务落实到具体单位。各单位要根据本地本部门工作职责，细化制定“六大方面工作清单”，建立台账，所承担的任务不仅要有年计划、月进度，必要时还要有周进度、日进度，防止目标任务总体清楚、具体模糊，真正尽心竭力做好职责范围内的工作，把该做的事情做到位。

（二）要加强督查，落实考评。要加强对各地各部门项目清单的制定、落实情况的督察。对综合性重要任务和涉及多个部门的事项，区分管领导、各地各有关部门“一把手”要加强协调指导，按照“谁管谁负责”和问题导向，避免推诿扯皮，形成工作合力。要变事后督察为事中督察，及时发现薄弱环节，整改突出问题，促进任务落实。要结合督察情况，及时发现、总结、推广先进典型和经验。要大力褒奖那些重实干、出实绩的干部，教育和调整那些只尚空谈、不干实事的干部，问责和惩处那些弄虚作假、失职渎职而造成重大损失和严重后果的干部，努力营造人人狠抓落实的良好氛围。

（三）要领导带头，当好表率。要强化流程管理，强化结果说话。要注重领导带头，各级领导干部尤其是“一把手”要身体力行、率先垂范，一级做给一级看，一级领着一级干，在抓落实中发挥好表率作用。

同志们，春节将至，全区各地各部门工作任务都比较重，要科学统筹，合理安排。一要实现第一季度开门红。要切实按照这次全会的部署，抓紧抓细化全年工作目标和重点，层层分解落实一季度工作任务，及时协调解决经济运行中的突出问题特别是财政收支矛盾问题，为今年工作开好局、起好步。二要关心群众生产生活。要开展好节日扶贫济困及“送温暖”等慰问活动，切实解决群众关心的热点难点问题。三要全力维护公共安全和社会稳定。要加强对禽流感病毒的防控，做好防疫检疫特别是预防禽流感病毒的宣传教育，防止疫情传播。要集中开展节前安全生产大检查和专项治理整顿，加强节日期间的春运、消防等工作，坚决防范和遏制重特大事故发生。要加强综治信访维稳工作，深入开展社会矛盾纠纷排查化解工作，加大社会面治安巡逻力度。四要安排好春节期间值班和领导带班工作。

同志们，今年的发展势头更好，任务更重，只有以更加奋发有为的姿态，发扬更加求真务实的作风，才能推动振兴发展乘势而上。让我们更加紧密地团结在以习近平同志为总书记的党中央周围，在市委、市政府的坚强领导下，担当实干，狠抓落实，全力推进城区振兴发展。

代区长林展海在汕尾市城区第七届人民代表大会第五次会议上的政府工作报告

各位代表：

我代表区人民政府向大会作政府工作报告，请予审议，并请政协各位委员和其他列席人员提出意见。

2014 年工作回顾

2014 年，区政府在市委、市政府和区委的正确领导下，在区人大和区政协的监督支持下，严格按照中央、省、市的各项部署，深入贯彻落实党的十八届三中、四中全会精神，紧紧围绕扩容提质、振兴发展目标，坚持发展、改革、稳定的主线，团结带领全区干部群众，开拓进取，真抓实干，较好地完成各项工作任务。全年全区完成生产总值 109.55 亿元，比增 6.6%；规模以上工业增加值 46.63 亿元，比增 6.8%；农业总产值 26.05 亿元，比增 4.0%；固定资产投资 34.34 亿元，比增 13.3%；社会消费品零售总额 81.12 亿元，比增 10.2%。

一、起步区征地工作有新突破

汕尾新区规划建设全面铺开，起步区建设开局良好。一年来全区上下同心协力、下大力气推进三个起步区征地补偿工作，取得了新的突破。中央商务区中的火车站片区一期 831 亩、二期 610 亩已完成征地，作物补偿和迁坟在加紧扫尾中，三期征地已召开村民代表大会通过同意。碧桂园二期项目土地也已交地开工建设。金町湾滨海旅游区顺利完成一期 842 亩的征地和作物补偿工作，去年 9 月 25 日保利集团金町湾旅游度假城项目开工建设。深汕高速公路长沙湾全互通立交出入口工程 10 月 20 日动工建设。红草高新技术产业园区在 2013 年申报认定为省市共建循环经济产业基地的基础上，2014 年 7 月又被省政府定为省级高新技术开发区，成为全市唯一的省级高新区。园区首期征地 2500 亩已签订征地协议。第一批次征地 832 亩组件已获得省国土资源厅批准，广物汽车城项目去年 9 月 23 日顺利开工。广晟南储、胜大光电、恒美珍珠、宝民汽车用品等 4 个项目也将落地建设。

二、重点项目建设有新进展

在做好市重点建设项目征地补偿工作的同时，我区认真抓好区级 25 个重点项目的建设。全区重点项目年度计划总投资 10.08 亿元，完成投资 3.8 亿元，其中，森林抚育补贴试点项目、泰濠世纪豪庭房地产、凤飞山至捷胜公路续建工程 3 个项目已竣工，开工在建项目有广物汽车城、高瞻实业农产品冷冻厂续建、城区妇幼保健院综合楼等 13 个，其他 9 个项目正在加快推进征地补偿或用地报批等前期工作之中。

三、农、林、渔业有新发展

大力扶持发展农、林、渔业生产，农作物播种面积 10.06 万亩，其中粮食作物播种面积 6.21 万亩，粮食总产量 2.28 万吨。全区新增农民专业合作社 12 家，总数达 42 家，发展农业龙头企业 9 家，无公害蔬菜基地 3 个。投入 600 万元完成 5000 亩高标准农田建设；投入 500 万元完成红草丰祺合作社良种法示范基地建设。全年发放农机购机补贴 74 万元，种粮及良种补贴 502 万元。生态绿化工程全面推进，投入 800 多万元完成中央投资沿海防护林建设任务，全区林地面积 21.97 万亩，其中，生态公益林 19 万亩，森林覆盖率达到 48%。渔业生产稳步增长，全区渔业产量 19.63 万吨，比增 3.6%；渔业产值 14.92 亿元，比增 15%。投资 1320 万元的捷胜龟龄岛东南生态公益型人工鱼礁项目动工建设，已完成工程量 80%。11 宗小（2）型病险水库除险加固工程全部开工，完成投资约 1000 万元。

四、参与城市管理有新举措

市区环卫作业实行市场化运作，初步改变“脏、乱、差”现象。扎实推进创建文明城市工作，在全区开展“手牵手参与城市管理，心连心服务汕尾人民”志愿服务系列活动，引导市民遵守交通秩序，提升市民文明意识。全面完成市区“门前三包”责任书签订工作，积极配合市城管执法部门开展市区占道经营专项整治行动，对汕尾大道、澳门街、通港路、香城路、香洲路等主要干道进行清理整治，共开展联合执法17次，突击整治18次，拆除了市区香洲头村大中华用地范围内600平方米的违章建筑。进一步规范和加强了品清湖的日常管理和环境保护。

五、对口帮扶有新拓展

全区核定新一轮相对贫困村9个，贫困户397户1780人。积极主动与深圳市四大办公厅对接联系，发动社会各界开展扶贫开发工作，全区共筹集扶贫资金3360万元，其中，到村资金3158万元，到户资金202万元，深圳市四大办公厅投入帮扶资金1699万元。全区投入扶贫建设项目87个，其中，生产经营类项目8个，基础设施类项目39个，民生类项目40个。加强与深圳市光明新区的互动交流，扎实推进产业园区共建工作，参加了4次大型的招商推介活动，签约项目共15个，累计投资总额达到157.3亿元。深圳市光明新区出资300万元，帮扶我区建设了6个村庄公园和2条道路。

六、民生实事有新成效

社会保障水平逐步提高，全年城镇新增就业5734人，城镇失业人员实现再就业2325人，转移农村劳动力7307人，职业技能培训9068人。加强城乡居民社会保险工作，全区征收社会保险基金1.3698亿元。切实提高低保、“五保”供养标准，全区居民健康档案建档率83%，电子档案管理率72%。启动逸挥基金医院肿瘤防治中心建设，区妇幼保健院综合楼已动工，东涌镇卫生院门诊住院综合楼一期工程已完工。抓好动物疫病、人感染H7N9禽流感等重大疾病的防控，免费开展农村妇女“两癌”筛查项目，保障人民群众的身体健康和生命安全。建设了铜鼎山郊野公园、墩下城公园、西兴社区健身园，全面完成7个镇（街道）综合文化站建设任务，建成村（社区）文化室92个和省扶持的“农家书屋”58家。发动社会筹集资金100多万元，重修市区庙前街、成兴街、码头街、共和街等5条道路，美化市区环境。扎实推进省、市十件民生实事和区八件民生实事工作，人民群众得到更多实惠。

七、社会事业有新亮点

我区被省评为“城乡居民社会养老保险示范县区”。马宫、新港街道被评为“广东省教育强镇”。区国税局获省总工会“五一”劳动奖状。汕尾渔歌入选第四批国家级非物质文化遗产名录。汕尾渔歌传承基地表演队在省“百歌颂中华，唱响中国梦”的总决赛中荣获铜奖。大型原创渔歌剧《默娘》获得广东省妈祖文化创新剧目，并入选第十二届广东省文化艺术节展演剧目。凤山祖庙旅游区被评为国家AAAA级旅游景区和广东省中华文化传承基地。成功举办首届汕尾渔歌节、海峡两岸文化交流暨凤山祖庙重光20周年等重大活动。全区授权发明专利1项，实用型13项，外观设计27项，授权量同比增长69%；红草镇被省科技厅定为广东省技术创新专业镇。创建广东省卫生村12个；红草埔边村、马宫长沙村、东涌赤古村被定为省人口和计划生育基层群众自治示范村。凤山街道小岛村被省旅游局评为广东省旅游名村。香洲社区被省委宣传部、省文明办评为培育和践行社会主义核心价值观示范社区。田家炳中学被中央文明委授予第四届全国文明单位。圆满完成村（社区）“两委”换届工作。发扬拥军优良传统，做好“双拥”及民兵预备役工作。打击假冒伪劣产品和非法传销工作取得成效。深入开展“六大专项”“雷霆扫毒”“蓝箭3”等专项行动，全年立刑事案件720宗破393宗，破获毒品案件194宗，侦破了“10·26”制毒案，通过大排查，捣毁2处疑似制毒窝点，查获涉嫌制毒工具一批。社会治安总体稳定，成为全省零命案发生县区，受到省综治委的通报表扬。全区排查出重大矛盾纠纷39宗并全部化解。到市集体访批次和人次同比分别下降66.7%和14.5%。按时办结了省交办的信访案件，妥善处置了小岛村纠纷斗殴、品清湖渔船“7·11”火灾事故、黄金海岸业主到市政府上访等涉稳问题。落实安全生产“一岗双责”，深入开展“打非治违”工作，全年没有发生重大安全生产事故。

八、政府建设有新风貌

以依法行政为重点，大力推动政府自身建设。制定出台一系列依法行政配套制度，规范行政决策程序和行政执法，组织各类法律知识培训，严格行政执法人员资格管理，主动公开政府信息420多条。稳步推进职能转变和机构改革工作。推行OA自动化办公系统，完善网上办事大厅建设，共梳理第一批上网单位28个，网上全流程办理服务事项294项。突出抓好村账镇代管及村务公开等工作，大力查处农村涉土、涉“三资”等腐败案件。全区立案查处各类违纪案件45宗，结案41宗，其中，立案查处科级干部2名，其他人员43名，追究法律责任6人，挽回经济损失30多万元。深化行政体制改革，卫生局和计划生育局已合并，食品药品监督管理局完成组建并正式挂牌办公。区司法局被省评为“全省依法治省工作先进单位”，区法院和田家炳中学被省授予“广东省法治文化建设示范点”称号。

此外，监察、审计、人事、统计、台务、殡改、海防与打私、物价、普法、妇女儿童、老龄、工商联、外事侨务、档案、地方志、体育、科协、工会、青年、残联、侨联、民族宗教等工作也取得新成绩。全区各项工作协调并进，营造了和谐有序的发展环境，持续保持社会大局稳定。

过去一年，我们坚持加强政府自身建设，不断完善决策机制，提高依法行政水平。坚持向人大及其常委会报告工作，向人民政协通报情况，自觉接受监督，办理市、区人大代表议案建议6件，区政协提案57件。认真听取各民主党派和工会、共青团、妇联等群团意见，凝聚各方智慧，改进政府工作。大力争取上级财政政策和项目资金等支持。扎实开展党的群众路线教育实践活动，严格落实中央八项规定及省市实施办法，深入推进政务整治和财政供养人员“吃空饷”专项清理等行动，认真查摆“四风”等方面突出问题，制定落实整改措施，建立健全长效机制，取得明显成效。区一级精简文件10%、会议8%，压缩“三公”经费16.5%，工作效率和服务水平得到提高。

各位代表！过去的一年，我们取得这样的成绩确实来之不易。这是市委、市政府和区委正确领导的结果，是区人大、区政协监督支持的结果，是全区广大干部群众共同努力的结果。在此，我代表区人民政府，向关心支持我区发展的各界人士和广大人民群众致以崇高的敬意！向长期关心支持我区发展的港澳台同胞、海外侨胞表示衷心的感谢！

在肯定成绩的同时，我们也清醒地认识到，我区经济社会发展仍然存在一些问题和困难，主要有：一是经济发展增速缓慢，财政收支矛盾突出。虽然经济运行平稳，但发展“短板”较为突出，现有企业转型升级困难，新增规模企业数量少，经济发展增速缓慢，特别是实际利用外资总额下降幅度较大。由于缺乏管理资源，经济总量小，缺乏大型企业和可持续税源，导致财政收支不平衡，发展后劲不足。公共财政预算收入少，收支矛盾十分突出。二是社会管理不尽完善，维稳任务依然繁重。随着城市发展步伐加快，特别是新区建设的深入推进，涉土、涉农等社会矛盾问题越来越多，处理难度越来越大。禁毒斗争难度加大，“两抢一盗”等犯罪活动时有发生，社会治安管控形势严峻。三是基层监管力度不够，行政效能有待提高。基层村务、财务尤其是“三资”管理不够规范，监管力度不够，基层治理水平有待进一步加强。一些干部“庸懒散”及执行力不高问题仍然存在，个别职能部门和窗口单位工作效率不高。对此，我们必须高度重视，采取有效措施，认真加以解决。

2015年工作安排

2015年是全面落实依法治国方略的开局之年，是城区推进扩容提质、振兴发展的关键之年。随着中央依法治国战略部署的推进，省委、省政府促进粤东西北地区振兴发展战略的深入实施，深圳对口帮扶汕尾的全面深化，汕尾新区建设的强力推进，我区将迎来更好的发展契机。

2015年政府工作的总体思路是：全面贯彻党的十八届三中、四中全会、中央经济工作会议、省委十一届四次全会和市委六届四次全会精神，按照区委七届四次全会的部署，适应新常态下的要求，用好新常态下的机遇，实现新常态下有新作为，新常态下能快发展，全面融入汕尾新区建设，全面推进依法治区，着力发展实体经济，全力推进城区扩容提质、振兴发展，把我区建设成为高端产业创新区、商贸物流集聚区、人海和谐发展示范区。

2015年的主要预期目标是：地区生产总值增长9.0%，规模以上工业增加值增长14.0%，农业总产值增长4.5%，公共财政预算收入增长6.0%，社会固定资产投资增长15.0%，外贸出口总额增长10.5%，社会消费品零售总额增长10.0%，城镇登记失业率控制在3.0%以内，城乡居民人均可支配收入增长8.0%，节能减排约束性指标完成市下达年度计划。为此，必须着力抓好九项工作：

一、加快起步区征地工作，促进重点项目落地建设

今年要树立“项目为王”的思想，大力开展“工作落实年”活动，落实重点项目领导责任制，强力推进中央商务区、红草高新区和金町湾滨海旅游区三个新区起步区征地工作，促进更多重点项目落地建设，为经济社会跨越发展打下基础。

开工建设一批项目。计划安排续建和新开工重点项目24个，总投资129.03亿元，其中今年计划完成投资25.66亿元。重点抓好金町湾旅游综合地产、广物汽车城、真金店金银珠宝城、胜大光电、宝民汽车用品、南储仓储冷链物流园等大型项目的落地建设，加大铜鼎山郊野公园、天明金海明珠房地产、逸挥基金医院肿瘤防治中心和全科医生培训基地、城区妇幼保健院综合楼等项目建设的推进力度，加快深汕高速长沙湾互通立交改建工程、红草马宫联围达标加固工程、田家炳中学新教学楼等一批市政、交通、水利、教育基础设施项目建设步伐，着力建设完成一批关联度大的龙头项目、带动力强的基础设施项目和附加值高的旗舰型项目，为我区经济社会持续发展奠定基础。

筹划一批项目储备。积极做好发展项目的长期规划，筹措蓄积一批预备项目。深入研究国家宏观调控政策走向，紧紧把握中央、省扩大内需的政策机遇，主动做好项目的规划、包装、申报和跟踪工作，力争更多项目纳入国家和省的资金计划“笼子”。当前，要切实做好新港过海通道建设、宝楼灌区节水改造工程、市区教育实验园区等预备项目前期工作，尽快落实项目核准、用地手续、资金筹措等工作，促其早日开工建设。同时要积极推进多渠道、多层面、多样化融资，鼓励推行BT、BOT等多种运营方式，吸引外资、民资和社会资金参与城乡基础设施建设，不断为实现跨越发展积累充足的项目投资储备。

建立一套督查机制。按照责任、督察、奖罚三大机制要求，建立区领导和相关部门挂钩联系重点项目制度，着力推行“四个一”的做法，即：一个项目、一个责任班子、一本台账、一抓到底，全力推进新区起步区征地工作和重点项目建设。

二、突出发展主导产业，做大做强实体经济

大力发展具有发展潜力和地方特色的主导产业，注重增强发展内生动力，构建现代产业体系，做大做强实体经济。

突出发展高新技术产业。以红草工业园区为载体，充分发挥信利、德昌等电子信息产业龙头企业的带动作用，吸引更多的电子信息生产企业和相关产业到我区发展，争取信利电子6代产品落户工业园区，加快电子信息产业基地建设，形成和完善电子信息产业链。以五丰水产品、国泰水产品等企业为龙头，建设以五丰胶原蛋白肽等产品为重点的食品加工基地。重点抓好电子二极管、三极管、卫星导航仪、渔船航海仪器通导设备等高新技术项目，扶持培育一批核心竞争力强、产品市场占有率高的高新技术产业龙头企业。对接省战略性新兴产业发展规划，推进生物制药、半导体照明、新能源汽车下游产业链条、新型高端电子信息等国家新兴战略性产业发展，做大做强高新技术产业。

突出发展商贸物流产业。依托中央商务区区位优势，利用城市中心、临港工业、交通枢纽和港口资源，发挥汕尾火车站集散作用，推进南储仓储冷链物流园、广物汽车城等项目建设，打造一批高端商贸综合体，把我区建设成为粤东与“珠三角”地区的物流中转基地。加快渔业水产品交易流通，实施快递下乡工程，推进“万村千乡”市场改造升级，培育农村流通合作服务组织。

突出发展滨海旅游产业。利用好海滨城市的丰富旅游资源和人文资源，突出滨海休闲主题，进一步优化旅游发展空间布局，推进旅游基础设施和景点景区建设。推进铜鼎山郊野公园创建国家AAAA级景区，加快保利金町湾旅游度假城项目建设。启动品清湖国家级海洋公园和国家AAAAA级景区的论证规划建设，加强对品清湖、银龙湾、龟龄岛、得道庵等旅游资源的保护和利用，推进“凤山妈祖文化产业园”的规划建设，积极招商启动品清湖游艇休闲旅游项目和龟龄岛海岛游项目，培育一批竞争力强、影响力大的旅游品牌，延伸旅游产业链，打造旅游强区。重视旅游地产的发展，走休闲度假旅游与房地产联合开发两者相互促进的发展路子，积极发展生态、健康、休闲、度假、旅游地产。

三、充分发挥独特优势，打造农业渔业新亮点

加快转变农业发展方式，提高农业综合生产能力、抗风险能力、市场竞争能力。不断增强农业农村发展活力，力促农业增效、农民增收、农村稳定。

促进渔业转型升级。切实抓好马宫、捷胜渔港建设，加强水产品交易市场管理，整顿农副产品市场，加快转型升级，擦亮渔业品牌，扩大渔业生产。大力发展远洋捕捞业，进一步提高远洋捕捞在渔业中的地位和比重，加快搭建海洋产业信息交易平台，推进汕尾（马宫）海洋渔业科技产业园区建设。

加快发展现代农业。深入开展粮食稳定增产行动，建设高标准农田，抓好“菜篮子”工程。大力推进农村“三资”管理平台建设，全面完成农村土地经营权确权、登记、颁证工作。加强现代农业产业体系建设，培育农业龙头企业、农民专业合作社，争取新建1~3个无公害蔬菜示范基地。推进小型水库除险加固工程、红草马宫堤围海梧加固工程建设。力争省级新农村示范片建设项目落户城区。

加大扶贫开发力度。进一步落实“规划到户、责任到人”扶贫开发工作，推行“一村一策、一户一法”的综合扶贫措施。主动联系深圳市四大办公厅对口扶贫工作，积极发动农业龙头企业参与扶贫开发，帮助和提高农民自主发展能力，增加贫困家庭非农收入。加大与深圳市光明新区对口帮扶力度，引进资金和项目，改善农村基础设施。

四、以扩容提质为抓手，推进宜居城乡建设

坚守生态保护底线，促进绿色、循环、低碳发展，以扩容提质为抓手，以创建省文明城市和省卫生城市活动为契机，着力打造环境优美、特色鲜明的现代化宜居宜业宜憩新城区。

加强城镇规划建设。进一步完善城镇规划、建设和管理，大力发展特色专业镇。推进幸福村居创建和名镇名村示范村建设，完善农村生活垃圾收集、转运、处理体系，改善农村人居环境，建设美丽乡村。提升村卫生室服务水平，建设数字农家书屋。加强农村集体“三资”管理。按照集约用地、合理用地原则，充分利用省、市“三旧”改造优惠政策，促进城镇产业升级、环境更新和新农村建设。

依法参与城市管理。深入开展创建文明城市活动，加强城乡建设管理。开展市容环境综合整治，全面落实市区“门前三包”责任制。加快推进市区防洪治涝保安工程，逐步建立城乡统一的垃圾转运及处理系统，加快市区5个垃圾转运站规划建设。扎实推进卫生城市创建活动，主动配合市城管执法部门开展乱搭乱建、占道经营等专项整治行动，提高市民文明素质。积极主动争取市直有关部门的大力支持，推进红海西路项目改造工程建设，打通市区一批断头路，逐步提升城市品位，塑造城市良好形象。

建设生态宜居城乡。实施大气污染防治行动计划，加快淘汰落后产能，加大大气、固体废物、重金属污染防治力度，全面推行清洁生产，确保PM2.5、PM10达标，增创我区生态新优势。落实森林防火责任制，加强森林防火队伍和护林员建设，提高森林管护水平。抓好森林资源二类调查及生态红线划定工作，做好森林抚育2万亩建设任务，确保生态景观林带建设取得成效。加强海洋资源保护力度，实施品清湖动态监管，争取品清湖列入省美丽海湾建设试点项目。

五、营造亲商投资环境，提高对外开放水平

牢固树立“人人都是投资环境，招商引资人人有责”的发展理念，着力营造全社会参与招商引资的浓烈氛围。

着力改善投资环境。优化投资服务环境，不断完善“金钥匙”保姆式服务工程，推行“一站式”、订单式政务服务，进一步改善招商引资的人文环境和政务环境，积极打造“利企、便企、帮企、扶企”服务链，架起“安商、亲商、稳商、富商”立交桥，切实用人情温暖、政策扶持和多赢局面吸引外商投资置业。落实培育大型骨干企业和扶持中小微企业发展政策措施，帮助企业解决用工、用地、融资等生产经营中遇到的难题。

提高招商引资水平。实施“乡贤反哺”工程，落实招商引资工作责任制，不断创新招商引资方式，拓宽招商引资渠道，推行上门引商、以商引商、产业招商和园区招商等方法方式，引进外商到我区投资置业。加强与深圳市光明新区对口帮扶工作，开展招商推介活动，共建产业园区，吸引一批高科技、高附加值、辐射力强的大型企业，尤其是国有、民营大中型企业，国内500强甚至世界500强企业来我区落户建设。

做活对外贸易文章。落实各项鼓励出口的政策措施，充分发挥部门协力，提高通关、质检、退税及外汇管理等环节的便利水平，营造“大通关”环境。继续实施“产品回归”和“价格回归”策略，不断提高出口总量和创汇创税效益。加强对外贸企业的管理与服务，重点支持信利、德昌等外资企业，以及五丰、国泰等出口企业扩大出口产品规模。坚持抓大促小，不断提高出口产品的档次和附加值，增加出口配额，争取更多的企业组织更多的产品出口，努力促进外贸出口快速回升。

六、坚持开源节流措施，提升财政保障能力

坚持“生财有道，聚财有方，用财有规”原则，围绕今年的财税增收目标，培育更多税源，拉动财政收入稳步增长。

培植壮大财源。充分利用科技投入、财政贴息、以奖代补等财税政策，鼓励企业扩大投资，加快重点项目建设，积极引进和扶持外源型项目。整合政府资源，盘活国有资产。积极争取市对我区的财力保障。争取国家把我区纳入欠发达革命老区支持范围，享受参照原中央苏区优惠政策。扩大民间投资领域，增加民间资本在社会投资中的比重，多渠道实现财税增收目标。

加强财税征管。切实抓好房屋租赁税、房地产税、土地使用税和车船使用税等重点税种和生产经营大户、外商投资企业的税收征管工作，严厉打击偷税、逃税、骗税等违法犯罪活动，促进企业规范建账和自觉纳税，确保各项税种依法征缴，应收尽收。强化各地、各部门协税护税意识，健全齐抓共管的财税工作格局。深入挖掘非税源泉，不断增加财政收入。

坚持科学理财。紧紧把握国家和省市财政政策实施方向，突出支出重点，充分发挥财力资源的最大效用，确保工资及政权运转。要切实加大对民生领域和社会事业的支持保障力度，加强对“三农”、科技、教育、卫生、文化、节能环保、社会保障、保障性住房等方面的支持投入，积极扶持中小企业发展，促进居民消费，支持重点领域改革，扶持一批在建重点项目。同时，要加强财政资金的监管，加大审计工作力度，杜绝截留挪用和挥霍浪费。要坚持厉行节约，减少“三公”经费开支，努力把有限的财政资金用到刀刃上。

七、全面深化改革创新，激发改革发展活力

改革是加快转变发展方式的强大动力，必须以更大决心和勇气全面推进各领域改革，激发经济社会发展新活力。

深化行政审批制度改革。继续清理精简行政审批事项，取消非行政许可审批事项。推进行政审批标准化建设，优化行政审批流程，探索建立“办事工作日”“告知承诺”机制，公布实施行政审批标准化办事指南和业务手册。继续完善全区网上办事大厅建设，开通镇街网上办事站，加快推进政府服务事项网上全流程办理。

深入推进商事制度改革。继续推进“先照后证”改革，加强工商登记审批事项目录的动态管理，实现与国家目录有效对接。推进电子营业执照系统建设，打造便捷高效的网上登记注册大厅。稳步推进工商营业执照、组织机构代码证、税务登记证“三证合一”登记制度改革，推进工商注册制度便利化。

加强投融资体制改革。认真贯彻国务院《关于创新重点领域投融资机制鼓励社会投资的指导意见》，充分发挥振兴基金及投融资平台的杠杆作用，大力推动企业发债等融资模式，鼓励引导各类资本参与城市公共基础设施和社会事业建设。加强担保平台建设，积极稳妥推进风险投资、知识产权质押融资等科技金融工作。鼓励支持企业上市，引入和推动私募基金、债券、股权融资等投融资模式。此外，扎实推进其他领域改革工作，继续深化价格、土地、户籍等改革工作，稳步实施基层社会管理体制改革，创新村居基层治理模式。推进公务用车制度改革、渔业经济体制综合改革、公立医院改革、事业单位分类改革等工作。

八、更加注重民生保障，构建和谐幸福城区

坚持把改革发展成果惠及百姓，切实解决群众关注的热点、焦点问题，更加注重民生保障，大力推进底线民生、教育均衡、医疗卫生、农村道路改善和法律服务等民生实事。

强化社会保障工作。以创业带动就业，促进大学生等重点群体就业。深化与深莞惠经济圈各市劳务合作，大力推进劳动力技能晋升培训转移就业。推进城乡养老保险制度建设，加强社会保险基金监管。加快实现社保卡“一卡通”，提高城乡低保标准和补助水平。力争分期分批将重度残疾人和困难残疾人列为低保对象。实现医疗救助“一站式”即时结算服务体系全覆盖。

大力发展教育事业。继续推进教育创强，力争申报教育强区通过省验收。完善教育信息化建设，大力推进网络进课室。创新办学模式，加快发展中职教育、特殊教育，支持鼓励民办教育发展。深入实施“强师工程”，加强教师队伍建设，建设教师公租房，改善教师工作和生活条件。

发展文化卫计事业。加快推进区文化馆、区图书馆等文化基础设施建设，广泛开展全民健身活动。创建全省双拥模范区，深入开展文明城市创建活动。稳妥推进公立医院改革,逐步推动平价医院试点工作。建设区域医疗网络信息平台，完善群众健康档案管理，促进三级医疗网络全覆盖。继续做好农村妇女“两癌”免费筛查工作。加强重大动物疫病和H7N9流感疫情防控，保障公共卫生安全。严格执行计划生育政策，加强计划生育服务和管理，努力稳定低生育水平。

创建“平安城区”活动。深入开展专项打击行动，健全社会治安防控体系，严厉打击涉毒、涉“黑恶”、涉“两抢一盗”、涉枪、涉假、涉赌、涉诈骗这七个社会治安突出问题，深化“无毒社区”创建工作，形成全民参与禁毒氛围，确保全区社会治安稳定。落实区党政领导信访包案责任制，完善镇（街道）和村（社区）综治信访维稳中心建设，妥善处理群众关注的突出矛盾和问题。加强普法教育，加大法律援助和司法救助力度。切实做好海防与反走私工作，严厉打击制假售假、非法传销等犯罪活动。坚决落实安全生产“一岗双责”、属地管理和企业主体责任，加大安全隐患排查整治力度，加大职业病的防范，预防和遏制重特大事故。强化食品药品安全监管，做好公共卫生安全，确保社会大局稳定。

发展其他社会事业。坚决执行遗体火化“一刀切”政策不动摇，巩固和扩大殡改工作成果；加快各镇公益性公墓山（骨灰楼）、芦列坑公墓园等殡葬设施建设，提高殡葬基本公共服务水平。继续做好审计、统计、物价、人防、对台、民族宗教、外事侨务、妇女儿童、共青团、商业、供销等工作。同时，注重解决民生突出问题，积极协调市相关部门，切实解决历年征地留成用地问题，扎实做好惠民实事。

九、强化政府执行力，努力建设法治政府

善用法治理念，推进依法行政，切实加强政府自身建设，当好人民群众的“服务器”。

加强民主法治建设。认真落实区人大及其常委会各项决议决定，坚持向人大及其常委会报告工作，加强民主协商工作，定期向政协通报工作情况，认真听取各民主党派、工商联、无党派人士和各人民团体的意见建议，切实做好人大代表议案和政协提案办理工作，自觉接受各方监督。推进依法治区工作，建设法治政府。发挥主体责任，全面开展依法行政工作，完善配套制度建设，健全行政决策机制，创建法治村社，落实“送法下乡”、“村（组）账镇代管”、农村“三资”管理、“一村（社区）一法律顾问”活动等制度和措施，让基层干部学法懂法，做到办事依法，遇事找法，解决问题用法，化解矛盾靠法的法治环境，从根本上推进基层依法治理。

深化政务整治行动。落实中央八项规定和“三严三实”的要求，严守政治纪律，巩固和拓展群众路线教育实践活动成果，推进作风建设制度化、常态化。加强政风行风建设，切实改进文风会风，大力整治“中梗阻”“庸懒散”等问题，建设服务型行政机关。

提高政府行政效能。按照区委七届四次全会的部署要求，强化行政执行力建设，聚精会神脚踏实地抓好落实，做到重实干、办实事、求实效，大兴求真务实之风，建设高效型行政机关。认真做好汕尾市“12345”政府服务投诉举报平台对接工作，妥善协调、处理辖区内群众反映的突出问题。不断完善党政OA系统及网上办事分厅系统建设，提高政府行政效能。

各位代表，今年是我区经济加快发展的关键一年，目标令人鼓舞，形势催人奋进，让我们更加紧密团结在以习近平同志为总书记的党中央周围，在市委、市政府和区委的正确领导下，紧紧团结和依靠全区人民，以坚定不移的信念、昂扬向上的斗志，为推进城区扩容提质，加快振兴发展而努力奋斗！

汕尾市城区2014年八件民生实事落实情况表

表1

序号	事项名称	具体内容	落实进展情况	责任单位
一	提高底线民生保障水平	提高城镇低保、农村低保平均补贴水平和农村“五保”供养标准	城乡低保平均补贴水平和农村“五保”供养水平已在7月份起按新标准执行了。即：城镇低保标准由原每人月275元提高到380元，补差由原人月均242元提高到335元；农村低保标准由原每月185元提高到240元，补差由原人月均109元提高到150元；“五保”供养集中标准从原每人月520提高到580元，散居供养标准从原每人月460元提高到520元	区民政局
二	提升就业社保水平	促进创业、失业人员再就业，新增城镇就业、转移农村劳动力就业人数，扩大城乡居民医保、养老保险覆盖面。建设区人力保障资源和社会保障综合服务中心。基本实现社会保障卡户籍人口全覆盖，以社会保障卡为载体推进政府公共服务“一卡通”	促进创业完成283人，新增城镇就业5301人，新增转移农村劳动力就业6594人，失业人员再就业2204人，完成城乡居民医保312824人，完成城乡居民养老保险83137人，基本实现社会保障卡户籍人口全覆盖，以社会保障卡为载体推进政府公共服务“一卡通”。建设区人力资源和社会保障综合服务中心无进展	区人社局
三	推进城乡教育协调发展中职学校协调发展	完成凤山、香洲、捷胜等镇（街道）的教育强镇（街道）和教育强区的申报工作。抓好高中阶段教育基础设施建设，重点发展7所高中阶段学校；加快中职教育发展，使普通高中和中职学校协调发展。加快推进镇（街道）中心幼儿园建设，规划建设7所规范化幼儿园	各中小学已列出完成时间表和路线	区教育局
			新城中学食堂已竣工交付使用；田家炳中学教学楼已完成招投标的前期工作；汕尾中学正在设计预算；职中已完成招投标	
			已建成捷胜、红草、新港、马宫4所规范化幼儿园	
四	加强医疗卫生服务	全区实施艾滋病、梅毒和乙肝感染孕产妇及所生婴儿接受免费干预服务，比例达到80%。新增农村妇女“两癌”检查补助经费。卫生院在编专技人员岗位津贴补贴。人均基本公共卫生服务专项经费从2013年30元提高到35元。为乡镇卫生院配备救护车、全自动生化仪、心电图仪、X光机、B超机。加快逸挥基金医院肿瘤防治中心、区妇幼保健院综合楼、东涌镇卫生院门诊住院综合楼建设	全区艾滋病、梅毒和乙肝免费筛查共6233人，检测率达100%，其中，检出梅毒4例，乙肝表面抗原阳性557例，免费干预比例100%	区卫生局和逸挥基金医院
			全区开展“两癌”筛查工作：财政用2012年基层卫生机构综合改革以奖代补专项资金做为区级配套10万元	
			卫生院在编专技人员岗位津贴补贴未落实	

续表 1

序号	事项名称	具体内容	落实进展情况	责任单位
四	加强医疗卫生服务		人均基本公共卫生服务专项经费：至现未收到 2014 年的基本公共卫生服务专项经费	区卫生局和逸挥基金医院
			2013 年年底区卫计局与区财政局联合制定了《汕尾市城区乡镇卫生院“五个一”设备装备实施工作方案》，编报“五个一”采购计划，含 500mAX 光机 2 部、心电图 3 部、全自动生化分析仪 3 部、黑白 B 超 1 部、彩色 B 超 1 部、DR 机 1 部，装备资金总预算为 167.5 万元，区所需预算资金 40%，共 67 万元，现区卫计局已报告要求政府落实区级配套资金	
			逸挥基金医院肿瘤防治中心：完成项目基坑支护工程	
			东涌镇卫生院门诊住院综合楼建设：补办报建手续	
			区妇幼保健院综合楼工程：地桩已完成，2014 年年底验桩，项目在积极推进中	
五	优化文化体育设施	建设镇（街道）综合文化站 2 个、村文化室 9 个。做好明代墩下城城墙遗址保护修护工作	香洲街道综合文化站已建成，马宫街道综合文化站主体工程已基本建成，正在进行室内外设施配套。村文化室已建成 12 个	区科技文体局和香洲街道
			墩下城城墙修缮：专家进行了前期调研，并现场勘察；方案已审批，但资金不到位	
六	改善农村生产生活条件	建设 25 公里农村硬底化公路	已完成 25 公里，投入资金 1000 万元，各地方配套资金 865 万元	区交通局
		建设 2000 亩高标准基本农田	2012 年城区农业局承担的高标准基本农田项目建设工程已于 2014 年 6 月 30 日全部完工，7 月 15 日通过初步验收，工程质量达到“合格”等次	区农业局
七	加强住房保障	改造 450 户农村低收入住房改造户住房	2014 年度省下达农村低收入住房困难户任务 450 户，9 月份完工 226 户	区扶贫办
八	抓好防灾减灾工程建设	列入 2013 年度《广东省一般小（2）型病险水库除险加固工程规划》11 宗小（2）型水库除险加固工程	2014 年 11 宗小（2）型病险水库除险加固工程主体工程已基本完工，完成投资 1044 万元，占预算总投资 1739.51 万元的 60%	区水利局

特 辑

TE JI

城区第二批党的群众路线教育实践活动

城区参加第二批党的群众路线教育实践活动的党组织有411个（包括70个区直单位，7个镇、街道，94个村、社区，35个“两新”组织）、党员10549名（包括县处级党员领导干部26名，科级党员领导干部363名）。全区各级、各部门牢牢把握“照镜子、正衣冠、洗洗澡、治治病”的总要求，凸显地方实践特色，取得了明显效果。

一、主要做法

（一）领导抓、抓领导，大力营造浓烈氛围。

1. 注重领导带头。活动中，各级领导特别是党组织书记始终把活动作为首要任务来抓，落实在行动中，带头开展教育实践活动，起到了很好的示范带动作用。市委常委、区委书记陈少荣率先垂范，带头行动。在2014年新年后第一个工作日就到捷胜现场办公；3月3日又带队到凤山街道蹲点调研、“走亲连心”，为城区各级领导干部作出表率。

2. 层层动员部署。成立了以各级党组织“一把手”为组长的领导小组，构建了党组织书记负总责、实践办抓运作、督导组抓督查、党员领导干部作示范的“四位一体”的工作格局。

3. 大力宣传造势。利用《汕尾日报》《今日城区》、专题简报、学习栏、横幅标语等载体，大张旗鼓宣传党的群众路线教育实践活动，总结交流各地、各单位的好经验、好做法，营造浓烈的活动氛围，使活动家喻户晓、深入人心。活动中，全区共布置各类宣传学习栏400多个，编发区级简报159期，其中，被市委专题简报采用的就有35条，《南方日报》、中国基层党建网、广东新闻台、《广东党建》杂志、市委教育实践活动简报等均对城区开展教育实践活动的相关情况进行了介绍和报道。

4. 全程严格督导。省委第五督导组、市委第一督导组对城区的教育实践活动悉心指导、全程把关、严查实导，为城区教育实践活动的健康、有序、有效开展开方把脉，提出许多有针对性、建设性的意见。

（二）高标准、严要求，推动活动深入开展。

1. 大抓学习，“提神醒脑”。城区把抓好学习教育作为基础环节，在针对不同单位、领域的实际情况，做到“四落实一确保”（落实学习对象、落实学习任务、落实学习内容、落实学习时间，确保学习效果）的同时，注重创新学习方式，丰富学习内容，组织开展具有城区特色的“七学”活动（领导带学、专家导学、部门专学、特色乐学、网络热学、下乡送学、实践活学），使学习变得更加生动有趣，更加入心入脑。城区在活动中将妈祖精神与汕尾渔歌结合起来，就地取材编辑首创的渔歌剧《默娘》作为城区教育实践活动倡廉励志剧目。该剧已多次公演，受到省委督导组及市领导的高度肯定和群众的一致赞扬，教育意义非常明显。

2. 广开言路，“断症寻方”。在教育实践活动第一、第二环节中，城区坚持广听民声，广纳民意，务求照好镜子，查出“症结”，组织全区各级党组织和广大党员开展了“六进五听四查三对照”活动。[其中，“六进”指进村（社区）、进镇（街道）、进机关、进企业、进学校、进百姓家门；“五听”指听群众百姓呼声、听党员干部心声、听社会舆情民声、听服务对象诉声、听党外人士议声；“四查”指查思想之“病”、查作风之“弊”、查行为之“垢”、查道德之“患”；“三对照”指对照党章找差距、对照先进典型找差距、对照群众期盼找差距]。收集到大量党员、群众意见建议。其中，区委收集到839条，区政府950条，区人大204条，区政协206条。

3. 深刻剖析，“红脸出汗”。城区各级、各部门在第二环节开好民主生活会、开展批评与自我批评中，坚持问题导向，敢于大胆剖析问题，敢于揭短亮丑，做到“不怕辣、怕不辣”，确保“红红脸、出出汗”。一是会前做足充分准备。二是开展批评和自我批评“真刀真枪”。三是会后及时做好相关工作。

4. 整改落实，“正冠治病”。城区坚持边学边改、立说立行，做到找准根子，开好方子，正好衣冠，猛药治病。一是抓“两方案一计划一清单”的制定，明确整改任务。是年，各单位制定的1438条整改措施中，已落实整改的有905条，占总数62.9%；每名党员都制定了整改措施。二是出台记分工作法，重点整治“庸懒散奢”问题。对“不作为”“慢作为”“乱作为”等行为，实行记分工作法，被责任追究的工作人员，取消其当年评先评优资格。三是建章立制，巩固活动成效。据统计，全区各地各单位制定的规章制度225个，废除的165个，完善的427个。

（三）重创新、求实效，把“两机两器”贯穿始终。

在教育实践活动中，城区针对部分党员战斗力不强问题，推出当好“两机两器”这一“自选动作”，贯穿整个活动始终。

1. 强化大局意识，当好新区建设的“发动机”。红草高新产业园区申报省级高新区经历14年，终于在2014年7月正式发文认定；火车站综合商贸物流区、金町旅游度假区及红草高新产业园区的三个新区起步区征地和招商工作稳步推进。

2. 强化责任意识，当好项目建设的“推土机”。是年，各个重点项目进展不错，环品清湖中心区已征储备土地1300亩；碧桂园二期在建土地682亩；火车站综合商贸物流区已征地1800多亩；红草高新产业园区已签征地协议2500亩，其中已报件832亩；金町旅游度假区已征地842亩，“好日子”“又一居”“红星美凯龙”用地625亩，以及2.2万亩“三旧”改造土地，已进入省国土资源厅“笼子”，已报市政府17宗。

3. 强化底线意识，当好社会稳定的“稳压器”。2014年1月~8月，全区共破刑事案件225宗，查处治安案件1048宗；共接待群众来访195批464人次；共受理矛盾纠纷465宗，依法调处成功453宗，调处成功率97%。

4. 强化宗旨意识，当好人民群众的“服务器”。是年，组织开展“手牵手参与城市管理，心连心服务汕尾”系列活动。3月27日在市区慈云山举行启动仪式，1500多人参加，开展各项志愿服务24场次，发动志愿者1200多人次。

二、主要成效

城区历时近8个月的群众路线教育实践活动，经过上下共同努力，取得了初步成效。

（一）党员干部得到教育，理想信念进一步坚定。

活动中，通过贯穿始终学理论、学党纪、学先进，用身边人身边事传递正能量，特别是整个教育实践活动，把学习习近平总书记系列重要讲话贯穿始终，广大党员、干部受到了一次深刻的马克思主义群众观点教育，补充了精神之钙、擦亮了信仰之灯、敲响了警醒之钟。

（二）“四风”问题得到有效整治，干部作风进一步好转。

城区紧紧抓住“四风”问题，边学边改，立行立改。一是在反对形式主义方面，有效地减少了文山会海、学用脱节、工作疲沓、不务实效等问题。二是在反对官僚主义方面，有效地减少了脱离群众、高高在上、好大喜功、吃拿卡要、与民争利等问题。三是在反对享乐主义方面，有效地减少了精神颓废、不思进取、及时行乐、特权思想、计较待遇、追名逐利等问题。四是在反对奢靡之风方面，有效地减少了铺张浪费、违规建设、大吃大喝、大操大办、节庆泛滥、超标接待、滥用公款等问题

（三）群众反映强烈的问题得到有效解决，党群干群关系进一步密切。

各地各单位坚持问题导向，把转作风与察民情、解民忧、惠民生有机结合起来，努力为群众办实事、做好事。特别是汕尾市委书记温国辉在红草镇开展“走基层、听民声”活动时，仅用16天的时间就解决了困扰晨洲村村民18年的户口问题，为城区党员、干部上了既深刻又生动的一课，促使城区党员干部正视问题、改正不足、转变作风。

（四）基层组织建设得到加强，党的组织基础进一步夯实。

活动中，区委把加强基层党组织建设放在重要

位置，多措并举，抓实抓好。一是村（社区）“两委”换届选举工作顺利完成。是年3月31日，100%完成村、社区换届选举工作，结束以往个别村（社区）没有完成或没有完全完成选举的状况，实现了重难点村换届选举“不留尾巴，不拖后腿，保质保量”和村（社区）书记、主任“一肩挑”比例、“两委”干部交叉任职率达到“两个80%左右”的目标。二是后进党支部整顿工作成效明显。活动中，对全区357个党支部进行排查，按村级10%、区直单位和“两新”组织5%的比例倒排出软弱涣散党支部24个。

虽然城区第二批党的群众路线教育实践活动取得了良好效果，但是仍存在一些不足的地方。如各级各部门发展不平衡，一些党组织重视程度不够；一些单位没有把教育实践活动与工作有机结合起来，存在“两张皮”的现象；一些党员干部和单位整改落实的力度还不够，存在避重就轻的现象；由于受职能职责所限，一些历史遗留问题难解决、难落实。针对这些问题，城区领导班子将认真加以解决，在下一步工作打算中做到“三个抓好”：一是继续抓好回头看。组织各地各单位严格对照上级要求，对整个教育实践活进行回头看，做好查漏补缺工作。二是继续抓好整改落实。主要是抓好“两方案一计划一清单”的落实，防止活动结束整改停止，或者整改避重就轻，搞有选择性整改的不良现象。三是继续抓好作风建设。作风建设永远在路上。要继续聚焦“四风”，防止边整、边改、边反弹，不断加强作风建设。

（中共汕尾市城区委）

汕尾市城区建立全市唯一省级的汕尾高新区红草园区

广东汕尾高新技术产业开发区（以下简称汕尾高新区）于2014年7月经广东省人民政府批准设立的省级高新技术产业开发区，下辖信利工业园、新湖工业区、埔边工业片区，红草园区是高新区的拓展区，园区总规划面积17.3平方公里，是承接“珠三角”产业转移，培育汕尾新的经济增长极的省级工业园区。

优越的区位优势　汕尾高新区红草园区位于汕尾市城区红草镇三和村周边地带，园区规划面积17.3平方公里（首期启动区4.48平方公里）。园区地理位置优越，处于连接汕尾市区和海丰县城两个建设区的发展主轴上，南距汕尾市区10公里，北距海丰县城12公里。深汕高速公路、省道S242线穿过全境；园区分布在深汕高速公路北边和省道S242线海汕公路的沿路两侧，距离深汕高速埔边出入口仅300米、距离厦深铁路汕尾站8公里，交通四通八达，十分便利。

产业规划和发展前景　按照红草园区的产业规划，红草园区将重点发展高端新型电子信息产业，海洋生物产业，食品加工，机械装备制造，新材料、新能源产业和现代服务业六大产业。按照“高端园区、核心园区、创新园区”三位一体的建设理念和“工业新城、产业新园、城园融合”的发展路径，将搭建创新孵化、招商引资、科技金融、人才培养等优质服务平台，着力打造产业规模较大、产业特色突出、创新能力强大、创业活力显著、生态环境良好、城市功能齐全、社会和谐发展的高新技术产业园区。

企业入园落户情况　2014年，拟落户或已落户入园的企业有23家。其中，9月23日广东物资集团广物汽车城项目正式动工建设。已签约项目准备入园投资建设的分别有：广晟南储海洋食品加工冷链物流基地、汕尾海达舍画阁药业基地、汕尾市扬越服饰研发制造基地、汕尾广新信息食品防伪溯源示范基地、伊之情日化有限公司、汕尾金之钻珠宝产业园、广东宝塑科技（汕尾）有限公司、岭峰国际印刷包装商城、广东银鹏康明斯动力城、汕尾通天地通讯城、汕尾市东恩医疗器械有限公司等企业。

（区政府办）

广东省技术创新专业镇——红草镇

红草镇位于广东省汕尾市城区北部，辖下15个村（社区），总面积约70平方公里，总人口4万多人。据统计，2014年全镇实现工农业总产值72.21亿元，其中，农业总产值2.72亿元，工业总产值69.49亿元。

红草镇于2008年被汕尾市科技文体局认定为市级专业镇，特色产业为牡蛎养殖与加工。近几年来，该镇深入贯彻落实科学发展观，坚持以农业稳镇，工业强镇，第三产业兴镇的经济战略，加快转变经济发展方式，着力引进一批效益型、基地型、税收型的大企业。全力营造“尊重劳动、尊重知识、尊重人才、尊重创造”和“创业、创新、创优、创造”的浓厚氛围，不断推进镇属企业科技创新能力建设。一是加大政策扶持力度。充分发挥政府促进科技创新的主导作用，把科技工作列入镇“三个文明”（物质文明、精神文明、政治文明）考核中，对在科技进步方面有突出贡献的予以通报奖励；同时，将各级各类科技奖励政策在第一时间转发到企业，让企业充分了解和掌握政策内容。二是营造科技创新环境。围绕“优化服务、营造环境、增强引力”的目标，大力宣传科技政策和知识，为落户该镇企业营造良好的科技创新氛围。三是提高人的创新能力。提高企业对人才能力的培养和建立起科学的人才创新激励机制。引导企业通过各种方式培养和造就具有敏锐的创新意识，懂技术、会管理、敬业精神强的科技管理专家人才队伍；造就一支掌握先进科学技术而又德才兼备，并有较强市场开发能力的营销人才。四是提高研究开发能力。对企业的研究开发条件进行改善，并创造条件吸收科研力量以多种形式投入到企业创新中来，以抓好前沿性重大关键技术的攻关，带动创新性的研究应用技术开发。同时，按照市场经济的要求，大力开发有自主知识产权的生产技术和有较高附加价值的名牌产品、新产品，成为进入市场的有力武器。五是提高科技成果转化能力。以科技进步为基础，不断加强技术开发和成果转化的力度，在总体上提高传统工艺的技术水平，把创新成果批量化，为企业创造经济效益。位于该镇埔边工业园区已拥有德昌电子有限公司、银鹏发展有限公司、快捷通导设备有限公司等一批生产规模大、经济效益好、品牌知名度高的电子机械类龙头骨干企业。2014年，红草镇电子机械类相关企业年产值达到33亿元，约占全镇工业产值47.5%。另外，随着红草镇积极推动红草工业园区申报省级高新技术开发区，并进一步推进高新区建设工作，红草镇的电子机械类企业大量增加，产业规模也越做越大，电子机械类特色产业产值已远远超过牡蛎养殖与加工产业产值。红草镇于2013年向汕尾市科技局申请更改专业镇的特色产业为电子机械，并得到批准；2014年，成功被省评定为“广东省技术创新电子机械专业镇”。

红草镇电子机械类龙头企业选介：

汕尾德昌电子有限公司　该公司于1995年在中国广东省汕尾市注册成立，至2014年，已建设成为现代化的半导体生产基地，主要从事生产稳压二极管、肖特基二极管、开关二极管、整流二极管、瞬变电压抑制二极管、触发二极管、场效应管、三极管等半导体元器件。公司现有员工2000多人，拥有经验丰富的中外籍高级管理人员和工程技术骨干组成的专业团队，技术力量雄厚。通过落实执行ISO/TS 16949质量管理体系和ISO 14001环境管理体系，汕尾德昌电子有限公司已成为多间欧美著名半导体公司的特许OEM生产商。同时，德昌自有品牌也已成为世界知名品牌，年总生产能力突破240亿粒。

银鹏集团有限公司　该公司主要经营发电机组

的生产、销售、维护、零件供给等配套服务，是美国康明斯的授权代理商。已连续7年（2002年~2008年）被康明斯评为东亚地区唯一的金牌代理商，并且与国内外著名品牌形成良好的战略合作伙伴关系。该公司是银鹏集团至今为止的三大先进的生产销售基地之一，已全面通过ISO 9001：2008质量认证，主要致力于“银鹏”系列的发动机、发电机组的配套、加工、维修、租赁、销售和零配件供给，以及噪音环保工程的设计和施工。

汕尾市快捷通导设备有限公司 该公司于1997年成立，是广东省汕尾市一家重点科技工贸企业，主要从事航海仪器的研发、生产、维修、批发的企业。企业拥有一支强硬的技术队伍和训练有素的员工，现拥有21项自主知识产权。该公司最新开发的“三合一”卫导/海图/探测仪，克服了几项仪器单独使用的缺点，该项目于2010年12月成功通过国家科技创新基金验收。“ONWA”品牌的创立，现已成为国际市场上极具竞争力的产品之一。

（曾　行）

民生实事稳步推进

提高底线民生保障水平　城乡低保平均补贴水平和农村“五保”供养水平已在2014年7月起按新标准执行。即：城镇低保标准由原每人月275元提高到380元，补差由原人月均242元提高到335元；农村低保标准由原每月185元提高到240元，补差由原人月均109元提高到150元；“五保”供养集中标准从原每人月520提高到580元，散居供养标准从原每人月460元提高到520元。

提升就业社保水平　2014年，促进创业完成283人，新增城镇就业5301人，新增转移农村劳动力就业6594人，失业人员再就业2204人。完成城乡居民医保312824人，完成城乡居民养老保险83137人，基本实现社会保障卡户籍人口全覆盖，以社会保障卡为载体推进政府公共服务“一卡通”325833人，全区征收社会保险基金1.3698亿元。

推进城乡教育协调发展　2014年，建设完成了捷胜、红草、新港、马宫4所规范化幼儿园。抓好高中阶段教育基础设施建设，新城中学食堂已竣工交付使用；田家炳中学教学楼已完成招投标的前期工作；汕尾中学正在设计预算；职中已完成招投标。

加强医疗卫生服务　2014年，全区实施艾滋病、梅毒和乙肝感染孕产妇及所生婴儿接受免费干预服务。免费筛查共6233人，检测率达100%。其中检出梅毒4例，乙肝表面抗原阳性557例，免费干预比例100%。继续抓好动物疫病、人感染H7N9禽流感等重大疾病的防控，免费开展农村妇女“两癌”筛查项目，保障人民群众的身体健康和生命安全。启动逸挥基金医院肿瘤防治中心建设，区妇幼保健院综合楼已动工，东涌镇卫生院门诊住院综合楼一期工程已完工。

优化文化体育设施　2014年，建设了铜鼎山郊野公园、墩下城公园、西兴社区健身园，全面完成7个镇（街道）综合文化站建设任务，建成村（社区）文化室92个和省扶持的“农家书屋”58家。

改善城乡交通设施　2014年，投入资金1000万元，城区相关地方配套资金865万元，建设25公里农村硬底化公路。发动社会筹集资金100多万元，重修市区庙前街、成兴街、码头街、共和街等5条道路。

抓好防灾减灾工程建设　2014年，投资1044万元，11宗列入2013年度《广东省一般小（2）型病险水库除险加固工程规划》的除险加固工程已基本完成主体工程。11宗小（2）型水库分别为东涌镇大陂、定家声、东石石奎、飞龙山、马草湖、许厝乡水库，红草镇海梧、海雅水库，马宫街道蛇地笼水库，香洲街道尖担坑、梧桐坑水库。

（区政府办）

宜居城乡统筹推进

重点基建项目有新突破　2014年，万盛银湖湾小区建设项目一期1批已竣工，一期2批现部分已封顶。泰濠世纪豪庭房地产项目已完工。天明金海华府房地产项目，主体结构施工中。红海西路市政改造工程，计划总投资1.78亿元，已完成道路设计、可研、环评和安置区可研、环评工作。投资1044万元，基本完成11宗列入2013年度《广东省一般小（2）型病险水库除险加固工程规划》的除险加固工程项目的主体工程。安排资金136.5万元，完成新港海堤抢险工程、马宫南湖海堤抢险工程、宝楼水库应急抢修工程。

生态绿化工程有新推进　2014年，投入800多万元完成中央投资沿海防护林建设任务，全区林地面积21.97万亩，其中，生态公益林19万亩，森林覆盖率达到48%。投资6000多万元建设市级铜鼎山森林（郊野）公园和大鹏山森林公园，完善各项配套，提升森林公园建设水平。投入资金1200多万元，完成重点林业生态工程建设48900亩，其中，完成防护林造林10000亩、封山育林18400亩；碳汇造林500亩；森林抚育20000亩。结合创建林业生态区工作，投入资金600多万元，各镇（街道）村（居）委积极筹措资金，“森林进城围城”建设乡村绿化美化村头公园共15个。

城市管理有新措施　2014年，市区环卫作业继续实行市场化运作，初步改变“脏、乱、差”现象。扎实推进创建文明城市工作，在全区开展“手牵手参与城市管理，心连心服务汕尾人民”志愿服务系列活动，引导市民遵守交通秩序，提升市民文明意识。全面完成市区“门前三包”责任书签订工作，积极配合市城管执法部门开展市区占道经营专项整治行动，对汕尾大道、澳门街、通港路、香城路、香洲路等主要干道进行清理整治，共开展联合执法17次，突击整治18次，拆除了市区香洲头村大中华用地范围内600平方米的违章建筑。进一步规范和加强了品清湖的日常管理与环境保护。

对口帮扶工作有新亮点　2014年，全区核定新一轮相对贫困村9个，贫困户397户1780人。积极主动与深圳市四大办公厅对接联系，发动社会各界开展扶贫开发工作，全区共筹集扶贫资金3360万元，其中，到村资金3158万元，到户资金202万元；深圳市四大办公厅投入帮扶资金1699万元。全区投入扶贫建设项目87个，其中，生产经营类项目8个，基础设施类项目39个，民生类项目40个。其中，深圳市光明新区出资300万元，帮扶城区红草、香洲等镇（街道）建设6个村头公园及市区庙前路、西洋村环村公路2条道路改造项目。

公共文体设施有新发展　该区充分挖掘利用社会资源和资金，以省市补助资金为引擎，因地制宜推进镇（街道）文化站和村（社区）文化室建设。2014年，完成了香洲街道综合文化站、马宫街道综合文化站、新港街道综合文化站3个综合文化站建设和12个行政村（社区）文化室建设。建设完善了铜鼎山郊野公园、墩下城公园、西兴社区健身园等公共文体设施。

社会治安保持稳定　2014年，深入开展“六大专项”“雷霆扫毒”“蓝箭3”等专项行动，全年立刑事案件720宗破393宗，破获毒品案件194宗，侦破了“10·26”制毒案，通过大排查，捣毁2处疑似制毒窝点，查获涉嫌制毒工具一批。全区排查出重大矛盾纠纷39宗并全部化解。到市集体访批次和人次同比分别下降66.7%和14.5%。社会治安总体稳定，成为全省零命案发生县区，受到省综治委的通报表扬。

（区政府办）

马宫金町湾保利项目动工建设

汕尾金町湾保利旅游度假城项目是汕尾市新区建设三个起步区重点项目之一，选址于马宫街道金町村，距深汕高速长沙湾出入口 500 米。该地区南临大海，北靠群山，腹地开阔，山海风光旖旎，沙滩沙质幼细，呈白色，沙滩走势直冲半山腰，有白沙浮上山腰之态，故得名“白沙浮”。有佛教寺庙名“白鹤寺”，面朝大海，前视开阔，山海相映，风光绝佳。该项目既是天然优良的海滨浴场，又是旅游观光的胜地，区位优势突显，自然资源得天独厚，极具开发潜力。

汕尾马宫金町湾旅游度假综合服务区规划总面积约为 4500 亩，拟开发建设成一个集旅游度假、休闲娱乐、商住酒店和大型房地产开发等项目为一体的大型综合性休闲度假区。金町湾旅游度假城项目完成一期征地 842 亩和地上物补偿工作，并于 2014 年 8 月 19 日刊登挂牌出让公告，出让面积 422510 平方米，最终由大型央企保利地产（集团）成功摘牌。

保利地产（集团）将整体开发金町湾项目，主要经营旅游度假、休闲娱乐、商住酒店和大型房地产开发等，项目总征地面积为 115 万平方米，其中，一期征地面积已完成 56 万平方米，二期征地面积已完成 59 万平方米，总拟投资约 200 亿元。自 2014 年 8 月 20 日保利地产成功摘牌后，已完成一期征地范围内清除草皮的工作，正在一边填土，一边建设展区，其中，一号展厅拟建二层，建筑面积 800 平方米，底层混凝土结构已建，一号展厅将于 2015 年春节前完成装修工作；二号厅也紧接着在打桩。

（区政府办）

大事记

DA SHI JI

2014年城区大事记

1月

1日 《汕尾日报》报道，省政府常务会议正式审议通过《广东汕尾新区发展总体规划（2013年~2030年）》。汕尾新区四个起步区中有中央商务区、红草高新技术产业园区、金町湾滨海旅游区3个起步区落户城区，总规划面积约12平方公里。

4日 区司法局邀请市、区新闻媒体人士召开推进普法工作座谈会。

10日~12日 市广播电视台在城区凤山妈祖广场举行“2014粤东国际车展”活动。区公安分局出动警力570人次完成了这次活动的安全保卫工作。

15日 区委召开理论学习中心组学习会，传达学习省委第十一届三次全会精神，研究部署贯彻落实意见。市委常委、区委书记、区人大常委会主任陈少荣在会上要求，全区上下必须学习贯彻省委全会精神，推动城区振兴发展。

18日 区司法局局长曾昭谋受区政府委托向区人大常委会汇报2013年度普法工作情况，提请审议2014年度普法工作计划和方案。

20日 区委、区政府印发《关于贯彻落实〈中共汕尾市委、汕尾市人民政府关于进一步促进粤东西北地区振兴发展的决定的实施意见〉工作方案的通知》。

22日 区委召开常委（扩大）会议，学习习近平总书记在党的群众路线教育实践活动第一批总结暨第二批部署会议上的重要讲话精神，部署城区开展第二批党的群众路线教育实践活动。

23日下午 区公安分局在分局七楼会议室，召开全区公安机关2013年度总结表彰大会。

25日 区委七届三次全会召开。会议主要任务是贯彻落实中共十八届三中全会、习近平总书记系列重要讲话、省委及市委全会精神，总结2013年工作，部署2014年工作。动员全区上下强化“三种意识”，当好“三个角色”，全力推进城区扩容提质、振兴发展。市委常委、区委书记、区人大常委会主任陈少荣代表区委常委会作工作报告，区委副书记、区长刘闪星作经济工作讲话。会上表决通过增补温国辉、乔平（女）、杨志明3人为市第六次党代表大会代表。

26日 副省长刘志庚到城区香洲街道党代表工作室，以党代表身份约谈群众，听取意见建议，并向广大群众送上省委、省政府的亲切关怀和新春问候。省交通运输厅副厅长徐欣、省总工会副巡视员李京生，市领导温国辉、苏茂荣、陈少荣、郑少棉和区相关领导等陪同。

是日 经中国银行业监督管理委员会广东监管局批准，汕尾农村商业银行正式开业。

是月 区委宣传部陆海声被省委宣传部评为“广东省基层宣传文化工作先进个人”。

2月

10日 省委常委、深圳市委书记王荣，深圳市市长许勤率深圳党政代表团一行到汕尾市考察对接对口帮扶工作，并召开深圳对口帮扶汕尾工作会议，推进和落实省新一轮对口帮扶工作。市委书记温国辉、市长吴紫骊等领导陪同。

王荣等一行深入深圳市政府办公厅对口帮扶的城区捷胜镇联星村，走访慰问困难户，详细了解深圳两地对口帮扶进展情况，对深圳市派“双到”驻县工作组成员、各驻村干部良好的工作作风和取得的明显实效给予充分肯定。

深圳市领导李华楠、张虎、张文、陈彪，汕尾市领导何学文、陈少荣、李庆新、李贤谋、骆金堤等出席会议，区长刘闪星、区人大常委会副主任邝文泉、副区长何秀滔，捷胜镇党委书记刘克敏、镇长曾昭好、副镇长邝学武、范远途等参加。

12日 区委出台《汕尾市城区开展党的群众路线教育实践活动实施方案》，要求各地、各部门紧密结合实际，认真组织实施，积极当好新区建设的“发动机”、项目建设的“推土机”、社会稳定的“稳压器”和人民群众的“服务器”四个角色。

是日 根据区委统一安排，区委领导班子成员在第二批党的群众路线教育实践活动中分别联系一个镇（街道）。市委常委、区委书记、区人大常委会主任陈少荣联系凤山街道。3月3日，陈少荣到凤山街道调研指导。

14日 区委召开第二批党的群众路线教育实践

活动动员大会，省委督导组黄镜明和市委第一督导组成员到会指导。市委常委、区委书记、区委教育实践活动领导小组组长陈少荣作动员讲话。陈少荣要求全区各级党组织必须充分认识意义，准确把握要求，紧密联系实际，强化领导责任，全面推进教育实践活动深入开展，解决联系服务群众“最后一公里”问题。会后，举办区委党的群众路线教育实践活动培训班。区委督导组、实践活动办公室全体成员、各镇（街道）组织委员和区直各单位办公室主任（人秘股长）共100多人参加培训学习。区委常委、组织部部长卢学军作专题辅导，正式拉开了本次活动的帷幕。

是日　区公安分局抽调44名警力维持治安秩序，确保元宵节文艺巡游、“采花枝”等民俗活动的顺利进行。

17日上午　区公安分局在办公大楼六楼会议室召开党委扩大会议。市城区副区长、市局党委委员、分局党委书记、局长陈少华主持会议，在家党委委员、各室、所、大队（包括三个边防所和消防大队）负责人参加会议。会议听取了各派出所近期辖区内治安形势和工作措施情况汇报及分局四个功能组（情报研判组、案件侦办组、应急处置组、“双抢一盗”打击组）追逃工作情况汇报。

19日　市委书记、市人大常委会主任温国辉到城区调研指导党的群众路线教育实践活动，魏友庄、苏茂荣、陈少荣、李庆新等市、区领导陪同调研。温国辉对城区在完成“规定动作”的基础上，结合实际和群众需求，提出当好“两机两器”这一自选动作表示肯定，要求全区广大党员干部要深入整治“四风”问题，多为群众办好事实事，真正体现教育实践活动成效。4月3日，温国辉又到党的群众路线教育实践活动联系点城区开展“走基层、听民声”活动，面对面听取基层干部群众意见，帮助群众解决实际问题。温国辉强调，区各级党政和广大干部要抓住开展教育实践活动的契机，进一步增强信心，坚持用行动说话、用结果说话。

是日　汕尾市委书记、市人大常委会主任温国辉到捷胜镇汕尾市新雅地毯制造有限公司调研党的群众路线教育实践活动情况。温国辉书记听取该企业党建工作情况介绍，并深入生产车间，详细了解生产经营情况，询问公司灾后复产及其发展过程中存在的困难和问题。当得知这家民营企业是年订单有所增加，计划引进4~5台地毡自动生产设备，把企业做强做大时，温国辉对该企业重视技术创新的做法表示赞赏。温国辉鼓励该企业以党的群众路线教育活动为契机，调动党员、职工积极性，继续提高自营出口能力，扩大市场份额，提升自主研发水平。并要求有关部门要帮助企业向上级争取资金和政策扶持，帮助企业做强做大。市领导魏友庄、苏茂荣、陈少荣、李庆新和捷胜镇领导等陪同调研。

20日　由区委办原副主任钟训成和汕中退休高级教师林汉齐合作创作的省首部原创大型渔歌剧《默娘》在市马思聪艺术中心首演。4月，该剧被区委确定为“党的群众路线教育活动、创建文明城市”倡廉励志剧目。

是日　在区党政办公大楼五楼会议室，区纪委召开群众路线教育实践活动动员大会，动员全体党员干部深刻领会活动的重大意义，区纪委书记作动员后，副书记就《区纪委监察局开展党的群众路线教育实践活动实施方案》作了说明，明确全委要切实将思想与行动统一到市委、区委的部署要求上来。

20日~21日　汕尾市人力资源和社会保障局联合省人力资源和社会保障厅，在市区玉台山慈云山公园举办“2014年‘南粤春暖’企业用工招聘会”。

20日~21日　区公安分局出动265名民警，开展打击涉黄、赌、毒、枪违法犯罪活动统一清查行动。重点清查设立贵宾房提供“一条龙”等色情服务的桑拿按摩服务场所；存在营利性陪侍、色情表演、出台卖淫的歌舞娱乐场所；存在提供卖淫服务的沐足、发廊、美容院等场所，以及利用手机短信、网络广告发布招嫖信息或派发卡片推销招嫖的犯罪团伙窝点；辖区内游戏机、老虎机赌博窝点、聚众赌博和涉毒、涉枪等犯罪活动。

22日　区司法局被中共广东省委评为“依法治省工作先进单位”。

26日　区纪委七届四次全会召开，会议听取并通过了纪委常委会所作的《坚持改革创新　严厉惩治腐败　深入推进党风廉政建设和反腐败工作》报告。

是日　在区党政办公大楼九楼会议厅，召开中共汕尾市城区纪委七届四次全体会议。区委常委、区纪委书记张淑娟代表区纪委常委会作了《坚持改革创新，严厉惩治腐败深入推进党风廉政建设和反腐败工作》的工作报告，这次全会的主要任务是：深入贯彻党的十八届三中全会、十八届中央纪委三次全会、省纪委十一届三次全会、市纪委六届四次全会和区委七届三次全会精神，总结2013年城区党风廉政建设和反腐败工作，研究部署2014年工作任务。市委常委、区委书记陈少荣作讲话。会上开展了述责、述廉、述德活动。红草镇、香洲街道党（工）委书记，区卫生局、区民政局局长分别向区纪委全会作“三述”报告。参加会议人员：区几套班子成员，区纪委委员，镇（街道）党（工）委书记、镇长（主任）、纪委正、副书记，区直各单位主要领导，区特邀纪检监察员，区直纪工委、逸挥基金医院纪委书记，区纪委全体人员。

28日　区委理论学习中心组传达学习市“两会”精神，提出要以学习市“两会”精神为动力，狠抓落实，全力推进当前重点工作。

是日　区田家炳中学被中央精神文明建设指导委员会评为“第四届全国文明单位”。

是月　区公安分局召开村居“两委”工作暨打击涉黄整治专项行动部署会，城区边防大队大队长林汉潮带领基层派出所代表参加了会议，签订了《汕尾市城区公安机关扫除“黄、赌、毒”责任书》。

是月　马宫所积极联动地方党委政府，组织各村（居）委干部、治安积极分子及群众代表讨论整治辖区治安热点工作，助推打击整治涉黄涉赌行动。

2月~4月　城区发生麻疹疫情，发现病例100多例。区卫计局马上采取应急措施，成立工作领导小组，召开专项工作紧急会议，于2月14日~24日和3月24日~4月8日组织基层卫生人员开展了两轮脊髓灰质炎疫苗和含麻疹成分疫苗强化免疫、查漏补种活动。经过区全体医务工作者的艰苦奋战和不懈努力，活动取得良好效果，较大程度地遏制了疫情的蔓延，至4月疫情得到了有效控制。

3月

4日　区举行党的群众路线教育实践活动学习会，邀请市委党校副校长邱紫侦作题为《正视群众路线中存在的突出问题》的专题辅导报告。

10日~5月10日　区公安分局组织开展为期3个月的全区公安机关打击整治涉黄问题专项行动。为确保行动取得预期效果，分局成立全区公安机关集中打击整治涉黄问题专项行动领导小组，领导小组下设专项行动督导组、涉黄案件查办组、网络涉黄犯罪打击整治组、责任倒查组、舆情应对组、情况综合组等6个专责小组。行动分为两个阶段进行：第一阶段（2月10日~3月4日），全区集中开展声势浩大的社会面地毯式清查、打击、整治和网上清理行动，适时组织开展统一清查行动，确保全国“两会”召开前全区社会面清查整治取得明显成效；第二阶段（3月5日~5月10日），深入开展清查整治、明查暗访、专案侦查、责任追究、长效机制建设等工作，确保专项行动取得全面成效。

18日　区司法局组织法律工作者，出动宣传车到全区各村（社区）开展“两委”换届选举专题法制宣传活动。

20日　区政协四届四次会议召开，号召全区各界要立足新起点，助推振兴发展。

21日~22日　区七届人大四次会议召开，听取审议了政府工作报告和“两院”报告，审议通过了各项议案和其他议题。提出城区要加快推进扩容提质，更快融入新区。

25日　香洲街道东兴社区、香洲街道西洋村委、捷胜镇埔尾村委、新港街道新港村委，举行村委选举。区公安分局派出28名警力维持选举现场秩序。

是日　汕尾市海洋与渔业局渔政支队政委欧光沙带领该局干部一行，到扶贫挂驻点捷胜镇五爱村开展扶贫调研工作，陪同调研活动的有镇驻村干部。

26日　东涌镇东涌村委、香洲街道梧桐村委、捷胜镇石头村委、红草镇埔边村委、红草镇三和村委举行村委选举，区公安分局派出65名警力维持选举现场秩序。

27日　区委、区政府在市区慈云山公园举行“手牵手参与城市管理，心连心服务汕尾人民”志愿服务系列活动启动仪式，号召广大干部群众把思想和行动统一到创建文明城市工作上来，积极参与城市管理，共建美好家园。市委副书记陈央宣布系列活动正式启动；市委常委、宣传部部长林涛，副市长邹广为志愿者服务队授旗；市委常委、区委书记、区人大常委会主任陈少荣在仪式上作动员讲话；启动仪式由区委副书记、区长刘闪星主持。

是日　区委召开常委扩大会议，学习贯彻习近平总书记在河南兰考调研指导党的群众路线教育实践活动重要讲话精神，对深入推进全区教育实践活动进行部署。4月15日，区开展为期两个月的“流动党校”进基层宣讲党的群众路线教育实践活动。

是日　区公安分局部署2014年公安机关严厉打击侵犯知识产权和制售假冒伪劣商品犯罪（以下简称假冒伪劣犯罪）行动。同时，印发《2014年汕尾市城区公安机关打击假冒伪劣犯罪工作方案》。

29日　新港街道前进村、红草镇南汾村、捷胜镇沙坑村、捷胜镇东坑村举行村委换届选举。区公安分局派出149名警力维持选举现场秩序。

30日　香洲街道后径村、捷胜镇沙角尾村、捷胜镇北门社区举行换届选举。区公安分局派出170名警力维持选举现场秩序。

31日　全区已依法依规100%完成”两委”换届选举工作，结束了以往个别村（社区）没有完成或没有完全完成选举的状况。

是月　区边防大队召开安全形势分析会，会议通报了云南“3·01”暴恐袭击事件，传达学习了各级指示精神，对工作进行了部署：一是加强巡逻防控，提高路面见警率；二是对辖区重点人员、场所、部位进行走访排查，注意隐患苗头；三是对部队装备进行一次检查，确保部队装备保持良好状态；四是对官兵思想动态、营区安全进行排查，确保部队内部安全稳定；五是加强情报信息收集，做到提前预警、消除隐患。

是月　马宫派出所充分运用治安卡口缉查布控系统，4小时内成功找回1辆被盗机动车。

是月　为深入做好户口整顿工作，有效消除常住户口中存在的“假、错、重”问题，城区边防大队及时对派出所户口清理整顿工作进行督导，确保工作取得实效。

4月

1日　区创文领导小组办公室印发《致市民的一封信》，倡议广大市民立即行动起来，积极投入文明城市创建活动中，共建文明、美丽、和谐、幸福的滨海新城。

11日　区司法局召开全系统党员干部集中学习活动，专题学习习近平总书记系列重要讲话精神和相关文件精神。局长曾昭谋主持会议，副区长、区公安分局局长陈少华做专题辅导报告，局机关各股室、各基层司法所和窗口单位全体党员干部参加了活动。

14日　汕尾农村商业银行第一届第一次工会会员代表大会顺利召开。

17日　广东省副省长陈云贤在汕尾市市长吴紫骊等领导的陪同下到汕尾农村商业银行视察工作。

是日　市政协主席莫英群率调研组到城区调研城市管理工作。

是日　汕尾市人大常委会副主任吴友深率第十六组团队开展“走基层、听民声”，到城区捷胜镇接待党员群众，了解该镇开展群众路线教育实践活动情况，听取党员群众对市、镇两级领导班子的意见和建议。座谈会上，党员群众代表纷纷围绕基层群众关心的两级领导班子“四风”、镇容整治、公交车收费、红海湾捷胜路口段规划交通安全隐患、基层干部待遇、国土证办理等问题踊跃发言，并结合实际，提出有针对性的意见和建议。陪同参加的有市安监局副局长石建年，广东宏远律师事务所主任方振宏，捷胜镇党委书记刘克敏、镇长曾昭好以及部分市人大代表、基层干部、党员群众代表。

21日~22日　凤山祖庙理事会、安美祖庙理事会举办2014年妈祖文化节，期间举行民俗祭祀、炮会及文艺巡游活动。区公安分局派出63名民警负责活动的安全保卫工作，确保活动顺利、安全进行。

是月　捷胜镇周仲富家庭当选为全国首届“书香之家”。

5月

1日　在全区推行家庭医生式服务工作。成立以区卫计局局长庄雄升为组长的汕尾市城区卫生系统推行家庭医生式服务工作领导小组，制定《汕尾市城区推行家庭医生式服务工作方案（试行）》下发基层医疗卫生单位实行。通过成立家庭医生团队和签订服务协约的方式，为城乡居民提供主动、连续、综合、个性化的服务，提高城乡居民对基层卫生服务的信任度，引导城乡居民到基层卫生服务机构就诊，促进分级诊疗、有序就医格局的形成。

4日　区卫生局和人口计划生育局机构合并大会在局会议室召开，区委常委、常务副区长余汉生，区委常委、组织部部长卢学军，副区长程书航出席会议并作了讲话。合并后名称为“汕尾市城区卫生和计划生育局”，内设10个股室，分别是：办公室（挂区医药卫生体制改革工作领导小组办公室牌子）、规划与财务股、信息与统计股（流动人口计划生育服务管理股）、综合监督股、疾病预防控制与卫生应急股、医政股（挂区委保健委员会办公室牌子）、妇幼健康服务股、计划生育家庭发展股、考核评价股、人事与宣教股。区卫计局办公地点为区城南路计生服务大楼三、四楼。

是日　区委召开党的群众路线教育实践活动领导小组扩大会议，传达贯彻市委教育实践活动领导小组会议精神，总结全区教育实践活动开展以来的情况，剖析问题、查找不足，对教育实践活动下一步工作进行部署。

6日　汕尾市环境保护局局长蔡振荣率领导干部一行到捷胜镇“下基层、听民声”。陪同参加的有捷胜镇党委书记刘克敏、镇长曾昭好、组织委员曾海生等。

7日　区委举办2013年度“感动中国十大人物”——黄旭华院士先进事迹报告会，邀请原城区人大常委会副主任曾昭群为全区300多名副科级以上干部作报告。

14日　区委召开党的群众路线教育实践活动工作会议，市委常委、区委书记、区人大常委会主任陈少荣作重要讲话，要求全区党员干部要敢于揭短亮丑，深入查找“四风”突出问题。是日，区委教育实践活动督导工作会议召开，学习贯彻中央、省委、市委和区委对教育实践活动第二环节工作的要求，研究部署第二环节督导工作。

22日下午　汕尾市党的群众路线教育实践活动第一督导组组长王世顶率领督查组到捷胜镇开展党的群众路线教育实践活动督查工作。区委组织部部长卢学军、区人大常委会副主任、区第一督导组组长邝文泉、镇党委书记刘克敏、镇长曾昭好、党政班子全体成员及镇实践办人员等参加。

25日~12月底　区公安分局在全区范围内开展打击赌博违法犯罪专项行动。此次行动重点打击整治私彩赌博、网络赌博，统筹推进打击整治地下赌场、农村聚赌和“老虎机”赌博，特别是利用“六合彩”“快乐十分”“时时彩”等彩种进行网络赌博。打击的重点对象：赌博活动的庄家赌头、团伙骨干成员、获利者“三类人”及幕后“保护伞”。

28日　汕尾农村商业银行开办粤信通POS业务。

29日　区公安分局部署开展清理规范非融资性担保公司预防非法集资及打击集资诈骗犯罪工作，同时印发《汕尾市城区公安机关开展清理规范非融资性担保公司防非法集资及打击集资诈骗犯罪工作方案》。

是日　省委常委、省纪委书记黄先耀在市委副书记、市长吴紫骊，市委常委、市纪委书记乔平等陪同下到区纪委调研基层反腐倡廉工作。对区教育、公安、司法、住建、农业、卫计、安监等7个部门进行行风评议，同时对区科技文体局等11个单位开展“回头查”工作。

30日上午　汕尾市纪委监察局副局长刘斗余带领市纪委吴晓彬、区纪委常委吴智金等第九调研小组，到捷胜镇开展调研，就镇纪委两个“六有”建设现状，镇党委抓镇纪委建设工作，镇纪委履行自身职责和自身建设，查案办案情况，以及面临的困难和今后工作提出意见和建议，镇党委书记刘克敏，镇党委委员、纪委书记何世海参加，并就上述调研内容作了汇报。

31日~6月5日　区公安分局部署在市区开展武装巡逻，遏制和打压路面“双抢”犯罪活动，提高见警率，增强人民群众的安全感以确保全区社会治安大局稳定。并制订方案。

6月

2日上午　市区各社区（居委）分别举办欢度端

午节龙舟赛，新联、新港、城西、东涌派出所派出警力维护赛场秩序，确保赛事顺利进行。

5日 区政协组织编写的《全国第一个实行渔船折价承包制的渔业镇——汕尾镇》《全国第一批渔业经济体制综合改革试验区——汕尾市城区》和《十老办学，我国革命老区第一例》三份文史资料入选省政协出版的《敢为人先——改革开放广东一千个第一》一书。

6日 区委举行理论学习中心组（扩大）专场——《广东省信访条例》宣讲学习会，省委党校法学教研室教授吴军辉应邀作辅导讲座。

7日~8日 区公安分局派出民警分别对参加2014年普通高等学校招生统一考试的汕尾中学、新城中学、田家炳中学、市林伟华中学、华师附中汕尾分校5个考场进行安全保卫。

9日 区公安分局派出民警分别对参加2014年普通高等学校招生统一考试的汕尾中学、新城中学、田家炳中学、市林伟华中学4个考场进行安全保卫。

10日 市委书记、市人大常委会主任温国辉到城区东涌镇东石村调研，实地指导该村党支部开展软弱涣散整顿工作。

9日~10日 汕尾关帝庙（文物）修复理事会举办关帝庙第四届彩炮会及巡游活动。区公安分局派出26名警力负责巡游队伍沿路的警戒工作，确保了此次活动的顺利进行。

13日，区委召开创建省级文明城市工作会议，研究部署推进全区创建工作，市委常委、区委书记、区人大常委会主任陈少荣主持会议，强调要举全区之力，不折不扣完成创建任务。

13日~20日 市委宣传部在市区举办“风起海陆——汕尾第三届文化惠民活动周”。

14日 区召开党政联席会议，传达学习赵乐际在学习中央政治局常委联系点经验座谈会上的讲话和胡春华在佛山市南海区指导开展化解社会矛盾工作时的讲话精神，研究全区贯彻落实及创建文明城市工作的意见。

16日~18日 区公安分局派出民警分赴汕尾中学、新城中学、田家炳中学、城区职校、华师附中汕尾分校分设的五个考场，做好2014年普通高中招生考试安全保卫工作。

16日~19日 区卫计局首次进行基层医疗卫生单位院长（主任）年度目标责任制管理考核。通过考核逐步建立有激励、有约束、充满生机与活力的基层医疗卫生单位负责人管理机制。考核前3名的单位分别是：凤山街道社区卫生服务中心、东涌镇卫生院、马宫街道社区卫生服务中心，按考核办法兑现对院长（主任）奖励。

20日 区司法局局长曾昭谋带队参加市普法办举办的“法引我行，拒绝毒品”宣传活动。

23日 汕尾农村商业银行公园支行更名为城区支行，并迁址至市区汕尾大道中段的烟草综合楼A栋一至三层。

24日 区委举行社会主义核心价值观基层宣讲报告会，省委宣传部宣讲团第十分团团长汪永智到会宣讲。

28日 凤山祖庙旅游区国家AAAA级旅游景区暨广东省中华文化传承基地揭牌仪式举行。此前5月，经全国旅游景区质量等级评定委员会组织评定，批准凤山祖庙旅游区为AAAA级旅游景区。同时，该旅游区还被省侨办、省文化厅、省旅游局联合授予“广东省中华文化传承基地”称号。

29日上午 深圳市政协副主席王学为率队到扶贫“双到”挂驻点捷胜镇沙角尾村开展扶贫慰问活动。随同的有深圳市政协办公厅魏威等15人。市城区政协主席吴大集、副区长何秀滔、捷胜镇镇长曾昭好、副镇长邝学武等参加。深圳市政协为该村赠送图书资料一大批，慰问60周岁以上老党员及干部30多人，慰问46户贫困户，并送上大米、食油和现金。同时对3户危房改造的项目及沙角尾小学围墙的建设进行实地视察和调研。

7月

7日 汕尾农商银行与海丰县人民政府签订战略合作协议书，双方就为海丰生态科技城提供金融服务等达成一致意见。

8日 区委实践办转发《关于开展“反思汕尾之问、走好汕尾之路、谋求汕尾之策”主题学习讨论活动的通知》。

10日上午 区公安分局在五楼党委会议室召开

全局队伍违纪违法情况研判会，指挥中心、政工室、监督室、法制室等部门的负责人参加会议。

13~14日　区委领导班子专题民主生活会召开。市委书记、市人大常委会主任、市委党的群众路线教育实践活动领导小组组长温国辉到会指导，市委常委、组织部部长、市委党的群众路线教育实践活动领导小组副组长兼办公室主任苏茂荣及市纪委、市委组织部有关人员出席。市委常委、区委书记陈少荣主持会议并通报了此次专题民主生活会的准备情况，同时代表区委领导班子作对照检查。区委领导班子成员分别作个人对照检查发言，开展批评与自我批评。温国辉对该区开展教育实践活动以来取得的阶段性成效表示肯定，要求该区以这次专题民主生活会为起点，完善整改方案，抓好问题整改和制度建设，开展专项政务整治，不断巩固和扩大已经取得的成果，建立作风建设长效机制。

15日　区委常委（扩大）会议召开，传达市委书记温国辉在区委领导班子专题民主生活会上的讲话和市委第一督导组组长王世顶在区委民主生活会上的点评意见，并结合工作实际进行讨论学习。

16日~19日　区公安分局开展“打传行动”集中清查工作。此次行动分为集中清查阶段和上报工作总结及战果阶段两个阶段进行，工作重点：（一）清查传销活动易发区域及毗邻区域，取缔传销窝点，处置涉传网站；加大对出租屋的排查力度。（二）与工商等部门共同查处违法犯罪人员、教育遣散参与传销人员。（三）深入侦办上级督办案件、集群战役案件及本地重大案件，对条件成熟的案件集中收网，查处传销衍生的侵害人身权利犯罪案件。（四）广泛开展社会宣传，对汕尾市城区曾参与传销的人员开展针对性帮教。

17日　区委常委扩大会议召开，学习贯彻市委书记温国辉在区委民主生活会上的讲话精神，要求各级各部门必须把温国辉讲话精神落实到立行立改的具体工作中去，切实整治“四风”问题，为推进城区振兴发展提供坚强的作风保障。

是日　区政府制定出台《关于加强对品清湖海域管理的通告》，明确禁止使用品清湖海域的事项，推进品清湖生态管理常态化监管，实现品清湖海域的合理开发和可持续利用。

19日　汕尾农村商业银行召开第一届董事会第三次会议，选举余胜九为董事长。

24日　区公安分局部署7月至12月，在全区范围内组织开展娱乐服务场所涉毒问题专项整治行动。

28日　区委通报区委领导班子、区政府党组专题民主生活会情况。会上省委第五督导组认为，区委领导班子、区政府党组专题民主生活会开得成功，开出了原则性、严肃性。市委第一督导组肯定了此次通报会，认为会前准备充分，会上认真聚焦“四风”，敢于深刻反省问题，勇于开展批评与自我批评，会议质量高。

是月　经省政府同意，省科技厅、省发展改革委、省国土资源厅、省住房与建设厅等四部门联合发文，批准认定广东汕尾高新技术产业开发区。开发区规划建设面积近20平方公里，由核心区与拓展区构成，按空间区域布局，分“一轴四片区”，即沿红海湾大道—海汕路串联信利工业片区、新湖工业片区、埔边工业片区、红草工业片区。

是月　区委实践办汇编的《生命线》一书正式出版，该书收集了66篇区副科级以上干部党的群众路线教育实践活动心得体会，助力实践活动开展。

是月　市委常委、组织部部长苏茂荣一行到区调研指导党的群众路线教育实践活动。

是月　城区副区长、区公安分局局长陈少华带领城区分局“八一”拥军慰问团慰问汕尾市武警支队城区边防大队、消防大队，并召开了慰问座谈会。

8月

5日　区委召开常委（扩大）会议，研究部署汕尾新区建设三个起步区征地拆迁及重点项目建设工作。

6日　汕尾农村商业银行红草支行离行式自助设备正式对外营业。

9日　由深圳市委办公厅对口帮扶建设的城区东涌镇龙溪综合市场，举行开市揭牌仪式。深圳市委机关党委书记马志明、办公厅副主任黄菊花和城区委、区政府领导出席仪式并揭牌。区有关部门和东涌镇有关负责人、龙溪村“两委”干部参加活动。

12日　市委书记、市人大常委会主任温国辉到城区凤山街道奎山社区指导该社区党支部召开专题组织生活会。市委常委、组织部部长苏茂荣，市委常委、区委书记、区人大常委会主任陈少荣以及市委实践办有关负责人参加会议。温国辉强调，要切实解决好群众切身利益问题。

15日　市委常委、区委书记、区人大常委会主任陈少荣到香洲街道新城社区参加指导召开专题组织生活会，并勉励新城社区党员干部要切实提升“两委”战斗力。

18日　区行评团到城区司法局召开行评助评会和座谈会。

19日　在区党政办公大楼五楼会议室，区纪委领导班子召开专题民主生活会。在督导组的指导下，常委以整风精神开展批评与自我批评，以敢于揭短亮丑、维护班子团结的觉悟，提出相互批评意见58条，达到了“团结—批评—团结”的效果，会议得到区委第四督导组的高度肯定。会后，区纪委及时向全委通报了专题民主生活会召开情况。

20日　经区直工委同意，由区卫计局、区妇幼保健院、慢性病防治站、计划生育服务站全体党员组成的区卫计局总支部委员会成立。经与会党员投票选举出第一届总支部委员。

21日　区公安分局在7楼会议室召开全区公安机关纪律教育学习月动员会。分局党委班子成员，全体民警；边防、消防大队各一名主官；港口、马宫、捷胜边防派出所全体警官等参加了会议。

22日　区纪律教育学习月活动动员大会在区党政办公大楼九楼会议厅召开。市委常委、区委书记陈少荣作动员讲话，区委常委、区纪委书记张淑娟对区纪律教育学习月活动作了部署。区几套班子成员、各镇（街道）和区直副科以上单位副科级以上干部和各镇（街道）纪委副书记、区直单位股长共500多人参加。全区动员会结束后，各地各单位迅速动员起来，组织广大党员干部学习、贯彻纪律教育学习月活动的精神。全区共组织各项学习活动100场次，集中观看电教片180多场次，6000多人参加了学习教育。

28日　由区委宣传部和区委党校联合组成的“社会主义核心价值观宣讲团”，分赴各镇（街道）进行宣讲。

31日　汕尾农村商业银行召开2014年度第一次临时股东大会。表决通过了《关于修改汕尾农村商业银行股份有限公司章程的议案》。

9月

3日~4日　区公安分局开展打击涉黄赌毒枪车违法犯罪活动第六次统一清查行动。

10日　市委常委、组织部部长苏茂荣带领“两代表一委员”到区开展“服务大局、助推发展”专题视察调研活动。市委组织部副部长王锭波，市规划局局长蔡东升，市住建局副局长吴若昊，总工程师罗水金，区领导余汉生、卢学军等陪同调研。

11日　市委书记、市人大常委会主任温国辉带领市党代表第一组团深入红草镇开展“面对面、零距离”主题活动，在该镇党代表工作室与镇、村（社区）干部、党员群众代表座谈交流。会后，实地察看了红草高新技术产业园区建设进展情况。

18日　以汕尾市人大常委会副主任吴友深为团长的市党代表第16组团一行到捷胜镇开展“面对面、零距离”调研活动。陪同参加的有市安监局副局长石建年、市城区委组织部部长卢学军、捷胜镇党委书记刘克敏等市党代表和捷胜镇长曾昭好及部分村（社区）党员代表。

23日　经多次讨论和修改，区卫计局制定出台了《汕尾市城区预防接种考评与经费分配方案》，按“按量定酬、按绩取酬”原则。细化计划免疫服务综合评估方法与分配激励标准，将各基层医疗单位预防接种针次和质量分别与经费补助挂钩起来，全面提升城区计划免疫服务水平。

是日　“深圳—汕尾”（市城区、高新区）产业链招商暨汕尾广物汽车城开工仪式在红草镇举行，现场还举行多个项目的签约仪式，标志着汕尾市高新区的建设全面启动。

是日　以“如潮疍歌，唱响汕尾”为主题的“汕尾渔歌节”文艺活动在凤山妈祖文化广场举行。

24日　区委、区政府印发《汕尾市城区人民政府职能转变和机构改革方案》。

29日，区组织开展了“迎国庆，促创文”爱国卫生大扫除活动。

30日　首个国家革命烈士公祭日，区500多名干群前往市区鼎盖山革命烈士陵园，缅怀革命先烈。

是月　在推进镇街纪委规范化建设中，区纪委十分重视镇（街道）纪委规范化建设，区纪委领导多次组织人员到各镇（街道）进行调研，对各镇街纪委规范化建设情况进行实地调查了解。并采取相应措施指导帮助各地加强规范化建设。区纪委按照《广东省纪检监察干部行为规范》的要求，已研究出台《镇街纪（工）委工作制度》等14个工作制度，其中5个上墙公开，并统一设计9个工作台账，规范镇街纪委工作流程。

10月

4日　根据省有关规定，区卫计局联合区人社局制定《城区卫生系统事业单位公开招聘方案》，面向社会公开招考岗位指标。活动从6月开始至10月结束，共吸引了45位专业技术人员参加竞聘，按照“公平、公开、竞争、择优”原则，经过笔试、面试、体检等过程，一共招聘了15名专业技术人员，分别由5间卫生院聘用，大力缓解基层医疗卫生机构人才紧缺的问题。

11日　由区委、区政府主办，区教育局承办的“汕尾渔歌节暨南粤幸福活动周文艺晚会”在凤山妈祖文化广场举行。

13日　区召开党的群众路线教育实践活动总结大会。会议强调，要巩固和拓展教育实践活动成果，深化作风建设，让贯彻党的路线成为推动全区社会经济发展的根本动力。

14日　区委召开理论学习中心组（扩大）学习会，邀请市委党校副教授吴伟平作“法治中国”专题辅导报告。

16日　汕尾农村商业银行与汕尾市农业局、水利局、畜牧兽医局签订战略合作框架协议书。

17日　总投资8500万元的汕尾逸挥基金医院肿瘤防治中心大楼完成基坑建设，主体工程建设招标正有条不紊的进行。

27日下午　区公安分局在该局6楼会议室召开“六大专项”行动推进会。该局班子成员，各室所队主要负责人和行政内勤，边防、消防大队各一名主官，专项办全体成员参加了会议。

28日　区委理论学习中心组召开学习会，学习贯彻中共十八届四中全会精神，部署相关工作。市委副书记陈央到会指导，要求努力推进依法治区。

11月

3日晚上8时　区公安分局在7楼会议室召开全区公安机关禁毒工作誓师大会。参会人员有分局党委班子成员，全体民警（值班、执勤民警除外），区边防、消防大队各一名主官，港口、马宫、捷胜边防派出所全体警官（值班除外）。

5日~6日　区公安分局开展打击涉黄赌毒枪车等违法犯罪活动统一清查行动第十四次行动。此次行动共出动警力276人次，清查歌舞娱乐场所12间、洗浴场所3间、酒店宾馆37间、电子游戏场所6间、出租屋458间、其他重点场所13间。共查破涉毒刑事案件7宗（贩毒2宗，容留他人吸毒4宗，非法持有毒品1宗），抓获涉毒犯罪嫌疑人6名，捣毁容留他人吸毒和非法持有毒品窝点2个，缴获毒品108克，查处吸毒人员20名。抓捕在逃人员3名，均为伤害案件。追回被盗汽车一辆，缴获管制刀具25支，查破涉赌案件1宗，抓获违法人员1名，缴获老虎机1部。

6日　由区卫计局承办的“妈妈慧心 宝宝惠智”——广东省科学育儿家庭教育主题活动在区党政办公楼九楼会议厅举行。省人口文化促进会企工委主任辛懿以及区领导、区卫计局负责人出席了活动，并一起为在座的400多名家长代表赠阅了《宝宝成长档案》育儿书籍。这次活动让广大家长们学习到最科学、最前沿、最实用的科学育儿理念，为城区更多家庭带来幸福和快乐。

15日　致公党捷胜党支部恢复活动暨换届大会在捷胜镇府三楼会议厅举行。汕尾市政协副主席、致公党汕尾市委会主委李秉记出席会议并作讲话。出席会议的有汕尾市委副主任刘耿文、郑前军、吴城金，捷胜镇党委书记刘克敏等领导参加。会议依法选举产生了致公党汕尾市捷胜镇党支部新一届委员会，选举林俊生为捷胜支部主委，周仲富为副主委。

19日 区委召开党的群众路线教育实践活动整改落实督导暨镇（街道）领导干部驻点普遍联系群众工作会议，传达省委和市委整改落实督导工作会议精神，部署下来工作。会议强调要一抓到底，推动整改落实深化，继续巩固和扩大活动成果。11月底，区全面落实镇（街道）领导驻点普遍直接联系群众制度，全区近500名镇（街道）干部每周一深入到94个村（社区）直接联系群众，开展民事代理工作，打通联系群众“最后一公里”。

21日 区司法局在香洲街道海滨小学、凤山街道中心小学、马宫街道中心小学等学校举办以“珍爱生命 远离毒品”为主题的法制讲座。

27日 市人大常委会组织驻城区的全国、省、市人大代表，到城区红草产业园区、中央商务区、福利院等地视察调研，就汕尾新区建设、城市扩容提质、依法行政、底线民生保障、产业园区建设工作提出意见和建议。

是日 佛山市禅城区纪委副书记蔡国富一行9人到区纪委考察。区委常委、区纪委书记张淑娟简要介绍城区以及区纪委的基本情况。

28日~30日 区公安分局开展第一次全区清查收缴枪支弹药集中行动和“蓝箭3”专案统一收网行动。

12月

2日 区委举办中共十八届四中全会精神宣讲报告会，邀请市委党校法学研究副教授吴伟平到会宣讲。

3日 汕尾渔歌入选第四批国家级非物质文化遗产名录。

5日 区司法局与小风帆艺术学校联合举办以“拥抱健康 亲近自然 远离毒品”为主题的法制教育讲座，该校1000多名师生参加了活动。

8日 区法院和区田家炳中学分别获省依法治省工作领导小组授予的“机关法治建设示范点”和“校园法治文化建设示范点”称号。

10日 区纪委、区检察院联合在红草镇举办退还赃款及警示教育现场会，许某某等13位群众领回被林某某索贿款共计3.9万元。区纪委、区检察院、红草镇、村（社区）干部及群众代表100多人参加现场会。

12日 汕尾市、区“两级”政协委员驻捷胜镇联络组“活动日”在捷胜镇举行“倾听民声，了解民情”座谈会。带领该次活动的组长汕尾市教育局局长何平，副组长广东恒冠有限公司董事长何宇锋、捷胜镇党委委员黄晓玲，成员是城区政协主席吴大集、香港嘉伦国际贸易公司董事长刘秋生、汕尾市新雅地毯有限公司技术研发中心主任倪创、惠州市吉采化工有限公司总经理黄兴前、广东泛珠建设投资有限公司董事长黎祥君、香港凯岚单车行总经理邓俊武、广州今又盛投资管理有限公司董事长许东震。区司法局宣教股长胡家为，区政协办公室主任吴小臻，以及捷胜镇长曾昭好和部分党政班子成员、基层干部代表、群众代表参加。市、区两级政协委员首先视察了汕遮公路口军船头路段至长埔工业区路道的情况和捷胜渔港情况。在座谈会上，与会代表就捷胜镇自来水管道老化、小部分弱势群体户口问题、教育资源整合、五一小学危房改造等问题进行热烈的讨论和发言，提出了有计划性的意见和建议。

中旬 组织全区机关、企事业单位在职人员参加2014年度“六五”普法学法考试，参考率98%。

16日~17日 区公安分局在全区范围内组织开展澳门回归十五周年庆典活动安保工作暨第二十次打击涉黄赌毒枪车违法犯罪活动统一清查行动。

22日 经省考核，城区全面完成人口和计划生育工作目标责任制。

是日 区委召开全区干部大会，宣布市委关于区委主要领导人职务变动的通知。提名林展海为区政府区长人选，任命许昌林为区委副书记，提名胡春莲为区政府副区长人选。刘闪星不再担任区长职务，罗光钊不再担任区委副书记职务。

26日 区七届人大常务会第二十五次会议决定接受刘闪星辞去区政府区长职务，程书航辞去区政府副区长职务。任命林展海为区政府副区长、代区长，胡春莲为区政府副区长。

26日~27日　深圳市光明新区党工委副书记、管委会主任吕维，光明新区党工委委员、光明新区办事处党工委书记蓝小波，光明新区对口帮扶城区指挥部指挥长范仕国等一行，到城区开展对口帮扶的公务活动。

31日　区举行了以“弘扬妈祖文化，传承妈祖精神”为主题的海峡两岸妈祖文化交流暨凤山祖庙重光20周年纪念活动。

是月　城区林义鸿家庭获由中宣部、全国妇联联合评选的10户全国教子有方“最美家庭”称号。此前，林义鸿家庭荣获“广东十大最美家庭”称号。

是年　全区生产总值105.50亿元，比增6.6%；规模以上工业增加值46.63亿元，比增6.8%；农业总产值26.05亿元，比增4%；全社会固定资产投资总额34.34亿元，比增13.3%；社会消费品零售总额81.13亿元，比增10.2%。外经贸出口总额13216万美元，公共财政预算收入3.86亿元，城镇常住居民人均可支配收入21150元人民币，农村常住居民人均可支配收入11102元人民币。

是年　共受理群众来信来访等各类信访举报71件（其中业务范围内47件）。来信来访涉及副科级以上干部14人，一般干部7人，企业3人，农村干部39名，涉及其他人员8人。一是对有典型性、倾向性、苗头性的信访问题，落实专人妥善处理。二是多渠道办案。全区查处各类违纪案件共45宗，结案41宗。汕尾市委机关自办案件24宗，结案24宗；7个镇（街道）纪委办案共21宗，结案17宗。立案查处科级干部2名，其他人员43名，追究法律责任6人，通过办案挽回经济损失30多万元。在查结案件中，有39名违纪人员受到了党政纪处理，其中，开除党籍6人，党内严重警告4人，留党察看1人，行政开除1人，行政警告2人，其他处理25人。7个镇（街道）纪委办案实现全覆盖。

是年　城区纪委制定《开展公款送礼、公款吃喝、奢侈浪费专项整治工作的实施方案》和《关于在全区开展整治门难进、脸难看、事难办专项行动方案》，开展机关作风明查暗访工作，大力整治“四风”问题。先后41次对全区机关单位及乡镇进行明查暗访，明查暗访80多个部门、18个办事窗口。查处侵害群众利益行为违纪案件5宗，给予党政纪处分8人。批评教育47人，对14个单位发出了督办通知，要求落实整改并说明原因。制作暗访片一期，开展警示教育。

是年　区纪委联合区委组织部、区人社局等部门对全区财政供养人员“吃空饷”问题进行清理。全区清理“吃空饷”人员38人，追缴“吃空饷”资金66.2万元。查处“吃空饷”案件2宗，开除1人，免职1人，辞退2人。

是年　编发《城区纪检监察信息》36期，编写正面典型材料《勤政廉政促发展，为税风清扩新篇》、反面教材《红草镇民政干部贪污扶贫款》。积极开展廉政文化“五进”活动。精心组织好纪律教育学习月活动，组织全区正股以上干部观看市纪委、区纪委拍摄的暗访警示片。2014年向全区各单位发放反腐倡廉教育学习读本729册，电教片61套，向副科级以上领导干部等发送勤政廉政短信累计达4758条，营造良好的廉政氛围。

是年　大兴调查研究之风，区纪委深入镇（街道）进行“三转”专题调研，先后召开2场座谈会，访谈21名镇（街道）领导、工作人员，基本摸清了基层纪检监察机关贯彻“三转”要求的基本情况，找出存在问题。大力清理议事协调机构，把精力集中到主业上来。推进便民服务，落实信访案件责任制，把矛盾和问题解决在基层。落实常委挂案联系点制度，常委深入基层指导、督促镇（街道）纪委办案。整合区纪委5个派驻机构和区纪委机关在一起办公,在区纪委常委会领导下开展纪检监察工作，加强办案力量，提高工作效率。

在区委的统一部署下，按照“照镜子、正衣冠、洗洗澡、治治病”的总要求，紧密围绕为民务实清廉的主要内容，紧密聚焦“四风”突出问题，区纪委紧密联系工作实际，扎扎实实推进教育实践活动。达到了预期的目标。先后安排11次集体学习，组织全委人员前往番禺广东省廉政教育基地参观学习，开展“一室一课”。先后组织2场专题座谈会、发出73份征求意见函、5次前往联系点，通过“坐下谈、上门听、面对面”征求到意见15条。开好民主生活会，聚焦“四风”，查摆问题，查找出13个突出问题。班子成员相互提出批评意见58条。在活动中边查边改，大力开展作风整顿、厉行节约反对浪费等专项行动。制定“两方案一计划一清单”，推行5项整改项目，取得阶段性成果。并帮助2个村（社区）解决历史遗留问题。

是年　在市纪委的大力帮助下，区纪委配备了电脑、打印机、速印机、相机、录音笔等办公办案设备，建成了1个谈话室，安装了1套信访监控设备，更换了一批办公桌椅，改善了办公环境。

汕尾市城区概况

SHANWEISHICHENGQU YEARBOOK

汕 尾 市 城 区 年 鉴 · 2015

SHAN WEI SHI CHENG QU GAI KUAN

建制沿革

【概况】 汕尾市城区①（以下简称“城区”），是1988年1月7日经国务院批准设立的县级区，同年3月29日，区委、区政府正式挂牌办公②。城区是中共汕尾市委、汕尾市人民政府的所在地，汕尾市的政治、经济、文化中心。

1988年1月，国务院批准在海丰、陆丰两县区域设立汕尾市，从海丰县东南沿海析出汕尾、马宫、红草、东涌、捷胜、田墘、遮浪等7个镇设置城区。1989年2月撤销汕尾镇建制，设置凤山、香洲、新港等3个街道。1992年12月，省政府批准从城区析出田墘镇、遮浪镇，设立汕尾市红海湾经济开发试验区。此后城区辖马宫、红草、东涌、捷胜等4个镇和凤山、香洲、新港等3个街道。2002年马宫镇改为马宫街道，2005年正式挂牌。至2014年12月未变。

自然地理

【位置·范围·面积】 城区位于广东省东部，汕尾市的东南部，东北与海丰县赤坑镇接壤，东南与红海湾经济开发试验区相邻，西北和西沿黄江河南岸至长沙湾与海丰县联安镇、梅陇镇隔河相对，南濒南海的红海湾，北与海丰县陶河镇毗邻。地理坐标为北纬22°36′~22°54′，东经115°10′~115°29′。城区水陆交通方便，深汕高速公路和厦深铁路横穿全境，陆路西距广州317公里，距深圳200公里，往东距汕头208公里，水路至香港81海里，至澳门120海里。城区设置时区域面积为401.05平方公里，析出田墘镇、遮浪镇后为302.11平方公里，2012年，市区面积24平方公里，海岸线长98公里。区内的汕尾港处于粤东沿海中心位置。海域内有岛屿10多个，海湾2个，较大的海湖6个。

【地质】 城区范围的地质属中生代以来隆起的剥触构造区。地质大部分为海相沉积物。断裂构造发育，褶皱构造不发育。北东向有宝楼山断裂，其配套断裂有规模较小的东涌断裂，市区有一条自西北向东南的小型断裂，从境内西北角（石脚桶）附近伸向红海湾到新港地带。境内未曾有过大地震的记载，但有小震级地震，多数以震群形式出现。

【地貌】 城区属东南沿海丘陵半岛地形。山地占地面积较广，海拔200米以上的山峰13座，最高峰为东涌镇与海丰赤坑镇交界处的羊牯岭山峰，海拔527.6米；滨海平原狭窄。东西南三面多港湾和海湖，海域中岛屿众多。海湾有长沙湾、红海湾；海港有汕尾港、马宫港、捷胜港；海湖主要有品清湖、沙坑湖、东坑湖、双石湖、石狗湖等；岛屿主要有龟龄岛、江牡岛、屿仔岛、金屿、菜屿、礁石屿等。城区沿海湖连海，港接湾，岛屿错落，是典型的滨海地貌。

【河流】 城区境内无大江河注入，境内河溪多发源于小山区，源近流短，流域面积10平方公里的溪流共12条，经湾、港、湖等注入南海。

【气候·水文】 汕尾市城区地处我国大陆东南部沿海，属南亚热带季风气候区，海洋性气候明显，光、热、水资源丰富。其主要气候特点是：气候温暖，雨量丰沛，干湿明显，光照充足；冬不寒冷，夏不酷热，夏长冬短，春早秋迟；秋冬春旱，常有发生，夏涝风灾，危害较重。

冬暖夏凉　2014年，汕尾市城区年平均气温为22℃左右。最冷月为1月，平均气温15℃左右，最热月为7月，平均气温28℃左右。由于全年各月平均气温均大于10℃，因此无气候意义的冬季，夏季长达183天左右，初春在2月初已经来临，而初秋至10月底才姗姗来到。汕尾市城区濒临南海，尽享“天然海洋空调”之优势，冬季为广东省最暖地区之一，≤5℃的低温日数年平均仅为1~3天；夏季则是广东省最佳避暑胜地，≥35℃高温日数年平均只有1~4天。

注：①“城区”本是每个城市的市区域泛称，而本鉴的城区是汕尾市辖下的一个区域名称。

②区委、区政府当时驻地在市区二马路东南段原汕尾镇府，1991年3月搬迁到市区香城路中段。

雨量丰沛　汕尾市城区年平均降雨量为1966.0~2498.2毫米，是全国降水最丰沛地区之一。每年4~9月是汕尾降水最集中时期，即“雨季”，降雨量占全年总雨量85%左右，而10月~次年3月，干燥少雨，即“干季”，降雨量仅占全年总雨量15%左右。由于雨季雨量较为集中，易发生洪涝灾害，而干季雨量较少，易出现秋冬春连旱。

台风较多　汕尾市城区海岸线较长，是热带气旋影响或登陆较多地区之一。年平均热带气旋影响个数为4.9个，最多年份达10个；有严重影响热带气旋年平均为0.9个，最多年份达4个；正面登陆的热带气旋年平均为0.5个，最多年份达2个。热带气旋常常带来狂风、暴雨和海潮，酿成风、涝、潮灾害，但其丰沛降水是汕尾市城区后汛期主要水源，对缓和干旱，增加水库蓄水，储备来年春耕用水有不可低估作用。

风热能丰富　汕尾市城区东北方是我国最大海峡——台湾海峡，呈东北—西南走向。在冬半年，常常有东路冷空气沿台湾海峡入侵汕尾，造成海面及近海东北偏东强风。同时每年热带气旋影响也可带来不小风力。每年最多风向为东北到东风，年平均大风日数为2.8~7.5天，越近沿海，大风日数越多。曾测得的最大风速为45米/秒（14级），极大风速为60.4米/秒（17级），全年各月平均风速均在3米/秒以上，冬半年（每年10月至次年3月），海面大风日数超过15天/月，因此风能资源较为丰富。汕尾市光照充足，热能资源也同样丰富。年平均日照时数达到1715.9~2059.7个/小时，日照百分率为44%~48%，是广东省内日照较多的地区之一。年蒸发量1597.1~1812.5毫米，光合潜力每1/15公顷约7400公斤。

水文　2014年降水时空分布严重不均，全年降水主要集中在4~6月份，降雨极端性、突发性强，3个月份累计降水占1~10月降雨的60%~80%。其中，极端性降水最为突出为5月，年降雨量1836毫米。全区受灾人口近万人。

近岸海域水质监测　市城区有2个监测点：城区胜青屿和市区凤飞山。有2个质量点位（国控点）分别为城区马宫和汕尾市区。3、7、10月各监测1次，3、7月各监测21项，10月功能区点位监测22项，环境质量点位分析监测35项。监测结果均达到《海水水质标准》（GB 3097~1997）相应功能区标准。

（市年鉴资料摘录）

自然资源

【土地资源】　2014年，全区陆地面积约为302.11平方公里，耕地面积保有量为3509.21公顷，比建区初期减少938.19公顷。城区属东南沿海半岛地形，是隆起的剥蚀构造地区，地质大部分为海相沉积物，土壤主要为洪积冲积土属和赤红砂土，适宜水、旱耕作，适种范围广。

【海洋资源】　城区面临南海，海岸线长98公里，海域面积3.5万平方公里，其中渔场近2万平方公里，主要是尖担渔场、盖苏文渔场、外脚渔场和内脚渔场。沿海多湖港海湾和岛屿及滩涂，海湖主要有品清湖、东坑湖、石狗湖；海港有汕尾港、马宫港、捷胜港；海湾有长沙湾、红海湾；海岛主要有龟龄岛、江牡岛、菜屿岛、金屿岛、石澳岛、屿仔岛（有居民常住）。海滩涂面积2446.7公顷，是养殖开发的优良场所。

海产品有10类85科860多种。鱼类主要有蓝园鲹、金色沙丁、鲐鱼、带鱼、银鲳、灰旗鱼、海鳗、大黄鱼、小黄鱼、断斑石鲈、海鸟、马鲛、勒鱼、鲥鱼、海鲶、石斑等。虾类有长额仿对虾、鹰爪虾、中华管鞭虾、墨吉对虾、长毛对虾、宽勾对虾、龙虾等。藻类有紫菜、江蓠、石花菜和海人草等。贝壳有鲍鱼、海胆、青蛤、牡蛎（蚝）等。沿海海水含盐浓度年平均32.7‰，是广东生产海盐的基地之一。海洋波浪是可开发的能源资源。

【旅游资源】　城区旅游资源十分丰富，得天独厚，素有“粤东旅游黄金海岸”之称。主要有“三山一湖”（鼎盖山、凤山、屿仔山、品清湖）景区和“二湾”（红海湾、金町湾）旅游区、捷胜得道庵旅游区、龟龄岛旅游区等。区内的凤山祖庙旅游区为国家AAAA级旅游景区，汕尾市铜鼎山森林郊野公园正在申报国家AAAA级旅游景区，品清湖面积为

23平方公里，是天然滨海潟湖。

【其他资源】 *矿产* 城区境内探明的矿产有锡、钨、铜、锆镆石、硫铁矿、玻璃砂等。锡矿分布于金町村、东涌村、芦列坑村、大华半岛和西洋村等地；钨矿分布于芳荣山和新地村等地；铜矿分布于石厝村；锆磺沙分布于捷胜镇等地；硫铁矿分布于马宫镇牛尾山；玻璃砂分布市区、捷胜镇海滩。境内有或露或藏的大量花岗岩。

金町、东涌、芦列坑等地的锡矿均属C2级储量，计有锡金属储量2590.3吨，锡的品位均在1%~1.5%之间，条数多且集中。

沿海岸线的风力资源是可供风力发电的再生能源。

水 2014年，区域内建有中型水库1座，小（一）型水库12座，小（二）型水库34座，山塘42座，总蓄水量6492.05万立方米。区域内年平均降雨量1745毫米，地下水源丰富。此外，还有公平水库、赤沙水库的灌渠贯穿境内。市区建有新地自来水供水厂，2014全年受水总量2604万立方米，比增10.81%。全年扩大新用水户263户（含高层总表用水户）。全区水资源（含地下水）总量3.67亿立方米。

生物 粮食作物主要有水稻、番薯。经济作物中，蔬果类有蔬菜、花生、大豆、芝麻、南药、甘蔗、荔枝、龙眼、黄皮、柑、橘、橙、香蕉、青梅、油柑、杨桃、梨、芒果、李仔、桃、枇杷及花卉等。木本植物有柗、松、红椎木、稠木、荷木、木麻黄、台湾相思树、梓、柳、苦楝、油桐、橡树等。家养动物有鸡、鸭、鹅、牛、羊、狗、兔、猫等。陆生野生动物有数量较少的穿山甲、白鹤、苏门羚、猴鹰、蟒蛇、山猪、豺狗、鸢苍鹰、雀鹰、松雀鹰、鹫、响尾鹞、游隼、鸦鹃、草鹗、鹧鸪、斑鸠、夜游鹤、海鹅、岸鹅、山鸡、水鸭、银蛇、广蛇、索蛇、大壁虎、青蛙等。

环境质量

【空气环境】 *质量自动监测情况及监测结果和降尘* 2014年，开展市区环境空气质量自动监测，实时向国家、省、市三级平台发送最近小时值和日均值监测数据，由原来发布空气污染指数（API）转变为发布空气质量指数（AQI），监测项目在原来的二氧化硫（SO_2）、二氧化氮（NO_2）、可吸入颗粒物（PM10）等3项指标基础上，新增一氧化碳（CO）、臭氧（O_3）日最大8小时平均值和细颗粒物（PM2.5）等3项指标。全年环境空气自动监测系统运行稳定，监测数据有效率达到97%以上。

2014年，市区环境空气质量继续保持优良水平。环境空气质量指数全年达标率为93.2%，达标天数340天，首要污染物为PM2.5。全年环境空气质量状况在全省排名第二，第一至四季度排名分别为第二名、第四名、第三名和第一名。环境空气质量自动监测项目年日均浓度值分别为：二氧化硫（SO_2）9微克/立方米，二氧化氮（NO_2）14微克/立方米，一氧化碳（CO）1.0毫克/立方米，臭氧（O_3）日最大8小时平均值91微克/立方米，可吸入颗粒物（PM10）47微克/立方米，细颗粒物（PM2.5）33微克/立方米。

2014年，市区降尘月均值为4.87吨/平方公里·月，达到省推荐标准（8吨/平方公里·月），与2013年4.57吨/平方公里·月相比上升了6.6%。

城市降水 2014年实测降水总量1915.5毫米。全年降水pH值范围为5.96~7.14，pH值年均值为6.10，电导率均值为23.1微西/厘米，硫酸根（SO_4^{2-}）均值为1.37毫克/升，硝酸根（NO_3）均值为0.367毫克/升。没有出现酸雨。

【声环境】 2014年，汕尾市区声环境质量保持较好水平。

道路交通噪声 市区共有26个监测点，每年监测1次。2014年，昼间平均等效声级为67.7分贝，达到国家规定标准，与2013年相比上升了1.4分贝。

区域环境噪声 市区共有105个监测点，每年监测1次。2014年，昼间平均等效声级为56.4 分贝，达到国家规定标准，与2013年相比上升0.2分贝。

功能区噪声 市区共有5个监测点，分别为1类区（居民文教区）、2类区（混杂区）、3类区（工业区）、4类区（交通干线两侧），每季度监测1次，分

昼间、夜间监测。2014年，监测结果除交通干线两侧夜间出现3个日均值略超0.1分贝、0.9分贝、2.7分贝，其余监测结果均符合功能区噪声标准昼间、夜间要求，与2013年相比略有改善。

【饮用水环境】 2014年度汕尾市区水环境质量水质达标率为100%。赤沙水库（2个监测点），琉璃径水库、赤岭水库（各设1个监测点），每月监测1次，每次监测67项，其中6月监测114项。监测结果均符合国家《地表水环境质量标准》（GB 3838-2002）Ⅲ类标准，其中，赤沙水库水质符合Ⅱ类标准，水质状况优良。

（市年鉴资料摘录）

人口·民族·语言

【人口】 2014年，全区总户数为88814户，常住人口392109人，其中，全区常住人口中，男性203764人，女性188345人。是年，出生入户766人（其中，男371，女395），死亡注销56人（其中，男40，女16），迁出19人，迁入17人，非农人口244632人。

【民族】 城区有多民族散杂居住。2014年，户籍人口除汉族外，还有23个少数民族，人口共486人，占全区总人口的0.12%，其中，居住城市的269人，居住农村的217人。分别是壮族244人、苗族66人、土家族33人、侗族32人、彝族21人、瑶族20人、蒙古族12人、土族11人、回族10人、布依族6人、满族6人、朝鲜族5人、毛南族4人、黎族3人、畲族2人、维吾尔族2人、仡佬族2人、白族2人、锡伯族1人、佤族1人、水族1人、羌族1人、傣族1人。另有流动少数民族人口约200人。

【语言】 全区使用的语言有福佬语（属闽南方言）、粤语、潮汕语、客家语、普通话，以福佬语为主。

（郑和悦）

行政区划

【概况】 城区区域面积302.11平方公里。2014年，辖凤山、新港、香洲、马宫4个街道，红草、东涌、捷胜3个镇，共7个乡镇级政区。包括35个社区居委会，59个行政村。城区人民政府驻地在市区香城路中段，电话区号0660，邮政编码516600。

（城区民政局）

2014年汕尾市城区行政区划简表

表2

街道（镇）	面积（平方公里）	行政村、社区数（个）	行政村、社区名称	村（居）民小组数（个）
凤山街道		社区11 行政村3	联兴社区	19
			文亭社区	6
			凤照社区	19
			安美社区	7
			凤翔社区	4
			凤苑社区	6
			滨海社区	6
			盐町头社区	3
			奎山社区	2
			香洲社区	4
			新林社区	2
			小岛村委会	2
			芦列坑村委会	2
			革新村委会	3
香洲街道		社区12 行政村2	东兴社区	3
			后径社区	无设居民小组
			城西社区	2
			新兴社区	3
			中区社区	无设居民小组
			园林社区	无设居民小组
			新瑶社区	2
			新区社区	无设居民小组
			城南社区	无设居民小组
			新城社区	无设居民小组
			西兴社区	1
			兴祥社区	无设居民小组
			梧桐村委会	无设居民小组
			西洋村委会	无设居民小组

续表 2

街道（镇）	面积（平方公里）	行政村、社区数（个）	行政村、社区名称	村（居）民小组数（个）
新港街道		社区 5 行政村5	海滨社区	5
			金海社区	6
			新园社区	5
			海港社区	5
			立新社区	5
			红卫村委会	12
			芳荣村委会	7
			新港村委会	6
			东风村委会	7
			前进村委会	5
马宫街道	22.63	社区 1 行政村6	马宫社区	6
			长沙村委会	3
			新北村委会	2
			金町村委会	12
			浪清村委会	2
			盐町村委会	2
			深渔村委会	3
红草镇	69.73	社区 1 行政村14	红草社区	6
			梧围村委会	15
			海梧村委会	7
			径口村委会	4
			拾和村委会	7
			青山村委会	4
			光明村委会	2
			五雅村委会	4
			埔边村委会	6
			三和村委会	2
			西河村委会	4
			南汾村委会	8
			新村村委会	3
			晨洲村委会	6
			亚洲村委会	1

续表 2

街道（镇）	面积（平方公里）	行政村、社区数（个）	行政村、社区名称	村（居）民小组数（个）
捷胜镇	49.48	社区 4 行政村14	东门社区	9
			西门社区	6
			南门社区	7
			北门社区	8
			联星村委会	11
			联安村委会	13
			大流村委会	20
			埔尾村委会	4
			前进村委会	9
			东坑村委会	16
			沙坑村委会	5
			牛肚村委会	3
			石岗村委会	8
			石头村委会	6
			南门外村委会	7
			五爱村委会	9
			沙角尾村委会	3
			军船头村委会	9
东涌镇	103.58	社区 1 行政村15	东涌社区	未设居民小组
			东涌村委会	8
			品清村委会	6
			新地村委会	7
			新湖村委会	9
			东石村委会	3
			赤古村委会	9
			洪流村委会	8
			石洲村委会	6
			宝楼村委会	7
			新安村委会	9
			新民村委会	3
			民群村委会	9
			民进村委会	8
			龙溪村委会	6
			安华村委会	7

政　治

SHANWEISHICHENGQU YEARBOOK

汕尾市城区年鉴 · 2015

ZHENG ZHI

中共汕尾市城区委员会

城区委领导成员名单

书　记：陈少荣

副书记：刘闪星（2014 年 12 月调离）

林展海（2014 年 12 月任）

罗光钊（2014 年 12 月调离）

许昌林（2014 年 12 月任）

常　委：陈少荣

刘闪星（2014 年 12 月调离）

林展海（2014 年 12 月任）

罗光钊（2014 年 12 月调离）

许昌林

余汉生

卢学军

刘元海

张淑娟

卓江广

曾向镇

周宏森

机构设置

【概况】 区委机构设置有纪律检查委员会机关（区监察局与其合署办公）和办公室、组织部、直属机关工作委员会、宣传部（挂汕尾市城区精神文明建设委员会办公室牌子）、统一战线工作部（与区委台湾工作领导小组办公室、政府台湾事务办公室合署办公）、政法委员会（与区维护稳定及社会治安综合治理委员会办公室合署办公）、区机构编制委员会办公室 8 个工作部门。

区委辖 5 个党组：区人大、区政府、区政协、区检察院、区法院。

区委下辖 9 个基层党（工）委：东涌镇、红草镇、捷胜镇、马宫街道、凤山街道、香洲街道、新港街道、区直属机关、逸挥基金医院党委。

区委办公室内设秘书股、综合股、督办股、信息股、政策研究室、机要局、区委保密委员会办公室（区国家保密局）。属下设立信息管理中心、区党政总值班室。区委党史研究室挂靠区委办公室。

重要会议

【区委七届四次全会】 2015 年 1 月 30 日，区委七届四次全会召开。会议主题是深入学习贯彻习近平总书记系列重要讲话和中央、省委及市委全会精神，总结 2014 年工作经验，部署 2015 年各项工作。号召全区上下凝心聚力，担当实干，用法治理念推进振兴发展，以项目清单确保精准落实，为建设更加美好的城区努力奋斗。会议强调，要坚持以问题为导向，善于用法治理念解决发展中的问题，依法妥善处理稳定与发展关系。坚定不移地担当“推土机”和“稳压器”，大力推进社会稳定和平安建设，全力加快振兴发展，加快三个起步区征地拆迁，大力推进项目建设，做大实体经济“蛋糕”，支持、服务现有企业增资扩产。强化政务服务，加快改革简政步伐，持续整治政务服务突出问题，深入实施硬环境提升行动，营造良好政商环境。强化法治理念，加快推进法治政府建设，大力提高司法公信力。强化党的建设，从严打造担当实干的干部队伍，大力加强基层工作，推进党风廉政建设，形成作风建设新常态，推动城区加快扩容提质、振兴发展。会议由区委常委会主持。市委常委、区委书记、区人大常委会主任陈少荣代表区委常委会作工作报告，区委副书记、代区长林展海作经济工作讲话。七届区委委员、候补委员出席会议；不是区委委员、候补委员的区几套班子领导成员，区纪委常委、各镇（街道）党政主要领导，区委办、区府办副主任，区直副科以上单位主要负责人列席会议。

【区委常委（扩大）会议】 2014 年，召开区委常委扩大会议 5 次，分别是：

1 月 22 日，区委召开常委（扩大）会议，学习习近平总书记在党的群众路线教育实践活动第一批总结暨第二批部署会议上的重要讲话精神，部署城区开展第二批党的群众路线教育实践活动。

3月27日，区委召开常委扩大会议，传达学习贯彻习近平总书记在河南省兰考调研指导党的群众路线教育实践活动时的重要讲话精神，对深入推进全区教育实践活动进行部署。

7月15日，区委常委（扩大）会议召开，传达市委书记温国辉在区委领导班子专题民主生活会上的讲话和市委第一督导组组长王世顶在区委民主生活会上的点评意见，并结合工作实际进行学习讨论。

7月17日，区委常委扩大会议召开，学习贯彻市委书记温国辉在区委民主生活会上的讲话精神，要求各级、各部门必须把温国辉讲话精神落实到立行立改的具体工作中去，切实整治“四风”问题，为推进城区振兴发展提供坚强的作风保障。

8月5日，区委召开常委（扩大）会议，研究部署汕尾新区建设三个起步区征地拆迁及重点项目建设工作。

【区党政联席会议】 2014年，召开区党政联席会议2次，分别是：

1月13日，区党政联席会议召开，主要是研究区委、区政府关于贯彻落实《中共汕尾市委、汕尾市人民政府〈关于进一步促进粤东西北地区振兴发展的决定〉的实施意见》的工作方案。

6月14日，区召开党政联席会议，传达学习赵乐际在学习中央政治局常委联系点经验座谈会上的讲话和胡春华在佛山市南海区指导开展化解社会矛盾工作时的讲话精神，研究全区贯彻落实及创建文明城市工作的意见。

【全区领导干部会议】 12月22日，区委召开全区干部大会，宣布市委关于区委主要领导人职务变动的通知。提名林展海为城区人民政府区长人选，任命许昌林为区委副书记，提名胡春莲为区政府副区长人选。刘闪星不再担任区长职务，罗光钊不再担任区委副书记职务。

【创文工作推进会】 7月17日，区委召开创文工作推进会，听取创文责任单位开展工作情况，研究存在问题和不足，部署今后工作。

【区委理论学习中心组学习会】 2014年，召开区委理论学习中心组学习会议7次，分别是：

1月15日，区委召开理论学习中心组学习会，传达学习省委第十一届三次全会精神，研究部署贯彻落实意见。市委常委、区委书记、区人大常委会主任陈少荣在会上要求，全区上下必须学习贯彻省委全会精神，推动城区振兴发展。

2月28日，区委理论学习中心组召开传达学习市“两会”精神，提出要以学习市“两会”精神为动力，狠抓落实，全力推进当前重点工作。

6月6日，区委举行理论学习中心组（扩大）专场——《广东省信访条例》宣讲学习会，省委党校法学教研室吴军辉教授应邀作辅导讲座。

6月24日，区委举行社会主义核心价值观基层宣讲报告会，省委宣传部宣讲团第十分团团长汪永智到会宣讲。

10月14日，区委召开理论学习中心组（扩大）学习会，邀请市委党校吴伟平教授作“法治中国”专题辅导报告。

10月28日，区委理论学习中心组召开学习会，学习贯彻中共十八届四中全会精神，部署相关工作。市委副书记陈央到会指导，要求努力推进依法治区。

12月2日，区委举办中共十八届四中全会精神宣讲报告会，邀请市委党校法学研究副教授吴伟平到会宣讲。

重大决策和活动

【贯彻落实促进粤东西北地区振兴发展】 为贯彻落实《中共广东省委、广东省人民政府关于进一步促进粤东西北地区振兴发展的决定》以及市委、市政府《实施意见》的精神，结合城区实际，区委制定贯彻落实促进粤东西北地区振兴发展实施意见的工作方案。明确了发展定位、目标要求、工作措施、工作保障。重点是做好四个方面的工作：1. 落实“三个抓手”。一是以交通基础设施建设为抓手，突破发展硬制约。加快对外交通高速化。加强与周边地区连接，与市区交通拥堵和“瓶颈”路段改扩建。适时启动城内运河建设认证。二是以工业园区建设为抓手，加快产业集聚发展。加快推进红草工业园区建设和抓好园区招商。三是以扩容提质为抓手，做大做强中心城区。建设好东片商贸物流聚集区、西片旅游度假海洋经济区、南片养生旅游休闲区、环品清湖旅游宜居商贸中心。2. 守住“两条底线”。一是坚持稳定压倒一切，牢牢守住社会稳定底线。二是坚持可持续发展，牢牢守住生态保护底线。3. 创造“两个营商环境”（着力改善政务环境；着力改善社会环境）。着力改善政务环境和社会环境。4. 创建“一个平台”。要搭建一个融资平台，按重点项目需求分类型、分区域，切实解决资金问题。

【建立镇（街道）领导干部驻点普遍直接联系群众制度】 为深入贯彻落实中央、省委和市委关于进一步改进领导干部作风、密切联系党群干群关系、促进基层和谐稳定的部署，根据上级《关于建立镇（街道）领导干部驻点普遍直接联系群众制度的意见》精神，结合城区实际，区委制定了实施意见。意见明确了指导思想、基本原则、工作任务、工作程序、工作机制、组织制度。主要是做好五个方面的工作任务：宣传政策法规、掌握社情民意、听取意见建议、解决实际问题、推进基层治理。任务要求：固定联系人员，固定联系时间，固定联系地点。11 月底，城区全面落实镇（街道）领导驻点普遍直接联系群众制度，全区近 500 名镇（街道）干部每周一深入到 94 个村（社区）直接联系群众，开展民事代理工作，打通联系群众“最后一公里”。

【圆满完成全区村（社区）“两委”换届选举工作】 自 2014 年 1 月 1 日以来，区委高度重视，强化责任，依法依规，扎实推进全区村（社区）“两委”换届选举工作。并于 3 月底前圆满完成了换届选举工作，全面完成了省委提出的“两个 80%”的要求，结束以往个别村（社区）没有完成或没有完全完成选举的历史。

【开展党的群众路线教育实践活动】 根据中共中央、省委和市委有关文件精神，第二批党的群众路线教育实践活动从 2014 年 1 月开始至 9 月基本完成。2 月 12 日，区委制定《汕尾市城区开展党的群众路线教育实践活动实施方案》。

总体要求：坚持主题不变，保持标准不降；坚持讲求实效，突出“六个注重”（更加注重领导带头、层层示范；更加注重“四风”、解决问题；更加注重敞开大门、群众参与；更加注重分类指导、有序推进；更加注重上下协力、衔接带动；更加注重严格要求、尽督实导）；坚持统筹联动，突出上下配合。

明确目标任务：1. 主要目标。一是强化大局意识，当好新区建设的“发动机”；二是强化责任意识，当好项目建设的“推土机”；三是强化底线意识，当好社会稳定的“稳压器”；四是强化宗旨意识，当好人民群众的“服务器”。2. 重点任务。一是大力解决“四风”突出问题；二是着力解决群众反映强烈的切身利益问题；三是全力解决联系服务群众“最后一公里”问题。

明确抓好活动的三个环节：1. 学习教育、听取意见。一是抓好重点内容学习。二是结合实际创新学习方法。三是深入基层直接听取意见。四是列出清单边学边改。2. 查摆问题、开展批评。一是查摆找准突出问题。二是普遍开展谈心谈话。三是认真撰写对照检查材料。四是开好专题民主生活会。五是开好专题组织生活会。3. 整改落实、建章立制。一是制定整改方案。二是狠抓专项整治。三是从严正风肃纪。四是健全完善制度机制。

明确加强活动的组织领导。一是落实领导责任。二是建立领导联系点。三是坚持严督实导。四是注重分类指导。五是加强宣传引导。六是坚持统筹兼顾。

【加强基层工会建设】 为进一步夯实基层工会基础，增强基层工会组织吸引力、凝聚力，区委制定了《关于新形势下加强基层工会建设的意见》。意见提出：一、充分认识新形势下加强基层工会组织建设的重要性；二、坚持依法建会进一步加强基层工会组织建设；三、为加强基层工会组织建设创造良好条件和社会环境。

深入开展第二批党的群众路线教育实践活动

【概况】 2014年，按照中共中央、省委、市委的统一部署，城区参加第二批党的群众路线教育实践活动的党组织有411个[包括70个区直单位，7个镇、街道，94个村（社区），35个“两新”组织]、党员10549名（包括县处级党员领导干部26名，科级党员领导干部363名）。活动开展以来，在市委的正确领导下和省委第五督导组、市委第一督导组的有力指导下，区各级各部门牢牢把握“照镜子、正衣冠、洗洗澡、治治病”的总要求，在不折不扣抓好规定动作的同时，凸显地方实践特色，把创新动作贯穿始终，使活动更加紧贴城区实际，取得了明显效果。

【主要做法】 一是领导抓、抓领导，大力营造浓烈氛围。活动中，注重领导带头，落实在行动中，起到了很好的示范带动作用；层层部署发动，做到领导到位、人员到位、组织到位、措施到位、保障到位，为活动有序开展提供了良好保障；利用《汕尾日报》《今日城区》专题简报、学习栏、横幅标语等载体，大张旗鼓宣传党的群众路线教育实践活动，总结交流各地各单位的好经验、好做法，营造浓烈的活动氛围，使活动家喻户晓、深入人心；开展全程全方位督查，确保各地各单位教育实践活动不偏不虚不空，不打折扣。二是高标准、严要求，推动活动深入开展。区把抓好学习教育作为基础环节，针对不同单位、领域的实际情况，在做到“四落实一确保”的同时，注重创新学习方式，丰富学习内容，组织开展了具有城区特色的“七学”活动（领导带学、专家导学、部门专学、特色乐学、网络热学、下乡送学、实践活学），使学习变得更加生动有趣，更加入心入脑；在第一、二环节中，区坚持广开言路，“断症寻方”，收集到大量党员、群众意见建议；在开好民主生活会、开展批评与自我批评中，坚持问题导向，敢于大胆剖析问题，确保“红脸出汗”；坚持边学边改、立说立行。三是重创新、求实效，“两机两器”贯穿始终。强化大局意识，自觉当好新区建设的“发动机”；强化责任意识，当好项目建设的“推土机”；强化底线意识，当好社会稳定的“稳压器”；强化宗旨意识，当好人民群众的“服务器”。

【主要成效】 开展教育实践活动以来，始终坚持真学实改、真抓实干，在践行群众路线、弘扬优良作风、解决突出问题、保持清廉本色等方面取得了明显成效，受到了全区人民群众和社会各界的好评，实现了预期的目标要求。一是党员干部得到教育，理想信念进一步坚定。通过开展党的群众路线教育实践活动，尤其是深入学习领会习近平总书记系列重要讲话精神，广大党员干部补了“钙”，充了“电”，升华了思想、锤炼了党性，全区各级领导干部理想信念和政治定力进一步增强，遵守党的政治纪律的自觉性进一步提升。二是“四风”问题得到有效整治，干部作风进一步好转。以贯彻落实中央八项规定为切入点，对作风之弊，行为之诟进行了大排查、大扫除，“四风”问题得到了有效整治，反“四风”取得了实实在在的成效，全区党员干部作风明显改进，党内政治生活严肃认真，党风政风和社会风气逐步得到好转。三是群众反映强烈的问题得到有效解决，党群干群关系进一步密切。坚持以服务民生的成效体现教育实践活动成果，一批群众反映强烈的突出问题得到了有效解决，增进了同群众的感情，进一步拉近了党群、干群距离，增进了感情，密切了关系。四是基层组织建设得到加强，党的组织基础进一步夯实。活动中，区委把加强基层党组织建设放在重要位置，多措并举，抓实抓好，顺利完成村（社区）“两委”换届选举任务，结束以往个别村（社区）没有完成或没有完全完成选举的历史。同时对后进党支部集中力量进行整顿，使软弱涣散基层党组织的整体面貌有了明显好转，有力地缓解了联系服务群众“最后一公里”问题。

【几点体会】 一是必须坚持领导带头。各级领导充分发挥表率示范作用，形成上行下效、层层抓落实的局面，有力的推动了各项工作有计划有步骤开展。二是必须坚持开门搞教育。要使活动取得成效，就必须要相信群众、依靠群众，开门搞教育，广听民声，善纳民意，才能找准存在问题、明确整改方向，才能使整个活动的开展有的放矢，成效明显。三是必须坚持整改落实。把落实整改作为整个教育实践活动的出发点和落脚点，并把群众是否满意作为衡量教育实践的基本要求，做到真查真改，边查边改，立行立改，从而真正达到了“照镜子、正衣冠、洗洗澡、治治病”的目的。四是必须坚持严查实督。全区教育实践活动之所以取得较大的成效，是与上级实践办和各级督导组的严格把关、具体指导帮助分不开的。市委书记温国辉经常到城区调研指导工作，并亲自走基层了解活动情况。省委第五督导组、市委第一督导组对城区的教育实践活动提出了许多指导性意见。这些都对城区的党的群众路线教育实践活动起到了积极的推动作用。

（李映慧）

附　区委办领导名单

主　任：许昌林

副主任：王海寅

林惠雄

黄汉家

党史工作

【概况】 2014 年，区委党史研究工作在区委的正确领导下和上级党史部门的指导下，落实科学发展观，坚持把以史为鉴、资政育人作为根本任务，围绕中心，服务大局，齐心协力，真抓实干，努力推进党史研究、资料征编、党史宣传和党史队伍建设工作，为全力推进城区扩容提质、振兴发展提供智力支持。

【党史编研】 2014 年，继续配合区委、区政府向中央、省申报“参照原中央苏区政策待遇”工作，开展走访活动，征集、查阅大量相关历史资料，起草了《关于要求将城区纳入全市集中组织申报确认汕尾市（海陆丰革命根据地）为中央苏区范围的请示》和《汕尾市城区申请参照原中央苏区县政策的情况报告》；征集 2014 年中共汕尾市城区委党史大事记 68 个条目，约 3200 字;为让人们了解城区境内是海陆丰革命根据地的重要组成部分，更直观、更系统地反映城区在革命时期的斗争史实，彰显城区在早期革命斗争中的历史地位、历史作用、历史意义，区委党史研究室编撰了《汕尾市城区（原海丰县东南部沿海区域）欠发达革命老区争取政策扶持的申报材料》一书，该书分斗争史略、历史文献、英烈简介、回忆片断、革命旧址等 5 个部分，约 40 万字。

【党史交流工作】 区委党史研究室先后到海丰、陆丰等县市，交流党史工作，交换党史资料。先后撰写了《沁园》《红楼事件后十一勇士殉难记》等史料文章。

（李映慧）

政策研究

【概况】 2014 年，区委政研室在区委的正确领导下，落实科学发展观，围绕区委的中心工作和全区的工作大局，根据城区发展中碰到的新情况、新问题和群众普遍关心、关注的社会热点难点问题，深入开展调查研究，形成一批较有价值、有影响的调研成果，为区委、区政府提供决策咨询和参考。2014 年，重点完成《关于加强村（社区）干部管理监督》《关于农村基层社会治理》《关于汕尾市城区企业招工难》《关于城区社会工作情况》《关于对品清湖清理整治》《墩下城文物保护区违法建筑拆除行动的总结和思考》《关于用法治理念推动城区振兴发展的实践与思考》等课题的调研。同时，认真履行区委改革办职责，参与区委重要文件、文稿、领导讲话和会议材料的起草工作，圆满完成省、市委政研室和改革办以及其他上级部门交办的各项工作任务。

（谢维拉）

保密工作

【概况】 中共汕尾市城区委保密委员会办公室、城区国家保密局为“一个机构、两块牌子”，并入区委办公室，既是区委保密工作办事部门，又是区政府职能机构，承担《中华人民共和国保密法》行政执法工作，主管全区保密工作。该局无内设科室。2014年，城区各级保密组织、保密行政管理部门按照市委、区委保密委员会工作要点，开拓创新，扎实工作，取得显著成效。10月，城区国家保密局局长廖海娜受到省国家保密局通报表彰，获得“广东省保密工作荣誉纪念章”一枚。

【保密工作领导】 为加强对保密工作的领导，由区委副书记任区委保密委员会主任。各地、各单位也相应调整充实保密组织机构，明确本单位主要领导或一名副职专门负责保密工作，落实有关人员负责日常管理工作。

【保密工作会议】 2014年3月19日，区委保密委召开保密工作会议，传达省、市保密工作会议的精神，总结2013年的保密工作情况并部署2014年保密工作任务。区委副书记、区委保密委主任罗光钊出席会议并作了讲话。区政府副区长、区委保密委副主任郑新钦主持会议。会议还审议通过《城区委保密工作要点》。

【保密教育】 城区各地、各单位认真开展保密教育。一是组织开展保密专题党课教育。是年10月28日，区委保密委召开全区保密专题党课教育会议。区委副书记、保密委主任罗光钊作了专题辅导讲话。二是组织参加全市定密管理业务培训班。为打好定密管理攻坚战，推动定密、网络、涉密人员“三大管理”取得成效，11月14日，组织全区保密员参加了培训。三是开展保密责任教育。针对各类考试，保密部门与各考试主管部门密切配合，通过学习培训、签订《保密责任书》，对试卷运送、交接、保管、领发等环节的工作人员进行保密责任教育。四是认真开展保密法纪宣传教育。2014年，在全区开展保密法纪宣传教育月活动，通过举办培训班，召开动员会，观看教育片，发放宣传资料，张贴保密提示和宣传标语、专栏墙报，利用短信平台等形式加大对保密法纪的宣传教育力度。全年全区举办培训班2期，参加培训的有200多人；召开座谈会，学习保密法律法规知识30多场次，受教育人数900多人次；观看教育片的有400多人；在显眼处悬挂大横幅标语20条；张贴宣传标语50张。进一步强化全体干部职工的保密意识。

【保密管理】 一是做好定密情况统计分析工作，做好全区定密责任人和定密授权的确定和备案工作。二是做好各类考试保密监督工作。参与高考、中考、成考、自学考、卫生系统事业单位公开招聘考试等的保密管理工作，确保各类考试顺利进行。三是做好全区保密普查工作。四是做好计算机保密管理。五是做好重要会议的保密服务工作。

（廖海娜）

附 城区国家保密局领导名单

局　长：廖海娜

组织工作

【概况】 区委组织部是区委主管组织和干部工作的职能部门。内设秘书股、组织股、干部股、干部监督股、调研室、人才工作股、下设党代表联络服务办公室、电教中心。2014年，城区组织工作以科学发展观为主题，以十八届四中全会和习近平总书记系列讲话精神为指导，紧紧围绕全区工作大局，积极开展党的群众路线教育实践活动，着力抓好基层组织建设、干部队伍和自身建设，为推进汕尾新区建设，实现城区扩容提质、跨越发展提供坚强的组织保证和人才支撑。2014年年底，全区有党员10874人，其中女党员2887人；有基层党（工）委9个，党组5个，党总支13个，党支部396个。全区有公务员691人，其中区直机关公务员613人，包括女公务员162人。

【党的基层组织建设】 *基层党建工作*　组织部坚持以制度强化基层党建工作。积极落实《汕尾市城区贯彻〈广东省加强村级基层组织建设五年行动计划〉实施意见》等相关制度；是年，全区范围内排查出的24个软弱涣散党组织，集中力量狠抓整顿，基本完成整改工作，使软弱涣散基层党组织的整体面貌有了明显好转；把2013年选聘的18名大学生村官分配安排到7个镇（街道）的18个村（社区）工作；在此基础上，继续实施“书记项目”工作。全区共上报“书记项目”14个，其中区级项目为《转变作风　当好“两机两器”》。此外，在全区开展镇（街道）领导干部驻点普遍直接联系群众工作，拟定《汕尾市城区关于建立乡镇（街道）领导干部驻点直接联系群众制度的意见》和《汕尾市城区村（社区）民事党员代理指导手册》，在全区成立94个村（社区）民事代理服务中心，抽调精干人员组成94个固定的驻点团队和辅助团队，全面开展村(社区）民事党员代理工作，促使党员干部联系群众工作更加实质化、长效化、常态化。

党的群众路线教育实践活动　把开展党的群众路线教育实践活动作为首要政治任务和2014年党建中心工作，认真组织，严格把关，扎实推进。以依托《汕尾日报》《今日城区》、专题简报、学习栏、横幅标语等为载体，大张旗鼓宣传党的群众路线教育实践活动；注重创新学习方式，组织开展具有城区特色的“七学”活动；组织全区各级党组织和广大党员开展“六进五听四查三对照”活动，即进村（社区）、进镇（街道）、进机关、进企业、进学校、进百姓家门；听群众百姓呼声、听党员干部心声、听社会舆情民声、听服务对象诉声、听党外人士议声；查思想之“病”、查作风之“弊”、查行为之“垢”、查道德之“患”；对照党章找差距，对照先进典型找差距、对照群众期盼找差距。坚持广听民声，广纳民意，照好镜子，查出“症结”。以推进党员干部作风转变、推进经济社会发展的实践为主题，推出当好“两机两器”这一“自选动作”，贯穿整个活动始终。并突出抓“两方案一计划一清单”的制定，明确整改任务，把教育实践活动中的好经验、好做法用制度形式固定下来。活动中，全区共布置各类宣传学习栏400多个，编发区级简报166期，其中，被市委专题简报采用的有36条，《南方日报》、中国基层党建网、广东新闻台、《广东党建》杂志、市委教育实践活动简报等均对城区开展教育实践活动的相关情况进行了介绍和报导。收集到的党员、群众意见建议中，区委收集到839条，区政府950条，区人大204条，区政协206条。据统计，全区各地各单位制定的规章制度225个，废除165个，完善427个。据不完全统计，教育实践活动以来，全区累计投入资金约1.3亿元，为群众办好事实事1000多件。

村（社区）换届选举工作　在村、社区“两委”换届选举工作中，成立了以市委常委、区委书记、区人大常委会主任陈少荣为组长的村级“两委”换届选举工作领导小组，构建党委书记负总责、换届办抓具体运作、指导组抓指导、督查组抓督查的“四位一体”工作态势。对全区94个村（社区）开展深入细致的摸查、进行分类，落实自身在村级换届选举过程中督促、指导责任；对94个村（社区）排查出重难点村19个，从重难点村的存在问题进行细化，把重难点村的换届选举工作作为重中之重来抓，合力整治重难点村，强力开展“打黑除恶”专项整治行动，全力完成重难点村的选举。通过群策群力、分类指导、强势推进，城区于2014年3月31日100%完成村、社区换届选举工作。全区村（社区）书记、主任“一肩挑”81人，占87.1%，“两委”交叉任职人数340人，交叉率达91.2%。同时采取全区集中培训、各镇（街道）分散学习等形式，多措并举，举办全区村（社区）“两委”干部培训班，对“两委”干部进行辅导。还加强对村（社区）新老班子的工作交接、相关材料的收集归档、干部工作分工和规划、推选村（居）务监督委员会、新当选干部任职培训、健全完善村级组织工作机制等后续工作。

“两新”组织党建工作　组织部积极推进“两新”党建工作，采取“突出重点，以点带面”的方针，加强对规模以上非公有制企业和影响较大、带动示范能力较强的“两新”组织党组织业务指导与资源支持。同时将“两新”组织党员发展工作形成指标重点列入区2014年党员发展计划，提高“两新”组织党建工作覆盖率，并制定《中共汕尾市城区委关于在“两新”组织党组织中开展群众路线教育实践活动的指导方案》，统筹推进非公有制企业

党组织教育实践活动开展。还通过加强党组织书记培训，不断提高“两新”组织党组织书记的业务能力、政治素质和理论水平。

党代表联络工作室工作　通过开展“走基层、听民声”“面对面、零距离”等主题活动，在党代表工作室开展活动共有80多次，党代表参加人数240人次，接待党员群众有120多人次，听取党员干部群众意见65条，帮助解决的问题或及时回馈有65件。其中帮助解决了红草镇晨洲村代表反映的18年来困扰该村1000多名“蚝民”的户籍性质历史遗留问题。

【党员管理】　区委组织部把发展党员工作和党员生活作为加强基层组织建设的重要措施。按照2014年城区发展党员计划，积极发展新党员，壮大党员队伍，同时严肃发展党员工作纪律，监督各镇（街道）党（工）委和区直工委做好党员发展工作；组织党员通过开展“走基层、听民声”“面对面、零距离”等主题活动，发挥党员先锋模范作用，及时解决人民群众最关心、反映最强烈的实际问题。严格经常性的党内组织生活，过好支部生活，严格执行“三会一课”、党员党性定期分析、民主评议等制度,规范和理顺党员组织隶属关系；严格做好党费收缴和使用工作；强化党内帮扶工作，落实新一年度党内“三大工程”，即农村基层党组织“固本强基工程”、农村基层干部“素质提升工程”和农村党员“创业带富工程”。是年，共有99个远程教育站点，组织党员干部群众通过各终端站点收看远教课件50多个，收看场次4456场。

【领导班子和干部队伍建设】　区委组织部按照科学发展观的要求，拓宽渠道、公平公正选干部、配班子，并逐步完善科级、股级干部名册和干部信息管理系统。对干部名册进行动态调整、充实，对科级、股级干部进行比较详细的分类统计。是年，讨论人事任命的区委常委会5次，共提拔科级干部30名，其中，副科提任正科7人，股级提任副科20人，提任职务3人；任免组织干事、办公室主任和股级非领导职务干部22人，调配干部39人。在公务员工作方面，根据《中华人民共和国公务员法》的有关规定和城区乡镇缺编的情况，共招录了4名乡镇公务员，其中3名从事业单位和1名从村（社区）正职中招录的基层公务员；党群系统中招录2名法院办事员，2名检察院办事员。

【干部教育培训】　区委组织部以区委党校为主阵地，着力创新培训手段，增强培训的针对性和实效性，培养造就一支高素质干部队伍。2014年，举办全区村（社区）“两委”干部培训班、全区科级干部学习习近平总书记系列讲话精神培训班、“群众路线”宣讲、流动党校进基层活动等，参加人数达到1500多人次；安排、选送市管干部（处）和乡（科）级干部参加省、市、区举办的各种研讨班、培训班的有14期共73人次。

【干部监督工作】　区委组织部贯彻执行中组部修订颁发的《党政领导干部选拔任用工作条例》，加强对领导干部出国（境）管理监督工作，执行领导干部重大事项报告，开展领导干部配偶子女移居国（境）外情况调查。共办理退休科级干部9名，对5名试用期满的区管干部和1名部管干部进行试用期考核，并办理了试用期转正手续；共预告干部考察、公示干部提拔任用股级干部8批51人次，审批公务员出境57人次。同时，对全区领导干部因公和出国（境）证件进行集中清理。共收到群众来信来访4宗，结案4宗。

【人才工作】　区委组织部门以培养为主，引进为辅，形成有特色的人才引进、培养、使用、奖励、流动、保障等整体配套的人才队伍建设体制；对优秀人才先进事迹进行宣传，开展建言献策和参与政府决策等活动。以围绕“汕尾渔歌”传承人才工程这一项目，重点的选拔培养一批区、市、省级渔歌传承人选，构建渔歌传承人才发展体系。

【信息调研工作】　2014年编印《城区组工通讯》5期，刊发文章75篇，刊发《城区组工信息》52期，文章信息质量较高，被《中国组织人事报》《广东组工通讯》、中国基层党建网等省级以上报刊、网站采用20多篇（则）。是年，区委组织部被市委组织部评为“全市组工系统调研宣传工作先进集体”，2人被评为“全市优秀组工通讯员”。

【档案管理工作】 2014年年初，开展干部人事档案改版工作，抽调工作人员对干部人事档案进行全面改版，主要做好638个现职档案的材料归档、目录调整和卷盒更换等工作。并于2014年10月前完成所管理干部人事档案。此次改版工作保证了档案质量，确保每个环节安全保密。

【组织部门自身建设】 区委组织部紧密结合城区实际开展教育实践活动，进一步加强和改进组织部门自身建设，建设“学习型、服务型、模范型”组工，促进组织工作更好地服务于全区发展大局；坚持问题导向，深化调研可行性研究，深刻查摆问题，认真解决问题，切实加强自身建设。在该部门中，有力推进“四部”建设（以“讲政治”为灵魂大力推进“忠诚立部”；以“重公道”为核心大力推进“公正建部”；以“业务精”为重点大力推进“能力强部”；以“作风好”为保证大力推进“从严治部”）；在全区组织系统中，开展“心、行、醒、信”作风建设主题实践活动，提高服务质量和水平，扎扎实实做好各项工作。2014年，组织部坚持以“五查四破”活动为抓手。“五查”即本人自查、对照严查、谈话帮查、集体议查、群众评查，聚焦“四风”问题，多渠道、多层次查摆存在问题。“四破”就是针对存在问题，落实整改，破旧立新。一是破除形式主义，进一步树立求真务实之风。着重解决学习被动应付，不会学以致用；抓落实不力，以文件落实文件，以会议落实会议；搞调研、抓督导不扎实，浮于表面等问题。组织开展“三个一”活动（上一堂课、写一篇文章、学一门技术），教育引导组工干部端正学风、提升水平，察实情、出实招、办实事、求实效。是年，共受理上级来文来电650份，下发各类文件280份，做到及时传阅文件。二是破除官僚主义，进一步树立为民服务之风。着重解决思想上高人一等，对基层反映难题办法不多，拘于条条框框等问题。落实“四个一”活动（一张笑脸相迎、一把椅子让座、一杯茶水暖心、一个满意答复），教育引导组工干部强化宗旨意识，下基层、接地气，热心为群众服务。是年，做好党员转接手续共450人次，干部群众满意度达100%。三是破除享乐主义，进一步树立奉献担当之风。着重解决安于现状，缺少创新，对工作要求不高、标准不严，满足于一般化、过得去，不敢得失人，习惯当“老好人”等问题。通过开展“五最”活动（党性最强、学习最勤、业务最精、成绩最好、形象最佳），教育引导组工干部发扬乐于奉献、敢于担当、精益求精、秉公用权等优良传统。四是破除奢靡之风，进一步树立清正廉洁之风。着重解决落实规章制度不严，日常工作中节俭意识不强等问题，教育引导组工干部勤俭节约、廉洁自律，进一步树立为民务实清廉形象。

（江力航）

附 区委组织部部长、副部长名单

部　长：卢学军（兼）

副部长：卢立对

　　　　余鸿群（兼）

　　　　庄永富（兼）

宣传工作

【概况】 2014年，区委宣传部高举中国特色社会主义伟大旗帜，以科学发展观为指导，深入学习贯彻中共十八大和十八届三中、四中全会精神以及习近平总书记系列重要讲话精神，紧紧围绕区委、区政府工作中心，大力推进社会主义核心价值体系和文化强区建设，真抓实干，周密部署，认真完成好各项宣传工作。为城区加快新区建设，振兴发展提供强大的智力支持、舆论氛围和文化支撑。

【抓好区委中心组理论学习】 制定《区委中心组2014年理论学习专题安排表》，对区委理论学习中心组工作进行全面的安排，严格执行坚持每月至少一次集中学习（包括报告会）要求，提前做好开展理论学习中心组的相关工作，做好人员、学习材料、学习记录等秘书工作。一年来，区委理论学习中心组共开展集中学习14次，学习程度得到进一步增强，学习效果明显，学习机制进一步完善，学习氛围浓厚。邀请市委直属机关工委书记潘永久、市委党校副教授吴伟平等市专家、学者为全区干部职工开展涉及《习近平总书记系列重要讲话读本》《党的十八届四中全会精神宣讲报告会》等内容的专题报告会6场，听课人员2400多人次，全区干部职工政策理论水平进一步提升，应对矛盾纠纷能力进一步增强；下基层宣讲活动扎实有效推进，组织区委宣讲团深入基层开展“党的群众路线教育实践活动、社会主义核心价值观、党的十八届四中全会精神、《习近平总书记系列重要讲话读本》的宣讲活动”，区委常委、宣传部部长刘元海担任团长，区宣传部副部长陈美初、区党校常务副校长叶君玉担任副团长，李锦炼、曹娟、赵维、罗其乐等组成成员，活动宣讲28场次，听课人员达6000多人次。征订学习资料《习近平总书记系列重要讲话读本》《十八届四中全会会议文件汇编》《改革热点面对面》《党建》《学习活页文选》等共4000多册。

【深入开展“书香城区”活动】 4月23日，由区委宣传部主办的2014年“书香城区”读书活动启动，区委宣传部借助这一契机向各镇（街道）、区直各单位下发《新起点、新发展》《改革热点面对面》《中国梦　我们的梦》等书籍400多册。

宣传教育：2014年，重点是围绕区委、区政府中心工作和中共十八届四中全会，组织开展宣传教育活动，力求做到贴近生活、贴近实际、贴近群众，工作收到成效。

服务区委区政府中心工作：宣传城区打造“高端产业创新区，商贸物流集聚区，人海和谐发展示范区”工作。开展创建平安城区、作风整顿、禁毒整治工作、推进重点项目建设、创建文明城市、识破邪教“全能神”、党的群众路线教育实践活动、党的十八届四中全会、习近平总书记系列重要讲话精神等主题宣传。始终坚持宣传教育工作服务大局和正确的舆论导向，充分发挥宣传部门的核心作用，协调、指导各新闻单位做好宣传，利用一切可以利用的载体，及时、准确、规范、有序地开展宣传报道工作，形成报纸、广播、网络联动，且覆盖社会各阶层的主体宣传格局。整个宣传教育工作有声色，起到了服务大局、服务中心的作用。

宣传重点：1. 中共十八届四中全会召开期间，联合汕尾电视台、《汕尾日报》，组织《今日城区》、区党政信息网开设宣传报道专栏，形成有份量的新闻报道，宣传中共十八届四中全会召开后城区学习贯彻落实的舆论氛围。组织宣讲团下基层活动，大力宣传、解读、评论、研讨中共十八届四中全会精神及意义，全面学习、贯彻、落实中共十八届四中全会精神。

2. 深入学习领会习近平总书记系列重要讲话精神，《今日城区》、党政信息网站开辟专栏，定期刊登习近平总书记系列重要讲话，加大宣传力度，在全区范围内营造良好的学习氛围。组织宣讲团下基层开展宣讲活动，以《习近平总书记系列重要讲话读本》为指导，大力开展宣讲活动。

外宣工作：协助好省内外新闻媒体采访工作。认真协助澳门记者团、南方报业集团记者团、广东电视台《岭南风情》栏目组到城区采访拍摄工作，进一步推介城区良好形象。

文化成果：一年来，为丰富广大市民的精神文化生活，构建好精神家园。2014年2月及5月共组织举办了4场广东省首部大型渔歌剧《默娘》和2场渔歌组歌《疍家风情》演出，观众达7800多人。9月23日~10月31日，在凤山妈祖风景区举办“汕尾渔歌节”系列活动，共演出大型文艺活动5场次，观众达6万多人次。10月31日~12月31日，举办庆祝凤山祖庙重光20周年暨妈祖文化系列文化活动，丰富市民精神文化生活，以优秀文艺作品陶冶市民的情操。6月21日，组织渔歌传承基地表演队参加“唱响中国梦——广东省第十一届百歌颂中华汕尾赛区”荣获金奖。9月，参加省比赛获铜奖。大型渔歌剧《默娘》于11月22日第十二届广东省文化节期间在省粤剧艺术中心演出。区文联继续发挥职责，加强指导全区文艺工作，微电影、传统戏剧、捷胜泥塑等创作取得了一定的进展。先后创作了一批民间民俗文化戏剧、歌曲等作品，如传统西秦戏剧《观音得道》《棋盘会》《妈祖》，《渔歌大联唱——娶新娘》《渔家新婚曲》，新创作了白字戏作品《海瑞平冤》《明宫双太子》及大型渔歌剧《默娘》等。《品清潮》书画报创办并出版了13期报刊。继续组织动员文艺爱好者参与各种全国、省内外文艺比赛。是年9月，配合举办陈道燕个人书法作品展，连家生师生书画作品展等活动，城区文艺工作有了新的发展。

（罗其乐）

附　区委宣传部领导名单

部　长：刘元海

副部长：陈美初

吕业群

精神文明工作

【概况】 2014年，汕尾市城区精神文明建设办公室（以下简称区精神文明办）以科学发展观为指导，深入学习贯彻中共十八届三中、四中全会精神和习近平总书记系列重要讲话精神，根据2014年度汕尾城区精神文明建设工作要点，扎实推进思想道德建设和社会文化建设活动，为推进新区建设、加快城区振兴发展提供强大的精神动力。

【全力推进精神文明创建工作】 2014年，区文明创建工作稳步推进。文明单位结对共建生态文明村、区直单位结对共建文明社区共建机制进一步完善。文明创建服务指导工作到位，坚持以点带面，以“社工+志愿者”模式探索推进文明社区创建工作，是年6月，把市区凤山街道香洲社区作为文明社区建设示范点，按照《广东省文明社区创建标准》全面抓好各项工作的落实。9月，召开了全区文明社区创建工作会议，对文明创建工作进行了全面的部署，推广凤山街道香洲社区模式，全区精神文明创建氛围浓厚。

【全面启动创建省级文明城市工作】 2014年3月26日，城区启动创建广东省文明城市工作，成立了领导小组，制定并印发了《汕尾市城区创建广东省文明城市实施方案》，明确目标和任务，落实各地、各单位责任。区创文办作为创建省级文明城市工作的业务指导部门，自工作启动以来，落实办公人员、场所、设施、经费，制定了《汕尾市城区创建广东省文明城市联席会议制度》《汕尾市城区创建广东省文明城市督查工作制度》等工作推进落实，编发了《汕尾市城区创建广东省文明城市宣传手册》《致市民一封信》《汕尾市城区市民文明行为规范手册》共33000多份；在区党政办公大楼一楼电梯口及电梯制作了创文知识宣传橱柜和宣传栏；在市区通港路左侧制作了28米长的创文知识宣传栏，各地各单位门口也悬挂了创文宣传标语；利用电视、报纸、网站等宣传载体，设立专题栏目，全方位加强宣传，是年，在省级媒体报道15条，市级媒体报道55条；建立了宣传信息员队伍，编发创文简报52期；深入开展了“提升市民素质宣传教育活动”“文化惠民活动”“志愿服务系列活动”“法制宣传教育活动”“社会整治活动”等“五项活动”；建立了创文台账，制定了下一步的工作计划，全面推进创文工作，为2015年取得创建广东省文明城市先进城市打下基础。

【继续做好我推荐我评议“身边好人”活动】 是年，区委宣传部推荐了一批先进道德典型参与“中国好人”“广东好人”的角逐。城区居民林孟德入选“中国好人榜”诚实守信栏目候选人。同时，区委宣传部与区妇联联合举办“寻找最美家庭”活动，并邀请市广播电视台对获奖家庭进行专门报道，组织开展“最美家庭”事迹报告会，通过发挥先进典型的示范作用和辐射作用，促进全区市民社会责任感进一步增强。

【大力开展社会主义核心价值观宣传活动】 把开展社会主义核心价值观宣传活动作为推进社会主义核心价值体系建设的有力举措，纳入精神文明创建活动，专门召开会议，要求各窗口单位、临街办公大楼悬挂宣传标语，区宣传文化部门以多举办群众喜闻乐见的文艺活动，加大社会主义核心价值观的宣传力度。大力打造城区培育和践行社会主义核心价值观示范点，确保社会主义核心价值观内容深入人心，并得到广泛认同，成为全体市民的共同精神追求。

【继续推进“道德讲堂”建设工作】 是年，区委宣传部继续推进“道德讲堂”建设工作，加强全区各地“道德讲堂”开展情况督导，并立足区实际，探索完善道德讲堂新模式。是年，大力推进校园道德讲堂建设，实现市区各中小学校全覆盖，采取道德讲堂户外与户内相结合的方式，把道德讲堂带进课堂，带进生活，作为市区中小学校德育教育的有力平台，创建具有城区特色的道德讲堂品牌。

【大力开展志愿服务活动】 为加快城区志愿服务事业发展，推进志愿服务活动常态化，由区文明办牵头，联合团区委等部门，进一步加强志愿者队伍建设，成立汕尾市城区青年志愿服务队、汕尾市城区学校志愿者服务队等17支志愿服务队伍，共1万多人。建立健全志愿服务管理机制，积极搭建志愿服务平台，以开展“手牵手参与城市管理，心连心服务汕尾人民”系列活动为抓手，积极发动干部、群众及志愿服务队积极在市区开展关爱孤寡老人、义诊服务、交通引导、卫生清洁和文明礼仪进万家活动等志愿活动，为城区加快推进新区建设、创建广东省文明城市营造良好的人文环境。

【继续抓好乡村少年宫工作】 积极做好乡村少年宫建设指导工作，协助东涌镇中心小学、马宫街道中心小学做好乡村少年宫资金申报、设备配套、社会公示等相关工作。定期检查少年宫开设情况，为进一步做好乡村少年宫积累工作经验。

【继续抓好未成年人思想道德建设工作】 一年来，区文明办高度重视未成年人思想道德建设工作。一是加强校园周边环境的整治。对全区各中小学校周边的网吧及治安环境进行专项整治。二是开展送文艺进校园活动，进一步丰富广大教师、学生的精神文化生活。三是组织未成年人开展“网上祭英烈”活动，对广大未成年人进行爱国主义教育，继承弘扬革命先烈优秀品质。四是开展法治宣传教育。以禁毒宣传为重点，在全区各中小学校开展形式多样的禁毒宣传专项活动。

【深入开展“讲文明树新风”公益广告宣传活动】 在城区党政信息网、《今日城区》开设宣传专栏，刊播“讲文明树新风”公益广告。并要求各镇（街道）、区直各单位要充分利用各种宣传平台加强“讲文明树新风”公益广告的宣传力度。确保活动扎实有效推进，取得预期成果。

【举办“我话创文”征文活动及“美术摄影书法”大赛】 为进一步营造城区创建广东省文明城市工作的浓厚氛围，充分展示城区经济、社会、政治、文化、生态“五位一体”的发展成果，以文化凝聚共识，以小城故事带动城市发展，区委宣传部联合区创文办举办了“我话创文”征文活动及“美术摄影书法”大赛，向全市征集优秀作品，受到了市内外一些文学、美术、摄影、书法爱好者的欢迎，征集稿件100多篇，有效提升了广大市民参与创文工作的热情，营造了文明城市共建共创的浓厚氛围。

（罗其乐）

统战工作

【概况】 2014年，区委统战部在区委、区政府的正确领导下，在市委统战部的指导下，始终坚持以“三个代表”重要思想和科学发展观为指导思想，贯彻落实中共十八大与十八届三中全会精神，以及各级党委有关统战工作精神，以全面开展党的群众路线教育实践活动为契机，围绕区委的部署，聚焦“四风”，狠抓“为民、务实、清廉”工作作风，不断推动城区统一战线各领域工作上新台阶，主要开展以下五个方面工作。

【群众路线教育工作】 2014年，按照全区的统一部署，党的群众路线教育实践活动从2月开始至10月，区委统战部在区委实践办和区委第四督导组的指导下，以高标准、严要求开展教育实践活动，在做好规定动作的同时，还结合部门实际组织开展了特色组织活动，达到了“排排毒、出出汗、红红脸”的预期效果，改进了机关工作作风、增进了团结、密切了党群干群关系。一是加强组织领导。成立领导小组、制定工作方案和各项工作措施。二是开展形式多样的学习活动。坚持以党员自学为主，每周安排一午集中学习，还组织党员与驻点社区两委干部一起学习焦裕禄先进事迹、一起上党课、一起前往惠洲叶挺将军纪念园开展爱国主义教育活动。三是广泛征求意见建议。召开座谈会4场次，领导班子成员各自开展访谈30次，发放征求意见表120份，共收集意见建议32条。四是认真撰写对照检查材料。领导班子成员都自己动手写对照检查材料，多次送督导组审阅。五是坚持“四必谈”(单位主要领导与班子成员必谈，班子成员互相之间必谈，班子成员与机关各股室负责人必谈，督导组与班子成员必谈），并成功召开了三场会议。“领导班子专题民主生活会、领导班子专题民主生活会情况通报会、党支部专题组织生活会”；六是坚持立行立改，建立长效机制。制定“两方案一计划一清单”，进一步健全和完善一系列规章制度。

【民主党派工作】 2014年，区委统战部始终坚持对党外干部“厚爱三分，高看一眼”。一是积极推动党外干部培养选拔工作。6月，向区委提出了优秀的党外干部定向推荐意见，得到区委的高度重视。8月，王声效、蔡惠敏两位党外干部被区委提拔为正科级干部。二是协助完善各项制度建设。定期派出工作人员指导区“民盟、农工、致公”三个民主党派组织规范日常机关工作，协助完善规范文书档案，规范民主党派组织发展党员备案制度，学习制度等。三是引导各党派组织成员积极参政议政。区民主党派组织中的人大代表、政协委员在是年区“两会”期间，共提交了37件议案提案。其中：区民盟党组织的《内强素质，外树形象，提升窗口单位服务质量》、区农工党组织的《加强基层卫生医疗机构人才队伍建设的建议》、区致公党组织的《继续提高服务质量充分发挥品牌优势》等提案被安排在大会上发言。四是进一步推进无党派知识分子的领域工作。城区经综合考察，共推荐了余德荣、洪海燕等8位无党派人士参加市无党派知识分子联谊会。

【联系非公经济工作】 2014年2月，区委统战部、区工商联动员了23家非公企业参加由市、区人力资源和社会保障部门举行的“2014南粤春暖”汕尾、深圳、东莞、惠州劳务对接企业用工招聘活动，为求职者提供上万个就业岗位，帮助企业缓解用工问题。3月，区委成立了以统战部、工商联为牵头单位的区非公有制经济党组织路线教育实践活动指导小组，指导全区17个非公有制经济企业党组织开展实践学习活动。指导小组注重发挥企业特色，以召开座谈会、到现场指导等方式加强思想引导工作。还组织非公有制经济企业人士开展各类学习培训5次，356人；推选了13名非公有制经济人士被区政协选为区政协网络平台“特约评论员”，并参加“委员之家”网络平台操作系统培训活动。物色推荐政治素质好、经济实力强、热心工商联工作的非公企业主到工商联领导班子中去。在4月区工商联五届四次执委会上，增选了许剑伟等5位为副主席，增补蔡国洲等7位为常委。10月，成功推荐国泰食品、吉发食品和快捷通导设备等3家非公有制经济企业参加在东莞举行的广东21世纪海上丝绸之路国际博览会。从11月8日开始把每月8日定为工商联主席、会长交流活动日。区非公企业中的人大代表和政协委员，在市、区“两会”期间共提交了30件提案和议案，受到有关部门的重视和采纳。热心社会公益事业，为城区社会福利、“六一”慰问孤儿学生活动，各非公有制经济企业捐款捐物达90多万元。

【港澳台统战工作】 2014年，区委统战部坚持把拓展港澳台、海外统战工作领域为重点，努力争取人心，强化人文交流，开展多形式的宣传工作。积极的“请进来”，利用春节、清明节、中秋节期间，港澳台同胞回乡探亲、祭祖等机会，主动与他们联系，共接待港澳台同胞和海外侨胞共21批，610多人次；主动“走出去”，并积极协助香港海陆丰盂兰胜会、汕尾市城区香港商会等社团组织，规范组织建设和制度管理机制。区委重视对外联谊工作，区委、区政府主要领导还亲自带队参加了香港汕尾市同乡总会国庆节系列活动，密切与在港进步社团组织关系。按照上级的统一部署，7月，在全区开展涉台婚姻情况的调查工作，对相关资料进行建档造册。10月，协助组织了城区10名台属参加市台办举办的台联会活动。

【加强领导班子建设】 2014年，区委统战部领导班子进一步加强。按照全区的统一安排，党支部及时按照组织程序进行了换届选举和届中的补选工作，党支部支委成员由原来的3名增加至5名，加强了领导班子力量，明确分工任务，进一步发挥领导班子的核心战斗堡垒作用。坚持立行立改，以制度建设为出发点，推动学习型的统战干部队伍建设。完善《请假、休假与考勤制度》《学习制度》等，为机关工作科学化开展做好制度保障。积极参与驻村和大接访工作。组织党员干部与驻村（社区）的贫困户建立“一对一”帮扶关系；抽调精干党员干部到驻点社区指导计划生育和基层党组织建设工作，帮助驻点社区党组织建设、开展文明社区创建活动，组织慰问贫困户和老党员等，进一步密切党群、干部关系。

（林映杰）

附　区委统战部领导名单

部　长：黄义丞

副部长：郑和悦

蔡汉章（2014年8月任）

2014年区委台湾工作办公室领导名单（区人民政府台湾事务办公室）

主　任：黄义丞

区编制办

【概况】 2014年，区机构编制工作按照中共十八大和十八届三中、四中全会精神及省、市机构编制工作的总体要求，围绕区委、区政府的工作目标，继续深化行政体制改革，强化机构编制管理，注重加强部门自身建设，不断提高机构编制工作水平，为城区扩容提质和建设“高端产业创新区”提供体制机制保障。

【深化行政体制改革工作】 扎实推进职能转变和机构改革工作　根据《中共广东省委办公厅、广东省人民政府办公厅印发〈关于市县政府职能转变和机构改革的意见〉的通知》和《中共汕尾市委办公室、汕尾市人民政府办公室关于印发〈汕尾市市县政府职能转变和机构改革工作方案〉的通知》精神，结合城区实际，区编办组织制定了《汕尾市城区人民政府职能转变和机构改革工作方案》，经市委市政府批准并以区委、区政府的名义印发实施。该方案明确了加快政府职能转变、深化政府机构改革、严格控制机构编制三大改革任务，并明确了任务时间安排。在政府职能转变方面，以行政审批制度改革为抓手，对行政审批标准化、监管方式创新、工商登记制度改革、政府部门权责清单等方面进行全面部署，明确了要求与时间表；在政府机构改革方面，严格贯彻落实规定动作，改革相关政府机构，将区政府工作部门控制在18个以内，区卫生和计划生育局、区食品药品监督管理局、区科技文体局、区发展和改革局、区经济促进局等5个部门的“三定”规定已全部印发，其中新组建的部门区卫计局、区食药监局、区发改局已完成组建并运作，区经促局正在组建中；在控制机构编制方面，城区严格落实粤办发〔2014〕4号文件关于严控机构编制的有关规定，区政府部门全部在限额内规范设置，大力整合部门的内设机构，从严控制编制和领导职数。在本轮改革中，区食品药品监督管理局属于新设立部门；区卫计局、区科技文体局、区发改局、区经促局、区科技文体局共减少部门领导职数5个，直属行政机构减少2个，机关事业编制减少1个。

做好第二批行政审批制度改革准备工作　2013年年底，区出台了第一批行政审批制度改革事项目录，为了巩固改革成果，不断深化审改工作力度，结合省政府各部门行政审批目录的公布，区编办紧跟改革步伐。2014年主要工作：一是认真做好第二批行政审批制度改革的准备工作，按照“上下对应、左右对齐、自我对照、求最大公约数”的思路，以更大力度清理减少审批事项。明确凡是省、市要求调整的事项，相同事项跟着调整；凡是确无必要保留的事项，坚决予以调整。区编办按照省、市的工作部署和要求，积极与相关单位沟通，做好前期的准备工作，着手组织制定第二批行政审批制度改革事项目录，进一步精简现行的行政审批事项。二是积极推进行政审批标准化建设。按照省、市编办的统一部署，选择卫生和计划生育局、安全生产监督管理局为行政审批标准化试点单位，制订试点工作方案，积极有序推进试点工作。同时，参照市和其他兄弟县区的做法，认真做好政府部门权责清单的前期工作。

事业单位分类改革情况　2014年，区编办集中力量对全区事业单位的机构设置、职责任务、法律法规依据、人员编制、人员结构、经费渠道、运行状况等进行了全面梳理，科学分类，2014年年底基本完成全区事业单位分类改革工作。全区事业单位292个，定为行政类10个、公益一类247个、公益二类25个、公益三类10个。重新印发了部分事业单位的“三定方案”。继续推进事业单位法人治理结构建设，推进事业单位网上登记，完善事业单位年度报告公示制度。

【机构编制管理工作】 开展年度机构编制统计和比对工作 为严格落实财政供养人员只减不增的要求，根据省、市的部署，区编办于2014年1月6日印发了《关于做好2013年度机构编制信息统计工作的通知》，全力做好2013年度党政群机关、事业单位的机构编制信息统计工作。依托机构编制实名制管理系统，将汇总整理的数据与系统数据进行比对，及时更新补充新机构人员信息，实现机构编制的联动与动态管理。

开展2014年机构编制核查工作 根据《广东省机构编制委员会关于印发广东省机构和人员编制核查工作实施方案的通知》文件精神，区编办组织实施机构和人员编制核查工作，制定了《汕尾市城区机构和人员编制核查工作实施方案》，成立由区编办牵头，区组织部、区人社局、区财政局、区审计局为成员的机构和人员编制核查工作领导小组，对全区机关事业单位的机构、人员编制和领导职数、实有人员、编外人员等情况进行核查。该次核查从2014年3月开始，至10月结束，分为单位自查、书面审核、实地核查、信息公示、检查验收等6个环节。为保障各环节工作落实到位，区编办对各单位上报的机构编制信息进行初审的基础上，加强与纪检监察、组织、财政、人力资源和社会保障等部门的数据核对，在全面自查的基础上，有针对性地选取一定比例的单位进行实地核查，实地核实160家单位，占机构总数的43%；发现和纠正问题3件，合计8人。11月18日，区机构编制核查工作在全省机构编制核查检查验收工作会议上通过了省、市的验收。

严格控制机构编制 为严格控制机构编制规模，提高行政效能，紧紧围绕实现财政供养人员只减不增总要求，区编办组织制定了《汕尾市城区控编减编方案》，已报市编办备案和实施。2014年，区编办在严格和规范机构编制管理的同时，积极配合区委组织部对超机构规格高配领导干部和超职数配备领导干部问题进行清查整改；参与由区纪委牵头，组织、人力资源和社会保障、财政、审计等部门共同开展的查处“吃空饷”问题专项整治行动。

加强实名制管理系统管理 区编办着力抓好实名制管理系统数据库建设，在机构编制核查的基础上，进一步核准完善人员信息、强化实名制系统的可用性和可操作性，全面实现全区机关事业单位机构编制、人员信息全部入库管理。区直各机关事业单位定期上报实名制系统的信息数据，区编办指定专人负责审核、录入，确保机构编制和人员信息的真实、完整、及时。据统计，全区共有385个机关事业单位、7210名编制、6295名人员纳入实名制管理。

（韩冬敏）

附 城区机构编制委员会办公室领导名单

主　任：王惠民

副主任：郑作锋

区直属机关工作委员会

【概况】 2014年，区直机关工委在区委的正确领导下，在区委组织部的指导下，以中共十八大、十八届四中全会和习近平总书记系列重要讲话精神贯穿机关党建工作始终，不断提高机关党建工作科学化水平，充分发挥机关基层党组织的战斗堡垒作用和共产党员的先锋模范作用。紧紧围绕区扩容提质、振兴发展的工作大局，扎实开展党的群众路线教育实践活动，以改革的精神全面推进机关党的思想、组织、作风、制度和反腐倡廉建设，更好地为全区工作大局服务、为机关党员服务、为基层和群众服务。

【基层组织工作】 是年4月中旬，对区直机关107名入党积极分子进行了教育培训。审批入党积极分子115名，审批发展党对象62名，吸收为预备党员38名，按期转正32名。“七一”前夕,区直工委联合区委组织部慰问50年党龄以上的老党员和困难党员16名。2014年，已有60个党（总）支部完成了支部换届选举。

【基层组织建设】 区直机关工委针对是年党建工作的新特点、新要求，做了几项工作：一是创建区直机关共产党员志愿服务队。在广东省的志愿者平台注册的有156人，此后还在陆续注册，超额完成区创文办下达的任务。这支志愿服务队已经开展了3次便民利民活动，特别是逸挥基金医院共产党员医疗志愿服务队开展活动已成常态化、制度化。是年，多次下乡或到部队，开展义诊活动，免费送药6万多元，免费诊治上千人次，发放健康宣传教育资料10000多份，受到当地党政和群众的欢迎及好评。另外，区直工委共产党员抗灾抢险突击分队、区海洋局党员抢险分队、区林业局、林业公安分队为保护国家和人民生命财产安全做出了突出贡献，前往香洲街道后径村、红草镇梧围村转移受灾群众，受到领导和当地群众的高度赞扬。二是根据区委统一部署，围绕“照镜子、正衣冠、洗洗澡、治治病”的总体要求，在区直工委和党员干部中扎实深入开展党的群众路线教育实践活动。截至是年10月中旬，编发各种实践活动简报18期，领导班子征求意见11条，其中，“四风”问题9条，关于群众切身利益问题1条，联系服务群众“最后一公里”问题1条。已全面完成学习教育各个环节的工作，达到预期的目的。区直机关企事业单位共115个党支部以及所在支部党员，按市委、区委的要求完成了“两会一评议”工作，实现了全面覆盖。是年6月20日，举办区直机关党的群众路线教育实践活动知识竞赛。通过以赛促学的方式，营造教育实践活动浓厚的学习氛围，更好地展示学习成果，进一步推进教育实践活动深入开展。三是实行党员发展“五榜公示制”。从入党申请、确定入党积极分子、确定发展对象、吸收预备党员、预备党员转正等五个环节进行公示，接受群众监督。四是建立发展党员票决制。自是年3月下旬开始，在区直机关各党（总）支部实行发展党员票决制。并实行党（工）委组织部门派员列席指导支部发展党员制度。五是区直纪工委协助区纪委查办案件1宗，配合区纪委对11个单位进行政风行风评议。六是由区委2名常委各自组团驻室开展了4次活动。接待党员群众25人次，收集意见建议22件，已经办结3件，交由有关部门处理的有19件。

（黄冬琪）

附　区直机关工作委员会领导名单

书　记：罗智冰

副书记、纪工委书记：刘瑜

武装部长：庄雪峰

老干部工作

【概况】 区老干部局成立于1988年，行政级别定为正科级归属区委组织部管理。2014年，区老干部局在区委的领导下，在市老干部局的重视下，以邓小平理论和“三个代表”重要思想为指导，与时俱进，稳步发展，认真贯彻落实党的老干部政策，认真落实老干部政治、生活待遇，开展相关文艺活动，组织引导老干部继续为社会经济发展、和谐稳定、关心青少年成长工作等发挥积极作用，不断提高老干部素质。是年，全区有离休干部39名。

【落实老干部待遇】 调整离休干部护理费　2014年6月16日，区委组织部、区委老干部局、区财政局、汕尾市城区人力资源和社会保障局联合发文《关于转发〈关于调整离休干部护理费标准的通知〉的通知》规定，从2014年1月起调整全区离休干部特需经费及护理费标准：1. 1937年7月7日到1945年9月2日参加革命工作的离休干部护理费标准调整为每人每月1200元；2. 1945年9月2日到1949年9月30日参加革命工作的离休干部护理费标准调整为每人每月600元；3. 因瘫痪等原因生活长期完全不能自理的离休干部护理费标准调整为每人每月2000元。

企事业单位离休干部死亡一次性抚恤金发放　2014年6月16日，区委老干部局、汕尾市城区人力资源和社会保障局、区财政局联合发文，转发了《关于企事业单位离休干部死亡一次性抚恤金发放有关问题的通知》的通知，认真落实该文件精神。自2011年5月1日起，企事业单位离休干部死亡，一次性抚恤金发放标准参照机关同类人员相关政策规定执行。

保证离休干部基本医疗　离休干部处于“双高期”（高龄期疾病高发期），区委老干部局高度重视，为确保离休干部基本医疗费到位，争取离休干部定点医院和区财政局、卫计局的支持配合，保证离休干部住院治疗费用。是年，共计落实老干部基本医疗费153.49万元。

发放已故离休干部配偶补助　执行上级文件精神，关心已故离休干部配偶补助。于2014年7月和12月，分上下半年2次共发放已故离休干部配偶补助10.64万元，惠及已故离休干部配偶29名。

解决从党政机关到企业任科级处级退休干部生活困难补助　2014年8月20日，区委组织部、区委老干部局、区人力资源和社会保障局、区财政局联合发文《关于解决从党政机关（含军转）到区直企业任科级处级退休干部生活困难补助的实施意见》，7名区直企业科级退休干部定额生活困难补助问题得到了解决。

关心老干部健康　坚持做好节日期间对老干部的探访慰问工作，在老年节，春节等重大节日期间，局领导亲自带领该局干部职工，上门或到医院探访慰问。全区是年探访老干部131人次，发放慰问金5万元。

开展文体活动　2014年11月，区委老干局积极组织老年太极拳队代表汕尾市参加2014年11月6日~2014年11月17日在东莞市举行的广东省第8届老年人运动会。区老年人太极拳队选手参加太极拳、剑术的竞技，共捧回22枚奖牌。在集体比赛项目中，区太极拳队分别夺得42式太极拳“银牌”和42式太极剑术“铜牌”。在个人竞技中，王德元夺得男子组42式太极拳“银牌”，马丽萍夺得女子组42式太极拳和42式太极剑2块“银牌”；陈海等8名选手获得太极拳比赛“铜牌”，卢丽娅等9名选手获得太极剑比赛“铜牌”。

【老干部活动建设】　1988年，城区老干部活动中心是原汕尾镇老干部之家改建而成，位于汕尾前卫三巷138号、2层楼结构，占地面积250平方米，建筑面积400平方米。老干部活动中心成立后，定为事业统制单位定编2人，是城区老干部开展活动的主要阵地。2014年，由于危房，已拆迁。

（彭怡秀）

附　区委老干部局领导名单

局　长：庄永富

副局长：邓　光

关工委工作

【关爱城区孤儿】　2014年5月29日，市关工委、区关工委在区政府大楼为区孤儿举行“六一”节关爱儿童座谈会，参加座谈会的有区委常委、区委组织部、区妇联、区民政局、各镇（街道）的关工委主任及妇联主席、老师和孤儿监护人等近100人。座谈会上发放2.1万元慰问金和一批糖果、书包等慰问品，做为孤儿们的节日礼物。

【重视学生教育】　2014年12月5日，城区关工委对学校、家庭、社会“三教”结合工作开展调研，为2015年推动区“三教”结合工作深入开展打好基础。区关工委主任石建平，关工委副主任曾昭群、王琼参加调研，到奎山小学等学校进行实地考察，并召集汕尾中学、逸夫中学、新港中心小学、奎山小学4所学校的校长、副校长和教育局有关负责人进行了座谈。探讨如何开展家庭活动和通过校讯平台，推动教师、家长和学生三者良性互动，心灵沟通，促进学生个性健康成长。

（彭怡秀）

附　区关工委领导名单

主　任：石建平

副主任：曾昭群

　　　　王　琼

党校教育

【概况】　2014年，中共汕尾市城区委党校（以下简称区委党校）在区委、区政府的正确领导下，认真贯彻落实中共十八大、十八届三中、四中全会精神和习近平总书记系列重要讲话精神，以党的群众路线教育实践活动开展为契机，结合党校工作职责，有针对性地开展一系列教育培训工作。全年共举办各类干部培训班10期，培训干部8000多人次。是年，党校教师深入各镇（街道）30多次，就习近平总书记系列重要讲话精神、社会主义核心价值观、十八届四中全会精神等内容开展宣讲活动，参与听讲活动的党员干部群众达3000多人。

【干部培训】 是年，举办各类培训班10期。其中，城区党的群众路线教育实践活动专题学习会1期，培训干部370多人；村（社区）“两委”干部培训班1期，培训干部660多人；学习习近平总书记系列重要讲话精神培训班3期，共培训干部370多人；城区中青年干部培训班1期，培训干部30多人；城区妇女干部培训班1期，培训干部100多人；专业技术人员培训班1期分4批、共有4600多人参加；公务员职业道德培训班1期，培训公务员800多人；入党积极分子培训班1期，共有200多名入党积极分子和预备党员参加培训。在校委会和全体干部职工的努力下，培训工作进展顺利，得到区委、区政府领导的充分肯定和社会各界的广泛认可，充分发挥党校党的政策理论宣传、干部教育主渠道、主阵地作用。

为切实提高培训效能，充分发挥“两机两器”作用，区委党校坚持以“三个注重”开展干部培训工作。一是注重强化培训理念，提高培训的针对性。结合城区经济社会发展的新形势、新任务，将党的最新理论和最新精神融入到各类培训中，充分发挥党校培训服务于区委、区政府中心工作的作用。二是注重创新培训形式，突出培训的实效性。结合党校实际情况，创新推出主体班次培训和“流动党校进基层”相结合的培训方式，受到广大党员干部群众欢迎。三是注重完善培训内容，增强培训的有效性。坚持“以人为本、适应需求”的基本理念，在不同班次培训的课程设置中，注重结合学员的实际情况设置学习内容。在“两委”干部培训班开设“‘两委’干部履行职责应当注意的几个问题及易发案件罪名的法律适用”“村（社区）集体经济组织财务管理”等课程；在中青班开设“中国梦”“干部的人格魅力与领导力”“迎接新的时代大考”等课程，既考虑学员的岗位和身份特征，又极具时代性、知识性，受到学员的好评。

【党的群众路线教育实践活动】 根据习近平总书记提出的“照镜子、正衣冠、洗洗澡、治治病”的总要求，按照区委、区政府的安排部署，区委党校通过抓好“学习教育、听取意见，查摆问题、开展批评，整改落实、建章立制”三个环节，积极开展党的群众路线教育实践活动。活动期间，共征求到相关意见32条；查摆出对班子“四风”问题意见14条，贯彻八项规定和加强作风建设3条，党校教育培训管理等具体意见23条，对领导个人“四风”意见9条；共废止各种规章制度4个，完善各项规章制度2个，新制定规章制度4个。

在抓实抓牢规定动作的同时，创新推动自选动作“流动党校进基层”，将“流动课堂”搬到各村（社区），在广泛宣传党的群众路线教育实践活动的同时，让基层党员干部更为深入的学习群众路线的相关知识和新时期服务群众的新方法等。活动期间共开展送课、宣讲等16场次，共有3000多人参与；为城区党员干部送去相关学习教育读本1000多本。

【团队建设】 积极打造一支业务能力强、工作热情高、敢于担当的干部职工队伍是推动党校进步发展的重中之重。一是“强内功”提升素质。坚持开展学习座谈会、“两周一课”、“人人都要上一节课”等活动，提升干部职工思想认识水平和工作能力素养。二是“引进来”和“走出去”强化师资力量。聘请市委党校副校长邱紫侦，区财政局、区检察院等机关单位领导为客座教师，补充师资力量不足；选派教师参加省委党校“全省党校系统师资培训班”，重点学习中共十八届四中全会精神和相关理论知识，以开拓视野，提高认识。三是完善管理制度。针对管理制度方面存在问题和不足，结合党的群众路线教育实践活动的开展，对党校现有的各项制度进行认真梳理，提升团队的管理职能。

（黄雪玲）

附 中共汕尾市城区委党校、中共汕尾市委党校城区分校、汕尾市行政学院城区分院领导名单

校　长：卢学军（兼）

常务副校长：叶君玉

纪检·监察

【概况】 1988年3月，经国务院批准，汕尾建市设区，同年 3 月 24 日，经中共汕尾市委批准，成立了中共汕尾市城区纪律检查委员会，属副处级建制单位。1988 年 11 月，汕尾市城区监察局正式挂牌。1994 年 4 月，经区委、区政府批准，中共汕尾市城区纪律检查委员会与汕尾市城区监察局合署办公，实行“两块牌子、一套人马”，履行纪检监察两项职能。

城区纪委监察局 2014 年有人员 30 人，其中班子成员 7 名。内设办公室、党廉室、执法室、纪检监察室、案件审理室、信访室、宣教室、综合室 8 个室；派驻纪检组 5 个。

重要会议

【概况】 2014 年 2 月 26 日，中共汕尾市城区纪委七届四次全体会议召开，区几套班子党员领导干部及全区直属单位副科以上领导干部 200 多人参加。区委常委、区纪委书记张淑娟代表区纪委常委会作了题为《坚持改革创新，严厉惩治腐败　深入推进党风廉政建设和反腐败工作》的工作报告，总结了 2013 年城区党风廉政建设和反腐败工作，研究部署 2014 年工作任务。市委常委、区委书记、区人大常委会主任陈少荣出席会议并作重要讲话。会上还开展了述责、述廉、述德活动。红草镇、香洲街道党(工)委书记，区卫生局、区民政局局长分别向区纪委全会作“三述”报告。

主要工作

【概况】 2014 年，区纪委监察局认真落实《贯彻落实省〈贯彻落实中央建立健全惩治和预防腐败体系 2013~2017 年工作规划实施意见〉的实施方案》，履行《中国共产党章程》及监察法规所赋予的职责，重视抓好领导干部廉洁自律工作，严肃查办违法违纪案件。开展纠风专项治理和党风廉政教育，从源头上预防和治理腐败，全面落实“收支两条线”管理规定，推行政府采购制度，落实党风廉政建设责任制，加强纪检监察队伍建设，各项工作深入开展，党风廉政建设和反腐败工作取得新的成效。

【领导干部廉洁自律工作】 2014 年，执行中央、省、市关于廉洁从政的各项规定，结合城区实际，针对领导干部思想作风、工作作风、领导作风和生活作风等方面存在的问题，落实八项规定，促进领导干部廉洁自律。

开展明查暗访，整治“四风” 区纪委制定《开展公款送礼、公款吃喝、奢侈浪费专项整治工作的实施方案》和《关于在全区开展整治门难进、脸难看、事难办专项行动方案》，开展机关作风明查暗访工作，大力整治“四风”问题。先后 41 次对全区机关单位及乡镇进行明查暗访，明查暗访 80 多个部门、18 个办事窗口。查处侵害群众利益行为的违纪案件 5 宗，给予党政纪处分 5 人。批评教育 47 人，对 14 个单位发出了督办通知，要求落实整改并说明原因。制作暗访片一期，开展警示教育。

开展执纪监督，强化领导干部廉洁自律 印发了《关于全区有关单位落实 2014 年党风廉政建设和反腐败工作任务部署分工的通知》，将任务落实到具体部门、具体人。建立完善领导干部重大事项报告制度，有 7 名领导干部向党廉办报告婚丧喜庆事宜。区纪委还向报告喜庆事宜的领导干部发放廉政贺卡，给予温馨提示。

开展专项整治，净化政务环境 2014 年，开展“吃空饷”问题专项清理整治工作。区纪委联合区委组织部、区人力资源和社会保障局等部门对全区财政供养人员“吃空饷”问题进行清理。全区清理“吃空饷”人员 38 人，追缴“吃空饷”资金 66.2 万元。查处“吃空饷”案件 2 宗，开除 1 人，免职 1 人，辞退 2 人。开展收送“红包”礼金专项整治行动，在节日前向全区科级以上领导干部和镇（街道）、各村(居) 委负责人发送禁止收送“红包”礼金的廉政短信。约谈各镇（街道）、区直各单位负责人，告诫他们要带头杜绝收送“红包”礼金。组织人员加强对高档消费娱乐场所的监督检查。继续巩固开展会员卡专项清退活动的成果，区直单位科级党员干部、镇（街道）党员领导干部都做到“零持有零报告”。

【查办案件】 2014年，共受理群众来信来访等各类信访举报71件（业务范围内47件）。其中，来信来访涉及副科级以上干部14人，一般干部7人，企业3人，农村干部39名，涉及其他人员8人。全区查处各类违纪案件共45宗，结案41宗。区纪委机关自办案件24宗，结案24宗；7个镇（街道）纪委办案共21宗，结案17宗。立案查处科级干部2名，其他人员43名。移送司法机关追究法律责任6人。通过办案挽回经济损失30多万元。

【纠建并举，切实治理损害群众利益的问题】 2014年，继续认真开展纠正行业不正之风工作。

检查教育收费 加强对中小学乱收费的监督检查。2014年春、秋季开学后，区纪委会同教育等部门，对所辖中小学收费情况进行了全面检查，未发现乱收费现象。

群众维权工作 全区受理劳动争议案件9宗，案外调解4宗，涉及金额236万元。受理群众来信来访29宗次，处理了劳资纠纷27宗，为农民工追回被拖欠工资253.62万元，涉及人数424人。检查用人单位195户，涉及劳动者近1.47万人，督促补签劳动合同2975份，下达责令整改通知书4份，责令用人单位为劳动者购买社会保险12人。参与安全生产事故调查2宗。开展对2013年住房困难户改建资金的专项监督检查，查处利用职权索取扶贫款的案件1宗。

工程建设领域突出问题专项治理 以林业、水利建设等领域为重点,整治围标串标、转包和违法分包、质量管理等关键环节的突出问题。对城区林业局主要负责人进行了诫勉谈话，对其他两名相关领导进行批评教育，同时责令区林业局限期整改并作出深刻书面检查。

政风行风评议 在区教育、公安、司法、住建、农业、卫计、安监等7个部门开展行风评议活动，同时在区科技文体局等11个单位开展“回头查”工作。

【源头上预防和治理腐败】 一是政府采购工作不断完善。通过加强监管，2014年，共组织汽车购置、汽车保险、维修、办公系列等政府采购36宗，采购预算额620.22万元，实际中标采购金额595.35万元，节约政府资金24.87万元，节约率4%。二是加强行政效能监察，强化3个平台监督检查。强化对城区行政审批电子监察系统平台的落实情况监督检查，对涉及行政审批电子监察系统平台的19个单位，计146项行政审批事项进行实时在线的监督。加强对城区农村党风廉政信息公开平台的落实情况监督检查，督促各镇（街道）、有关行局落实录入、审批、发布等工作，城区录入并发布的2014年农村“三务”（党务、村务、财务）信息录入率、发布率均为100%，居全市前列。

【行政监察工作】 加强对城区网上办事分厅建设工作专项效能监察。进一步加快网上办事分厅建设步伐。是年，城区28个单位已完成服务事项目录的全部录入工作，共计297个事项。

【反腐倡廉教育】 2014年，反腐倡廉教育，主要是组织学习贯彻习近平总书记系列重要讲话精神，中央十八届纪委三次全会、省纪委十一届三次全会和市纪委六届四次全会精神和反腐倡廉理论。

纪律教育学习月活动 城区以“严明组织纪律、锻造优良作风”为主题，开展2014年纪律教育学习月活动。8月22日，全区纪律教育学习月活动动员大会召开，区几套班子成员、各镇（街道）和区直副科以上单位区直单位股长以上干部共500多人参加。活动期间，全区共组织各项学习活动100场次，集中观看电教片180多场次，6000多人参加了学习教育。

开展宣传教育，打造廉政氛围 编发《城区纪检监察信息》41期，编写《勤政廉政促发展，为税风清扩新篇》《红草镇民政干部贪污扶贫款》为正反面教材。积极开展廉政文化活动。开展了廉政文化进机关活动，创办机关廉政文化宣传栏，开展“读廉、思廉、写廉、讲廉”系列活动；区纪委与区财政局合作，在区财政局门口树立大型户外廉政广告牌；开展了单位“一把手”领导带头讲廉政课活动；组织全区副科以上干部、股长近500人，观看市纪委、区纪委拍摄的暗防警示片。开展廉政文化

进学校活动，区纪委与区教育局联合举办了“汕尾市城区读廉洁图书读后感征文”活动，区内18所中学的教师、学生共报送读后感80多篇，评出一、二、三等奖及优秀奖共30篇，获奖读后感报送市参加“全省廉洁图书读后感有奖征文活动”。开展廉政文化进村（社区），在“两节”期间，向全区94个村（社区）书记、主任发送以“遵守八项规定、遵守廉洁规定、廉洁过节、严禁用公款送节礼”为内容的勤政廉政短信，共发放短信2000多条。2014年，向全区各单位发放反腐倡廉教育学习读本729册，电教片61套，向副科级以上领导干部等发送勤政廉政短信累计达4758条，营造良好的廉政氛围。

【纪检监察干部队伍建设】 加强思想政治建设，进一步打造学习型机关。组织党员干部加强理论学习和业务学习，根据业务需要派出人员参加上级纪委举办的培训班。建立了工作例会、中心组学习会制度。每月召开一次工作例会，一次理论中心组学习会。开展“一室一课”，加强内部业务交流。组织全区纪检监察系统培训班，对区纪委机关、各镇（街道）、各系统纪检干部进行业务培训，完善内部建设，加强内部管理。充实人员，推进派驻纪检组工作。

（黄建民）

附　中共汕尾市城区第七届纪律检查委员会书记、副书记、常委名单

书　记：张淑娟
副书记：蔡辉卿
　　　　郑友明
常　委：陈小凯
　　　　黄东升
　　　　吴智全
　　　　王茂松

区监察局局长、副局长名单

局　长：蔡辉卿
副局长：陈小凯

区纪委机关各室主任名单

办公室主任：吴智全（兼）
党风廉政建设室主任：王茂松（兼）
执法监察室主任：游远坤
纪检监察室主任：林怡展
案件审理室主任：邱友忠
调研宣教室主任：罗志飞
信　访　室：刘克萍

城区人民代表大会

【城区人大常委会领导成员名单】 2014年城区七届人大常委会主任、常务副主任、副主任、委员名单：

主　　任：陈少荣
常务副主任：陈镜炉
副 主 任：庄惠娥
　　　　洪浩波
　　　　陈建新
　　　　邝文泉
　　　　罗辉南
委　　员：（按姓名笔画顺序排列）
　　　　卢立对
　　　　何秀泉
　　　　余国治
　　　　吴可业
　　　　李楚云
　　　　邱承杰
　　　　卓永红
　　　　罗世杰
　　　　郑友明
　　　　胡小军
　　　　黄思平
　　　　黄春波
　　　　曾昭群
　　　　谢显水
　　　　谢晓云
　　　　谢觐光

重要会议

【区七届人大四次会议】 2014年3月21日~22日，城区第七届人民代表大会（以下简称区人大）第四次会议在市区举行。会议听取和审议区人大常委会工作报告、区人民政府工作报告、区人民法院工作报告、区人民检察院工作报告，审查和批准城区2013年国民经济和社会发展计划执行情况与2014年计划草案的报告，审查城区2013年公共财政预算执行情况和2014年公共财政预算草案的报告，批准城区本级2013年预算执行情况报告和2014年区本级预算，并作出相关的决议。会议期间，收到代表议案、建议、批评和意见共7件，其中，代表10人以上联名提出的5件，代表个人提出的2件。根据《城区第七届人民代表大会第四次会议主席团关于代表提出议案的处理决定》，将其中2件议案由市人大代表向市人大常委会提出，其余5件议案转为建议交区政府及有关部门办理。

（冯振炯、吴振业）

【常委会会议】 是年1月13日，区七届人大常委会召开第十七次会议。会议议程：1.人事任免；2.听取和审议区政府关于汕尾市城区2013年度普法工作总结及2014年度普法工作计划报告；3.审议通过汕尾市城区人大常委会2014年度工作要点（草案）。

2月21日，区七届人大常委会召开第十八次会议。会议议程：1.作出补选区七届人大代表的决定；2.学习贯彻省、市人大会议精神；3.通报区人大机关开展党的群众路线教育实践活动情况。

3月11日，区七届人大常委会召开第十九次会议。会议议程：1.听取和审议区政府关于民族宗教工作情况报告；2.讨论通过关于召开区七届人大四次会议的决定；3.讨论通过关于列席和邀请列席区七届人大四次会议人员的决定；4.听取区人大常委会代表资格审查委员会关于区七届人大代表出缺情况和补选代表的资格审查报告；5.讨论通过区人大常委会工作报告。

4月30日，区七届人大常委会召开第二十次会议。会议议程：1.人事任免；2.听取和审议区政府关于个体医疗卫生机构执业情况的报告；3.听取和审议区政府关于全区第六届村委、第五届社区居委会换届选举的工作报告；4.听取和审议区检察院关于加强反贪污贿赂工作情况报告；5.作出关于增选区人民法院人民陪审员的决定。

6月17日，区七届人大常委会召开第二十一次会议。会议议程：1.听取和审议区经信局局长游建雄、农业局局长刘克涛履职情况报告；2.听取和审议区人大常委会关于《互联网上网服务营业场所管理条例》执法检查报告。

8月15日，区七届人大常委会召开第二十二次会议。会议议程：1.听取和审议区政府关于2014年上半年工作情况报告；2.听取和审议汕尾市城区2014年上半年国民经济与社会发展计划执行情况报告；3.听取和审议汕尾市城区2014年上半年财政预算执行情况报告。

9月29日，区七届人大常委会召开第二十三次会议。会议议程：1.人事任免；2.听取和审议区政府关于农村生活垃圾处理情况的报告；3.听取和审议区政府关于2013年区本级财政预算执行和其他财政收支情况的审计工作报告。

11月28日，区七届人大常委会召开第二十四次会议。会议议程：1.听取和审议区政府关于2013年区级财政决算的报告；2.听取和审议区政府关于办理区七届人大四次会议代表议案、建议、批评和意见的情况报告；3.听取和审议区人民法院关于庭前调解的情况报告。

12月26日，区七届人大常委会召开第二十五次会议，会议议程：1.人事任免；2.补选市六届人大代表；3.听取和审议区司法局、教育局局长履职情况报告；4.听取和审议区人大常委会执法检查组关于《中华人民共和国价格法》的执法检查报告；5.听取和审议区政府关于2014年度财政预算调整（草案）报告。

（冯振炯、吴振业）

重要工作

【依法治区】 城区依法治区工作在区委的正确领导下，紧紧围绕全区工作大局，全面落实《法治城区实施方案（2011~2015）》，立足运用法治思维和法治方式深化改革、促进发展、化解矛盾、维护稳定；深入推进依法执政、依法行政、普法工作、公正司法、社会管理、法治城区建设等各项工作，取得新的成效，为促进社会和谐稳定营造了良好的法治环境。2014年，省依法治省工作领导小组授予区司法局“广东省依法治省工作先进单位”称号，授予区法院和田家炳中学“省法治文化建设示范点”称号。

坚持依法执政，不断提高依法治区水平。加强组织领导，形成主要领导亲自抓、分管领导具体抓，层层级级抓落实的工作格局；加强法治宣传，通过城区党政信息网、《今日城区》、电视报刊等媒体，全方位宣传法治城区创建活动。2014年，《汕尾日报》报道了法治城区的工作情况有8篇，营造浓烈的法治建设氛围；加强检查指导，区人大常委会、依法治区办、普法办等有关部门认真开展督促检查指导，充分发挥各成员单位的积极作用，促使法治建设的各项任务落到实处。

坚持依法行政，深入推进法治政府建设。是年区政府先后出台《机关规范性文件管理办法》《行政执法过错责任追究暂行办法》《政府重大行政决策听证制度》《行政决策程序暂行规定》等一系列依法行政配套制度。召开4次常务会议，集体讨论研究决策事项18项。加强和改进政府规范性文件的审核工作。认真推行行政执法责任制，实施政府部门行政首长问责实施办法。加强行政执法队伍建设，严格依法行政。加强创新行政服务、拓展完善网上大厅建设，第一批上网28个单位，全流程办理服务事项294项，设立各类固定政务公开栏76个，主动公开信息150多条。完成行政审批电子监察系统建设，19个行政审批单位146项行政审批事项纳入电子监察系统，实行实时在线监督。

坚持司法为民，着力推进社会公平正义。司法机关加强司法规范化建设，完善各项工作管理，大力推进公正司法，维护社会公平正义。区法院2014年共受理各类案件1913件，办结1689件，结案率为88.3%；区检察院全年共受理审查提请批捕案件308件、418人。经审查，批捕282件、382人。受理移送审查起诉案件387件、483人，向同级法院提起公诉326件、402人，依法报市检察院审查起诉21件、32人，追缴违法犯罪所得250多万元；区公安分局全年共立刑事600宗破361宗，刑事拘留341人，成功打掉了“两抢一盗”犯罪团伙10多个，侦破碧桂园系列入室盗窃案等重大案件一批。查处治安案件1284宗；区司法局认真开展社区矫正、安置帮教等工作，“12348”服务热线全年接受群众来电434人次，办理法援案件83宗，办结案件数比2013年同期增长70%，并实现受理率和办理率两个100%。公证窗口全年共办理公证792件，实现群众“零投诉”。

坚持管理创新，全力维护社会稳定。坚持开展区委书记、区长大接访，区、镇（街道）两级党政领导及区直部门领导到挂驻的镇（街道）公开接访、带案下访和重点约访活动制度，认真倾听群众诉求，及时解决当地群众反映的热点、难点问题；依法严厉打击严重暴力犯罪，净化社会治安环境，增强群众安全感。

坚持基层民主法治建设，大力推进基层治理法治化。加强对基层自治组织的指导，帮助完善村民会议、村（居）民全体会议、村民代表会议议事规则及村（居）务公开、财务公开等民主管理制度，实行村账镇代理；制定《关于加强镇（街道）、村（社区）基层建设的实施意见》，强化基层干部培训，整顿基层软弱涣散现象；开展“民主法治村（社区）”和“诚信守法示范企业”等创建活动，不断推进基层治理法制化。

坚持检查监督，有力促进公权力正确运行。加强党内、人大、政协、政府内部、司法等职能部门的监督工作，以经常性监督和专项监督相结合，增强监督实效，确保公权力正确运行。区纪检监察部门加大反腐倡廉工作力度，2014年查处违法违纪案件44宗，结案37宗，有力遏制消极腐败现象和不正之风；区人大常委会切实加强监督工作，全年听取审议专项工作报告21个，督促“一府两院”对存在问题的整改，推动加快各项工作的开展。区政协充分发挥政治协商和参政议政作用，加强提案工作，积极反映社情民意和重要意见建议；区政府加强内部监督，落实责任制和层级监督，推进政府工作合法、高效开展；区司法机关加强对立案，审判、执行等监督，有效维护司法公正，保证公权力正确运行。

坚持法制宣传教育，努力提高公民法律素质。积极开展法律进机关、进乡村、进社区、进企业、进学校、进单位、进重点项目开发地的“七进”活动。区人大于“宪法日”组织开展宪法和有关法律法规宣传活动，推动全社会树立法治意识；区组建充实一支由法律工作者组成的普法讲师团，各职能部门和镇（街道）也组建充实了法制宣讲组和普法宣传联络员，村(社区）也成立法制宣传小组。是年，城区重点普法对象的法制教育覆盖面达到98%以上。

（黄春波、冯振炯）

【议案建议办理】 区七届人大四次会议期间，共收到代表议案、建议、批评和意见7件，其中，代表10人以上联名依法提出的议案共5件，代表个人提出的建议、批评和意见2件。这些议案、建议涉及区交通运输、环境卫生、民政事业、户政改革、国土规划等多个领域的难点、热点问题，关系到区经济建设和社会各项事业的发展，是人民代表和群众迫切要求解决的问题。经大会主席团研究通过，决定把5件议案（除由市人大代表向市人大常委会建议转交有关职能部门办理的2件议案外）全部转为建议处理。将捷胜代表团黄兴肩等11名代表联名提出的《关于要求把捷胜镇环境卫生管理列入市区统一管理运作的议案》（第1号），凤山代表团蔡四龙等18名代表提出的《关于要求建设经营性公墓陵园的议案》（第2号），红草代表团黄庆能等11名代表联名提出的《关于要求更正我村村民户口性质的议案》（第3号），捷胜镇代表团张杰村等6名代表联名提出的《关于要求市国土资源局市区分局切实解决捷胜大埔农业生态园土地遗留问题的意见》（第4号），新港、解放军代表团袁绍成等3名代表联名提出的《在城区餐馆餐桌上摆放“请勿浪费”字牌的建议》（第5号）共5件建议及时向区政府交办；将捷胜代表团何世道等11名代表联名提出的《关于建议复建品清湖至捷胜石狗湖通道，加快扩容提质，推动经济发展的议案》（第6号），红草代表团许国生等11名代表联名提出的《关于要求尽快恢复梧围村“10路”专线公交车运营的议案》（第7号），由区人大常委会及时组织市人大代表向市人大常委会提出，建议转交有关职能部门办理。区政府对代表议案、建议高度重视，成立议案、建议办理领导机构，落实分管领导和专人负责，制定办理方案，提交区政府常务会议审议，并专门召开代表议案、建议交办会，落实有关部门办理。区人大常委会加强议案、建议的督办力度，落实相关工委以对口联系方式督办。7月31日区人大常委会副主任庄惠娥主持召开了部分议案、建议的领衔代表和区人大相关工委负责人参加的督办会议，听取了区政府和区民政局、住建局等部门以及捷胜镇政府关于代表议案、建议的办理情况汇报，并与区政府及有关部门交换了意见，督促加快办理进度。区法制局切实加强对各承办单位的跟踪催办工作。至9月30日，区政府及有关部门承办的5件议案、建议全部办复，并按要求书面答复提出议案、建议的代表，代表对办理答复的征询意见均在基本满意以上。12月9日，区七届人大常委会第16次会议听取和审议了区政府《关于区七届人大四次会议议案、建议办理情况的报告》，并通过了《关于区七届人大四次会议议案、建议办理情况报告的审议意见》。

【人事任免及补选代表】 区人大常委会依法行使任免国家机关工作人员权力，始终坚持党管干部与依法选举任免相统一的原则，充分发扬民主、严格依法办事。2014年，依法任命国家机关工作人员及人民法院人民陪审员32名，其中：区政府副区长、代区长1名，区政府副区长1名，区政府组成人员2名，区人民法院人民陪审员27名，区人民检察院人员1名；免去职务的4名，其中：政府组成人员1名，区人民法院人员2名，区人民检察院人员1名；接受区长、副区长辞职2名。依法补选市六届人大代表4名，补选区七届人大代表7名。

（何秀泉、冯振炯）

2014年城区第七届人民代表大会常务委员会干部任免情况表

表3

姓名	任职单位及职务	免职单位及职务	常委会会议时间、次序及任免职文号
蔡小然	区人民法院人民陪审员		2014年1月13日、常委会第十七次会议、汕市区人常〔2014〕2号
王伟忠	区人民法院人民陪审员		2014年1月13日、常委会第十七次会议、汕市区人常〔2014〕2号
王荣	区人民法院人民陪审员		2014年1月13日、常委会第十七次会议、汕市区人常〔2014〕2号
吴秋业	区财政局局长		2014年4月30日、常委会第二十次会议、汕市区人常〔2014〕9号
庄雄生	区卫生和计划生育局局长		2014年4月30日、常委会第二十次会议、汕市区人常〔2014〕9号
吕丰民		区财政局局长	2014年4月30日、常委会第二十次会议、汕市区人常〔2014〕9号
陈海生	区人民检察院检察员、检察委员会委员		2014年4月30日、常委会第二十次会议、汕市区人常〔2014〕10号
陈毅东		区人民检察院检察员	2014年4月30日、常委会第二十次会议、汕市区人常〔2014〕10号
陈丽玲	区人民法院人民陪审员		2014年9月29日、常委会第二十三次会议、汕市区人常〔2014〕21号
陈达锋	区人民法院人民陪审员		2014年9月29日、常委会第二十三次会议、汕市区人常〔2014〕21号
李锦炼	区人民法院人民陪审员		2014年9月29日、常委会第二十三次会议、汕市区人常〔2014〕21号
罗思琦	区人民法院人民陪审员		2014年9月29日、常委会第二十三次会议、汕市区人常〔2014〕21号
吴文彬	区人民法院人民陪审员		2014年9月29日、常委会第二十三次会议、汕市区人常〔2014〕21号
李国文	区人民法院人民陪审员		2014年9月29日、常委会第二十三次会议、汕市区人常〔2014〕21号
邹呈娣	区人民法院人民陪审员		2014年9月29日、常委会第二十三次会议、汕市区人常〔2014〕21号
秦郡泽	区人民法院人民陪审员		2014年9月29日、常委会第二十三次会议、汕市区人常〔2014〕21号

续表 3

姓名	任职单位及职务	免职单位及职务	常委会会议时间、次序及任免职文号
邓帼梅	区人民法院人民陪审员		2014 年 9 月 29 日、常委会第二十三次会议、汕市区人常〔2014〕21 号
黄晓玲	区人民法院人民陪审员		2014 年 9 月 29 日、常委会第二十三次会议、汕市区人常〔2014〕21 号
陈义带	区人民法院人民陪审员		2014 年 9 月 29 日、常委会第二十三次会议、汕市区人常〔2014〕21 号
李跃进	区人民法院人民陪审员		2014 年 9 月 29 日、常委会第二十三次会议、汕市区人常〔2014〕21 号
蔡建澍	区人民法院人民陪审员		2014 年 9 月 29 日、常委会第二十三次会议、汕市区人常〔2014〕21 号
林国贞	区人民法院人民陪审员		2014 年 9 月 29 日、常委会第二十三次会议、汕市区人常〔2014〕21 号
吕水炳	区人民法院人民陪审员		2014 年 9 月 29 日、常委会第二十三次会议、汕市区人常〔2014〕21 号
余经祯	区人民法院人民陪审员		2014 年 9 月 29 日、常委会第二十三次会议、汕市区人常〔2014〕21 号
钟得万	区人民法院人民陪审员		2014 年 9 月 29 日、常委会第二十三次会议、汕市区人常〔2014〕21 号
邱锦逵	区人民法院人民陪审员		2014 年 9 月 29 日、常委会第二十三次会议、汕市区人常〔2014〕21 号
辜传芝	区人民法院人民陪审员		2014 年 9 月 29 日、常委会第二十三次会议、汕市区人常〔2014〕21 号
叶宜球	区人民法院人民陪审员		2014 年 9 月 29 日、常委会第二十三次会议、汕市区人常〔2014〕21 号
余德界	区人民法院人民陪审员		2014 年 9 月 29 日、常委会第二十三次会议、汕市区人常〔2014〕21 号
褚铭	区人民法院人民陪审员		2014 年 9 月 29 日、常委会第二十三次会议、汕市区人常〔2014〕21 号
陈慧瑶	区人民法院人民陪审员		2014 年 9 月 29 日、常委会第二十三次会议、汕市区人常〔2014〕21 号
程暄沛	区人民法院人民陪审员		2014 年 9 月 29 日、常委会第二十三次会议、汕市区人常〔2014〕21 号

续表 3

姓名	任职单位及职务	免职单位及职务	常委会会议时间、次序及任免职文号
陈岳		区人民法院审判委员会委员、审判员	2014 年 9 月 29 日、常委会第二十三次会议、汕市区人常〔2014〕22 号
陈小莉		区人民法院审判员	2014 年 9 月 29 日、常委会第二十三次会议、汕市区人常〔2014〕22 号
刘闪星		接受其因工作变动辞去区人民政府区长	2014 年 12 月 26 日、常委会第二十五次会议、汕市区人常〔2014〕29 号
程书航		接受其因工作变动辞去区人民政府副区长	2014 年 12 月 26 日、常委会第二十五次会议、汕市区人常〔2014〕29 号
林展海	区人民政府副区长、代区长		2014 年 12 月 26 日、常委会第二十五次会议、汕市区人常〔2014〕30 号
胡春莲	区人民政府副区长		2014 年 12 月 26 日、常委会第二十五次会议、汕市区人常〔2014〕30 号

重要活动

【依法治区领导小组会议】 2014 年 4 月 28 日，城区召开依法治区工作领导小组会议。区依法治区领导小组副组长、办公室主任、区人大常委会副主任邝文泉传达省、市依法治省、市工作会议精神，总结 2013 年依法治区工作，部署 2014 年依法治区工作；通过 2014 年依法治区工作要点；市委常委、区委书记、区人大常委会主任、区依法治区工作领导小组组长陈少荣讲话并提出了要求。区依法治区工作领导小组成员单位负责人参加会议。区委副书记、区依法治区工作领导小组副组长罗光钊主持会议。

【执法检查】 2014 年度，区人大常委会开展 2 次执法检查。是年 6 月上旬，区人大常委会成立了以副主任陈建新为组长的人大执法检查组，开展对区政府贯彻实施《互联网上网服务营业场所管理条例》的执法检查；12 月中旬，区人大常委会成立了以副主任罗辉南为组长的人大执法检查组，开展对区政府贯彻实施《中华人民共和国价格法》的执法检查。

【人事监督】 区人大常委会坚持把人事任免权与监督权有机结合，开展听取并审议区政府组成部门负责人履职情况的报告。6 月 12 日，区七届人大常委会第二十一次会议听取和审议区经济和信息化局局长游建雄、农业局局长刘克涛的履职情况报告。12 月 26 日，区七届人大常委会第二十五次会议听取和审议区教育局局长林泽树、区司法局局长曾昭谋的履职情况报告。会议肯定成绩，指出不足，提出整改意见，促使被任命人员依法行政、廉洁勤政。

【区代表统一活动日】 7 月 22 日，区人大常委会组织开展了“区代表统一活动日”活动。是日上午，150 多名区人大代表集中接受教育培训；下午，以各镇街道为单位组织所属区代表围绕“区人大代表联系选民履职活动”主题和人民群众关心的热点、难点问题开展活动。

【代表视察】 是年 12 月下旬，区人大常委会和各镇（街道）人大及红海湾开发区人大联络处办公室先后分别组织了驻区的市、区人大代表进行集中专题视察活动。

驻区的市人大代表视察情况：受市人大常委会委托，区人大常委会于11月25日组织40多名驻区的市人大代表以“市区环境卫生管理及城市污水处理设施建设工作情况”为内容进行集中专题视察活动。实地视察市区城南路、通航路、海滨大道、市区东区生活污水处理厂、奎山河出海口、公园路、奎山公园（湖）、市区通港路。听取区政府“关于市区环境卫生管理工作情况汇报”、汕尾市住房和城乡建设局“关于市区生活污水处理厂的建设及运营情况汇报”、汕尾市环保局“关于汕尾市市区城镇污水处理厂运行监管情况汇报”，并组织代表座谈讨论，建言献策。

区代表视察情况：受区人大常委会委托，各镇人大主席团、街道人大联络工作室及红海湾开发区人大办组织该辖区的区代表就地视察。视察活动从11月26日起至12月1日止。视察坚持以中共十八大和十八届三中、四中全会精神为指导，紧扣党的群众路线教育实践活动主题，以反映民意、集中民智、为民解忧和受民监督为原则，以努力提高代表履职的主动意识、责任意识和解决人民群众关心的热点难点问题为出发点开展视察活动。全区170多名区人大代表参加了各代表小组的集中视察活动，并提出了一些建设性意见建议。

【“宪法日”宣传】 12月4日，区人大、区政府、区依法治区办联合举办《中华人民共和国宪法》及有关法律法规宣传研讨活动。上午组织区有关部门开展法律法规咨询活动，接受市民法律法规咨询；下午，召开以“弘扬宪法精神，全面推进法治城区建设”为主题的专题研讨会，探讨依法治区工作，提出意见建议。

（何秀泉、冯振炯、吴振业）

附（一）2014年城区人大常委会办公室领导名单

主　任：黄思平

副主任：冯振炯

（二）2014年城区人大常委会各工作委员会主任名单

财政经济及农村工作委员会

主任：谢晓云

法制工作委员会主任：黄春波

教科文卫侨工作委员会主任：胡小军

选举联络人事任免工作委员会主任：何秀泉

（三）2014年城区人大常委会主任科员名单

谢觐光（2014年7月退休）

谢显水

蔡自然（2014年2月退休）

陈丽玲

（四）2014年城区依法治区工作领导小组办公室领导名单

主　任：邝文泉

副主任：黄春波

谢觐光

刘水照

曾昭谋

城区人民政府

区政府领导成员名单

区　长：刘闪星（2014年12月离任）

林展海（2014年12月任）

常务副区长：余汉生

副区长：程书航（2014年12月离任）

郑新钦

何秀滔

李振坚

陈少华

胡春莲（2014年12月任）

区政府办公室领导成员名单

主　任：刘泽扬

副主任：刘水照

黄剑雄

庄厚樛

王清红

施友隆（2014年4月离任）

吴春磊

梁翰明（2014年9月任，挂职）

重大政事

【凤山祖庙旅游区AAAA级景区暨广东省中华文化传承基地揭牌】 2014年6月28日，市城区在凤山祖庙旅游区隆重举行汕尾凤山祖庙旅游区AAAA级景区暨广东省中华文化传承基地揭牌仪式，这是2014年汕尾市城区的一件大喜事，也是城区贯彻落实中共十八大精神、争当促进区域协调发展排头兵、建设文明城市的具体体现，标志着区旅游事业发展又向前迈进了一大步。

2014年，城区高度重视市城区旅游产业的发展，把旅游业作为区域经济的主导产业，依托“绿色生态、渔家风情、妈祖文化”三大优势，按照“建设宜居宜业宜憩的现代滨海新城”的工作思路，大力实施“旅游旺区”发展战略，立足特色旅游优势资源，加快景区开发建设，完善旅游配套设施，在2013年成功创建AAA级景区的基础上，2014年又成功创建国家AAAA级景区以及省中华文化传承基地。

【深圳—汕尾（城区、高新区）产业链招商暨广物汽车城开工仪式】 2014年9月23日，由中共汕尾市城区委、区政府，汕尾高新技术产业开发区筹建工作领导小组，深圳市光明新区党工委、管委会主办的深圳—汕尾（城区、高新区）产业链招商暨广物汽车城开工仪式在汕尾市城区举行。是日下午，在区长刘闪星、副区长何秀滔的陪同下，光明新区党工委委员、管委会副主任刘伟新一行考察了社会民生建设项目。是年，光明新区投资230万元，帮助市城区建设6个村头公园，给当地群众营造一个更加美丽、宜居的生活环境，让劳作之余的居民及老人孩子有一个休憩健身的好去处。另外，光明新区投资70万元帮助城区修建2条道路，方便当地群众出行。在副区长郑新钦的陪同下，光明新区邀请的15家深圳协会和企业参观了产业园区投资项目、金町湾度假城及汕尾火车站等项目，汕尾市城区全方位、多层次地展示城区经济社会发展成果、投资环境和优惠政策，诚挚邀请各位企业家到汕尾市城区投资兴业、共谋发展。

【妈祖文化系列活动】 作为民族优秀传统文化之一的妈祖文化，发祥于1054年前的福建莆田，经过近千年传播，在世界各地具有一定的影响力。源远流长的妈祖文化，是汕尾海洋文化生生不息的源头，妈祖文化已成为汕尾文化的一个重要品牌。汕尾人民崇奉妈祖信仰，传承“立德、行善、大爱”的妈祖精神。这次该区举办主题为“弘扬妈祖精神，创建幸福城区”的妈祖文化系列活动，适逢凤山祖庙重光20周年，将会进一步丰富城区人民的精神生活，促进文化和旅游事业的发展升级。

2014年10月30日晚，该区在凤山妈祖文化广场隆重举行妈祖文化系列活动启动仪式暨《默娘》演出活动。这是该区继汕尾渔歌节系列活动之后的又一次大型群众性文化盛宴，充分体现区委、区政府对丰富群众文化生活、加强文化建设的高度重视。当晚参加活动的领导、嘉宾和群众超过3000人，秩序良好，气氛非常浓厚。

12月31日，该区在凤山妈祖文化广场隆重举行海峡两岸妈祖文化交流暨凤山祖庙重光20周年庆典活动。其间，上演内容丰富多彩的妈祖文化项目，有凤山妈祖庙正殿前的民俗拜祭，凤山妈祖广场举行隆重的开幕式，“妈祖大学堂”讲座，以及在市区马思聪艺术中心举行大型渔歌剧《默娘》演出等。据介绍，城区委、区政府组织有关部门筹办这次庆典活动，为传承妈祖文化，弘扬妈祖精神，创建汕尾文明城市，推进该区经济文化社会事业跨越发展，为海峡两岸同胞联系情谊、增进了解、扩大合作搭建一个重要平台，为不断推进两岸文化交流的密切往来发挥积极作用，旨在通过举办海峡两岸妈祖文化交流活动，进一步弘扬妈祖文化，让其焕发出新的生机和活力，使之成为该区加快发展的文化基因和精神支撑，成为振奋民心，陶冶民情，凝聚民力的重要载体，成为城区走向世界和世界了解汕尾市城区的桥梁和纽带，成为促进该区对外开放，提升城市品位和知名度的强大动力，从而推动城区经济社会文化全面协调快速发展。

区政府常务会议

【概况】 2014年，区政府共召开了5次常务会议，讨论研究了26个议题。其中，涉及重大决策和民生实事的主要有：《政府工作报告》《汕尾市城区2013年公共财政预算执行情况和2014年公共财政预算草案》《汕尾市城区2013年国民经济和社会发展计划执行情况报告和2014年计划草案》《汕尾市城区2014年重点建设项目计划方案》《汕尾市城区创建广东省文明城市实施方案》《凤山妈祖文化产业园及景区配套建设项目规划方案》《借款协议书、鲤鱼尾土地合作项目框架协议》《2014年度汕尾市城区依法行政工作情况报告》《汕尾市城区人民政府工作规则》《汕尾市城区2014年财税收入计划及完成任务奖励方案》《汕尾市城区2014年度公共财政预算调整草案的报告》《汕尾市城区2015年普通高考奖励方案》《关于要求尽快落实教师套改职称工资的请示》。讨论研究城区政府向日立租赁（中国）有限公司上海分公司融资的问题，关于公开招聘优秀毕业生的问题，关于建造渔政执法快艇的问题，关于轮换地方储备粮的问题，关于设立汕尾市城区华泽小额贷款有限公司的问题，关于汽车贸易城建设用地平整工作的问题，关于城区2013年度冬季退役士兵安置的问题，关于开征汕尾市区生活垃圾处理费的问题等工作。

（区政府办）

法治政府建设

【法治政府建设】 2014年，区政府根据《汕尾市城区法治政府建设规划（2011~2015）》工作部署和区政府发布的《关于贯彻落实国务院全面推进依法行政实施纲要的实施意见》《关于加强法治政府建设的实施意见》以及区府办发布的《关于全面推进依法行政工作职责分工的通知》与《汕尾市城区2014年行政工作要点》的文件规定，以依法行政为重点内容对法治政府建设进行了全面规划，深入推进依法行政工作。按照《广东省依法行政考评办法》《广东省法治政府建设指标体系（试行）》确定的指标要求，全面推进依法行政，加快法治政府建设：一是加强组织领导。区政府重新调整由区政府区长任组长，分管政府法制工作的副区长任副组长，区纪委监察、区府办、区发改局、区财政局、区人社局、区编办、区统计局、区法制局等部门负责人为成员的依法行政工作领导小组。二是完善配套制度。区政府先后制定了《汕尾市城区2014年依法行政工作要点的通知》《汕尾市城区人民政府依法行政工作报告制度》《汕尾市城区规范行政处罚自由裁量权暂行规定》《汕尾市城区人民政府常务会议学法制度》《汕尾市城区行政执法案卷评查办法》《汕尾市城区人民政府关于加强法治政府建设的实施意见》等一系列依法行政配套制度。三是严格审查规范性文件。按照“有件必备，有备必审，有错必纠”的要求，对报备的规范性文件进行严格审查，切实维护法制统一和政令畅通。四是规范行政决策程序。按照《汕尾市城区行政决策程序暂行规定》，对重大行政决策事项范围、决策的调查研究、专家咨询论证、征求意见、法律审查、事后评估及纠错等方面依法依规按程序进行决策。每次政府的重大决策或重大问题，都咨询法律顾问的意见，对法律顾问对政府决策提出的积极、全面的法律意见建议，均得到采纳，成为区政府决策的重要依据。2014年，共召开5次区政府常务会议，通过集体讨论研究决定事项26项，区法制部门办理区政府重大行政决策合法性审查并出具法律审查意见10件，推动“科学决策、民主决策、阳光决策”有效落实。五是规范行政执法。其一，严格行政执法人员资格管理。坚决杜绝无编人员和工勤人员进入行政执法队伍，有效保障了执法人员的个人素质和执法水平。其二，积极探索规范行政处罚自由裁量权。区政府制定了《汕尾市城区规范行政处罚自由裁量权暂行规定》，全区行政执法单位正在全面开展规范行政处罚自由裁量权工作。其三，强化对公务员和行政执法人员的培训。区法制部门每年都组织对新到岗的执法人员综合法律知识培训和专业法律知识培训。六是加强行政复议和行政应诉工作。区政府建立健全行政复议工作责任制，充分发挥行政复议在行政监督、解决行政争议、化解人民内部矛盾和维护社会稳定方面的重要作用。对违法或者不当的行政行为，该撤销的坚决予以撤销，该变更的坚决予以变更，积极参与应诉。2014 年，区政府收到 2 宗行政诉讼案件，一、二审都驳回原告。收到政府信息公开行政复议案件 1 宗，维持行政机关具体的行政行为。七是稳步推进职能转变和机构改革工作。印发了《汕尾市城区人民政府职能转变和机构改革方案》和《汕尾市城区人民政府职能转变和机构改革工作任务分工》，将区政府职能转变和机构改革工作的任务指定牵头单位及配合单位具体落实各项工作任务。认真梳理各单位办事服务事项，共梳理了第一批上网单位 28 个，网上办事大厅全流程办理服务事项 294 项，其中，行政许可 173 项，非行政许可 79 项，社会服务事项 42 项。并制定印发公布了《汕尾市城区网上办事大厅服务事项目录》。八是公开政府信息。制定了政府信息公开目录、指南，不断完善政府信息和公开内容；拓展主动公开渠道。依托区“两网”（区党政信息网和城区党建网）和政务公开栏建设，发挥公开平台作用。充分利用《今日城区》报等新闻媒体平台作用公开政府信息。九是完善推进依法行政报告制度。向区人大常委会和市政府报告本地区推进依法行政的进展情况、主要成效、突出问题及下一步工作安排。十是健全领导干部学法用法制度。按照《汕尾市城区人民政府常务会议学法制度》的规定，在区政府常务会议前，认真组织学习与会议即将审议的重大事项密切相关的法律法规和其他法律知识。

（刘水照、唐万里）

附　区人民政府法制局领导名单

局　长：刘水照

信访工作

【概况】 2014 年度，城区的信访工作在市城区委、区政府的正确领导下，牢固树立“发展是第一要务、稳定是第一责任”的工作理念，在加快推进经济社会发展的同时，把维护社会和谐稳定摆在最重要的位置来抓，结合 2014 年全省开展“社会矛盾化解年”活动，市城区各级更是高度重视，突出问题由主要领导亲自研判、亲自过问、亲自调处，切实化解了大批社会矛盾纠纷。在各级各部门的共同努力下，信访维稳工作取得明显成效，全区没有发生重大不稳定因素和群体性事件，社会大局和谐稳定。

【区委书记、区长基层大接访活动】 城区深入贯彻落实中央联席会议《关于深入推进领导干部接待群众来访的意见》文件精神，2013 年 12 月 31 日区委办、区府办联合颁发了《关于 2014 年度区委书记、区长基层大接访活动及实行区党政领导干部接待群众来访日制度的通知》，规定每月 15 日为区委书记、区长基层大接访活动日。按照省、市的工作部署，从 2014 年 4 月开始，规定每月 2 天，即每月 15 日和 30 日为基层大接访活动日，要求区党政领导班子成员要深入到各自挂驻镇（街道）中去，进村入户，下访约访群众，认真倾听群众的呼声和诉求，及时就地解决群众反映的信访问题，切实把上访人问题吸附在当地，把矛盾纠纷解决在基层。2014 年区委书记、区长大接访活动共接访约访群众 148 批 289 人次，及时就地解决群众问题 52 宗，切实把矛盾纠纷解决在基层，并为群众解决一批实际困难和社会矛盾纠纷。

【区领导干部接访日制度】 城区继续深入开展领导干部接访日制度，每天安排一名党政领导班子成员到区人民群众来访接待室轮流值班接访，2014 年，共接待群众 46 批 256 人次，化解了一大批的社会矛盾纠纷；按照市接访领导的线条分工，每月 15 日都安排 1 名区党政领导到市政府参加陪访，使群众反映的信访问题都能及时就地得到妥处。

【健全矛盾纠纷排查研判机制】 2014 年度，市城区坚持每月一研判一排查、十天一督查，镇（街道）每周一研判一排查制度。区每个月一次研判会都由城区区委书记陈少荣亲自主持召开，对该辖区矛盾纠纷进行研判、排查，谋划解决问题的方法，争取掌握工作的主动权；同时各村（社区）维稳工作站也积极联动，发挥了其第一时间发现问题解决问题的“稳压器”作用。全区社会大局总体平稳，特别是下半年到市、到区信访量大幅度下降。

【全力化解信访积案】 对上级交办的信访积案，城区按照广东省提出的“一件信访积案、一名包案领导、一个化解工作小组、一次协调会交办、一套化解方案、一套稳控措施、一个解决期限、一份协调会议纪要、与信访人见面一次”的“九个一”工作要求，全部落实区党政领导包案和责任单位化解，要求区包案领导要做到“四亲自”，即：亲自研究案情，亲自约访群众，亲自跟踪掌握进度，亲自参与协调化解。责任单位在化解积案过程中必须做到“五个到位”：一是诉求合理的解决到位；二是要求过高的疏导到位；三是有瑕疵的纠正弥补到位；四是有实际困难的救助帮扶到位；五是违法缠访闹访的依法处理到位。2014年度，化解省交办信访积案1宗，化解市交办城区信访积案17宗。

【切实做好重点时期信访维稳工作】 为切实做好全国“两会”、中共十八届四中全会、亚太经济合作组织峰会和建军、国庆等重点节日和活动期间的信访工作，各个时期都制订了相应的应急工作方案，成立临时领导小组，对各个时期的信访问题和不稳定因素，特别是可能引发进京到省上访的突出问题，做到切实依法、及时就地化解，并加强敏感时期信访预警机制。2014年国家和省重点节日、敏感时段，城区都没有发生群众进京到省上访。

【宣传学习贯彻《广东省信访条例》】 2014年3月27日，广东省第十二届人民代表大会常务委员会第七次会议通过了《广东省信访条例》之后，城区委、区政府高度重视，区委常委会、区政府常务会议分别召开会议听取区信访局关于《广东省信访条例》学习宣传贯彻的情况汇报，落实区信访局要抓紧制订工作方案，向各镇（街道）和区直有关单位开展宣传贯彻。上半年结合区委组织部对刚当选的村（社区）“两委”换届干部进行学习培训的契机，区委组织部和区信访局联合印发《广东省信访条例及相关文件》1000册，每人一册发放给村（社区）“两委”换届干部学习，并加以辅导，努力把《广东省信访条例》和相关法律法规贯彻到基层，切实增强基层干部的法律意识和依法工作的能力。6月15日是《广东省信访条例》宣传日，市城区配合市信访局在市区通港路进行宣传，各镇（街道）也分别在其辖区人群集中的公共场所设点摆摊宣传。据统计，宣传日当天，全区张挂横幅36幅、标语400多条，派发《广东信访条例》小册子300多份、信访法律知识问答1000多册，全力扩大宣传的覆盖面和影响力，尽最大程度使《广东省信访条例》家喻户晓。

【开展信访事项复查复核工作】 市城区深入贯彻国务院《信访条例》和《广东省信访条例》有关规定，积极引导群众依法依规逐级表达诉求、解决问题。2014年下半年，市城区受理了2宗复查信访案件：1.新港街道渔村群众苏锦专反映其宅基地被政府征用得不到赔偿的问题；2.红草镇海梧村群众吴景南等人要求收回养殖基地管理使用权的问题。上述两宗案件均以市城区人民政府的名义作出明确的答复。

【拓宽群众诉求表达机制】 为进一步提高接访工作效率，推动重心下移，关口前移，整合信访工作资源，增强接访工作的针对性和实效性，依法及时就地解决好群众的合理诉求，城区在全区范围内开展联合接访和分类接访工作。规定每月1日、15日为联合按访日，由区信访局牵头，组织各镇（街道）及区人社局、住建局、民政局、公安分局、国土分局等区直有关单位到区人民群众来访接待室联合接访群众，负责处理本单位作为责任主体的信访事项，协调处理本系统管辖的可在区人民群众来访接待室处理的信访事项，保证一般信访事项能够在现场解决。规定每月5日、25日为分类接访日，针对当前群众反映较为强烈的土地征用、城镇拆迁、企业转制、劳动社保、劳资纠纷等信访突出问题，把每月5日定为土地征用、城镇拆迁专题接访日，由副区长何秀滔、李振坚率区国土、住建等部门及各镇（街道）分管领导开展专题接访；把每月25日定为企业转制、劳动社保、劳资纠纷专题接访日，由区委常委曾向镇和副区长郑新钦率区人社、社保、经信、二轻联社等部门及各镇（街道）分管领导开展专题接访。接访地点设在区综治信访维稳中心。

【信访情况与对策】 2014年度，城区群众进京上访1批1人次；到省上访6批11人次，同比批次和人次分别下降75.0%和77.1%，没有集体访；到市上访93批264人次，同比批次和人次分别下降25.6%和9.3%，其中，集体访7批118人次，同比批次和人次分别下降58.82%和15.71%；到区上访46批256人次，同比批次和人次分别上升17.9%和187.6%，其中，集体访9批187人次，同比批次和人次分别上升80%和450.0%；受理群众来信81件，同比下降16.5%；省交办网上信访案件5宗，全部办结，办结率100%。为切实把矛盾纠纷和不稳定因素化解在基层和萌芽状态，城区采取相应措施和对策：一是探索和完善大接访长效机制。继续探索和完善区委书记、区长基层大接访活动长效机制，尽最大努力将上访群众吸附在当地。二是加大事前稳控化解力度。加强矛盾纠纷排查化解力度，深入贯彻区每月一研判一排查、十天一督查，镇（街道）每周一研判一排查制度，对排查出来的突出问题落实区党政领导包案负责，要求包案领导第一时间靠前处置，及时化解矛盾。三是加大重点问题的处置力度。把信访积案、信访突出问题、涉稳重点问题作为党委政府重中之重的工作来抓，并进一步强化各地党政和各部门“一把手”工作职责，切实做到亲自抓、亲自管、亲自面对、亲自督办。四是加大民生问题处理力度。对因征地拆迁引发的民生历史遗留问题，加大跟踪、协调和督办的工作力度。五是深入宣传《广东省信访条例》。加大对《广东省信访条例》的宣传力度，全力扩大宣传的覆盖面和影响力。同时加强对各级领导干部的业务培训，进一步提高各级领导干部依法办事和解决问题的能力。

（林木寿）

附　区信访局领导名单

局　长：施友隆

副局长：范长河（2014年8月任）

打私工作

【概况】 2014年，区海防与打私工作在区委、区政府的领导下，在市海防打私办的大力支持和指导下，认真贯彻落实全省、全市反走私工作会议精神，进一步落实反走私工作责任制。据统计，全年共查获走私案件10宗，缉获红油数量约76.15吨。拆除储油点2处，打私工作处于平稳可控状态，没有发生重大特大走私案件。

【重大会议】 2014年4月10日，全区海防与打私工作会议在区政府七楼会议室召开。区政府副区长、区公安分局局长陈少华出席会议并作讲话；区海防与打私办主任黄剑雄主持会议，各镇（街道）分管打私工作领导，区海防与打击走私委员会成员单位领导参加了会议。

会上，黄剑雄传达了省、市海防与打私工作会议主要精神，总结了2013年工作，分析了全区形势。并提出了2014年工作安排：一是以贯彻落实执行《广东省反走私综合治理条例》为抓手，推动全区海防与反走私综合治理工作依法开展；二是以督促检查为抓手，牢固树立守土有责意识；三是以深入开展联合行动和专项斗争为抓手，始终保持打击走私高压态势；四是以组织协调为抓手，不断形成整体合力；五是以扎实推进基础设施建设为抓手，突出抓好强边固防；六是以深入开展党的群众路线教育实践活动为抓手，全面加强队伍建设。

副区长陈少华代表区政府与各镇（街道）、及相关职能部门签订了《反走私综合治理责任书》。

【开展各时期打私行动】 按照上级的部署，城区先后开展了元旦春节期间打击走私联合行动，打击农产品走私“绿风”专项行动，严厉打击大米等农产品走私行动，中秋国庆期间打击应节商品走私行动，开展了6月至12月为期半年打击走私联合行动，开展了沿海私建码头和非法上油点清理整治工作。

2014年元旦春节，6月~8月期间，区边防大队派出情报侦查人员通过治安暗查、巡逻、暗访等方式摸清走私油上油点的地理位置，及其周边情况及日常工作情况等，建立了档案备查。共查获走私案件2宗，查扣运载船只3艘，缉获成品油8.94吨。组织开展清港清湾统一行动20多次，检查各类船只909艘、渔船民3256人次，共查扣违规船只1

艘，发现并整改治安隐患3处。共出动执勤车辆52辆、摩托艇11艘、警力774人次，累计突击检查油站3次、冷冻库2次（辖区2个冷冻库），监控、检查重点地段、港湾、油库及河道等72处，日常巡查其他市场门店39个，发现并整改治安隐患7处。分别于9月13日缉获汕城20095号驳油船1艘，查获红色成品油4.13吨，10月7日缉获涉嫌运输成品油的汽车粤NE1090号，查获红色成品油17.9吨。

区公安分局派出刑警、线人对全区情况进行排查，并放出耳目，力求做到精准打击。2014年11月7日上午，打私办接群众举报，区公安分局即时派出刑警队及新区派出所人员找到城区海林学校后面一柴油销售点，发现剩余柴油250公斤，当即责令销售点负责人当日将该柴油销售点全部撤离。

区公安分局派出侦查人员到可疑地点、澳点侦查，并根据需要安排“耳目”，出动警力进行查缉。9月12日，有群众反映汕尾市健身广场到夏楼美一带有三轮车涉嫌走私红油，区公安分局刑警队立即进行了打击。

【加强督察、协调、指导】 为摸清城区走私情况，区海防与打私办无论是晚上，还是节假日，无论酷热，还是寒冷，凡是市海防与市打私办、区委、区政府领导的指示，都到走私易发生地巡防督查，协同边防、公安等职能部门研究、掌握情况。12月年关将至，针对港内偶尔有零星“蚂蚁搬家式”的走私红油现象出现，打私办多次与区公安分局、区边防商讨办法，区公安分局根据副区长陈少华的指示，多次伏击抓获了几部偷运走私油的小三轮、小四轮车，有效地打击了走私成品油的行为。

【加大宣传教育力度】 在开展打击成品油走私专项行动中，打私办在全区悬挂反走私宣传横匾20多幅。通过宣传教育，不断提高学习、贯彻和执行《广东省反走私综合治理条例》（以下简称《条例》）的自觉性、主动性，熟悉掌握《条例》的立法精神和主要精神、主要内容，促使各地、各有关部门结合实际找准定位，明确责任，自觉以《条例》引领反走私工作，确保《条例》全面贯彻实施。《条例》自2014年3月1日起施行，打私办共下发了300多份《条例》小册子到各镇、街道、缉私职能部门。

（叶德望）

附 城区海防与打击走私办公室领导名单

主 任：黄剑雄

外事侨务

【概况】 2014年，城区外事侨务局坚持以中共十八大和十八届四中全会精神为指导，以加强因公出访管理、处置涉外突发事件、处理侨房信访工作和加强海外社团联络联谊工作为重点，依法行政，务实创新，扎实有效推进各项工作开展，取得较好的成绩。

【基本侨情】 结合党的群众路线教育实践活动，2014年5月至7月，外事侨务局局长带队走访了全区7个街道（镇），与基层侨务干部和10名老归侨代表座谈交流，对城区侨情和侨务现状进行调研，建立了健全的归侨档案。2014年，城区旅居海外的华侨及港澳同胞有12万多人，今居住城区的归侨有85人，多为年老体弱，生活困难的占60%，其中领取低保3户。

【侨务扶贫工作】 坚持专款专用、公开公平、统一标准、对号入座的原则，用好省下达的扶持贫困归侨专项资金，确保资金落实到位、到人。为增加救助款发放的透明度，2014年采用新拨款方式，为每位受助归侨开设银行独立账户，区外事侨务局制定帮扶计划，再由财政局、银行核算后直接将资金拨发到各账户。根据省侨办、省财政厅的政策，2014年，区外事侨务局下拨困难归侨特殊救助款3万元，资助困难归侨侨眷共有39户，其中，3户特困归侨补助各1300元，36户贫困归侨各725元，体现了党和政府对贫困归侨的关爱。

【因公出国管理工作】 加强领导干部因公出国（境）动态管理工作，严格执行因公出访审核审批制度，实行经费先行审核制度，做好年度计划审批工作，从严控制城区党政领导干部出国（境）团组和人员数量。积极配合区纪委将制止党政领导干部利用公款出国（境）旅游专项工作转入常态化管理，确保全区因公出国管理工作健康有序开展。2014年上报因公出国团组零批人次。

【处理涉外事件】 为有效应对涉外突发性事件，根据城区实际的变化，不断完善《汕尾市城区涉外突发事件应急预案》，推动了城区应对涉外突发事件工作的规范化和制度化建设。

【申报APEC商务旅行卡】 根据“有规模、有信誉、有需要”原则，积极向城区上规模的民营企业和外资企业大力推介APEC商务旅行卡，主动做好上门推介服务，得到企业的高度评价。2014年，共受理申办APEC商务旅行卡1批次1人。

【联谊出访工作】 2014年初，局领导前往香港拜访了4个社团，分别有香港广东汕尾市同乡总会、香港汕尾市文康总会、香港海陆丰孟兰胜会、香港海流保健协进会，与社团负责人就红草工业园区的招商引资工作进行交流。

【因公赴港澳办证管理工作】 加强制度建设，力促因公赴港澳办证工作实现规范化管理、程序化运作。一是加强审核审批工作。严格按照干部管理权限，规范报批手续；二是实行服务承诺制度，实行一次性告知制、五日办结制，提供优质高效服务；三是加强出访人员管理和纪律教育，实行违规办证追究制；四是加强对企业申办因公赴港澳通行证的管理；五是加强证件管理，严格执行通行证回收制度，专人专管；六是严把送办材料质量关，力求“零差错”。2014年，汕尾市城区办理行政因公赴港澳通行证26人次。

【处理侨胞、港澳同胞信访工作】 2014年，共收到侨务信访来函4件，来访27人次，包括房产权益、民事纠纷、补办证件、生产生活、遗体入粤安葬等方面的问题。区外事侨务局根据不同情况，认真对待，及时处理，做到事事有回音，件件有落实，维护归侨侨眷的切身权益。新加坡归侨郑素娥到外事侨务局反映要求协助寻找在新加坡的胞弟、胞姐、叔父两子之事。区外事侨务局在证实了郑素娥的归侨身份后，向市外侨局汇报情况，市局回复已积极跟新加坡海陆丰同乡会密切联系，帮助郑素娥寻亲。为侨资企业岭峰集团要求铜鼎山郊野公园捐资项目立项进行审核，并上报市外侨局批准通过。

关于落实侨房房产权益的问题，区外事侨务局成立专门领导小组，认真对照侨房政策，做到依法依规办事。是年4月，区政府转来市信访局《关于交办香港居民钟小缘要求协助处理侨房房产信访事项的通知》。香港居民钟小缘多次来信来访，反映其祖辈早年在汕尾购置多处房屋，在50年代土改时被政府接管，现作为经租房被人占用无法要回。根据市、区政府的要求，局领导配合市外侨局、市房管局到实地了解情况，并对占住户耐心做好搬迁思想工作。至2014年，由于占住户居住时间已超50年，房屋也出现了老化，占住户态度强硬，因此，该项工作无法进展。区外事侨务局将继续配合市政府有关部门做好协调工作。

（王冬妮）

附　区外事侨务局领导名单

局　长：许岸悦

副局长：王冬妮

应急管理

【概况】 2014年，市城区应急管理工作在市应急办和区委、区政府的正确领导下，以邓小平理论和“三个代表”重要思想为指导，加强组织协调，完善机构网络和预案体系，提高应对突发公共事件的能力，保障人民群众生命财产安全，促进经济社会稳定发展，较好地完成了各项工作和任务，有效维护社会政治稳定和广大人民群众利益，促进全区经济社会的发展。

1. 完善各项应急预案。按照科学制定、可操作性强的原则，进一步建立和完善各项安全应急预案和应急处理办法，并根据实际情况进行补充和完善，形成工作制度，使各类专项应急预案在新时期、新形势下提高应对突发事件的处置能力。2014年，修订完善了

《汕尾市城区处置森林火灾应急预案》《汕尾市城区防御强台风实施细则》两个应急预案，确保应急预案的科学性和可操作性明显加强。

2. 健全应急管理制度。充分整合利用现有资源，加快应急指挥平台建设，提高应急管理工作的科技水平，在全区范围内全面开展突发事件隐患排查、预判和预警工作，大力加强对可能引发突发事件的重点情报信息的收集、研判和报送工作；建立健全应急管理制度，确保在突发事件发生后迅速反应、准确到位、指挥得当、处置有力；在应急预案的基础上，逐步推进应急管理工作规范化、程序化、法制化；建立健全应急处置突发机制，确保信息报送及时、报送内容准确完整；切实做好日常排查和防范工作，争取工作主动，公共事件一旦发生，区分管领导亲临现场指挥协调，各职能小组上下联动，密切配合，自觉履职，确保及时妥善处置事件。

3. 加快保障体系建设。加强应急队伍建设，建立了综合应急救援队伍，下设7支应急小分队；完善应急值班制度，落实专人值班，特别是加强节假日、敏感时期、恶劣天气等的值班，确保人员到位、责任到位、信息畅通；积极研究相关保障政策，责成有关部门，对应急救援队员保障、应急车辆执行应急救援任务等制定政策规定并推动落实；完善应急队伍运行机制，重点是建立健全应急队伍管理、指挥、调用、协作、培训、演练等制度，建立应急队伍和装备统一调度、快速运送的工作机制；做好物资储备保障。

4. 加强应急宣传力度。根据省、市要求，结合城区的实际，采取各种宣传形式：组织开展突发事件应对法、安全生产法等应急救援的法律法规和政策的宣传活动，使应急管理的法律法规、应急预案、救援知识进企业、进学校、进社区，提高生产经营单位从业人员救援技能；充分利用“全国消防日”宣传“科学防灾避险，保障生命安全”科普宣传图展、“百人百场”应急知识宣讲等专项宣传活动；开展学校应急教育和应急演练，进一步完善学校突发事件应急预案，提高学校应对突发事件的能力；各有关部门也结合自身实际情况，组织开展相应的应急演练，增强公众的公共安全意识。在全区范围内共发放《公众应急手册》和应急管理宣传资料5000多份，同时在各镇（街道）、村（社区）宣传栏张贴应急知识图，张贴应急知识标语，使应急知识人人关注，在全区范围内形成良好氛围。

（王金鸿）

机关事务工作

【概况】 区直属机关事务科是负责区委、区政府接待工作的职责部门。2014年，接待工作紧紧围绕区委、区政府中心工作，以学习贯彻中共十八大精神为抓手，以建设“高瑞产业创新区，宜居城市后起新秀”为目标，紧扣服务经济建设这个工作中心，强化全局意识，服务意识、质量意识和奉献意识，本着勤俭节约、有利公务、热情实在、统一安排的原则，严格按有关规定认真做好接待工作，坚持“科学化、规范化、特色化”方针，开拓创新，扎实工作，圆满完成各项接待工作任务。全年共接待内外宾230多批次2760人次，参与重大接待活动5次,完成区委、区政府交办接待任务10次。失误率为零。

【完善各项规章制度】 按照中央八项规定及《党政机关厉行节约反对浪费条例》等规定，重新修订《接待管理制度》《食堂管理规定》，明确接待人员和食堂工作人员工作职责。

【把握接待工作的三个重要环节】 坚持以“热情周到、耐心细致、安全规范、高效廉洁”的工作要求，努力提升接待工作的水平和质量，注重把握接待工作中的三个重要环节。一是认真细致地做好接待前准备工作。掌握来访对象的组成结构、考察意图、活动日程及要求等基础信息，制定详细接待方案，按程序实施接待。二是热情周到地做好接待中服务工作。在接待过程中，及时与相关接待单位沟通协调，安排专人全程跟踪服务，掌握来访客人的动态需求，调整服务项目，保证接待不出差错。三是及时做好接待后总结工作。

通过总结，归纳服务要点，查找不足之处，建立服务档案，不断提高接待质量和工作效率。

（彭春晓）

附　区直属机关事务科领导成员名单

科　长：王世铭

副科长：李啟铸

　　　　刘儒彬

档案工作

【概况】 2014年，区档案局（馆）、区地方志办合署办公，实行“一套人员、三块牌子”，编制7人，在职7人。档案局内设监督指导、管理编研和方志编纂股等3个股室。区档案局主要负责全区档案事业行政执法、档案保管利用和组织指导、编纂工作。

【制度管理进一步规范】 针对自身档案实际，进一步完善各项规章制度，切实加强档案综合管理，逐步推进档案管理的规范化和制度化。一是抓好各项制度的落实。以制度规范管理，以管理落实责任，做到定任务，落实责任。重点是落实好档案馆档案保管措施，定期检查、定期消毒、及时降温除湿，为档案的保管提供良好的条件。二是抓好档案库房安全工作，主要是落实好值班制度和落实好安全保卫设施,确保库房和档案的安全。三是抓定期检查档案安全。定期检查档案安全工作。

【档案业务指导不断加强】 是年，积极参加省组织的各项档案学习培训活动。加强对区直部门的业务指导，通过现场指导、上门服务、电话咨询、传帮带和代立档等方式，对区属机关、企事业单位进行档案业务指导。以小型培训为突破，对部分不熟悉档案管理业务的单位举办小型培训班，对区直单位新接手的档案员以及业务能力弱的单位进行集中培训，共培训2期，参加人数12人，培训主要内容是文书档案及民生档案。面对面、手把手进行实例操作，通过多渠道、全方位和创新的业务指导模式，使档案员尽快掌握操作技能。

【档案进馆明显加快】 以区府办名义发文定期对区直单位的档案进馆情况进行通报，要求各单位将已保存满10年的档案移交进区档案馆。区档案局派出监督指导股人员多次到区金融办、区直工委、区旅游局等18个单位上门指导档案管理业务，上门敦促合并机构如区卫生局、人口和计划生育局和区发改局、物价局等单位的原档案及时整理、归档。同时接收区府办、区人大办、区纪委办、区人社局等单位档案移交进馆。此外，区卫生和计划生育局、水利局等单位加紧做好归档工作。是年，全区共接收进馆文书档案共2043件。

【信息工作有效推进】 3月4日，以区府办名义印发《关于进一步做好政府公开信息报送工作的通知》，明确要求各单位应于每年3月底前将政府公开信息报送区政府公开信息查阅中心。是年，已接收政府公开信息纸质文件55件。全年共接待查阅利用者累计达113人（次），利用档案资料285卷（件），复印411多（件）卷。同时不断加强汕尾市城区地情网站建设，不断更新政务信息，网站点击率达128260人（次）。

【档案建设有新进展】 一是全面完成档案目录数字化建设。自2014年5月开始，区档案局聘请临时工作人员8人次，专门负责馆藏档案目录电脑录入，12月底全面完成馆藏档案目录数字化。二是加强声像管理。将馆藏的40盒录像带、录音带，通过专业的公司，全部修复、转刻为DVD光盘，并购买防磁柜对声像档案进行妥善保管。三是更换新档案装具，更换防虫药600多包，档案盒、档案目录夹一批，维修拉闸门、空调等。

（陈春杰）

地方志工作

【概况】 2014年4月，《汕尾市城区年鉴·2013》（创刊号）正式出版刊行；12月底，《汕尾市城区年鉴（2014）》通过方志出版社审稿并付印公开出版发行；完成地方志资源开发利用的立项和结项工作。

【地方志年报资料工作稳步推进】 2014年6月，区政府召开年鉴编纂和年报资料工作会议，分管该项工作的副区长郑新钦亲自动员部署，各镇（街道）、各单位分管领导和撰稿人共180人参加了会议；区政府印发了《汕尾市城区年鉴（2014）》编纂方案和区地方志资料年报编写要求的通知》，同时召开地方志年报资料和年鉴工作培训班2场（次）。采取了每月进度情况通报制度，有效加快年鉴和地方志年报资料进度。至2014年年底，全区上报的地方志年报资料有35个单位。

【做好地方志资源开发利用项目】 根据省志办文件《关于2014广东省地方志资源开发利用项目立项结果的通知》的要求，区方志办是年初组织人员，对城区各相关地点进行调研、考察后，2014年8月向省志办上报了开发利用项目《汕尾市城区墩下城古迹保护和开发利用专题调研报告》，该项目报告经省志办组织专家论证后，并于2014年10月被省地方志办予以立项。是年，完成了《关于马宫古炮台保护和开发利用专题调研报告》的结项工作。

（陈春杰）

附　区档案局（馆）、区地方史志办公室领导名单

局（馆）长、主　任：许争荣

副局（馆）长、副主任：王耿绵

区政府办公室机构设置

区政府办公室内设机构： 秘书股、综合股、文教股、督办股、财管股、信息股、经济研究室、信息公开股。

下辖挂靠单位： 区处置地方金融风险办公室、应急管理办公室、人民防空办公室。

下属事业单位： 网络信息管理中心、机关服务中心。

政协汕尾市城区委员会

政协第四届汕尾市城区委员会主席、副主席、常委名单

主　席：吴大集

副主席：曾向勤

邵银洲

郑前军

黄义丞

卓孝义

常　委：朱锦城

江浩波

余远霖

吴小臻（2014年3月任）

吴惠芳

张小兵

张家瑶

李泗远

陈庆本

陈建文

卓炎昌

林义鸿

林礼标

林伟强

林志权

林孟东

罗世健

郑礼建

洪海燕

郭乃坎

重要会议

【政协四届四次会议】 会议议程：1. 听取和审议中国人民政治协商会议第四届汕尾市城区委员会常务委员会工作报告；2. 听取和审议中国人民政治协商

会议第四届汕尾市城区委员会常务委员会提案工作报告；3. 听取和讨论汕尾市城区人民政府工作报告及有关报告；4. 表彰政协汕尾市城区四届三次会议以来优秀提案和承办提案先进单位；5. 补选政协汕尾市城区第四届委员会常务委员；6. 审议中国人民政治协商会议第四届汕尾市城区委员会提案委员会关于四届四次会议期间提案审查情况的报告（书面）；7. 审议通过中国人民政治协商会议第四届汕尾市城区委员会第四次会议决议。2014 年 3 月 19 日~20 日，区政协四届四次会议在汕尾市城区召开，出席会议委员有 168 人。会议审议通过区政协主席吴大集代表政协第四届汕尾市城区委员会常委会所作的工作报告和区政协副主席郑前军代表政协第四届汕尾市城区委员会常委会所作提案工作报告，审议通过政协第四届汕尾市城区委员会第四次会议决议。大会投票补选吴小臻为政协汕尾市城区第四届委员会常委委员，与会委员列席区七届人大四次会议，听取和讨论区政府工作报告及其他报告，并就城区经济和社会发展中的重大问题以及人民群众普遍关注的热点、难点问题进行建言献策。会议期间，区委、区政府主要领导出席并参加政协分组讨论，听取委员们对城区扩容提质、振兴发展的意见和建议。

【政协常委会议】 2014 年共召开 5 次，主要内容是学习贯彻习近平总书记有关政协工作的讲话精神和传达省政协宣传工作会议精神；讨论汕尾市城区人民政府工作报告（征求意见稿）；听取区政府副区长李振坚通报区政府 2014 年工作情况和 2015 年区政府工作思路，讨论区政协 2014 年工作要点，讨论通过区政协四届四次会议日程、议程、常委会工作报告、常委会提案工作报告、以及报告人，四届四次会议有关事项；讨论通过四届四次会议决议，提案收集情况审查报告，听取四届四次会议各组召集人情况报告；总结 2014 年度区政协常委会工作，研究试行区政协委员个人述职履职情况，听取区政府关于城区经济和社会发展情况的通报，审议通过区政协有关人事安排和增补委员、常委名单。

【政协主席会议】 2014 年共召开 11 次，学习《中共广东省委办公厅、广东省人民政府办公厅印发的〈关于进一步加强我省人民政协提案办理工作的意见〉的通知》文件精神，落实区政协重点提案督办领导、承办单位责任人。确定 2014 年度表彰优秀提案、先进承办单位；研究政协常委会议议程，政协四届四次会议日程、议程及工作报告，确定委员发言题目，讨论政协 2014 年度工作要点，讨论安排市政协到城区调研事项，讨论区政协提案交办会事项；研究区政协出版文史、“委员之家”网络平台建设、提案督办工作；传达区委关于“开展党的群众路线教育实践活动”工作部署，通过开展活动实施方案；研究涉及市政建设的委员提案办理落实方法；研究重点督办提案事项、开展调研、视察课题。

重要活动

【协商议政】 2014 年 7 月18 日，为推进城区青少年社区矫正工作，确保青少年社区服刑人员健康成长，区政协在区党政办公楼七楼会议室召开青少年社区矫正工作专题协商议政会议。参加会议的有：区政协正副主席，区委常委、政法委书记卓江广，区直有关单位、镇（街道）有关负责人及部分政协委员共 35 人。会议由区政协副主席卓孝义主持，会议听取了区司法局和各镇（街道）、区公安分局、区检察院、区法院等部门和单位关于青少年社区矫正工作开展情况的汇报。参加协商议政的委员们对城区青少年社区矫正工作取得的社会成效给予充分肯定，并指出一些存在问题与不足，对今后的工作提出 7 条意见和建议。

2014 年 9 月 29 日，为探讨全区医疗卫生和计划生育服务资源整合可行性，进一步提高城区妇幼保健和计划生育技术服务水平，区政协在区卫生和计划生育局四楼会议室召开了区妇幼保健院与计生服务站合并及镇（街道）计生服务所与镇卫生院（社区卫生服务中心）合并有关问题专题协商议政会议。参加会议的有：区政协主席吴大集、副主席卓孝义，区委常委、组织部部长卢学军，区委常委、区委办公室主任许昌林，区政府副区长郑新钦，区直相关单位主要负责人及部分政协委员。区政协副主席卓孝义主持会议，区委、区政府和政协领导都分别作了讲话。会议听取了区卫生和计划生育局和区妇幼保健院关于全区计划生育服务与妇幼保健工作发展情况、存在问题和资源整合可行性及利弊的汇报。区有关单位负责人和参加协商议政的委员们围绕有关问题进行热烈讨论，建言献策，认为两者合并是适应社会发展趋势、实现资源共享的一件实事、好事，有利于整合利用资源，实现社会效益最大化，其利远远大于弊，具备可行性。

【参政议政】 2014年3月19日，在政协汕尾市城区委员会四届四次会议上，城区民主党派民革、民盟、致公、农工、无党派人士代表，工商联、人民团体和政协经济界、教育、医卫界等共有13名委员发言，发言内容针对城区经济、文化、教育、卫生、技术人才培养，强化服务意识方面等提出意见建议共32条，发挥了政协参政议政职能作用。

一、王声效委员代表民盟汕尾市城区总支作《内强素质，外树形象，提升窗口单位服务质量》的发言。

二、胡家为委员代表致公党汕尾市城区总支作《关于推进青少年社区矫正工作的建议》的发言。

三、林伟强委员代表农工党汕尾市城区支部作《加强基层卫生医疗机构人才队伍建设的建议》的发言。

四、施镇波委员代表民革汕尾市二支部作《迎来高铁时代，推进旅游新发展》的发言。

五、叶庆雄委员代表汕尾市城区经济界作《推动企业发展，促进财税增收》的发言。

六、林义鸿委员代表汕尾市城区工商联作《打造一流工业园区，撬动城区经济发展》的发言。

七、余德荣委员代表汕尾市城区无党派人士作《加快推进市区“三旧”改造，建设汕尾宜居城市》的发言。

八、叶君玉委员代表汕尾市城区教育界作《引进高层次人才，助推城区扩容提质》的发言。

九、林晓良委员代表汕尾市城区工商联作《抓住新机遇，振兴市城区》的发言。

十、黄丁瑶委员代表汕尾市城区教育界作《关于推进“城区教育实验园区”建设的建议》的发言。

十一、吕水炳委员代表汕尾市城区医卫环保界作《整合资源，发挥优势，提升妇儿保健服务水平》的发言。

十二、曾志炜委员代表致公党汕尾市城区总支作《凤山祖庙旅游区要继续提高服务质量，充分发挥品牌优势》的发言。

十三、施长文委员代表民盟汕尾市城区总支作《关于加强汕尾火车站交通管理服务旅客的建议》的发言。

【民主监督】 2014年8月10日~9月25日，为深入开展党的群众路线教育实践活动，贯彻落实中央八项规定，充分发挥政协民主监督职能作用，区政协围绕当前城区一些窗口单位是否存在“门难进、脸难看、事难办”的现象和人民群众反映的一些有关窗口服务的相关问题，对全区12个窗口服务单位办事（办证）大厅为民服务情况进行监督检查。监督检查的目的，主要是通过监督检查各窗口服务单位落实中央八项规定的情况，以提升城区窗口服务单位工作人员的宗旨意识、责任意识和岗位勤政意识，改进工作作风，规范业务办理，推动行风政风建设，为城区经济社会加快发展营造良好的社会氛围。这次监督检查活动由区政协副主席卓孝义带队，以政协委员中的民主党派人士为主体，分为3个监督检查小组，分别对12个窗口服务单位进行民主监督检查。监督检查组全体成员通过近一个半月时间到窗口服务单位实地视察和听取汇报以及征求群众意见等方式进行监督检查，对城区12个窗口服务单位的工作表现总体还是满意的，对取得的成绩给予了充分肯定，对存在一些问题也坦诚指出，同时对今后的努力方向也提出意见和建议。

【专题调研】 2014年8月19~20日，为促进城区滨海旅游产业发展，充分利用好凤山祖庙国家AAAA级旅游区的品牌优势，加快凤山祖庙旅游区发展，区政协主席吴大集、副主席郑前军带领区政协调研组，开展“利用品牌优势，加快凤山祖庙旅游区发展”专题调研活动。8月19日，调研组和凤山祖庙旅游区管理处的人员一行20多人专程前往陆丰碣石玄武山旅游区学习考察。8月20日，调研组现场视察了凤山祖庙旅游区的发展情况，召开座谈会听取区旅游局和凤山祖庙管理处的专题情况汇报。这次调研活动，学习借鉴陆丰玄武山旅游区的发展经验，认真总结凤山祖庙旅游区还存在管理体制、配套设施等不足问题，提出加强宣传、管理、提高服务质量，整合挖掘文化内涵，打造品牌优势，加快旅游产业发展的意见和建议。

2014年9月26日，区政协就企业招工难问题组织专题调研活动。区政协主席吴大集、副主席黄义丞，部分政协委员及区有关部门领导参加了调研座谈会。会议听取了区人社局、区经信局、区外经贸局等有关单位的专题情况汇报。2014年全区民营、外资企业用工人员约为2万多人，缺工总数近4000人，其中，普工3500多人，技工300多人，其他人员100多人。从需求总量看，企业招工难问题的主要矛盾体现在企业用工增加和技术工人缺少形成结构性用工缺口，企业扩大生产和普工数量不足形成的用工缺口，宾馆餐饮业快速发展和从业人员短缺形成的用工缺口。与会区政协委员提出5条缓解招工难意见和建议。

【专题视察】 2014年6月24日，区政协组织20多位政协委员开展农村垃圾处理问题专题视察活动。视察组一行在副主席卓孝义的带领下，实地视察香洲街道西兴社区、红草镇梧围村、捷胜镇联安村的环境卫生情况，听取区环卫局、区住建局及香洲街道、捷胜镇、红草镇关于农村生活垃圾处理和垃圾中转站建设等情况汇报，区、镇两级政府明确按照“政府主导、部门联动、公众参与、属地管理、镇街为主、社会监督、科学考核”的指导思想，实行“户收集、村集中、镇转运、区处理”的管理模式，开展农村生活垃圾处理工作，并取得一定成效。至是年3月底，全区农村生活垃圾处理工作共投入资金167万多元，投入清洁劳动力1556人次，累计清洁路边50公里，清理河边27公里，清理池塘19个，清理公共区域62个，清理三边及公共区域积存垃圾518吨，设置自然村垃圾收集点243个，已实行保洁清扫的行政村（居委）59个，自然村159个，现有保洁员207名，实现了每个自然村有一名以上的保洁员和一个以上的简易垃圾收集点。城区在农村垃圾处理方面做了一定工作，取得了一定成效，但“脏、乱、差”现象没有得到彻底解决，农村环境卫生依然严峻，存在的问题依然突出。政协视察组建议：对农村垃圾处理，要高度重视，增加投入，落实措施，宣传引导，加强管理，形成机制。

提案文史

【提案工作】 2014年3月20~21日，区政协各参加单位和政协委员认真履行职责，共提出提案54件，其中，委员提案46件，3个民主党派提案7件，工商联提案1件。按类别划分：有关经济方面10件；科技、文教、医卫、环保方面27件；政法、统战、劳动人事方面17件。经审查符合提案规定要求，立案54件。在各承办单位的共同努力下，提案办理答复率达到100%。从反馈的情况来看，委员都表示满意或基本满意。

2014年4月29日，区政协提案交办会议在区党政办公大楼七楼会议室召开，会议由区政协主席吴大集主持，各镇（街道）、区直有关单位主要负责领导参加，会议邀请区委副书记罗光钊、区政府副区长李振坚参加会议。会议交办了政协四届四次会议提案，由区直47个有关单位办理。

2014年6月11日，上午城区政协召开重点提案集中督办协商会，督办城区政协四届四次会议第1号提案——《加快推进市区“三旧”改造，建设汕尾宜居城市》等7件事关城区的发展和民生的改善的重点提案。区政协正副主席、区委、区政府的领导及重点提案部分政协委员代表参加了会议。会议由城区政协主席吴大集主持。确定的7件重点提案，分别是第1号提案《加快推推市区“三旧”改造，建设汕尾宜居城市》；第2号提案《打造一流工业园区，撬动城区经济发展》；第3号提案《整合资源、发挥优势，提升妇儿保健服务水平》；第4号提案《关于进一步改善汕尾高铁火车站售票服务的建议》；第5号提案《关于加强汕尾火车站交通管理服务旅客的建议》；第6号提案《凤山祖庙旅游区要继续提高服务质量，充分发挥品牌优势》；第7号提案《关于推进青少年社区矫正工作的建议》。共7件提案均由区党政主要领导、区政协正副主席重点督办。区政协副主席郑前军介绍城区政协四届四次会议7个重点督办提案的交办情况，听取区委、区政府相关领导督办通报重点督办提案办理的进展情况和存在问题汇报，并就如何加快落实各个提案进行协商讨论后，提出针对性的意见和建议。会议对城区委、区政府及各承办单位推进办理重点提案的情况给予积极评价，并希望继续加大推进重点督办提案办理工作力度，加强组织领导，落实责任，以推进办理重点提案工作促进党的群众路线教育活动深入开展，进一步发扬务实精神，采取有力措施，加强协调，开拓创新，高质量、高标准、高效率推进办理工作，把这7件事关城区发展和民生的重点提案落实到位，并按要求在9月底把提案办理落实情况以书面答复提案者及反馈城区政协。

2014年9月12日，区政协在区党政办公楼3楼会议室召开提案催办会，各镇（街道）、区直有关单位参加了会议，会议通报了提案办理落实情况，有关单位对提案落实交流了意见。

是年，区政协四届四次会议表彰优秀提案11件、先进承办单位7个。

优秀提案：

第1号《加快推进市区“三旧”改造，建设汕尾宜居城市》

——余德荣

第2号《打造一流工业园区，撬动城区经济发展》

——汕尾市城区工商联

第3号《整合资源，发挥优势，提升妇儿保健服务水平》

——吕水炳

第4号《关于进一步改善汕尾高铁火车站售票服务的建议》

——陈华平　黄吉庆　林晓良　蔡奋雄　陈海涛　林义鸿　郑礼建　叶清宜　蔡衍伟　谢德忠　刘勋迎　陈伟生　李泗远　黄光生　张小兵　何纯展　麦木声　郭少鑫　余远霖等19位委员

第5号《关于加强汕尾火车站交通管理服务旅客的建议》

——民盟汕尾市城区总支部委员会

第7号《关于推进青少年社区矫正工作的建议》

——致公党汕尾市城区总支部委员会

第9号《迎来高铁时代，推进旅游新发展》

——民革汕尾市二支部委员会

第26号《关于“捷胜路口至捷胜镇”公路架设路灯的建议》

——麦木声　曾志炜　张庆伟　林礼标　刘秋生　林文俊　庄淑妮等7位委员

第34号《加强基层卫生医疗机构人才队伍建设的建议》

——农工党汕尾市城区支部委员会

第36号《关于推进“城区教育实验园区”的建设的建议》

——黄丁瑶

第44号《加快教师职称工资套改工作进程，促进我区教育水平持续稳定发展》

——白明亮

先进承办单位：

汕尾市城区住房和城乡建设局

汕尾市城区教育局

汕尾市城区卫生和计划生育局

汕尾市城区司法局

汕尾市城区人力资源和社会保障局

汕尾市城区捷胜镇人民政府

汕尾市城区红草镇人民政府

【文史工作】　政协《汕尾城区文史》第八辑，主编郑前军，副主编罗智冰、黄吉庆，责任编辑陈剑钊，特约编审谢基贤、陈粦。于2014年12月出版，收录文章33篇，约计18万字，分编为《史海钩沉》《地方史话》《人物春秋》《旧事杂记》《难忘岁月》《乡土人文》《乡土民俗》7个栏目。主要有：《明清时期汕尾城区海防重要设施》《汕尾苏维埃政府驱逐传教士案》《全国第一个实行渔船折价承包制的渔业镇》《全国第一批渔业经济体制综合改革试验区》《十老办学，我国革命老区第一例》《“文革”期间汕尾镇街巷名称之变更》《汕尾沙舌整治工作建设始末》《我所知道的汕尾镇盐运队》《赤胆智巧护精英》《军旅画家黄瑞珍：用丹青描绘人生辉煌》《音乐的故乡情结》《患难方见真情爱》《壁画艺术的大师背影》《品清湖打壳史话》《解放初期汕尾商会纪事》《歌咏汕尾的历代诗人》《松阳家塾：书礼传家》《捷胜得道庵佳联拾掇》《汕尾节俗中的“粿”》《汕尾冬节习俗》《汕尾昔时童谣拾掇》等文章。

（陈剑钊、陈伟军）

附 政协第四届汕尾市城区委员会各专门委员会主任、副主任名单

社会和法制委员会

主　任：林佑信

副主任：张家瑶
　　　　洪卫京
　　　　黄健民
　　　　王声效
　　　　洪海燕
　　　　林礼标

学习和文史委员会

主　任：罗智冰

副主任：张子贺
　　　　黄汉家
　　　　黄吉庆
　　　　陈庆本
　　　　卓炎昌

“三胞”委员会

主　任：许岸悦

副主任：张小兵
　　　　罗世健
　　　　潘楚辉

经济委员会

主　任：叶庆雄

副主任：李泗远
　　　　江浩波
　　　　陈建文
　　　　林义鸿
　　　　吴惠芳
　　　　林孟东
　　　　余远霖

提案委员会

主　任：朱锦城

副主任：王晓卫
　　　　刘水照
　　　　郑礼建
　　　　林志权

科教文卫体委员会

主　任：郭乃坎

副主任：郑伟雄
　　　　郭少鑫
　　　　吴义军
　　　　林伟强

民主党派和工商联

·民盟汕尾市城区总支部委员会

【概况】 2014年，民盟汕尾市城区总支部委员会共有5个支部，盟员63人，男46人，女17人。其中，本科学历35人、大专学历17人；界别分布为医药界2人，教育界50人，政府机关单位2人，还有9人来自不同界别。盟员中具有高级职称有24人，中级职称有24人；中高级职称占76%。

【思想建设】 民盟城区总支部委员会始终把抓思想建设作为自身建设的首要任务，以各种有效形式促进思想建设。一是加强政治理论学习，总支部委员会组织和带领盟员认真学习贯彻落实中共十八届四中全会精神，深入开展树立和践行社会主义核心价值体系和建设学习型参政党活动。二是结合总支部委员会的实际情况，建立盟员理论学习制度、政治学习制度，保证盟员从思想上处于领先地位。

【组织建设】 民盟城区总支部委员会从保障多党合作可持续发展的高度，积极探索新形势下组织发展规律，认真做好组织发展工作。2014年，盟总支严格按照上级盟发展要求，重在注意质量，不追求数量。是年，经考察，拟发展2名新盟员，但还未报上级批准，总支拟在时机成熟时，再增设多一个盟支部以更好方便盟员学习和工作。

【参政议政】 民盟城区有市政协委员2人，区政协委员6人（含区政协副主席1人）；区人大代表1人；1人被市人民检察院、市质监局、市城管局和区工商局聘为特邀监察员。他们积极参加中共城区委、区政府邀请的各民主党派、无党派人士参加的各种座谈会、征求意见会，对所协商的议题认真准备，在这些会上以高度的责任感和使命感，大胆建言献策，认真履行参政议政、民主监督职责。在市政协六届三次例会中，市政协委员、民盟城区总支主委卓孝义提出了《关于加快汕尾火车站周边片区规划建设的建议》《关于红海西路不能无限期拖延的建议》《关于大力整治无牌无证车辆的建议》等提案，都得到与会委员的高度好评，其中委员王声效撰写的《关于推动中心城区教育事业加快发展的建议》的提案，被市政协常委会确定为重点提案，同时又被指定为市委书记温国辉2014年督办的头号重点提案。在城区政协四届四次例会中，盟总支通过深入调研，在会上提出的《关于加强汕尾火车站交通管理服务旅客的建议》被大会评为优秀提案；其中《关于内强素质，外树形象，提升全区窗口单位服务质量的建议》《关于青少年法制教育的几点建议》《关于切实关注民生、开通捷胜往市区公交车服务的建议》《关于汕尾至红海湾S242线省道捷胜路口安装“红绿灯”指示系统的建议》《关于拓宽民主党派参政议政的建议》等提案均受区党政领导的高度赞扬和与会代表的一致好评。

【社会服务】 民盟城区总支积极响应上级民盟组织的号召，各尽所能把集体智慧和个人专长结合起来，开展各式各样的社会服务活动。为更好督办区政协重点提案,是年11月7日，由副主席卓孝义带领区部分政协委员，落实中央八项规定和党风廉政建设精神，带领部分委员对全区十六个窗口服务单位进行监督检查，通过明察暗访、现场检查及走访群众了解服务情况等形式，督促窗口服务单位转变工作作风，更好服务群众，取得了明显效果。

（卓　越）

附　民盟汕尾市城区总支部委员会主要领导名单

主　委：卓孝义

副主委：王声效

　　　　袁绍成

民盟汕尾市城区各支部主委名单：

新城中学支部主委：卓孝义

汕尾中学支部主委：袁绍成

城区区直支部主委：王声效

田家炳中学支部主委：易光文

凤山中学支部主委：余嘉

·农工党城区支委会

【概况】 中国农工民主党（以下简称农工党）是以医药卫生界高中级知识分子、环境保护和人口资源领域的代表性人士为主，具有政治联盟特点，致力于建设中国特色社会主义事业的政党，是同中国共产党通力合作的参政党。2014年有党员36人，其中医药界21人，教育界10人，金融界1人，政府机关单位2人，退休党员2人。其中，本科学历15人、大专学历15人。所有党员中具有高级职称的有17名，中级职称的有16名；中高级职称占92%。

【思想建设】 农工党城区支委会始终把思想建设作为自身建设的首要任务来抓，以各种有效形式促进思想建设。加强政治理论学习。带领全体党员认真学习邓小平理论，“三个代表”重要思想，重点学习中共十八大精神及农工党中央十五大精神，学习新时期统战理论政策和传达贯彻各有关会议或文件精神。积极组织农工党员深入开展“三增强、四热爱”（即：增强对中国共产党“三个代表”重要思想的认识、增强对社会主义制度优越性的认识、增强中华民族凝聚力，热爱中国共产党、热爱祖国、热爱社会主义、热爱人民）教育活动，做好宣传报道工作，努力扩大农工党在社会上的影响面。认真学习《前进论坛》《广东农工》及《同舟共进》等该党机关刊物和政协机关刊物。结合支委会的实际情况，认真开展“坚持和发展中国特色社会主义学习实践活动”。2014年7月，支委会组织部分骨干党员和专职干部参加由农工党省委会举办的地方组织骨干党员培训班，通过培训学习，提高党员的综合素质；10月，支委会积极组织部分党员参加由市委会组织的参观农工党创始人邓演达故居，让党员更多地了解农工党的发展历史，起到了很好的思想教育作用。支委会还组织党员积极参加了市委会组织的报告会、座谈会、研讨会 3 次，参加区政协、区委统战部组织的调研活动、座谈会 4 次。支委会还多次召开支委会委员及部分党员学习座谈会。通过学习，党员们增强自觉履行参政党职能的使命感和责任感，为在各自的工作岗位上尽责出力提供强大的精神动力。

【组织建设】 农工党城区支委会从保障多党合作可持续发展的高度，积极探索新形势下组织发展规律，认真做好组织发展工作。在组织发展工作中，严把政治质量关，掌握巩固、提高为主的原则，本着发展为更好工作，引进人才为建立后备干部队伍精神。在保证以医疗卫生、环境资源和人口计生界代表人士为主的前提下，发展一些其他界别的有代表性的人士，为拓宽参政议政渠道打好基础。是年，支委会经过严格审核与考察，发展了 3 名素质好、层次高、代表性强的积极分子入党，为支委会补充新鲜血液。

【参政议政】 2014 年，农工党城区支委会的党员中区人大副主任 1 名，市政协委员的有 1 名，城区政协委员的有 4 名，其中区政协常委 1 名，农工党市委会副主委 1 名、市委委员 1 名。他们积极参加中共城区委、城区政府邀请的各民主党派、无党派人士参加的各种协商会、情况通报会、座谈会、征求意见会，对所协商的议题认真准备，在这些会上以高度的责任感和使命感，大胆建言献策，认真履行参政议政、民主监督职责。在 2014 年区政协四届四次会议上，林伟强代表支委会作题为《加强基层卫生医疗机构人才队伍建设的建议》的大会发言，受到区委、区政府重视，并获得优秀提案。

（颜秋萍）

附　农工党城区支委会领导名单

主任委员：洪浩波

副主任委员：林伟强

· 中国致公党汕尾市城区总支部委员会

【概况】 中国致公党是以归侨、侨眷中的上层人士为主要成员组成的，具有政治联盟特点，是一个接受中国共产党领导的参政党。致公党城区总支部委员会是中国致公党在汕尾市城区的基层组织。2014 年，总支部下辖三个支部，党员数 52 人，其中女党员 15 人。党员中大学文化程度以上占 62%，中、高级职称以上占 75%（高级职称 12 人，中级职称 27 人）。凤翔逸挥基金中学的曾志炜被评为“城区优秀教育工作者”；汕尾中学的杜宇被评为“城区优秀教师”；新城中学的洪辉嘉被评为“城区优秀班主任”。

【参政议政】 2014 年，致公党城区总支部委员会党员担任汕尾市政协委员的有 2 名；担任城区政协副主席的有 1 名；担任城区人大代表的有 1 名；担任城区政协委员的有 8 名；担任致公党汕尾市委员会副主委的 1 名。在是年召开的区政协四届四次会议上，总支部提出的《继续提高服务质量　充分发挥品牌优势》和《关于推进青少年社区矫正工作的建议》发言提案，被列为重点督办提案。区政协分别在是年 7 月 18 日和 8 月 20 日，就这两个提案举行专题协商会议和专题调研活动。在区政协四届四次会议上，其他政协委员以个人或联合名义提交的提案还有：林礼标等提出的《科学发展海洋经济构建海洋灾害防御体系》、林文俊等提出的《关于配备消防船的建议》、麦木声等提出的《关于“捷胜路口至捷胜镇”公路架设路灯，改变捷胜镇贫穷落后面貌的建议》、庄淑妮等提出的《关于加强青少年法制教育的几点建议》、胡家为等提出的《关于加强中小学生安全教育及管理的建议》、白明亮提出的《加快教师职称工资套改工作进程 促进我区教育水平持续稳定发展》、曾志炜等提出的《关于汕尾至红海湾 S242 线省道捷胜路口安装“红绿灯”的指示系统的建议》等。这些建议提案，紧抓时代脉搏，都具有很高的现实意义。另外，总支部在区政协四届三次会议提出的《趁机发力 把凤山祖庙旅游区建成国家 AAAA 级景区》、曾志炜提出的《关于民主党派在参政议政实践中的建议》被评为优秀提案。在区人大七届四次会议上，蔡慕玉也提出了《关于要求尽早解决城区教师职称套改工资问题的建议》的议案。

【思想建设】 致公党城区总支部围绕党政中心工作，按照致公党市委会的部署，结合政治形势和任务，以及自身建设的需要，深入开展社会主义核心价值观、中共十八大和十八届四中全会精神的学习座谈活动，进一步提高广大党员的组织性，发挥党员的主体作用，增强总支部委员会的活力和凝聚力。同时，积极组织青年党员、骨干，认真参加区委、区政府以及区委统战部、区政协组织的座谈会、研讨会、培训班等多项学习活动；组织全体党员认真学习中国特色社会主义理论体系、学习爱国统一战线理论知识、学习政权组织形式常识。2014年9月，召开专题组织生活会，组织全体党员认真学习习近平总书记在庆祝政协成立65周年大会上的讲话精神；7月，组织骨干党员参加由该党省委会组织的青年骨干党员培训班；10月，组织新党员培训班，使新党员进一步提高对致公党的认识水平，自觉维护党派荣誉。通过一系列学习、培训、座谈，使广大党员进一步坚定致力为公，与中国共产党“同心同德、同心同向、同心同行”的信念，增强党总支的凝聚力和向心力，使全体会员团结一致、齐心协力，高举爱国主义、社会主义旗帜，自觉参与社会管理、履行参政议政职责。

【组织建设】 致公党城区总支部委员会认真贯彻致公党中央《关于进一步贯彻〈关于民主党派组织发展若干问题座谈会纪要〉的意见》《关于加强后备干部队伍建设的意见》。是年，在教育界发展了两位年轻、具有高素质的新党员，进一步提高了总支部的综合素质。在领导班子建设方面，总支部委员在开展各项工作时，一直坚持积极进取、民主团结的作风；有较健全的工作会议制度，重大事件能集体讨论决定；与各支部联系较为紧密，能发扬团结协作的精神做好工作。

【社会服务】 社会服务工作是民主党派参与社会管理、积极参政议政的主要途径，是发挥职能作用、行使基本职责的重要的社会实践活动，更是学习、实践科学发展观的具体表现。2014年，致公党城区总支部委员会教育引导全体党员努力发挥自身优势，树立“我为党派添光彩、争荣誉”的思想，立足本职工作，脚踏实地，广泛参与社会服务工作。是年6月，响应省关于开展“扶贫济困日”的活动，号召全体党员奉献爱心，捐款助学，体现致公党人士“心系社会弱势群体，关注民生热点难点，积极扶贫济困”的良好风尚。

（罗思琦）

附　致公党城区总支部委员会领导名单

主　委：郑前军

副主委：蔡慕玉

　　　　罗善球

致公党城区总支部委员会各支部主委名单

第一支部：黄国生

第二支部：陈会吉

第三支部：罗善球（兼）

·区工商联

【加强思想政治工作，促进非公有制经济人士健康成长】 在开展非公经济人士理想信念教育实践活动中，紧密联系非公经济企业党建工作的实际，按照区委实践办和市非公党工委的部署，深入开展非公企业党组织党的群众路线教育实践活动，认真学习贯彻落实中共十八大和十八届三中、四中全会精神，增强非公经济企业党组织和非公经济人士对中国特色社会主义的道路自信、理论自信、制度自信。区工商联组织相关人员深入基层，为会员企业发送省非公有制经济人士理想信念教育实践活动领导小组办公室编印的《广东省非公有制经济人士理想信念教育实践活动学习手册》和省工商联（总商会）印制的“社会主义核心价值观基本内容”宣传画，帮助会员提高对“富强、民主、文明、和谐、自由、平等、公正、法治、爱国、敬业、诚信、友善”的社会主义核心价值观的认识，增强对中国特色社会主义的信念，对党和政府的信任、对企业发展的信心、对社会的信誉，为城区实现小康社会而贡献力量。严格按照区委党的群众路线教育实践办的规定要求。区委统战部牵头区工商联、区经信局、区外经局成立工作机构制定工作方案，区政协副主席、统战部部长黄义丞亲自作动员部署讲话，并成立两个指导小组分片深入非公经济企业党组织开展指导教育实践活动，发放《实践活动方案》和宣传栏样式，在非公企业党组织中，深入开展以服务企业为主要内容的党的群众路线教育实践活动，进一步加强非公企业党建工作，推动非公经济健康发展。注重实践，确保活动扎实推进，区工商联将万盛、德昌、美顿、国泰、汕港、五丰、红卫渔网加工厂等非公企业党支部列为实践活动示范点，指导其开展教育实践活动，以示范推动全区实践活动深入开展。通过召开座谈会，走访企业，深入动员、广泛发动非公企业党员职工积极参与。利用宣传栏和各种媒体大力宣传，营造了浓厚的活动氛围。注重挖掘和树立非公企业在履行社会责任、创新发展、转型升级的典型，及时总结活动特色和亮点，报送到省、市、区委统战部和省、市工商联、市非公党工委以及区委实践办等有关部门，扩大对外影响，提高活动覆盖面。2014年2月19日，市委书记温国辉、市委常委、区委书记陈少荣在新雅公司党支部调研教育实践活动的情况，被省工商联《新粤商》2014年第二期所报道。汕城公司党支部把活动扩展到每一位员工，让送气员利用送气机会发放了1000多份征求意见书，向用户征求对企业服务的意见建议，并根据收集的意见建议开展企业整顿，进一步提高服务水平。美顿、汕港等非公企业党支部组织党员、团员及工会委员等到海丰“红场”、“红宫”开展革命传统和爱国主义教育活动，缅怀先烈集体唱红歌，表达了继承先烈遗志，弘扬革命传统，爱国敬业，坚定不移践行党的群众路线。指导企业突出活动特色，以企业文化建设、关爱员工、奉献爱心、服务群众、学雷锋见行动等为主题，开展多形式的教育实践活动。各会员企业党组织结合实际，认真做好党员联系和服务群众工作，广泛开展“学雷锋、见行动”活动，积极搭建党组织和党员服务群众的平台。牢固树立“关爱员工就是关爱企业”的理念，广泛开展组织党员帮干部，党员帮群众，致富帮贫困，真正形成组织搭台，党员唱戏，群众满意，企业发展，凝聚人心的和谐氛围。各企业党组织坚持企业发展不忘回报社会，“奉献爱心、服务群众”的举动层出不穷。在“学雷锋、见行动”活动中，会员企业党支部涌现出积极为特困户和敬老院捐款赠物、坚持免费为贫困养殖户提供技术服务和饲料供应、为下岗职工提供就业岗位、发动党员捐款，帮助患病员工解决医药费问题；在学雷锋日到来之际，党员们还主动弘扬雷锋精神，利用休息时间无偿地为当地群众修理家用电器，并涌现出一批真心为群众做好事、办实事的生动例子。开展活动以来，各非公企业党组织在帮助困难职工就医、帮扶贫困群众、举办龙舟竞渡等公益活动中累计捐赠资金达45万元。

【发挥参政议政职能，积极建言献策】 2014年，在省、市、区“两会”期间，区工商联的各级人大代表和政协委员们积极参政议政，共提交了30件提案和议案，受到有关部门的重视和采纳。组织会员企业参加由市工商联举办的“省工商联法律服务与平安企业工作调研座谈会”，并与省工商联副主席陈琨进行互动探讨和交流。5月30日，区工商联有13名区政协委员被区政协选为区政协网络平台“特约评论员”，并参加“委员之家”网络平台开通仪式暨操作系统培训活动。区工商联郑礼建、黄吉庆、叶清宜、施镇波4位区政协委员，为推动政协履职为民，充分发挥政协民主监督职能作用，积极参加区政协组织的对全区窗口服务单位区公安、法院、司法、地税、国税、房管、民政、人社、财政、工商、海洋与渔业等“窗口”开展办证大厅监督检查活动，通过明查暗访，推动了城区的行风政风建设。

【以服务发展为重点，促进非公有制经济健康发展】 深入民营企业、商户为他们提供信息咨询、业务指导，到企业开展调研和帮扶。根据区府办的要求，广泛发动会员参与“广东十大美丽海岛·城区龟龄岛”投票工作，同时发动在外的亲属、朋友、客户踊跃投票。10月30日，在2014年广东21世纪海上丝绸之路国际博览会上，区工商联有国泰食品有限公司、吉发食品有限公司和快捷通导设备有限公司等3家企业产品获得参展。加强部门合作，积极服务企业。支持23家会员企业参加由市、区人力资源和社会保障部门在市区玉台山广场举行的“2014南粤春暖”汕尾、深圳、东莞、惠州劳务对接企业用工招聘活动，为求职者提供上万个就业岗位，帮助企业缓解用工问题；积极参与区总工会、人社局联合开展的劳动关系三方协商活动，进一步规范企业劳资关系，保障企业和职工的合法权益；区工商联复函同意区纪委推荐万盛、国泰和美顿3家会员企业为区非公有制企业防治腐败联系点。5月，协助上级工商联开展《我省民间投资政策落实情况第三方评估调查表（企业家答卷）》和《中国非公有制经济健康状况调查问卷（企业家答卷）》等调查问卷活动，通过调查促进非公经济和非公人士健康发展。

【引导企业积极履行社会责任，参与回馈社会光彩行动】 2014年春节前夕，林志权、陈伟荣等工商联会员发动渔区的民营企业主及船东等筹资28万元，组织慰问红卫村渔民老人、贫困户。长虹广告公司总经理黄海山与汕尾电视台联合开展春节赠送价值2万元的献爱心“大礼包”慰问贫困户活动。区工商联组织28家企业春节前夕慰问区福利院的孤寡老人，给他们送上一批近万元的慰问物品和加菜金。美顿公司董事长林义鸿一家与来自贵州、四川等省的80多名留厂员工一起“围炉贺春”，并为每位员工派送贺岁红包，充分体现“关爱员工”的企业家风范。“六一”节前夕，沙滩宝贝妇婴百货连锁公司总经理蔡国洲携员工参与市妇联慰问市儿童福利院，为该院赠送价值1万多元的婴童洗涤品、纸品、玩具及童车等。区工商联与区妇联、区民政局等单位联合举办的“六一”慰问孤儿学生活动，为100多位13岁以下的孤儿学生赠送一批书包、糖果等礼物。国泰公司与香洲街道合作举行“六一”儿童节会亲活动，为来自各村、社区38名未成年的孤儿，捐赠2万多元书包、文具等学习用品；美顿公司董事长林义鸿在“六一”节活动中，为各个团体慰问活动赠送近2万元的糖果食品。端午节前夕，区工商联副会长林志权、陈伟荣等发动渔区民企老板和船东等筹集33万元，举办端午节龙舟竞渡活动，活跃丰富城区民俗传统文化，增添市民节日气氛。在“6·30”扶贫济困活动中，区工商联有46名区政协委员热情捐资6.6万多元。8月10日，市政协委员、城区工商联副主席、海珍实业有限公司董事长陈成钊和区政协常委、区工商联常委、海珍酒楼总经理吴惠芳等为汕尾中学文理科前三名的6名高考学生捐助奖学金近4万元。中秋节前夕，区工商联组织30多位会员慰问区福利院开展庆中秋活动，为该院老人赠送节日物资及慰问金近万元。区工商联副主席许剑伟率领市青年企业家协会部分成员前往捷胜镇慰问烈属贫困户，为他们送上2万多元的大米、生油等生活用品。9月18日，市政协委员、区工商联副主席、五丰水产食品有限公司董事长钟永强为城区红草镇梧围效尧村捐资120多万元，支持该村整治村容村貌建设。9月25日，全国人大代表、区工商联副主席、广东银鹏动力设备有限公司董事长翁一岚与黄琨、李小勇等全国人大代表为全市927所中小学校热情捐赠《海陆丰历史文化丛书》各一套。他们积极助教的爱心行动，深受大家赞赏。一年来，区工商联会员企业捐款捐物达200多万元。

【加强部门合作，搭建培训服务平台】 组织40家企业53人参加市中小企业局举办的“汕尾市百度翔计划”培训讲座，为中小微企业的电子商务提供学习平台，掌握知识。组织80多家业主和高管参加由区委统战部、区工商联、区安监局联合举办的“城区工商联会员企业安全生产知识培训班”，为他们提高企业安全生产管理水平，预防安全事故发生。7月3日，区工商联组织17名会员赴揭阳市，参加省工商联与华南国际经济贸易仲裁委员会联合举办的粤东片“广东省非公有制企业民商事纠纷调解仲裁巡回宣讲”的知识培训，帮助会员提高法律意识和调解知识。组织10家会员企业的负责人和技术人员参加由市经信局举办的电机能效提升及节能技术培训班学习，帮助会员提高相关业务及节能技术。9月19日，区工商联组织50多家会员企业主和党支部书记参加由市委宣传部、市工商联在市委党校举办的“学习习近平总书记系列重要讲话报告会”，帮助会员深刻领会“法治中国”的精神实质，加强法制观念，依法发展企业，做守法诚信企业。10月20日，城区工商联在市区巴黎半岛酒店举办创会23周年座谈会暨民营企业培训活动，区几套班子有关成员、区委统战部及200多位工商联会员参加座谈会，认真总结23年来所取得的成绩和经验，并听取亚洲并购商学院董事梁月湘讲授

"中小企业联盟竞合之路"，还与现场的企业家们进行互动问答，为企业家提供了市场联盟竞合知识。一年来，共组织开展非公经济企业人士各类培训5次，培训360人。

【引导企业守法诚信，积极构建企业文化】 根据城区的实际，区工商联从促进企业诚信建设着手，着力打造信用企业，开展企业文明诚信守法创建活动。着手打造一批优秀会员企业，一年来，企业方面涌现的有：国泰食品有限公司获农业部、国家发改委等8部委颁发的"农业产业化国家重点龙头企业"称号，得壹食品有限公司获省政府颁发的"广东省农业龙头企业"称号，信联针织时装有限公司获省总工会颁发的"广东省模范职工之家"称号，国泰食品有限公司获"模范职工小家"称号，万聪船舶修造有限公司后勤保障组获"2014年广东省工人先锋号"称号，新雅地毯制造有限公司获省中小企业局颁发的"广东省中小企业创新产业化示范基地"称号，伟利电器有限公司等9家会员企业获"广东省优秀信用企业"称号。个人方面：美顿食品有限公司董事长林义鸿一家获中宣部、全国妇联颁发的"全国教子有方最美家庭"和全国妇联颁发的"全国最美家庭"称号；国泰食品有限公司董事长林孟德获中宣部、中央文明办颁发的"中国好人榜·诚实守信"称号；天明房地产开发有限公司销售员彭雅获省总工会颁发的"广东省五一劳动奖章"称号；美顿食品有限公司董事长林义鸿一家获省妇联颁发的"广东十大最美家庭"称号。区工商联常委、流声电器商行总经理何纯展为全市唯一出席省总工会第13次代表大会非公经济界人士代表。

【加强信息宣传，推介企业先进业绩】 为推进非公有制经济健康发展和非公有制经济人士健康成长，区工商联积极报道民企的各项先进事迹及创新成果，2014年，在省、市、区内报纸、刊物、网站上发表信息112篇。

（黄吉庆）

附 城区工商业联合会（商会）主席、副主席名单

主席（会长）：余国治

荣誉主席：黄光生

区委统战部副部长、工商联党组书记：蔡汉章(2014.8.15任)

党组副书记、专职副主席、秘书长：李泗远

副主席（副会长）：朱锦城

林义鸿

邱承杰

林志权

陈志雄

江浩波

翁贤春（女）

郑礼建

涂家文

黎文祥

陈伟荣

钟永强

翁一岚（女）

陈成钊

张小兵

林礼标

林孟东

许春江

何文聪

林祥群

林晓良

许剑伟

黄贤德

李金辉

陈庆本

群众团体

·城区总工会

【概况】 2014年，城区总工会在职职工5人，退休人员12人，内设机构1部1室（即：组宣保障部、综合办公室）。一年来，在区委和市总工会的正确领导下，在全区各级工会的大力支持下，认真贯彻落实中共十八大，十八届三中、四中全会，习近平总书记系列讲话和中国工会十六大精神，坚持"组织起来、切实维权”的工作方针，树立“以职工为本，主动依法科学维权”的工会维权观，紧紧围绕改革发展稳定这一大局，加强新形势下的职工思想政治工作，大力宣传劳模精神，加强工会作风建设，更好地服务职工群众，切实做好经济新常态下维护职工权益。继续深入实施建功立业、固本强基、依法维权、帮扶困难等四项工程，有力地推动全区工会事业的全面发展。

【深入实施建功立业工程】 全区各级工会以增强自主创新能力、促进节能减排和提高职工队伍技能素质为宗旨，以实现“中国梦、劳动美”为活动主题，在全社会倡导劳动光荣、知识崇高、人才宝贵、创造伟大的新风尚，大力培养树立时代楷模，在城区经济建设中充分发挥工人阶级主力军作用。是年，天明房地产公司员工彭雅荣获“广东省五一劳动奖章”，城区国税局荣获“广东省五一劳动奖状”。另外，全区各级工会组织通过深入开展安全生产知识答题活动，以建设一流优质工程、增强自主创新能力、促进节能减排和提高职工队伍技能素质为宗旨，全面提高企业主和从业人员的安全意识，努力营造人人参与安全生产活动的良好氛围，为保持经济平稳较快发展发挥了重要作用。

【深入实施固本强基工程】 区委重视工会工作，2014年11月印发《关于新形势下加强基层工会建设的意见》的通知，要求机关、企事业单位工会主席由党政副职领导兼任，进一步加强对工会工作的领导。区总工会坚持“哪里有职工，哪里就要有工会”的建会思路，充分发挥“党建带动工建、工建服务党建”机制的作用，以区域性、行业性工会联合会建设作为重点，经过层层沟通联系，最广泛地把职工组织到工会中来。至2014年11月30日，全区非公企业基层工会涵盖单位314个，其中私营企业217个，台港澳商投资企业28个，外商投资企业5个，有限责任公司57个，股份有限公司7个，总会员37734人。另外，认真贯彻《中华人民共和国企业工会工作条例》，积极探索企业工会规范化建设的新途径，不断深化“职工之家”活动，为基层工会组织建设注入新的生机和活力，把新形势下的职工之家建设推向一个新阶段。是年，汕尾信联针织时装有限公司工会委员会获“广东省总工会模范职工之家”称号，汕尾市国泰食品有限公司工会委员会获“广东省模范职工小家”称号。

【深入实施依法维权工程】 全区各级工会积极参与就业、分配、社会保障、劳动保护等视察和执法检查活动，积极反映职工的意愿和呼声，努力表达工会的建议和主张，促进了涉及职工切身利益的有关问题的解决。全区劳动合同签订率不断提高，区域性集体合同覆盖率100%。积极参与企业的劳动安全卫生检查，发放法律法规、安全卫生小册子6000多份，培训职工5000多人次，提高生产管理人员和一线工人的安全意识及对应急情况的处理、自救能力。同时以规范民主程序、构建和谐劳动关系和维护职工合法权益为抓手，促进社会和谐稳定。多次配合人力资源和社会保障部门调解劳资纠纷，为农民工追回拖欠工资。认真做好职工信访工作，健全职工信访信息定期报送和职工群体性上访及重大事件信息快报制度。

【深入实施帮扶困难工程】 区总工会以高度的政治敏感性，工作事业心和社会责任感，对困难职工认真履行“第一知情人、第一报告人、第一帮扶人”的职责，从职工和农民工最关心、最直接、最现实的利益问题入手，为帮助困难职工和农民工解决基本生活问题做了大量卓有成效的工作，把党和政府的温暖送到困难职工和农民工心坎上，叫响了“职工有困难、维权找工会”的口号。帮扶工作实现经常化、制度化、社会化。2014年，区总工会共帮扶职工674人，共发放生活救助金和助学金58万元。截至2014年12月底，全区参加省总工会安康保障共956人。

（吴春满）

附 区总工会主席、副主席名单

主　席：庄惠娥

副主席：刘友扬

　　　　叶素萍

·共青团汕尾市城区委员会

【概况】 2014年，共青团汕尾市城区委员会（简称团区委）机关有工作人员4人，下属正股级事业单位1个，为团区委青年志愿者行动指导中心。全区有基层团委15个，团（总）支部304个，专职团干部4人。全区团员总数9906人，其中，青年团员2220人，学生团员7686人。女团员4270人。是年，团区委带领全区广大团员青年，贯彻学习十八届四中全会精神，凝心聚力、奋发有为，高举团旗跟党走。

【团区委五届三次全会】 是年3月6日，团区委五届三次全会召开，主要任务是深入学习贯彻中共十八大、十八届三中全会、团省委十三届二次全议、团市委五届二次全会和区委七届三次全会精神，部署2014年工作任务。区委常委、组织部部长卢学军出席会议并作讲话，团区委书记曾玮玮作题为《立足新起点，力争新高度》的工作报告。

【开展党的群众路线教育实践活动】 活动开展以来，团区委认真贯彻落实党的群众路线教育实践活动精神，走进群众、贴近群众、服务群众，不搞形式、不走过场、不玩虚招，实实在在走群众路线，确确实实当好人民的公仆，进一步增强作风建设。2014年度，共召开每周学习会22场次，开展活动18场次。通过不断加强学习，提高认识，切实提高了团区委的工作业务能力，更好的为青少年服务。

【志愿者工作】 城市管理志愿服务系列活动 为贯彻落实市委、市政府创建广东省文明城市的决策部署。是年3月27日，团区委组织城区各战线1500多名志愿者在慈云山广场参加“手牵手参与城市管理，心连心服务汕尾人民”系列活动启动仪式，组织动员广大志愿者及群众把思想和行动统一到文明城市创建工作上来，积极参与城市管理，培育文明生活习惯，合力共建美好家园。

文明交通志愿服务活动 4月11日，团区委组织20多名交通志愿者，身披绶带，到市区各主要路口，协助交警维持交通秩序。心系汕尾市民、携手群众百姓，共同参与文明交通工程，为创建文明汕尾、建设平安汕尾出一份力，为实现全区文明交通“四个明显”（即：道路交通秩序明显好转；交通违法行为明显减少；交通基础设施明显改善；交通参与者的文明交通素质明显提高）的目标而努力。

整治环境卫生 2014年4月至9月，团区委组织一批志愿者在汕尾大道开展整治环境卫生志愿服务活动。对汕尾大道两侧绿化带，宣传牌上的“牛皮藓”及乱涂乱画等，开展清洁活动。同时，在主干道及周边社区向过往群众派发创文明城市倡议书，号召全区的市民共同行动起来，提高市民素质，为汕尾市创文明城市出一份力，共建美好家园。

捐衣献爱 在了解到西北部贫困山区，某些生活困难的青少年衣物不足，物资匮乏的情况后，团区委联合区关工委发出“捐衣献爱”倡议书，全区积极响应，广大干部职工自觉踊跃捐赠，收到捐赠衣物12000多件，并寄往西藏自治区阿里普兰县和四川省乐山市马边彝自治县。

【服务青少年成长发展】 青年联谊活动 5月26日晚上，由广东边防总队海警二支队三大队主办的“五月有约　青春聚会”城区青年联谊活动，团区委组织来自城区区直各单位、学校、医院和事业单位等近150名青年参加了此次活动。团区委坚持为青年服务的宗旨，为青年提供一个展现自我、结识朋友、播种爱情的平台。同时深入青年群体，与青年交流，了解青年的心声与需求。

留守少年儿童“福彩夏令营” 通过共青团和福彩机构的动员，团结凝聚更多服务留守少年儿童的社会组织及爱心人士，并通过他们调动更多社会资源，共同为留守少年儿童工作服务。是年，全区挑选15名留守少年儿童参加活动，构建关爱留守少年儿童的服务体系。

“展翅”计划 为帮助在读大学生、应届毕业生和离校未就业大学生通过参与社会实践和职场体验活动，进一步端正就业观念，提升就业创业能力，团区委积极整合各方资源和力量，主动联系城区党政机关、企事业单位，加强沟通，有效对接，完成了295个优质实习见习岗位的募集工作，为高校大学生及时参与见习工作打下坚实基础。

服务弱势青少年群体　广泛开展“爱心助学”“希望工程圆梦行动”“志愿者结对帮扶”等主题活动，加强对失学辍学学生、贫困家庭子女的扶助力度，帮助其重返校园。2014年，通过“茅台助学”筹集助学金3万元，资助贫困大学生6名；通过“潮商助学”项目资助学生15名。

（胡振坤）

附　共青团汕尾市城区委员会领导名单

书　记：曾玮玮

副书记：石泽旭　（2014年8月任）

2014年汕尾市城区获省级表彰的先进集体及个人一览表

表4

单位职务	获奖单位或个人	奖项
	汕尾市城区香洲街道团委	广东省五四红旗团委
汕尾市城区红草镇逸挥基金学校团支部书记	洪泽新	广东省百佳团支部书记
汕尾市新城中学团委副书记	邱如君	广东省优秀共青团干部
汕尾市田家炳中学学生	李细妹	广东省优秀共青团员
汕尾市城区逸挥基金医院ICU护士	余晓欣	广东省优秀共青团员

2014年汕尾市城区获市级表彰的先进集体及个人一览表

表5

单位职务	获奖单位或个人	奖项
区新城中学	共青团汕尾市城区新城中学	汕尾市五四红旗团委
红草镇	共青团汕尾市城区红草镇委员会	汕尾市五四红旗团委
东涌中学	东涌中学团委高二（2）班团支部	汕尾市五四红旗团支部
田家炳中学香洲学校	汕尾市城区田家炳中学香洲学校团总支部	汕尾市五四红旗团支部
香洲街道	香洲街道机关团支部	汕尾市五四红旗团支部
逸挥基金医院	共青团汕尾逸挥基金医院内儿科支部	汕尾市五四红旗团支部
东涌中学学生会主席	张伟雄	汕尾市优秀共青团干部
田家炳中学校团委副书记	余辉云	汕尾市优秀共青团干部
新港中心小学宣传委员	陈海君	汕尾市优秀共青团干部

续表 5

单位职务	获奖单位或个人	奖项
凤山街道奎山小学学校团支部书记	刘素真	汕尾市优秀共青团干部
汕尾中学高二（5）班团支书	苏文旋	汕尾市优秀共青团干部
红草镇团委副书记	孙本富	汕尾市优秀共青团干部
区府办团支部书记	刘克生	汕尾市优秀共青团干部
东涌镇东涌村团总支副书记	黄小苗	汕尾市优秀共青团干部
逸挥基金医院团委副书记	张明真	汕尾市优秀共青团干部
汕尾城区东涌中学团委学生会副主席	杨欣欣	汕尾市优秀共青团员
马宫街道办事处办事员	林振娟	汕尾市优秀共青团员
新城中学高二（9）班团支书	何凯柔	汕尾市优秀共青团员
汕尾市城区田家炳中学团委宣传部部长	戴若豪	汕尾市优秀共青团员
汕尾市城区捷胜文昌中学学生	赖露露	汕尾市优秀共青团员
汕尾市城区捷胜文昌中学学生	许伟玲	汕尾市优秀共青团员
汕尾市城区凤翔逸挥基金中学学生会主席	谢依琳	汕尾市优秀共青团员
新港街道新园社区主任助理	江翠萍	汕尾市优秀共青团员
东涌镇党政办办事员	李嘉琦	汕尾市优秀共青团员
汕尾中学高二（7）班学生	郭裕荣	汕尾市优秀共青团员
汕尾市城区香洲街道办事处打字员	谢晓楠	汕尾市优秀共青团员

· 区妇女联合会

【概况】 2014 年，区妇女联合会（以下简称区妇联）坚持科学发展观，以党的群众路线教育实践活动为主线，围绕党政中心，以联系妇女、引导妇女、服务妇女、维护妇女儿童合法权益为根本任务，积极发挥妇联作为党和政府联系妇女群众的桥梁纽带作用，团结带领全区妇女，为和谐幸福城区建设做出积极贡献。

【节庆活动】 “三八”节：3 月 4 日，联合汕尾市妇联举办了“优雅　知性　从容——职业女性形象养成与形象塑造”礼仪讲座，镇（街道）妇联干部、区直机关女干部职工近 300 人参加了讲座。3 月 7 日，举办纪念“三八”国际妇女节 104 周年暨寻找“最美家庭”活动启动仪式，会议总结了 2013 年区妇联工作并对 2014 年区妇女儿童工作作出部署，同时对寻找“最美家庭”活动进行了发动部署。

“六一”节：5 月 30 日，联合区关工委举行全区孤儿慰问会，给全区 100 多名 12 周岁以下的贫困孤儿送上节日慰问金和礼品总共 4 万元；5 月 30

日，市委常委、区委书记陈少荣在妇儿工委有关成员单位负责人陪同下，走访慰问了香洲中心小学、城区机关幼儿园及新港中心幼儿园师生，向孩子们送上慰问金及良好的节日祝愿。

母亲节：联合区教育局等相关部门向全区青少年朋友们发出《温馨五月，感恩母亲——致全区青少年朋友的一封信》，号召全区青少年朋友们传承传统家庭美德，感恩母亲、尊重母亲，以实际行动回报父母养育之恩。

【搭建平台促妇女就业创业】 以创建“巾帼文明岗”为载体，促进行业树文明新风，提高服务水平，城区海珍酒楼、佳群养生美容生活馆两个单位获得省“巾帼文明岗”荣誉称号；积极开展妇女小额担保贷款工作，为妇女就业创业提供政策支持；大力推进农民专业合作社工作，积极培育女农民专业合作社。

【家庭文化建设活动】 大力深化家庭美德建设活动，弘扬社会文明新风尚，传播正能量。联合区文明办开展“寻找最美家庭”活动，全区共评选出10户“最美家庭”和31户“美丽家庭”。并于5月15日国际家庭日进行表彰，并充分运用电视、报纸、网络等媒体，对“美丽家庭”和“最美家庭”的先进事迹进行集中宣传报道，让“最美家庭”发挥榜样力量引领全区广大家庭，以文明家风促社会文明和谐。

【法律宣传与信访工作】 在“三八”节及“六一”节期间，以制作宣传栏、发放宣传册子等形式加大对妇女儿童权益保障法等法律法规的宣传，形成尊重妇女儿童、关爱妇女儿童的良好社会氛围。6月26日国际禁毒日联合区综治办等相关部门，在市区富临酒店旁边，以“远离合成毒品、拒绝毒品，健康人生”为主题，开展集中宣传活动，组织妇女志愿者向群众发放禁毒宣传资料，为群众提供相关法律咨询，增强广大妇女群众和家庭的禁毒、防毒、拒毒意识和能力。通过“12388”妇女维权热线和信访窗口为妇女群众合法维权，全区妇联系统全年共接待来信来访来电55宗，基本上解决了所反映的问题。

【积极为妇女儿童做好事实事】 开展“下基层、访妇情”活动。4月28日~5月5日，以召开座谈会、进村入户、个别访谈等方式分别走访了7个镇（街道），围绕换届选举后的村（社区）妇女组织情况、“妇女之家”建设现状、基层妇女工作面临的困难和问题以及对区妇联工作的建议等方面进行调研座谈，全面摸底调查农村基层妇女组织现状，了解基层实际困难，探讨新时期妇女工作的对策、方法。组织爱心父母牵手困境儿童活动。广泛发动区直机关、企事业单位及社会热心人士加入“爱心父母”行列，从生活、学习、心理等方面全方位对困境儿童进行帮扶。经省妇联审核评选，由区妇联推荐的区汕尾市国泰食品有限公司、林义鸿获“爱心父母大联盟”荣誉章金奖，汕尾市菩提小组、刘文仪获“爱心父母大联盟”荣誉章银奖。关爱帮扶患病贫困妇女儿童。为1名患病妇女争取省博爱基金1万元，为2名患先天性心脏病的贫困儿童争取优惠手术救助，改善了贫困妇女儿童的看病难状况。援建单亲母亲安居房。2014年，共争取到约23万元资金，为15户单亲特困母亲重建或修补了房屋。情暖受灾单亲贫困母亲。为10户在“天兔”台风中房屋受损的单亲特困母亲申请房屋修缮帮扶资金，每户3000元，共3万元。爱心帮扶困境家庭。8月16日，争取到热心人士的支持，为区7个镇（街道）100户贫困家庭送上100包大米。

【妇女卫生健康行活动】 联合区卫计局、区妇幼保健院开展妇女“两癌”免费普查项目，共有5700名农村妇女参加了免费检查，做到对“两癌”疾病早发现、早确诊、早治疗，从而削弱“两癌”对女性的健康威胁，提高广大妇女的健康水平和生活质量。

【基层组织建设】 大力推进女性进村（社区）“两委”。全区94个村（社区）均配备了一名以上的女委员。“妇女之家”建设全面铺开。全区94个行政村已全部成立“妇女之家”，覆盖率达到100%，有一半以上的村（社区）建立了规范化的“妇女之家”，有固定的活动场所，有专人负责，有计划有定期地开展活动，特别是在“三八”节、“六一”节等节日期间，紧紧围绕妇女权益保护、科学教子、生活保健等方面开展了丰富多彩的活动，在群众中产生了积极的影响。继新港街道东风村、香洲街道西兴社区被定为省级“妇女之家”示范点后，凤山街道香洲社区也被定为省级“妇女之家”示范点，同时培育申报了“逸挥基金人民医院妇女之家”“城区丰祺蔬菜种植专业合作社妇女之家”“城区红舞鞋艺术培训中心妇女之家”“城区文化馆妇女之家”等4家新领域、新形式的“妇女之家”。积极开展儿童友好示范社区建设。自2011年凤山街道文亭社区被推荐为省儿童友好示范社区后，大力宣传，充分调动、利用各社区所有可整合资源，加大全区儿童友好社区建设，将家庭教育及儿童关爱职能纳入到社区服务功能中，通过实地调查研究上报了凤山街道香洲社区为省儿童友好示范社区，现示范点各项硬件初步完善，已多次开展社区亲子活动，营造了关爱儿童的良好社会氛围。

【推进实施妇女儿童发展规划】 认真履行区妇儿工委办公室的职责，加大对妇女儿童新规划的宣传和实施，协同妇儿工委各成员单位切实做好2014年度妇女儿童发展规划统计监测工作，并形成监测报告。

（陈晓晓）

附　城区妇女联合会领导名单

主　席：李楚云

副主席：洪郁冬

· 城区归国华侨联合会

【概况】 汕尾市城区归国华侨联合会于1991年7月成立。2014年，有编制3人，专职领导1名；综合设立一个办公室，承担具体的日常事务工作。全区归侨侨眷港澳眷属近12万人，其中归侨70多人，这些归侨大部分是从印尼、马来西亚、越南等国家归国的。

【理论学习】 2014年，是贯彻落实中共十八大和十八届三中、四中全会精神的一年，是推进城区扩容提质、振兴发展的关键之年。以十八届三中、四中全会精神、省第十次侨代会的精神以及区委七届四次全会会议精神为指导，深入学习贯彻习近平总书记系列重要讲话和视察广东重要讲话精神。侨联工作主要是以开展第二批党的群众路线教育实践活动为重点，坚持按照中央关于开展党的群众路线教育实践活动的指导思想、目标任务、方法步骤，牢牢把握“照镜子、正衣冠、洗洗澡、治治病”的总要求，落实中央八项规定和省委、市委、区委实施办法以及《党政机关厉行节约反对浪费条例》等规定，坚持以人为本，为侨服务”宗旨，紧紧围绕区委、区政府中心任务，做好侨联各项工作。

【参政议政】 2014年，城区一年一度的区人大会、区政协会议期间，区侨界人大代表、政协委员履行职责，参政议政。同时他们联合侨联经常深入到各镇乡村、街道、居委调查了解侨情，倾听归侨侨眷的呼声和建议，对一些难点热点问题，积极向有关部门和领导反映，或通过人大、政协中的归侨、侨眷代表、委员建言献策，为侨界群众的切身利益表达意愿。

【为侨服务】 2014年区侨联结合开展党的群众路线教育实践活动开展侨联工作。把“走基层、听民声”“当娘家，解侨忧”作为为侨服务的工作重点。1. 为侨界群众办实事、做好事、解难事。区侨联和区侨务局领导带头深入基层、深入侨户，本着“侨事无小事”的原则，努力解侨之所难、帮侨之所困、谋侨之所需，真情实意当好归侨侨眷的“娘家”，把党和政府的关怀送进归侨侨眷心中。从是年5月7日至5月15日，共走访慰问了全区40户困难归侨户，发放了慰问金计3万元。归侨总户数78户，其中有低保户3家，困难户37家。在开展活动首日，副区长李振坚率领由区侨务局、侨联的干部组成活动组一行12人先后深入红草镇新村和南汾村。了解他们的生产及生活情况和存在的困难

2. 继续做好改善侨界民生工作，构建和谐侨界。区侨联及时掌握区内贫困归侨情况，根据困难归侨的实际问题和归侨普查管理系统资料数据库的

登记内容，严格审核有关资料，对照帮扶的花名册，选出30多户生活困难具有代表性的归侨侨眷进行走访慰问。逢年过节，区侨联带着慰问金或慰问品到归侨侨眷家中慰问，及时把上级侨联和政府的温暖送到他们家中。2014年春节前，向政府争取慰问金及省侨联拨的帮扶慰问金共10000元，都发放到重点归侨贫困归侨侨眷家中。在侨联经费紧缺的情况下，还挤出一定的资金帮助他们解决实际困难。2014年，在侨联经费中拿出6000元帮助归侨侨眷解决实际困难。马来西亚归侨江仕民，脑梗阻长期卧床不起，中秋节，区侨联带着月饼到他家慰问，老人家非常感动。

【做好涉侨信访维稳】 2014，区侨联把贯彻归侨侨眷的合法权益与大力宣传党和政府的优惠政策结合起来，经常到归侨侨眷家中，宣传党的优惠政策和侨法法规。还把《中华人民共和国归侨侨眷的权益保护法》和《广东省归侨侨眷保护实施办法》印成小册子100份发到他们的手中，使归侨侨眷能用法律、法规保护自身的合法权益。认真接待来信来访，对于归侨侨眷的来信来访，区侨联做到件件有回复，事事有落实。是年，接待来信来访1宗，1宗都落实。

（石巧芳）

附　区归国华侨联合会领导名单

副主席：洪少红

·区残疾人联合会

【概况】 2014年，区残疾人联合会（简称区残联），内设办公室，劳动就业服务所，编制6人，其中，理事长1名，副理事长1名；支部党员4人；建立和完善村（社区）残疾人协会93个，聘任镇、村残疾人专职委员95人，并落实专职委员工作补贴。

【康复工作】 2014年，区残联围绕残疾人“人人享受康复服务”的目标，全力实施各项康复项目。做好0~6周岁残疾儿童抢救性项目工作，全面开展全区残疾儿童摸底调查行动，对8个符合条件的残疾儿童上报省抢救性项目申请，并组织康复；为10名肢体残疾人实施居家康复；协调汕尾亮睛工程眼科医院和城区逸辉基金医院对7个镇（街道）白内障患者进行筛查，发现疑似患者384人，免费实施白内障手术296例，联系广东狮子会赠助城区100名贫困白内障患者进行全免费复明手术；积极推行城镇居民基本医疗保险工作，区残联积极宣传鼓励更多的残疾人参保；为符合条件的1775名重度残疾人免费参加城镇居民医保和农村合作医疗，减轻残疾人的负担，保障他们有病能医，及时得到有效治疗；抓好社区残疾人康复活动室示范点的创建工作，捷胜镇北门社区在各有关部门的支持下，开设了“捷胜镇残疾人康园工疗站”，为该辖区20多名残疾人提供了劳动康复平台，减轻了残疾人家庭负担；落实资金，对部分困难残疾人给予资金的康复救助，是年，共救助200人次，共计资金约3万元。发放精神病康复救助金30人共1.5万元。发放“阳光家园”补助57人共3.42万元。发动社会资金为困难残疾人配发轮椅20部。

【扶贫·教育·文体工作】 2014年，区残联积极开展扶贫、教育、文体工作，为鼓励残疾人自主创业，发动社会资金1.4万元给李国忠、张波、林永锻三名残疾人作创业辅助；投入1.2万元帮助邹佛才、肖向冰进行危房改造。发放2013年度重度残疾人护理费1305人共52.2万元，残疾人生活津贴1186人共7.54万元；发放2014年度重度残疾人护理费1569人共188.28万元，发放残疾人生活津贴1410人共84.6万元；积极开展第二十三次“全国助残日”活动，组织和开展好本次助残日活动，投入资金2万元慰问陈友平、刘锦辉等残疾人100多人次；鼓励符合条件的残疾人学生报考上一级学校；选送2名城区残疾人参加广东省第七届残疾人运动会，并获得乒乓球赛男双第三名；选送余胜周、苏立、颜烈兼、巫少云4名残疾人参加广东省第四届残疾人职业技能比赛；发动社会资金3.4万元帮助魏世掌、曾珠兰两户困难残疾人家庭解决子女入学经费；对10户特困残疾人家庭开展爱心慰问；为自主创业残疾人争取贷款利息补贴2.8万元，激发残疾人自主创业热情。

【残疾人就业】 2014年，区残联下属就业服务所落实专人负责对有就业意愿和就业能力的残疾人进行来访来电登记，并根据残疾人自身情况介绍就业，是年，来到区残联下属就业服务所求职登记66人，介绍就业6人，本地企业零散就业32人；参与市、区两级人力资源和社会保障联合举办的“南粤春暖”大型企业用工招聘会，拓宽残疾人就业渠道；针对盲人按摩场所的安全设施组织多次巡查，并与之签订《城区盲人按摩经营单位安全生产责任书》，确保辖区内各盲人按摩经营点安全经营；进一步推动残疾人就业保障金征收工作，加强各部门沟通协调，及时研究解决工作中存在的困难和问题，确保工作落实。

【基层组织建设】 2014年，区残联进一步加强残疾人数据库的建设，提高办证率，至是年年底，全区办证3364份；结合城区实际，制定下发了《关于印发2014年全区残疾人工作要点的通知》，明确城区全年残疾人工作任务和目标；为加快镇、村基层组织建设，更好开展基层残疾人工作，落实村（社区）筛选推荐、镇（街道）残联把关上报，区审核聘用制度，实现提证上岗的残疾人工作组织制度。区残联通过镇（街道）、村（社区）推荐上报，确定95名残疾人担任残疾人专职委员，并给予每人每月300元和100元定额补贴。

【信访维权】 2014年，区残联认真贯彻国家《信访条例》，安排专人负责，领导亲自处理来信来访工作，对残疾人反映的康复、就业、教育、生活困难和权益等实际问题，进行登记，并针对性的帮助解决和做耐心细致的疏导说服工作，坚持将问题解决在萌芽状态。一年来收到残疾人来信来访2人、2件，上级转办5人、5件，办结率100%。

（黄伟航）

附 区残疾人联合会领导名单

理事长：刘宗锐

副理事长：王彩

·城区红十字会

【概况】 城区红十字会成立于1993年4月，至今挂靠在城区卫生局。2014年，城区红十字会严格按照“救死扶伤、扶危济困、敬老助残、助人为乐”的十六字方针，认真履行《中华人民共和国红十字会法》赋予的职责，扎实做好社会福利事业工作。以社会需要为出发点，以服务为宗旨，着力发动社会各界人士对孤、寡、病、残群众开展经济上的资助和生活上的帮助。协助政府发动群众参与自然灾害的救济及救护工作，帮助那些确有困难的人，体现社会主义制度的优越性。做好红十字青少年工作，发动青少年参与红十字活动，使一代新人从小养成良好的卫生习惯和助人为乐的奉献精神。

【红十字知识宣传】 城区红十字会一直十分重视对红十字理念和红十字工作的宣传工作，把宣传作为日常工作重点来抓。一是以节日、专项活动为契机，开展广泛宣传。利用以“五八”世界红十字日、“五·一二”防灾减灾日、“六一”儿童节、“六一四”献血日、世界急救日等节日，通过开展咨询、派发资料、现场演示等方式进行广泛宣传。二是充分发挥广播电视、网络等新闻媒体的作用，对红十字会慈善活动进行大力宣传。区红十字会通过与汕尾电视台、区政府信息网、汕尾日报等媒体合作，及时的报道红十字的人道主义活动和工作动态，通过“我为人人、人人为我”的慈善理念，从而增强红十字会的吸引力，提高红十字会的社会地位，提升红十字会的支持率。许多群众在红十字精神的感召下，自愿加入到红十字的慈善工作中来。

【博爱送万家活动】 为弘扬“人道、博爱、奉献”的红十字精神，在2014年春节前夕，城区开展了“博爱送万家”活动，着力为生活困难的人民群众排忧解难。活动期间，区红十字会先后筹集了价值1.0246万元的大米、花生油、衣被等物资到全区50户贫困单亲家庭、特困农民工和特殊家庭进行节日慰问。

【惠民医疗服务活动】 基于城区基层卫生院经济

困难，镇卫生院和农村卫生站长期缺少临床用药和农民群众“看病贵、看病难”的情况。2014年，区红十字会积极联系上级单位和有关单位，筹集一批常用药品价值共8.5686万元，无偿捐给捷胜镇卫生院、新港街道社区卫生服务中心等基层卫生机构，重点发放给困难户、特殊扶贫对象，缓解群众“看病难、看病贵”的问题。

（魏秀如）

附　城区红十字会领导名单（领导未任）

·城区爱卫会

【概况】 汕尾市城区爱国卫生运动委员会办公室成立于1990年7月21日，原人员编制1名。2012年6月21日经上级有关部门同意增加编制至3名，至今不变。区爱卫会属公益一类正股级事业单位，负责全区爱国卫生和创建卫生城市等工作。

【落实爱卫会工作措施】 区委、区政府十分重视爱国卫生工作，将爱国卫生工作纳入重要议事日程，强化各项工作管理，落实工作措施：一是强化组织领导。根据城区爱国卫生工作的实际需要，重新调整了区爱卫会组织机构，由区委副书记许昌林任爱卫会主任，政府办王金鸿、区卫计局局长庄雄升任爱卫会副主任。二是纳入年度绩效考核。区政府在年初召开全区爱国卫生工作会议，对城区2013年工作进行全面总结并部署2014年爱国卫生工作，把爱国卫生工作纳入到年度绩效考核目标中去，实行目标管理制。三是实施“一把手”工程。区属各部门、各单位主要领导担任本单位爱卫会主任，形成强有力的爱国卫生组织领导机构，完善区、街道、社区三级管理体系，使爱国卫生工作层层有人抓、事事有人管，人人有责任，从而保证了各项目标任务的落实。

【创建文明城市】 2014年，是汕尾市提出创建文明城市的第一年，区委、区政府高度重视，结合每年四月爱国卫生月活动，组织动员全区所有机关、团体、企事业单位干部职工，社区居民、商业门店经营业主等人员开展主题为“全民参与创建卫生城市，人人争当文明汕尾人”的卫生大扫除活动。这次活动出动车辆80多架次，清理卫生死角50多处，清理蚊幼虫孳生地150处，清理小广告4300条，清运垃圾250吨，疏通下水道2000多米，派发讲卫生、灭蚊蝇宣传海报、手册、宣传折页5万份。积极推进市区“美化、亮化、绿化”工程，大力营造良好的城市环境，为创建广东省卫生城市和文明城市打下扎实的基础。

【除“四害”工作】 除害防病工作是爱国卫生工作的重要内容，汕尾市属亚热带温湿地区，极易产生虫媒传染病危害。因此，城区高度重视除害防病工作，将其作为工作重点抓好抓实。按照省、市统一部署，区爱卫办组织协调各地、各部门通过聘请专业消杀队伍，组织各镇（街道）卫生院防疫人员，镇（街道）、村（居委）干部职工约4000人次，清除蚊幼虫孳生地1060处，环境整治面积20万平方米，灭蚊面积15万平方米，出动消杀人员500人次，使用灭蚊药物1.5吨，使用灭蚊器械120台次。在全区主要道路，居民小区，机关、学校、单位院内外的树林、绿地、花草及奎山河两岸绿地进行了4次大范围、大面积的人工地面打药灭蚊蝇；对居民休闲、娱乐的慈云山公园、健身广场、奎山公园、凤山妈祖等景点景区，进行重点灭杀防治，加大了灭杀力度，始终把蚊蝇密度控制在最低限度。

（陈文待）

附　区爱卫会领导成员名单

主　任：许昌林

副主任：庄雄升

　　　　王金鸿

区爱卫办领导成员名单

主　任：陈文待

武 装

WU ZHUANG

武装工作

【概况】 2014年，城区人民武装部（简称区人武部）在汕尾军分区党委和区委、区政府的正确领导下，紧紧围绕强军目标和“三严三实”的要求，扎实开展党的群众路线教育实践活动，按照“坚持根本、聚焦中心、夯实基础、确保安全”的工作思路，向“三个牢记”聚焦用力，扭住思想政治建设不放松，军事斗争准备不动摇，狠抓人武部党委班子建设、正规化建设、民兵预备役建设和保障部队海训演习等工作，人武部安全稳定，圆满地完成了上级赋予的各项任务。

【思想政治工作】 以加强党委班子建设为重点，着力提高党委班子领导单位全面建设的能力。俗话说“火车跑的快、全靠车头带”，一个单位能否保持良好的发展势头，关键还要看党委班子的建设水平。因此，区人武部始终把加强党委班子自身建设作为年度工作的重点内容，以班子建设带动单位全面建设。一是认真贯彻落实民主集中制。区人武部党委认真贯彻“十六字”原则，严格执行《城区人武部党委议事规则》，促进了党委班子的团结共事意识和集体领导、集体决策水平。二是加强党风廉政建设。党委班子成员充分发挥表率作用，始终做到廉洁自律、“过紧日子”“把紧关子”。坚持党委集体理财，强化监管机制。三是狠抓党委班子成员业务素质培养。针对是年党委班子成员调整的实际，为提高党委班子成员的业务素质和决策能力，区人武部组织党委委员进行了《党委工作条例》《党委议事规则》《中国共产党章程》和《民主集中制学习资料》等相关法规制度和知识的学习和教育，进一步提高班子成员的理论素养和综合素质，不断增强班子成员参与集体决策的水平和能力。区人武部紧紧围绕新形势下强军目标，扎实抓好党的群众路线教育实践活动。2014年3月以来，该部党委按照深入贯彻“照镜子、正衣冠、洗洗澡、治治病”的总要求，紧紧扭住为民务实清廉主题，聚焦反“四风”、转作风，狠抓整改落实，完成了教育实践活动的规定动作，教育实践富有成效。活动内容全面落实，该部党委把学习弘扬焦裕禄精神作为一条红线贯穿学习教育始终，在同步参加上级“规定动作”基础上，前后3次组织安排集中学习教育，对照过去开会的十条标准召开了“专题民主生活会”，同时按照省军区和军分区标准要求召开了“专题组织生活会”和“民主评议党员”两项活动，突出了抓清理整治、整改落实，解决干部职工反映强烈的问题，收到了较好的效果。教育全过程安排了十二项配合活动：1.召开了一次座谈会。2.开展了一次问卷调查。3.进行了一次群众评议活动。4.举办了一次战斗力大讨论活动。5.参加了一次参观见学活动。6.组织了一次征求各方意见。7.开展了一次书记谈心活动。8.开展了一次对照检查活动。9.开展了一次学习贯彻党中央查处徐才厚案件决策部署专题教育活动。10.召开了一次专题民主生活会。11.开展了一次教育实践活动“回头看”活动。12.开展了专题组织生活会及民主评议党员活动。另外，“六个方面”问题整治深入扎实。1.公寓住房。全体干部住房全部符合上级要求，没有任何一人违规占用公寓用房。2.办公用房。该部结合“两项普查”工作，组织对全体干部办公用房进行了清理整治，对超面积的办公室进行了调整规范，3名部领导办公用房已于是年5月1日前全部完成整改。此后，办公用房面积全部符合上级规定。3.公务用车。没有违规借用占用车辆、违规使用军车号牌、没有领导转业带走单位车辆。4.房地产租赁。进一步规范了办公楼左侧楼房和两块空地出租事项，组织相关人员学习了军产出租的各项规定要求。5.干部政策纪律。严格按照上级德才兼备、任人唯贤的要求，以党委会决定的办法，向上级推荐干部。6.基层风气建设。针对解决基层需求，从端正学风，大兴调查研究之风等方面制定了整改措施，并按要求整改。干部职工和专武干部反映强烈急需回应的切身问题基本解决。部党委把回应干部职工关切、解决干部职工工作生活中的实际困难问题，作为深化教育实践活动的切入点，总结梳理5个干部职工现实困难和问题：①进一步做好随军家属安置。②关爱不孕不育大龄已婚干部。③完善营院基础设施建设。④加强干部培养。⑤加强协调专武干部进出渠道。积极协调地方党委政府解决家属安置，后勤科长程熙旺的家属于是年9月份安置好；投入40余万元用于改善官兵生活环境、办公住宿条件营造了拴心留人的环境。2014年年底前5个方面问题全部完成，较好地解决回应了大家普遍关注的现实问题，拉近了个人与组织的感情距离，部队凝聚力、战斗力得到进一步增强。

【军事工作】 以军事斗争准备为牵引，扎实抓好战备防护和安全管理工作。一是狠抓战备工作。以落实战备值班、战备教育、战备检查等各项制度为抓手，狠抓各类值班人员、值班分队战备工作落实。修订了各类战备方案和非战争军事行动预案。补充战备物资，规范“三室两库”管理，进一步夯实了战备基础。二是扎实抓好军事训练。按照习近平主席提出的“能打仗、打胜仗”的标准要求，以干部、职工和民兵应急分队比武考核为抓手，紧紧围绕武装部担负的使命任务开展训练。首先，采取集中组训和个人自训相结合的方法，狠抓了现役干部队伍的体能训练、军事理论、轻武器射击、战术标图等基础科目的强化训练和抗洪抢险、扑救山火、维护社会稳定专业科目的组织指挥；其次，突出抓了干部年终评比性考核和职工、民兵应急分队的比武竞赛，是年4~5月，该部组织了职工队伍和民兵应急分队进行了强化训练，并参加了军分区组织的比武竞赛考核，取得了较好的成绩。通过训练和考核，有力地推动了干部、职工和应急分队完成多样化任务能力的提升，确保部队能随时“拉得出、用得上”，圆满完成上级赋予的遂行抢险救灾、维稳治乱、演训保障等多样化军事任务。三是组织民兵营长集训。针对城区基层“两委”选举人员变更的实际，4月23日至27日，采取集中组训的方法，组织全区106名民兵营长进行了为期5天的集训，共完成了授课辅导、军事训练、讨论交流和理论考核等内容。通过集训，进一步提高了全区基层民兵营长的能力素质，打牢了基层武装工作的基础。四是按要求落实民兵整组工作任务。2014年民兵整组，是贯彻落实“十二五”规划后备力量建设的承上启下之年，按照“任务牵引、平战结合、突出重点、建用一致”的原则，减少了担任作战任务民兵队伍数量，增大了担负应急任务民兵规模，减少农村编兵数量，增大城镇编兵比重，减少内陆镇民兵数量，增大沿海和重点交通沿线民兵规模。形成以应急分队为重点、支援分队为支撑、储备队伍为补充的基干民兵建设格局。

【管理工作】 以开展“消除安全隐患整治”系列活动为契机，大抓安全稳定。9月中旬，对重要目标、信息网络、车辆管理、安全设施等4个方面7项内容存在的问题，从“技防”“人防”等方面进行深入排查，并及时落实好整改，确保人武部安全顺利发展。开展以涉密“清零”活动为载体，守好防间保密底线，认真贯彻两级军区安全工作会议精神，区人武部定期召开安全形势分析会议，按照实现“四个确保”“六个不发生”的目标，突出涉密载体、人员、武器弹药和涉军网上炒作等问题开展自查自纠活动，组织干部职工学习部队条令条例和法规制度，组织队列会操和条令条例知识考核，抓好点滴养成，正规四个秩序，确保人武部秩序正规，工作有序。

【保障部队海训演习】 主动作为，完成保障部队海训、演习任务。尽管年复一年的保障海训、演习任务，老百姓保障热情也不同程度降温。海训、演习部队要求越来越高，出动保障人员越来越多，区人武部克服困难，主动作为，把它作为一项政治任务来完成。2014年6~7月，保障全军“134”集训夺岛作战演练；8月保障南海舰队“两栖—2014.C”演习，保障41集团军、42集团军工兵团、陆航某旅、某师实弹射击，军区联勤部、装备部应急保障旅演习。该部充分发挥主观能动性，主动作为，急部队之所急，解部队之所需，动员干部群众、工厂企业单位为部队腾厂房，腾民房，腾学校，为部队提供居住、生活、训练保障。动员干部群众和企事业单位拥军支前，城区共出动车辆120余台次，干部、职工、哨员和民兵300余人次，协调部队解决因演习、海训损坏群众利益的事100余起，无严重军警民纠纷，圆满完成了保障部队海训、演习任务。

【“双拥”工作】 以“双拥”共建为载体，进一步巩固军政军民团结。紧紧围绕城区创建省“双拥”模范城“八连冠”，以保障部队海训演习为平台，以解决问题为抓手，着力推动“双拥”工作创新发展。一是扎实开展新一轮扶贫“双到”活动。2014年以来，通过金融扶贫、就业扶贫、助学扶贫等多种形式，先后三次到扶贫挂钩点捷胜镇前进村帮扶，为贫困户解决了生产生活中很多实际问题，受到当地政府和村民的一致好评。二是广泛参与地方“四个文明建设”。是年3月上旬，该部干部职工和城区广大民兵预备役人员踊跃参加植树节、义务献血和学雷锋系列活动，通过活动既增强了官兵全心全意为人民服务的宗旨意识，又融洽了军地军民关系。三是积极发挥民兵队伍遂行非战争军事行动能力。汕尾地区民风独特、自然灾害多发、社会矛盾突出。是年以来，应地方政府请求，该部先后6次出动干部职工和民兵预备役人员600多人次，参与扑救山火和抢险救灾行动，出色地完成了任务，受到地方政府好评和驻地百姓的赞扬。

【征兵工作】 针对2014年征兵进行网上登记报名方式，老百姓送子女参军积极性不高的实际，早计划、早准备、早发动，圆满顺利地完成年度征兵任务。一是深入搞好宣传发动。充分利用电台、电视、手机短信、报刊杂志等新兴网络媒体，开展征兵宣传活动，在市区主要干道，汽车总站张贴当兵宣传画和标语，营造征兵的氛围，使征兵工作家喻户晓、人人皆知。二是严把兵员质量关。成立体检组、政审组，开设征兵体检站，采取封闭式体检，开放式政审的办法，把好文化、身体、年龄、政审、定兵等关口。是年，征兵工作采取优中选优的办法，圆满完成了上级下达的征兵任务，切实把优秀青年送到部队去，以实际行动支持国防和军队建设。三是加强监督。开展廉洁征兵、开设了举报电话，实行名额、兵种、定兵、去向四公开，确保年度征兵任务圆满完成，无责任退兵。

（吴忠源）

附　城区人武部领导名单

人武部部长：周宏森

人武部政治委员：张宏文

人武部副部长兼军事科长：张斌武

人民防空

【概况】 2014年，汕尾市城区人防工作在区委、区政府和区武装部的正确领导下，坚持以科学发展观为指导，认真贯彻落实中共十八届三中、四中全会精神和习总书记一些列重要讲话，以及省、市人防工作会议精神，按照省、市人防办的工作部署，着力推进“战备人防、效益人防、和谐人防”建设，积极开展人防法规和知识的宣传教育，配合市人防办做好市区人防“结建”等工作,取得了明显成效，达到预期工作。

【人防法制宣传教育】 人防建设工作的顺利开展，必须得到全社会的理解、共识和支持，形成人防建设工作的社会氛围，城区有计划、有针对性地推进人防宣传教育活动：一是配合区普法办把人防法律法规纳入“六五”普法考试和党校开展人防法律法规课程的培训教学工作；二是以学校为重点，会同教育部门做好人防知识宣传教育。在市区初二年级教育普及人防法律知识学习，增强中学生的国防观念和人防意识，全区初级中学受教育学生2200人次。三是协助市人防办、市教育局组织区教育局和初级中学校长、老师参加全市人民防空教育师资培训班。四是大力开展形式多样的宣传。在区党政网、《今日城区》报和区政府政务公共栏等新闻媒体和公共场所开展人民防空宣传教育工作，全年共刊登或出版人防知识宣传专栏5次，其中，由区人防办在区党政办公大楼右侧政务公开栏出版人防知识宣传栏3次，《今日城区》报刊登2次；为配合市人防办做好一年一度的防空警报试鸣工作，在党政办公大楼和区各街道悬挂人防宣传标语10条。五是继续推进人防进机关、进学校、进企业、进社区、进家庭的“五进”活动，建立人防宣传教育工作的长效机制，提高人防宣传教育在全社会的覆盖率和认知度。

（刘水照）

附　城区人民防空办公室领导名单

主　任：刘水照

法　治

FA　ZHI

政法委及综治工作

【概况】 2014年，全区政法工作在上级政法部门的有力指导和区委、区政府的正确领导下，以党的群众路线教育活动为抓手，深入贯彻落实中共十八大，十八届四中全会，中央、省、市政法工作会议精神，围绕化解社会矛盾纠纷、加强和创新社会管理、建设“平安城区”的工作目标，强化手段，创新方法，狠抓落实。为中共十八届四中全会、省、市“两会”胜利召开、重大节假日、敏感时期、村(社区)“两委”换届选举、新区建设创造了安全稳定的社会环境和公正高效的法治环境。

【全力维护社会稳定】 认真开展重大活动和敏感时期的安保工作，对可能引发群体性事件、媒体炒作的不稳定因素，制定具体的化解处置应急预案，落实严密防范措施。尤其对非正常上访的重点人员、邪教分子等人员，通过布建和物建相结合的秘密力量，积极摸排梳理活动信息，落实专人负责。认真落实重点问题专项排查制度，重点针对群众普遍反映的农村村务、征地拆迁、劳动社保、退役人员、涉法涉诉等方面加大排查力度，做到“镇不漏村、村不漏户、户不漏人、人不漏事”。妥善化解了金町湾、碧桂园二期征地，黄金海岸、荣泰市场办证等矛盾纠纷37宗，有力地维护全区社会和谐稳定。及时处置了渔村纠纷斗殴、“4·6”火灾事故、渔民油补贴事件、品清湖避风塘3艘渔船着火等突发性事件11宗，并妥善解决了一批交通事故、医疗事故、意外死亡等事件的后续工作，确保全区社会稳定。

【扎实推进平安城区创建工作】 城区政法委根据上级的工作部署，不断加大平安建设工作力度,狠抓各项创建措施落实，不断推动平安创建工作向纵深发展。在市、区两级新闻媒体、区党政信息网设立“创建平安城区”等专栏发表信息；在埔边高速路口、长沙湾高速路口设立了150平方米的大型固定宣传栏2块；各地、各单位也通过各种宣传平台大力宣传平安城区创建工作，形成全社会共同参与“创建平安城区”的工作格局。强化“两委”干部法律素质作为夯实维稳基础的重要抓手，由区委组织部、区委政法委牵头，组织区法院、区检察院、区公安分局、司法局、区委党校等部门组成“送法下乡”工作组，制定了《汕尾市城区开展“两委”干部普法活动“送法下乡”工作方案》，加强对新任“两委”干部村务管理、财务管理、土地管理、矛盾调处、法律法规等方面的培训。深入开展“送法下乡进校园”等普法宣传教育，把农村基层、学校打造成为坚强的第一道防线。2014年，讲师团多次分赴各村（社区）、机关、学校上法制课，举办各类普法活动220多场次，大力营造了知法、守法的良好氛围。扎实推进“平安细胞工程”创建工作。城区政法委按照平安建设的工作要求，组织各地开展“平安细胞工程”创建活动，推选凤山街道、捷胜镇为平安镇（街道）示范点以及东涌镇新湖村、凤山街道盐町头社区为平安村（居）示范点，以点带面推动全区创建工作。是年，全区已有36个平安村（居）通过审核，平安村（居）覆盖率为39.1%。创建平安家庭示范户14户，平安家庭79621户（占现有家庭数98.9%），实现了平安创建的工作目标。

【深入开展严打整治斗争】 城区政法委立足于严打整治，部署开展了“雷霆扫毒”“涉黄问题专项整治”“六大专项打击整治”“海燕—2014”等严打专项行动，打击各类犯罪活动。2014年，区公安分局立各类刑事案件720宗，破案349宗，查处“两抢一盗”案件82宗，查处治安案件1040宗；区检察院依法受理审查提请批捕案件共284件373人，批准逮捕266件339人；区法院围绕“公正与效率”，全面推进各项审判工作，共收刑事案件301件391人，审结258件338人。

【着力推进社会综合治理】 城区在打击违法犯罪的同时，坚持把社会管理和防范工作置于更加突出的位置，不断完善打防管控新机制，全力推进社会综合治理。一是加强特殊群体的安置帮教。全区已建立了区、镇（街道）、村（社区）三级安置帮教网络，坚持每月主动上门帮教，教育他们树立正确人生观，打消重新违法犯罪的念头。2014年，为全区

358名刑释解教人员建立个人档案，无一出现脱、漏管现象，帮教率达98%，安置率85%，重新犯罪率为0.84%。二是加强社区矫正工作。城区已全面铺开社区矫正试点工作，较好地完成了初始的排查、交接工作，规范了日常的管理、监督、教育、考察、帮扶及解矫工作。是年，全区173名矫正对象都见人见档，管控到位。三是加强未成年人的管理引导。构建了“学校—家庭—社会”三位一体法制教育网络，全区95所中小学校100%配备了法制副校长或法制辅导员，建立了“12355”电话热线青少年成长服务平台，为青少年及时提供帮助，有效地预防和减少青少年违法犯罪。四是流动人口均等服务持续拓展。继续优化和完善户政大厅服务模式，进一步简化和缩短了落户手续、时间等便民利民措施。加强流动人口服务管理。区公安机关主动加强对辖区的流动人口及出租屋的排查、采集、录入工作，共录入新增流动人口数1818人。1至11月，共受理审批户口手续5007余份，制发临时身份证4983张，服务效能进一步增强。五是加强校园及周边安全专项整治。区坚持不定期召开校园安全治安形势分析会议，举办交通、消防安全讲座，深入开展学校及周边治安安全隐患排查工作，及时落实整治措施，促进了全区校园安全。

【不断提升政法队伍整体素质】 城区政法机关以深入开展党的群众路线实践活动为抓手，切实抓好机关作风、违规问题和执法中突出问题的专项整治，坚持从严治警、从优待警，全面推进政法队伍建设，不断提高政法队伍的整体素质。一是加强思想教育。以深入学习贯彻中共十八大精神为动力，深入开展党的群众路线教育活动，主动适应中央八项规定和中央政法委对政法工作提出的新要求。二是突出技能训练。始终坚持以“信息化、实战化、多样化”为导向，组织干警参加警衔晋升培训、专项业务培训等，进一步提高干警执法办案、信息应用和群众工作能力。三是强化专项整顿。认真开展机关作风整顿、违规问题和执法中突出问题的专项整治，不断提升政法机关的执行力、战斗力和创造力。2014年，全区政法队伍没有出现违规违法的现象。

（蔡楚洲）

附　区委政法委人员组成名单

书　记：卓江广（区委常委兼）
副书记：陈少华（区政府副区长、区公安分局局长）
　　　　张水武
　　　　郑　瞰
委　员：陈展科（区法院院长）
　　　　陈嘉涛（区检察院检察长）
　　　　曾昭谋（区司法局局长）
　　　　罗方锦（区公安分局代理政委）
　　　　林汉潮（区边防大队队长）
区委政法委员会下设办公室，主任：王德瀚

公　安

【概况】 2014年，全区公安机关在市公安局和区委、区政府的正确领导下，全面贯彻落实中共十八届三中全会和习近平总书记系列重要讲话精神，以党的群众路线教育实践活动为抓手，紧紧围绕“平安城区”这一主线，组织开展打击整治毒品犯罪、黄赌犯罪、食药犯罪和售假犯罪、电信诈骗犯罪、涉车犯罪、涉枪犯罪等专项打击整治行动（简称“六大专项”）。此次行动取得了显著战果，共侦破毒品案件194宗,抓获吸毒人员943人，其中，强制隔离戒毒651人（录入通过634人），抓获贩毒在逃人员7名，缴获各类毒品约4.15千克；查处赌博案件47宗，抓获涉赌人员103名（其中，行政拘留82名，逮捕21人）；查处涉黄案件10宗，抓获涉黄人员28人；侦破涉食药假案件4宗；侦破银行卡诈骗案2宗；查破电信诈骗案件1宗；查破盗窃汽车案件14宗；侦破盗窃摩托车案件20宗；查破非法制枪1宗，缴获长枪、手枪等6支及弹药13发，超额完成了市局下达的任务。2月，分局根据上级党委的部署，开展了为期9个月的党的群众路线教育实践活动。全局党员积极参与，并按照上级党委的要求，切实做到了学习教育、听取意见不走过场，查摆问题、开展批评不搞形式，整改落实、建章立制不留死角，服务中心、促进工作不虚不空，达到了活动预期目标。

【国内安全保卫】 2014年，区公安分局进一步强化情报信息搜集研判，及时搜集掌握内幕性、深层次、行动性的情报信息。全年，召开综合研判会商会议12次，梳理上报信息37条。在强化反恐工作中，针对“3·01”云南昆明火车站、“4·30”乌鲁木齐火车站、“5·06”广州火车站，“5·22”新疆乌鲁木齐等恐袭案件，分局制定完善了应对和处置群体性（突发性）案事件等各类预案8个，组建40人的反恐处突队伍。国保大队在开展对邪教组织专项整治的“百日会战”的同时，充分发挥秘密力量的作用，严密监视敌对势力、敌对分子的动向，切实掌握重点人员的活动及异常动向。

【“大情报”工作】 2014年，区公安分局进一步完善“大情报”平台建设与应用等基础工作，加大各类信息采集力度，强化信息录入与应用，对若干名重点人落实管控措施，在控率达到100%，发现录入事件苗头161条。依托“大情报”系统，不断提升服务实战意识和能力，通过轨迹分析，反复研判，协助办案部门抓获28名网上逃犯，其中，经过二次研判抓获在逃人员10名。全年，发现各类涉及网络舆情信息43条，落地查证线索35条，上报省厅信息网络报警处置系统11条，被市采用并报省厅，通报区委、区政府信息22条，依法作出行政处罚5人次。

【妥善处置不安定因素和矛盾纠纷】 区公安分局紧紧围绕“两节两会”（春节、元宵；人大、政协）、“两委”（村党支部、村民委员会）选举等重大活动和敏感节点，广辟线索来源，开展深入有效的情报信息收集和矛盾纠纷排查，想方设法掌握了解各种社会不安定因素和闹事苗头，及时报告党委、政府，并积极协助有关部门开展调解、处置工作。是年，共调解各类矛盾纠纷1300余起，调解成功率达95%，接待群众来访95人次，受理信访案件40宗，办结32宗，办结率为80%。及时预警并协助有关部门阻止了某某师退役军人准备上省进京上访事件，成功处置了“3·19”破坏“两委”选举秩序案，“6·09”小岛码头的聚众斗殴案、红草海梧村村民、黄金海岸部分业主到市政府上访事件等一大批上访事件，成功化解影响稳定的苗头和事端127起。

【刑事案件】 2014年，全区刑事案件立案720宗，破案349宗。在刑事案件侦查工作中，刑侦部门充分发挥破案主力军的作用，坚持在破大案、要案上下功夫，先后侦破了李某某强奸未成年少女案、“美宜佳”便利店被抢案、“7·7”持枪绑架案、“9·13强奸抢劫案”以及8月系列入室盗窃国家机关办公室财物案件、碧桂园系列入室盗窃案等一些影响较为恶劣的重大案件。成功打掉了施某某盗车团伙、庄某某抢劫团伙、邓某某跨区域入室盗窃商铺团伙、陈某某盗窃小汽车团伙等“两抢一盗”犯罪团伙10个，抓获团伙成员38名，有力震慑了多发性侵财犯罪活动。追缴小汽车14辆，摩托车20辆，红酒、电脑、电视机等赃物一大批，折合人民币总价值约100万元以及枪支6支，子弹13发。

【案例选录】 陈某某系列入室盗窃案 2014年11月23日，分局刑侦大队、便衣队联手，经过缜密侦查、潜伏布控，成功抓获在市城区碧桂园小区等地入室盗窃作案多宗的犯罪嫌疑人陈某某（女，19岁，汕尾陆丰市人，系聋哑人），现场缴获被盗现金约5000元人民币、作案工具菜刀1把。经审查，犯罪嫌疑人陈某某供认了当晚在碧桂园小区连续撬窗入室盗窃2宗的行为，并交代了自是年11月以来在碧桂园小区等地入室盗窃作案18起的犯罪事实。

吴某某持枪绑架案 7月5日上午7时许，犯罪嫌疑人吴某某、洪某某（男性、27岁、陆丰市甲西镇人）为追讨事主李某的男友（外号光头）购买毒品的欠账，驾驶汽车窜至中山市西区沙朗家园一栋201房中，持枪将事主李某绑架至汕尾市城区通航路蓝岛假日酒店。7月7日凌晨，新区派出所掌握到李某被绑架在汕尾市城区通航路蓝岛假日酒店602房的线索，立即会同刑侦大队的侦查人员开展侦查。通过查询酒店前台，了解到602号房住有一男两女，住客尚未退房，且行李还留在房内。据此，侦查人员估计嫌疑人返回酒店的可能性非常大，决定在该酒店进行潜伏布控。7日中午，当犯罪嫌疑人吴某某（女、30岁、红海湾开发区人）、洪某某以及人质李某（女、28岁、广西人）刚回到蓝岛假日酒店602号房时，便立即被侦查人员抓获。现场缴获仿六四手枪1支、子弹1发、毒品1小包（冰毒，重量约1克）及贩吸毒工具一批。

黎某信用卡诈骗案　2014年4月16日，事主李某某（女，现年54岁，汕尾市城区人）向分局经侦大队报案，称其接到中国邮政储蓄银行信用卡中心工作人员追讨信用卡透支欠款的电话，但该信用卡挂失前，没有出现透支的情况。接报后，经分局经侦、刑侦大队侦查，李某某所持有的信用卡是由黎某（女，1981年6月10日生）帮其开户并进行消费的。黎某在获取李某某的身份证号码及相关密码后，通过电话向该行信用卡中心挂失、变更持卡人联系电话资料等，并冒用李某某的身份继续在该行申领新的信用卡并进行透支消费，至案发时欠银行人民币20300元。

【打击经济犯罪】　区公安分局经侦部门始终把侦查破案作为工作的首要任务，以严格、公正、文明执法作为经侦工作的生命线，继续坚持严打方针，保持对各类经济犯罪严打的高压态势，有力地维护了市场经济秩序。2014年，共受理案件19宗，立案14宗（其中，职务侵占案2宗、集资诈骗案2宗、信用卡诈骗案4宗、生产、销售伪劣产品案1宗、假冒注册商标案1宗、销售假药案4宗、非法经营案1宗、伪造、变造公文证件印章案1宗），破案12宗，抓获嫌疑人13名（其中，7名为网上追逃人员，2人是年前积案），其中，办理刑事拘留10人，执行逮捕9人。案件移送起诉7宗7人，取保候审4人，涉案总价值大约350多万元；另外，核查外地集群战役线索5宗4人；协助外单位办理案件34宗42人，核查外地企业是否传销犯罪违法行为36宗次。

【查处治安案件】　2014年，全年查处治安案件1040宗（其中，扰乱公共秩序11宗、妨害公共安全9宗、侵犯人身财产权利244宗、妨害社会管理秩序776宗），查处人数1294人（其中，治安拘留82人、强戒652人、其他560人）

【巡警工作】　2014年，区公安分局巡警队伍建设和各项工作长足发展，有效提高快速反应能力，出色地完成各项安全保卫任务。全年，共接处警999宗，其中，先期处置各类案件186宗，先期处置交通事故210宗，制止、调解群众纠纷172宗，抢险救灾16宗，处置群众上访51宗，接受群众求助20宗，无效警情76宗，其他警情268宗。大队共查破刑事案件29宗，其中，毒品案件22宗、“双抢一盗”案件6宗，破获开设赌场案件1宗；抓获犯罪嫌疑人243名，其中，抓获涉毒案件犯罪嫌疑人22名，“双抢一盗”案件嫌疑人6名，涉嫌开设赌场2人，吸毒人员213名。吸毒人员中强制隔离戒毒132名，行政拘留81人。提前超额完成分局下达指标任务。

【打击“两抢”】　区公安分局便衣队按照分局的工作部署和要求，不断健全巡逻防范工作机制，在巡逻防范及打击整治违法犯罪中做了大量工作，取得了显著战果。是年，分局共查破“两抢”110宗，打掉团伙10个，打击处理违法犯罪人员132人。9月8日至9日，便衣队伏击队员针对中秋夜案件多发的实际，在海滨大道等人员密集路面通宵进行伏击，于9日凌晨4时许在市区海滨大道、市区城南路星际网吧分别抓获3名涉嫌抢夺嫌疑人张某某（男，15岁，城区东涌镇人）、施某某（男，15岁，海丰县大湖镇人）、许某某（男，16岁，城区东涌镇人）。经审，3名嫌疑人如实供述是年3月以来在市区通航路、通港路、五十米大道等地飞车抢夺他人财物多宗的犯罪事实。4月11日19时许，便衣队员在巡逻中，发现两名驾驶摩托车的男青年行迹可疑，似乎在寻找作案目标，于是便衣队员分两组交替对其进行跟踪盯梢。当两名男青年发现尾随的便衣队员时，立即狂奔逃窜。便衣队员紧追不舍，终于在市区通北十四巷一出租屋内，将3名男子抓获并缴获作案工具摩托车2辆，液压铁剪、螺丝刀、自制铁撬等物件一批并追缴回被盗摩托车3辆。经审讯，3名盗窃嫌疑人施某某（男，35岁，市区渔村人）、蔡某某（男，33 岁，海丰县人）、林某某（男，45 岁，市区南汾村人）供认了是年 4 月以来在市区信诚商场、名门御庭大厦、东涌镇、竹围村等地盗窃摩托车共 7 部的犯罪事实。

【禁毒】 2014 年，区公安分局禁毒部门和各派出所不断深化禁毒堵源截流、易制毒化学品整治和吸毒人员排查管控及涉毒娱乐服务场所明查暗访等各项工作，大力打击毒品犯罪活动。从是年年初至 12 月 8 日，全区共出动清理清查人员 6000 多人次，通过排查城乡结合部、出租屋、养殖场、果场、石场、临时工棚、废旧厂房、废品收购站、歌舞娱乐场所等 7957 处，共侦破毒品案件 194 宗,抓获吸毒人员 943 人（其中强制隔离戒毒 651 人），抓获贩毒在逃人员 7 名，缴获各类毒品约 4.14373 千克（其中，冰毒 4.0644 千克、海洛因 5.3 克、麻古 38.65 克、氯胺胴 35.38 克）。9 月 2 日，刑警大队民警在汕尾市城区抓获吸毒人员曾某某、曾某某和陈某某等 3 人，在曾某忠身上缴获毒品冰毒 2006.00 克，经审查，收戒吸毒人员 3 名，破获非法持有毒品案 1 宗。10 月 25 日，市、区两级公安机关联合行动，破获了城区范围内首宗制毒案件，捣毁隐藏在香洲街道新楼村一养猪场内的制毒窝点，抓获犯罪嫌疑人 7 人，现场缴获冰毒 167 千克、冰毒液体 180 千克，制毒工具和配料一批。

【禁赌】 2014 年，区公安分局巡警大队、治安大队、便衣队以及各派出所坚持持续禁赌不放，及时对街路巷、居民小区、城乡结合部、出租屋、养殖场、果场、石场、临时工棚等场所进行经常性突击清查，最大限度地打压赌博违法犯罪活动的空间。全年，共查处赌博案件 47 宗，抓获涉赌人员 103 名（其中，行政拘留 82 名，逮捕 21 人）。2 月 20 日，分局开展了严厉打击涉“黄赌毒枪”违法犯罪活动统一清查行动。此次行动，共出动警力 270 多人次，各类社会治安力量 210 多人次，联合工商、文化部门及街道办、村社区干部清理娱乐场所 23 间、桑拿按摩场所 7 间、浴足场所 8 间、美容美发店 25 间、其他服务场所 22 间、电子游戏机室 11 间、出租屋 23 间。抓获在逃人员 1 名，吸毒人员 2 名，缴获游戏机 4 部。4 月 28 日凌晨 2 时许，便衣队通过日常排查，发现市区城内路城内花园后一巷一空地有人聚众赌博，立即组织精干警力，对该处进行突查，当场抓获涉嫌聚众赌博的犯罪嫌疑人张某某（男，49 岁，汕尾市城区人）及陈某某、方某某、陈某某、林某某 4 名参赌人员，现场查扣赌具、赌资等一批。5 月 12 日，经排查，城区红灯西美六巷 22 号对面一棚寮有人利用“暗宝”进行聚众赌博。获悉情况后，便衣队开展侦查布控。当晚 22 时许，对该地点进行突查，现场抓获张某某（男，38 岁，汕尾市城区人）、杨某某（男，54 岁，汕尾市城区红草镇人）、谢某某（男，41 岁，汕尾市城区人）3 名涉嫌坐庄聚众赌博犯罪嫌疑人，以及陈某某、程某某、魏某某 3 名参赌人员，缴获“暗宝”等赌博工具一批、赌资 7 万余元。审查后，对该“聚众赌博案”的 3 名坐庄聚众赌博犯罪嫌疑人采取刑事拘留，对陈某某等 3 名参赌人员分别予以行政拘留。在侦办此案过程中，还掌握到其他在逃聚赌人员。据此，分局决定再立“聚众赌博案”，继续追捕 4 名在逃人员。5 月 15 日，新区派出所按照分局的部署，积极发动群众举报涉赌线索，同时加大对辖区重点区域的巡查力度，在香洲街道新瑶居委新瑶街十一巷 13 号成功捣毁一个赌博窝点，现场抓获黄某某（男，31 岁，汕尾城区人）、陈某某（男，30 岁，汕尾城区人）、刘某某（女，43 岁，汕尾城区人）3 名涉嫌聚众赌博犯罪嫌疑人以及 2 名参赌人员，收缴赌资人民币 12223 元、赌具瓷碗及骰子一批。2014 年 5 月 21 日，新湖派出民警根据线索在汕尾市区林埠村林埠市场后面小巷里查获一个赌博游戏机室。现场抓获涉嫌开设赌场的犯罪嫌疑人卢某及 2 名涉嫌参与赌博的人员。缴获游戏机 5 部，其中，捕鱼机 3 部、老虎机 2 部。7 月 29 日晚 23 时许，巡警大队、治安大队及新港派出所通力合作，在市局特警支队的协助下，在汕尾市城区渔村中路四横巷捣毁一个涉毒游戏机赌博窝点，现场抓获周某某（女，29 岁，汕尾城区人）、徐某某（男，33 岁，汕尾城区人）2 名涉嫌开设赌场和容留他人吸毒的犯罪嫌疑人及 9 名吸毒人员，缴获赌博钓鱼机 1 部。7 月 30 日晚，巡警大队、治安大队及城西派出所联合出击，在市局特警支队和警训支队的协助下，在市区豪会宾馆捣毁一个吸毒窝点，抓获容留他人吸毒犯罪嫌疑人钟某某（男性，30岁，汕尾市城区渔村人），以及郭某某等6名吸毒人员。

【扫黄】 2014年，区公安分局治安部门和各派出所对嫖娼卖淫这一社会丑恶现象保持严打的高压态势，紧紧围绕“抓现行、端窝点”和发动群众检举揭发的工作思路，采取公秘结合的方式，组织开展了26次较大规模的集中清查行动。全年，分局共查处涉黄案件10宗，抓获涉黄人员28人。经审理，逮捕4人，行政拘留24人。2月16日凌晨零时40分，新区派出所在分局便衣队的大力协助下，在市城区通航路中段一间无牌照发廊现场抓获涉嫌容留他人卖淫的发廊老板佘某某（男，20岁，市区人）、嫖娼人员钟某（男，29岁，市区人）、熊某（女、17岁、四川省达州人）、覃某（女、27岁、广西壮族自治区来宾市人）、马某（女、22岁，陕西省安康市人）、李某（女、26岁、重庆市潼南县人）、林某（女，16岁、汕尾陆丰人）等人。经查，佘某某供认其从2013年12月1日开始在汕尾市城区通航路利用深夜经营该无牌照发廊，先后容留卖淫人员熊某等人在发廊内从事卖淫活动，每次收取人民币30元，至今非法营利约人民币16000元。3月6日，分局在全区范围内开展集中打击涉“黄赌毒枪“统一清查行动。行动中，共出动警力246人次，清查旅馆业34间，清查歌舞娱乐场所18间、桑拿按摩6间、沐足场所19间、美容美发店41间、其他娱乐服务场所24间，出租屋38间；查获容留卖淫案件1宗（刑拘2人、行拘4人），破获贩毒案件1宗，收戒吸毒人员6名；取缔1间无牌发廊，责令2间按摩场所停止整改。5月17日，城西派出所根据群众举报的线索，在汕尾市区春晖路广通发廊现场查获卖淫女子何某和嫖客叶某某。经审理，两人供认了卖淫、嫖娼的事实，分局对其作出行政拘留10日的处罚。9月27日，新港派出所与便衣队联手在城区大马路海港旅社查获了卖淫嫖娼人员陈某（女，27岁，贵州省人）、刘某某（男，27岁，广西灵山人）、梁某某（男，25岁，广东珠海人）、严某（女，24岁，广西贺州人）、郑某某（女，41岁，江西赣州人）、何某某（男，34岁，汕尾城区人）等6人。经审理，对其6名违法人员分别作出治安拘留15日处罚决定，并查封了海港旅社。

【危险物品管理】 2014年，区公安分局对危险物品管理的工作重点是强化对危险物品、民用爆破物品的使用、储存、运输等环节的管理和宾馆酒楼、商场市场、娱乐场所“三小场所”等人员密集场所的监管与检查，全力预防和遏制安全事故的发生。全年，审批、开具购买证、运输证各458份，审批炸药2954吨、雷管70万发，收缴散装汽油200多公升；对涉爆单位进行了50多场次检查，使民爆物品管理更为严格、规范。2014年度查破涉枪案件4宗（其中，非法持有枪支弹药案2宗，持枪绑架案、非法制造枪支弹药案各1宗），抓获犯罪嫌疑人4名，收缴枪支6支，子弹13发。

【重大社会活动和会议安全保卫】 2014年，城区的安全保卫工作在区委、区政府的正确领导下，按照分局关于做好重大节庆和各类大型活动安全保卫工作的具体要求，全力以赴，园满地完成了省委书记胡春华到汕尾调研以及汕尾市妇女第四次代表大会、澳门回归十五周年庆典活动、汕尾市城区第七届人民代表大会第四次会议、区政协第四届四次会议、广东省（汕尾市）“马思聪杯”小提琴邀请赛系列活动、汕尾渔歌节、风起海陆——汕尾第三届文化惠民活动周、2014年“南粤春暖”企业用工招聘会、“2014粤东国际车展”活动、“春满汕尾——文化进万家”系列活动、深圳——汕尾招商推介会暨重大项目开工活动、“2014年海外（马来西亚）华裔青少年‘故乡文化寻根之旅’冬令营”活动、元宵节文艺巡游、“采花枝”民俗活动、2014年“妈祖文化节”、关帝庙第四届彩炮会及巡游活动等52个场次的安全保卫工作。

【户政管理】 2014年，区公安分局户政部门继续优化和完善户政服务模式，进一步简化入户手续缩短办理时间，并园满地完成了一年一度的人口统计工作。年末，全区总户数为88814户，常住人口392109人（其中非农244632人），男性203764人，女性188345人，出生入户766人（其中，男371，女395），死亡注销56人（其中，男40，女16），迁出19人，迁入17人。2014年度上报、审批户口手续5400多份、17200多人，制发身份证19172份，制发临时身份证17200多人。妥善解决了红草晨州348户村民变更户口性质的问题，进一步加强对流动人口的管理、排查、采集、录入工作，全年共录入新增流动人口1818人。

【治安拘留所】 区公安分局行政拘留所围绕“依法行政、文明管理、科学教育”这一工作目标，认真落实在押人员安全风险等级评估、分级管理、人性化管理等工作制度，深化视频监控系统的应用，安全无事故地完成了关押违法人员1031人（其中，转送强制戒毒人员401人，转逮捕14人）的任务。

【出入境管理】 区公安分局出入境部门以“人民满意”为目标，相继推出了企业职工办证专场、“三表合一”、发证咨询窗口、发证方式多样化、缩短办证时限、网上预约办证等多项便民利民措施。全年，共受理出入境材料63842人（其中，护照5269人、往来港澳通行证56382人、在港定居2190人、在台湾定居1人）；审核上报56370人（其中，护照5263人、往来港澳通行证50563人、在港定居543人、在台湾定居1人）。

【公安法制】 坚持执法质量是公安工作第一生命线的执法理念，严把案件审核关，确保案件质量。年内，公安法制部门审核刑事案件329件404人，其中刑事拘留297件371人（批捕294人，批捕率为79.2%，释放7人，转行政处理2人，变更取保候审66人，移送其他单位处理1人，撤销案件1人），取保候审5件6人，批捕在逃归案27件27人（其中，变更取保候审8人）。移送审查起诉361人（其中取保候审移送审查起诉48人），起诉率为89.4%。审核行政案件855宗1022人，其中，赌博案件27宗56人，卖淫嫖娼5宗10人，盗窃案件13宗13人，殴打他人案件9宗10人，吸毒案件763宗892人，其他案件38宗41人。在查获的人员中，处以行政拘留82人，行政拘留并处罚款41人，行政拘留不执行4人，行政拘留并予以强制隔离戒毒652人，行政拘留并责令社区戒毒232人，自愿戒毒3人，罚款8人。

【纪检监督】 区公安分局监察部门以“打造廉洁警队，铸造优良警风”为目标，以中心工作为主线，强化监督检查，严肃处理违反党的纪律行为，坚决克服组织涣散、纪律松弛问题。全年，出动警力76人次，对相关单位领导班子和领导干部贯彻中共十八大精神、完成上级公安机关与分局各项公安工作中心任务、履行“一岗双责”等情况进行了检查，切实强化领导干部责任意识，推动了各项工作任务的落实。分局纪检监督室，紧紧围绕全国“两会”、北京APEC会议、城区重点村换届选举等重大安保活动以及“清剿火患”“六大专项”“雷霆扫毒”、反恐工作、公务用枪安全大检查等专项行动，开展现场督察、专项督察。全年，出动警力172人次开展现场督察79场次、网上视频督察12场次，及时纠正问题49个。同时，对试用期转正任用的17名干部、拟提拔的30名正股职干部进行廉政审查。全年，协助上级纪检监督机关、检察院查处民警违纪违法案件共5起6人。

【公安宣传】 2014年，区公安分局通过电视、电台、报纸、网络等媒体和举办签名活动、赃物发放会、公布专项行动举报电话等多种形式，宣传报道“六大专项”的战果和侦破重大案件的战绩，强化宣传治安防范的经验和对策。5月15日，分局经侦大队与市局经侦支队联合，开展以“打击防范经济犯罪、护航改革、保障民生”为主题的打击和防范经济犯罪咨询活动。活动期间，经侦大队印发宣传资料2000份，多次在“平安城区”微博上宣传发布和社区张贴防范各类违法犯罪行为的安全提示，并在市区开展法律宣传咨询4场次，在居民社区、分局及各派出所门口悬挂宣传标语横幅30条、张贴欢迎举报经济犯罪宣传公告500张。11月11日上午，分局召开赃物发放现场会，向人民群众展示全区开展“六大专项”打击整治行动和打击“两抢一盗”行动取得的重大战果，并将缴获的小汽车、电脑、高档烟酒及现金等部分赃款赃物逐一返还给受害群众。在开展禁毒斗争期间，分局充分运用大众传播媒介开展“声、影、图、文”并茂的宣传。先后在《汕尾日报》刊登禁毒报道4篇，市电视台新闻7条，市党政信息网6条，区党政信息网21条，《今日城区》8条，各个社会网站25条，印发禁毒简报15期，禁毒工作动态6期，发放禁毒倡议书5万多份，悬挂宣传横幅154条，张贴、发放宣传标语、宣传折页5万多张，禁毒宣传栏93个，各地和各中小学校举办禁毒宣誓签名活动100多场。

【队伍建设】 一是开展党的群众路线教育实践活动。按照中央、省、市的部署，分局从2月27日至10月22日，历时9个月，开展了党的群众路线教育实践活动，全局296名党员参加了这次活动。活动中，分局牢牢紧扣“为民、务实、清廉”的主题和紧紧把握“照镜子、正衣冠、洗洗澡、治治病”的总要求，紧密结合学习贯彻习近平总书记系列重要讲话以及中央、省、市区委和上级公安机关关于转变作风的重要文件精神，聚焦“四风”（形式主义、官僚主义、享乐主义和奢靡之风）问题，突出公安特点，坚持边学边改、边查边改、真抓实改，以高度的政治自觉，务实的工作作风，取得了一系列重要的认识成果、实践成果和制度成果。

二是警衔授予与晋升 。2014年1月23日，市局政治处转发2013年12月27日广东省公安厅长李春生签发命令，批准城区分局4位民警由二级警司警衔晋升为一级警司警衔；2位民警由一级警员晋升为三级警司警衔。2014年4月6日经广东省公安厅厅长李春生签发命令，批准城区分局2位民警由二级警司警衔晋升为一级警司警衔。4位民警由一级警员警衔晋升为三级警司警衔。2014年7月4日经广东省公安厅厅长李春生签发命令，批准城区分局1位民警由二级警司警衔晋升为一级警司警衔。2014年7月4日经省公安厅政治部主任盘展欣签发命令，批准授予城区分局3位民警为一级警员警衔。2014年9月29日经广东省公安厅厅长李春生签发命令，批准城区分局11位民警由二级警司警衔晋升为一级警司警衔。2014年6月4日经国家公安部部长郭声琨签发命令，批准1位民警由三级警督警衔晋升为二级警督警衔；4位民警由一级警司警衔晋升为三级警督警衔。

三是提拔任命 。分局党委根据中共中央新修订的《党政领导干部选拔任用工作条例》《全省公安机关领导干部选拔任用工作办法》，结合地方公安机关领导干部任职条件，在坚持德才兼备的前提下，扩大民主，严格程序，提拔任用正科级非领导干部1名、副科级领导干部9人、副科级非领导干部1名、正股级领导干部30名，并调整充实到各队、所、室领导班子。

四是业务技能培训。2014年，全局共举办各类培训班14批次（期），培训民警560人次。7月10日、11日，分局214名公务员分二批到市教育局一楼会议室参加公务员普通话培训。并分别于7月29日、30日在市教育局二楼普通话测试室测试。8月10日至9月5日，分局安排135名尚未参训的民警到市警察训练学校参加全市依法使用武器警械专项训练活动。10月13日至23日，市委组织部、市人力资源和社会保障局在市委党校举办2014年市直机关公务员“新时期公务员职业道德建设”培训，区公安分局公务员分期参加了培训班。11月17日，分局根据省厅“逢晋必训、不训不升”的有关规定，选派24名符合晋升警司衔级的民警，到市局警察训练支队，参加2014年度警司级警衔晋升培训班。

五是立功受奖。分局刑事侦查大队被评为“广东省优秀基层单位”；江国诚被评为“广东省优秀人民警察”；陈守鑫、陈伟鹏、卢少稀、施国栋、陈希望分别荣立个人三等功一次。

（蔡子良）

附 汕尾市公安局城区分局领导名单

局　长：陈少华

政　委：罗方锦

副局长：陈业伟

　　　　陈守鑫

　　　　林春生（2014年2月任）

　　　　陈健华（2014年11月离任）

纪委书记：彭晓君

消 防

【概况】 2014年，城区公安消防大队深入贯彻落实中共十八届四中全会和习近平总书记讲话精神，紧紧围绕“平安汕尾、法治消防、铁军队伍”三大战略部署，固本强基、真抓实干、务实创新，出色完成了以防火灭火和应急救援为中心的各项工作任务，得到了各级领导的高度评价和广大群众的充分认可。2014年，大队共接警261起，出动消防车401辆次，消防人员2155人次，抢救被困人员60人，疏散人员571人，抢救财产价值9623万元。特别是成功处置“1·2”深汕高速40吨油罐车火灾事故、“3·13”深汕高速30吨粗甲苯罐车泄露事故、“6·18”深汕高速30吨汽油罐车侧翻泄漏事故、“10·10”深汕高速40吨柴油罐车泄漏事故等行动，受到城区委、区政府各级领导高度肯定，各大媒体进行专题报道。

【队伍建设】 区公安消防大队党委按照政治教育“内植于心、外践于行”的根本要求，以“牢记强军目标、献身强军实践，永做忠诚消防卫士”主题教育活动为载体，采取主题研讨、参观见学、专家授课、墙报宣教等丰富多彩的形式，强化理论灌输，注重实践引导，筑牢官兵忠诚警魂。坚持典型引导，开展典型培塑工作，树立四级警士长周鹏作为典型模范，感召官兵、熏陶官兵、引导官兵，掀起争先创优新高潮。同时，按照上级要求，结合大队实际，先后开展了“学雷锋”“集中整治消防执法腐败问题”、“纪律教育学习月”等一系列教育活动。通过扎实有效的教育活动和思想政治工作，针对队伍中存在的纪律作风涣散、管理松懈等问题进行了深入的查摆剖析，达到了提高官兵政治觉悟、增强官兵责任意识、激发官兵工作动力，培育官兵风清气正的目的。

【实战练兵】 城区公安消防大队注重实战。向实战练兵要战斗力，修订全区所有重点单位灭火救援预案，共制定灭火抢险预案36份、灭火作战对象预案50份，灭火救援业务管理系统预案录入率达到100%。开展建筑消防设施调查测试，加强“六熟悉”（一是熟悉交通道路、消防水源情况；二是熟悉辖区消防安全重点单位的数量、分类和分布情况；三是熟悉辖区安全重点单位建筑结构和使用情况；四是熟悉辖区消防重点单位重点部位情况；五是熟悉辖区消防安全重点单位内部消防设施和消防组织情况；六是熟悉辖区主要灾害事故的类型和处置对策、基本程序），“四快”(受理报警快、着装出动快、赶赴现场快、战斗展开快) 训练、模拟实战演练和遂行拉练，提高部队初战制胜能力。向技术装备要战斗力，大力开展装备技术大检查大整改，落实“车场日”（是消防部队履行车辆勤务的一项重要制度，目的在于恢复和保持车辆、器材良好状态，以保证完成各项执勤备战任务的需要）制度，加强器材装备维护保养，提高官兵器材装备应用操作水平。向安全管理要战斗力，开展百日安全竞赛评比活动，邀请区驻地医院派员讲授紧急救护常识，组织驾驶员开展“三复”（复学、复训、复考）练习，在营区内增设安全行车警示语，提高官兵安全防范意识。

【消防宣传】 以宣贯《中华人民共和国消防法》和《全面消防安全宣传教育纲要》为主线，充分利用社会媒体资源，加大消防宣传力度。定期开放消防站，以“开学第一课”为载体开展消防安全进校园活动，结合“119”消防安全宣传月活动开展紧急疏散演练，组织青年志愿者上街道、入社区、下乡村宣传消防知识，形成了全民关注消防的氛围。是年，大队共举办培训班28次，培训3000多人次，印发宣传资料5万多份，大队消防微信公众号发布1000多条消防安全知识，汕尾电视台播放消防公益广告3000多条次，各镇（街道）设置消防宣传橱窗30多个，各单位悬挂消防宣传标语100多条，设立户外广告4处，提高了全民消防安全素质。

【消防监督】 以“清剿火患”战役、“重大火灾隐患集中整治专项行动”、“建筑消防安全专项整治行动”、“老城区和城中村消防安全专项整治行动”、消防安全“打非治违”专项行动等专项整治为主线，以“网格化”管理工作为突破口，以火灾隐患重点地区整治为契机，积极动员社会力量，联合治火，共同消除火灾隐患。以“三分三定”为基础，有条不紊地开展日常监督检查工作。是年，区公安消防大队监督员监督检查单位440多家次，累计出动910余人次，下发责令改正通知书296份，及时消除消防安全隐患。针对节前、重大活动以及火灾多发季节等重点时段，联合多部门大力开展专项监督检查行动。是年，全区共开展了9项专项整治工作，通过政府牵头，部门联动、社会配合，取得了较好的整治成效。是年，区消防大队共组织开展各类专项检查30多组次，检查社会单位1230多家次，检查组关停或取缔存在严重安全隐患厂企10多家。

【重点工作】 一是消防安全网格化管理工作全面推进。为完成50%镇（街道）建设网格化管理工作的攻坚目标，大队全体干部积极谋划，结合城区实际，在红草镇、香洲街道、凤山街道、马宫街道开展消防安全网格化管理工作模式，强势推进，全面提升社会化火灾防控工作水平。在户籍化管理方面，全区40个重点单位签订了责任书，全面推行“分区分户、一户一档、分档归籍”管理要求。二是火灾隐患重点地区整治成功摘牌。区委、区政府主要领导和大队军政主官多次到马宫街道开展检查指导，协调解决困难，大队派出3名执法干部半脱产指导马宫街道，全面改变了马宫街道的消防安全环境，建立了市政消火栓工程，实现了“网格化”管理，排查了全部工企业和“三小场所”，建立了一户一档案，整治了一大批火患苗头，有效消除了马宫街道火灾隐患。

【“双拥”工作】 注重警民共建，创造和谐大环境。十年如一日，持续不间断地在人力、物力、财力上帮扶儿童福利院的小朋友；逢年过节，总不忘看望小朋友，送去米、肉、衣物等慰问品和慰问金。经常与中山医院、汕尾职业技术学院等共建单位开展文体活动，组织军训，传授消防知识、国防知识、法律知识、邀请学校教师为官兵辅导文化知识等，做到紧密协作、相互帮助，培养了官兵“视驻地为故乡，爱人民如亲人”的思想情感。积极参与地方“三个文明”建设，巩固和发展“同呼吸、共命运、心连心”的新型军政军民关系。全年参与植树造林、冲洗街道、疏通下水道等为民做好事办实事达100（件）次，献血3200毫升，各类捐款8000多元。

(陈天明)

附 城区公安消防大队领导成员名单

大队长：李昱

政治教导员：邹小奇

副大队长：龚长野

边 防

【概况】 汕尾市公安边防支队城区边防大队成立于1988年12月，大队部位于城区金海娱乐园右侧。2014年，大队编制106人，实有77人，其中，干部61人、士兵16人；下设4个边防派出所（红草边防派出所正在筹建之中），均担负治安、户籍、边防管理，其中港口所担负台轮管理任务。辖区共设有警务室15个，警务室警官22人。

该边防大队下属边防派出所管辖的沿海乡镇2个，共辖沿海行政村22个、自然村75个，居委（社区）5个，辖区总面积86.61平方公里（其中：港口14.5平方公里,捷胜49.48平方公里，马宫22.63平方公里），海岸曲线长49.5公里，常住户籍17383户，常住人口81592人，暂住人口1307人。辖区共有港口2个，岛屿3个，码头4个，澳口10个；辖区共有各类出海船舶923艘，渔船民7152人；流动渔船民924人。

【学习中共十八届全会精神，扎实开展党风廉政建设】 大队党委坚持把学习贯彻中共十八届三中、四中全会精神为首要的政治任务，坚持每月上好一堂廉政教育课，每周编发一条廉政短信，通过开展“正风肃纪”教育整顿和反腐倡廉警示教育月活动，教育引导官兵树立正确的人生观、价值观，筑牢了官兵防腐底线，使官兵“不敢腐、不想腐、不易腐”。是年，大队共组织官兵撰写心得体会100余篇，编发廉政“小短信”400余条，组织党风廉政建设自查自纠4次。

【深化爱民固边，推进边防管理创新】 深化“大走访”活动。2014年，每名村官和民警制定走访计划，落实“五必访六必到”（即：困难群众必访，特殊人群必访，案件当事人必访，重点人口必访，上访人员必访；治安突出、矛盾多发、隐患集中村居必到，公共场所、复杂地段必到，重大项目、重要工地、企业园区必到，海上养殖区、交易区必到，孤岛、孤居、散舍必到，党政机关、深海部门、企事业单位必到）实施全员大走访；责任区民警高密度地到群众家里、田间地头、港口码头等生产生活环境中走访；派出所领导对治安复杂、矛盾纠纷突出、安全隐患较多的地方全面走访。一年来，共走访群众2万户8万余人，党政机关85次，企事业单位46家，学校106所次，走访困难儿童52人次，孤寡老人90人次，残疾人75人次，特困户156人次，发放补助累计23400元，为群众做好事、办实事、解难事40件。各派出所抓住春节、端午节、中秋节等节日的有利时机，集中走访辖区孤寡老人、困难儿童等弱势群众。马宫所为辖区连夜找回一名百岁走失老人，央广网、《南方法制报》等多家媒体纷纷给予宣传报道；港口所快速出警成功扑灭渔船大火，为渔船主挽回经济损失600万元，受到城区党委政府和群众的广泛赞誉。

大队强化社会管理创新，推出新颖的船舶管理措施。针对辖区船舶、渔船民数量多，管理难度大的实际，积极探索出了“船管队伍建设”“治安情报耳目人员建设”“多部门协调联动”“船管警务室建设”的海上创新管理“四法则”，船舶管理工作水平明显提高，目前大队船舶及渔船民证件年审率达到100%。港口所创新小型船舶管理，将小型船舶及船主基本信息采集登记造册，在互联网上申请生成“二维码”，通过扫描“二维码”可以识别船舶相关信息。马宫所积极走访渔业村委，联动村委参照流动人口管理的模式，对无证船舶进行统一编号登记挂牌，由村委会登记主管，派出所备案参与管理。

【提高打防管控能力，维护辖区稳定】 2014年，大队深入开展了“缉枪扫毒”“打击黄赌毒”“打击成品油走私”“六大专项”等专项行动，严厉打击各类违法犯罪活动，确保了辖区稳定。一年来，辖区发刑事案件28宗，破23宗，治安案件发案81宗，破75宗，调处民事纠纷51宗，救助群众22人；救助火灾8起；累计清查港岙口35个（次）、码头50个（次），检查粤港澳流动渔船652艘次、台湾渔船243艘次、国内渔船1800艘次，渔船民7214人次；查获非法买卖（运输）成品油案件12宗，查处运输成品油车辆4辆、运输船只7艘、查获成品油96.05吨。

2014年1月，汕尾市城区公安分局召开全区公安机关2013年度总结表彰大会，大队马宫边防派出所获得了“先进单位”表彰，并有2人受嘉奖。

3月，城区大队召开安全形势分析会，会议通报了云南“3·01”暴恐袭击事件，传达学习了各级指示精神，对工作进行了部署：一是加强巡逻防控，提高路面见警率；二是对辖区重点人员、场所、部位进行走访排查，注意隐患苗头；三是对部队装备进行一次检查，确保部队装备保持良好状态；四是对官兵思想动态、营区安全进行一次排查，确保部队内部安全稳定；五是加强情报信息收集，做到提前预警、消除隐患。

4月，大队完成辖区27个村委及非边防辖区5个村委换届选举安保工作。

5月，港口所、马宫所结合辖区实际情况，组织官兵到港口、码头走访慰问，利用派发宣传单、张贴公告等方式对渔民进行有关“休渔期”法律法规以及防火、防盗、防台风等安全方面知识的宣传和教育，引导渔民自觉遵纪守法，提高渔民自我保护和自救的能力，加强船舶管理，以确保休渔期间的社会稳定。

7月，港口所根据支队伏季休渔期沿海船舶边防治安管理工作部署，结合开渔工作实际，组织辖区各村委干部及渔船民代表，召开渔船民座谈会。

是月，城区大队主官走访了城区政府，与常务副区长余汉生进行了座谈，推动落实财政部《关于调整公安边防派出所等单位公安业务经费保障办法的通知》的文件精神，进一步争取地方财政支持。

是月，城区大队主官走访市规划局，与市政府副秘书长、该局局长蔡东升进行了座谈，推动“两证”办理工作。

是月，城区政协主席吴大集率领城区“八一”拥军慰问团到城区大队慰问指导，并与大队官兵进行了亲切座谈。

8月，港口所深入开展统一清查行动，收缴汽油瓶、狼牙棒和木棍等危险物品一批。

11月，港口所根据驻地党委政府和公安机关的统一部署，在辖区开展地毯式涉毒清查行动，行动中，派出所共出动警力50余人次，车辆9台次，船艇6艘次，官兵分海陆2个小组，通过仔细盘查废弃屋、养殖场、果场、工厂、码头、船厂、重点船舶、渔排等单位，核查比对相关证件信息，严防管理漏洞。

是月，市委常委、城区区委书记陈少荣，区长刘闪星等领导到城区大队调研指导工作，支队长石启桓、政委李涛、副支队长陈爱民、主任沈杰陪同调研。

（赵华良）

附　区公安边防大队领导名单

政委：潘石鑫（2014年3月离任）

　　　吴国锋（2014年4月任）

大队长：林汉潮

副大队长：蔡礼生

　　　　　李英标（2014年7月离任）

　　　　　谢宏斌（2014年8月任）

检　察

【概况】　2014年，检察院内设机构12个：办公室、政工科、案管科、反贪污贿赂局、职务犯罪预防科、司法警察大队、控告申诉检察科、民事行政检察科、反渎职侵权局、侦查监督科、监所检察科、公诉科。专项编制52人，实有在编干警49人，其中，公务员42人，职工7人。检察长1正3副，副书记2名，检察委员会委员11名，检察员23名，助检员6名。具有本科学历39人（全日制毕业16人），专科学历8人。

【刑事检察】　侦查监督　侦查监督是审查逮捕和立案、侦查活动监督的总称。2014年，共受理审查提请批捕案件308件418人，经审查，批准逮捕282件382人。加强逮捕必要性审查工作，对具有法定从轻、减轻或免除处罚情节的犯罪嫌疑人坚持“慎捕”原则，全年共作出不批准逮捕决定26件36人。

侦查活动监督　坚持惩治犯罪与保障人权并重、实体公正与程序公正并重。受理立案监督4件，经审查后全部答复投诉人。在侦查监督中，向侦查机关发出《逮捕案件继续侦查取证意见书》15份，引导侦查机关进一步充实完善证据；对不符合逮捕条件的，坚决不捕，并做到每案都进行说理，发出《关于不批准逮捕的理由说明》26份;根据办案情况及时发出《不批准逮捕案件补充侦查提纲》6份、《纠正违法通知书》1份；提前介入案件3件。

审查起诉　根据《中华人民共和国刑事诉讼法》的规定，人民检察院的公诉工作包括代表国家行使公诉权追诉犯罪和进行刑事审判监督两个方面。2014年，区检察院受理移送审查起诉案件387件483人，受理案件数突破往年纪录，经审查，向同级法院提起公诉326件402人，依法报市检察院审查起诉21件34人。认真贯彻落实宽严相济刑事政策，在执法办案各个环节更加注重化解社会矛盾，减少社会对抗。对主观恶性小、犯罪情节轻微、社会危害不大的偶犯、过失犯和未成年人犯等，本着教育、感化、挽救的方针，积极促使当事人和解，依法从宽处理，共作出相对不起诉决定14件19人。

审判活动监督　加强对刑事审判活动的合法性以及裁判结果的正确性进行法律监督，保证准确查明案件事实，保障当事人的合法权益。进一步推行量刑建议改革，发出量刑建议89件。

【贪污贿赂检察】　2014年，立案侦查贪污贿赂犯罪案件7件7人。典型案例有：积极响应市委打击毒品犯罪“保护伞”专项工作，立案侦查陆丰市公安局李某某等4名民警涉嫌受贿案和1名社会人员涉嫌行贿案，铲除毒品犯罪背后的“保护伞”；严肃查办城区红草镇原民政室负责人林某某利用职权向13户危房改造户索贿案，将追缴的赃款39000元返还给受害人，使他们感受到党和政府的温暖及执法的人文关怀。

【渎职侵权检察】 是年，立案侦查渎职犯罪案件4件4人。根据上级检察机关的部署，查办了陆丰法院法官伙同非法中介人进行虚假诉讼的系列案件，立案侦查4名犯罪嫌疑人，追缴违法犯罪所得250多万元。

【职务犯罪预防】 在大力查处职务犯罪案件的同时，把预防职务犯罪工作摆在重要位置，利用警示宣传、预防咨询等形式，不断扩大预防工作的社会影响力。是年，结合城区红草镇原民政室负责人林某某犯受贿罪的案件，区检察院会同城区纪委在红草镇召开返还赃款暨警示教育现场会，既返还群众应得的利益，也通过该案对乡镇基层干部产生警示效应。坚持在易发多发职务犯罪的重点行业和领域开展预防调查工作，加大对涉农惠民资金走向和生态环境保护领域职务预防专项工作的力度，协助共同预防单位完善机制、堵塞漏洞，逐步建立和完善侦防一体化工作机制。加强与共建单位在日常工作中的沟通和联系，积极预防共建单位的职务犯罪。全年共开展预防咨询12次；受理行贿犯罪档案查询8次；对城区11个重点工程项目、政府采购项目开展专项预防工作。

【监所检察】 是年，积极开展减刑、假释、暂予监外执行专项检察活动，确保刑罚的公正执行。做好监外执行罪犯的档案管理，并深入基层司法所对社区矫正工作进行监督检查，针对发现的问题提出改进措施和建议，确保辖区内155名监外执行人员得到有效监管。

【民事行政检察】 在开展民事和行政诉讼法律监督工作中，坚持把依法监督和耐心做好申诉人的息诉服判工作有机结合起来，使申诉人真心服判，有效化解矛盾纠纷，维护司法权威。全年受理民事、行政申诉案件3件，已结2件，其中促成双方当事人自行达成和解协议1件。

【控告申诉检察】 进一步落实信访案件首办责任制和检察长接访日制度，依法及时公正处理群众诉求。受理各类信访件25件次，其中，来访19批次，来信6件，全部按规定予以办理。在接待群众来访过程中，做到热情接待、耐心听讲、妥善处理。此外，根据区委安排，每月均派员到捷胜镇开展大接访活动，以现场接访、接受法律咨询等形式，体民忧解民困，把矛盾纠纷化解在基层。

（曾小倩）

附　区检察院检察长、副检察长名单

党组书记、检察长：陈嘉涛
党组副书记、副检察长：张金水
党组副书记：潘国雄
　　　　　　林佑信
副检察长：曾小湖
　　　　　陈海生

法　院

【概况】 2014年度，区法院学习贯彻十八届三中全会、四中全会精神，紧紧围绕“努力让人民群众在每一个司法案件中都感受到公平正义”的目标，切实开展第二批党的群众路线教育实践活动和“改革创新推进年”“司法公开深化年”和“队伍建设强化年”活动，积极推进司法公开“三大平台”（审判流程公开、裁判文书公开、执行信息公开）建设，各项工作取得新的发展。是年，共新收各类案件1768件，旧存145件，合计1913件，办结1689件，结案率为88.29%。

【刑事审判】 依法惩治刑事犯罪，维护社会和谐稳定。是年，共新收刑事案件319件413人，旧存4件4人，合计323件417人，审结313件407人，结案率为96.9%。在生效判决中，有42名罪犯被判处五年以上有期徒刑，重刑率为16.6%。认真贯彻落实党委、政府关于禁毒工作的部署，始终把打击毒品犯罪作为刑事审判工作的一项重要任务，开展禁毒严打整治，严惩毒品犯罪活动。共办结涉毒案件126件，判处毒品犯罪分子131人。认真落实宽严相济刑事政策，对犯罪情节较轻的未成年人犯罪和过失犯罪，以及其他犯罪情节轻微的罪犯，依法适用非监禁刑，共有26名罪犯被判处缓刑。加大刑事附带民事诉讼调解力度，在办结的6件刑事附带民事诉讼案件中，附带民事部分和解的5件，和解率为83.3%。

【民商事审判】 民商事审判工作以化解社会矛盾为主，扎扎实实做好司法调解工作，为人民群众安居乐业营造良好的法治环境。是年，共新收民商事纠纷案件1258件，旧存128件，合计1386件，审结1190件，结案率为85.86%。以“调解优先，调判结合”为抓手，坚持“全面、全程、全员”调解。共有855件民商事诉讼案件以调解和撤诉方式结案，调撤率达71.85%。

【行政审判】 认真履行行政审判职能，努力优化行政审判环境，切实保护行政相对人的合法权益。是年，共新受理行政诉讼案件11宗，旧存3宗，共计14宗，结案8宗；审查非诉行政执行案件5宗，已全部结案。努力以协调和解的方式解决当事人的实际问题、满足当事人合理的诉求，及时疏导和化解官民矛盾，在办结的13件案件中，经做协调工作后撤诉5件，撤诉率为38.46%。

【执行工作】 以“转变执行作风，规范执行行为”专项活动为主线，认真开展清理积案工作，执结了一批久执不结的案件。是年，共新收案件180件(其中主动执行案件174件)，旧存10件，合计190件，执结178件，结案率为93.68%；执结标的8784.646万元，到位标的4200.087万元，到位率47.81%。加强执行工作信息平台建设，做好全国执行案件信息管理系统中区法院执行案件数据核录和补录工作。

【司法为民】 为方便当事人诉讼，开通外地当事人立案“绿色通道”，凡是外地当事人提起诉讼的，给予优先办理立案手续，做到当天审查，当天立案。是年，共受理外地当事人起诉案件80件。为方便当事人缴纳诉讼费，在田墘法庭和立案庭各安装了一台POS机。为让有困难的当事人打得起官司，加大对困难群众及弱势群体的司法救助和法律援助力度，共为25名未成年被告人申请了法律援助；对追讨工资、工伤抚恤、赡养、抚育等14类诉讼案件中符合救助条件的当事人，实行诉讼费减、免、缓交，给予11宗案件的当事人缓交诉讼费共72956元，为1宗案件的当事人免交诉讼费3038.55元，为1宗案件的当事人减交诉讼费6654.12元。为方便当事人查询案件信息，在立案大厅安装了一部公共信息查询系统电脑触摸屏，建立法院门户网站，当事人均能够通过上述系统查到诉讼指南、常用法律等内容，当事人和诉讼代理人输入密码后，还能查到依规定所有审判执行案件需公开的相关信息。妥善处理群众来信来访，化解社会不安定因素，把维护法律权威与维护人民群众合法权益结合起来，注重做好判后答疑和析法释理工作，引导群众正确表达诉求，依法维权；加强舆情监控，及时发现和掌握矛盾纠纷隐患，将各种信访苗头解决在萌芽状态，确保了集体性事件和到省上访事件零发。

【审判管理】 加强案件质量管理，对2013年度已办结案件开展评查。评查方式有各业务庭自查、案件质量评查小组抽查、陆河县人民法院交叉评查、汕尾市中级人民法院抽查和省法院抽查，共评查案件421宗，有效地加强对法官和书记员工作的考评和监督,促进法院审判、执行工作规范化。加强审判流程管理，对全院未结案件的审限进行实时监控。是年，区法院核心指标全部达标。推行裁判文书上网，按要求在中国裁判文书网与本院门户网实现同步上传。是年，上传裁判文书410份。

【司法宣传】 积极开展法制宣传工作。2014年3月8日，城区法院在市区举办法律咨询活动。是年，共编发《法院工作简报》27期，《法院“党的群众路线教育实践活动”活动专刊》9期，编发《调研与思考》2期，其中，在中院门户网站的基层法院栏目内登载30篇。选择典型案例编写成新闻稿，被《人民法院报》采用3篇，被省高院官方微博采用7条，被《汕尾日报》和汕尾电视台等市级新闻媒体采用新闻稿34篇（条），取得良好的法制宣传效果。

【司法建议】 主动延伸司法职能作用，通过司法建议的手段积极参与社会管理创新，推动依法行政，堵塞管理漏洞。法官在具体的个案审理中，及时发现相关单位管理、行政执法等工作过程中存在的问题和不足，深入分析原因，紧密结合理论研究和实务操作，使得发出的司法建议具有更强的针对性和可操作性。是年，共发出司法建议21份。

【党的群众路线教育实践活动】 根据区委和上级法院关于开展第二批党的群众路线教育实践活动的部署，2014年1月~10月，区法院深入开展教育实践活动。2月20日召开全院教育实践活动动员大会，会后院长陈展科带领院全体法官在办公楼一楼大厅面对党旗、国徽举行了庄严的宣誓活动。为征求区法院领导班子和党员干部在“四风”方面存在的问题、法院队伍作风建设以及审判、执行工作方面存在的问题，派各部门负责人列席城区第七届人民代表大会第四次会议各代表团的讨论会，听取意见；深入挂驻村捷胜石岗村召开村党员代表、村民代表座谈会；邀请区人大代表、区政协委员到区法院参加座谈会；召开人民陪审员、律师、当事人代表座谈会；召开院中心学习组扩大会议，听取各部门负责人意见，对所听取的意见和建议充分吸收，逐条对照检查，认真进行整改。

【人民陪审员“倍增计划”】 按照最高人民法院的部署，全面实施人民陪审员“倍增计划”，通过主动加强与城区人大、财政局的联系，争取支持，联合司法行政部门加大选任人民陪审员工作的宣传力度，拓宽选任范围和选任人数，让更多的人民群众加入到人民陪审员工作中来。是年9月底，经区法院院长陈展科提请，汕尾市城区第七届人民代表大会常务委员会第二十三次会议通过，任命陈丽玲等24人为区法院人民陪审员，并于11月举行任命书颁发仪式。至此，区法院共有人民陪审员36名，圆满完成了人民陪审员“倍增计划”工作。为使人民陪审员切实履行好审判职责，区法院一方面加强对人民陪审员的职业道德、审判纪律教育；另一方面强化对人民陪审员的业务培训，促进人民陪审员审判能力的提高。

（胡良岸、黄映珠）

附　区法院领导成员名单

法院党组书记、院长：陈展科

法院党组副书记、副院长：洪卫京

法院党组成员、副院长：陈海星

陈伟星

司法行政

【概况】 城区司法局组建于1988年6月，为正科级单位。至2014年年底，有内设机构6个：政工室（副科级）、秘书股、宣传教育股、法规与公证律师股、基层管理股、社区矫正股。下属机构3个：区公证处、区法律援助处、区公职律师事务所。派出机构（司法所）7个：凤山、香洲、新港、东涌、捷胜、红草、马宫司法所。编制总额38名，其中，行政编制28名（局机关政法专项编制12名、区法律援助处政法专项编制2名、基层司法所政法专项编制14名），事业编制10名（后勤服务人员事业编制2名、区公证处5名、区公职律师事务所参照公务员管理事业编制3名）。截至2014年年底，实有在编在岗人员36名，其中，局机关12名，区法律援助处2名，后勤服务人员2名，区公证处5名，区公职律师事务所2名，司法所13名（凤山司法所2名、新港司法所1名、红草司法所2名、香洲司法所2名、捷胜司法所2名、马宫司法所2名、东涌司法所2名）。

【普法工作】 主要采取“新、实、多”。1.“新”——有创新。普法形式和手段不断创新。投入8万元建设“普法网站、普法微信平台、手机普法短信平台”，进一步提升城区法律服务水平。2014年，共发送手机普法短信8万多条，微信平台关注量达160多户，网站阅读近3万人次。普法工作机制有创新。完善“党委领导、人大监督、政府实施、部门负责、广泛参与、齐抓共管”的普法机制和普法成员单位联席会议制度，研究推进普法工作的措施、方法、形式，进一步扩大普法教育的社会影响力。一年来，召开普法联席会议 2 次。2.“实”——工作实。在原有“三团一队”（普法讲师团、法律服务团、法律顾问团和法律宣传志愿者队伍）的基础上，从律师、警官、法官、检察官、纪检监察干部等法律工作者中选拔了 15 名精干人员扩充普法师资力量，形成涵盖城乡和各行业的大普法格局。是年，全区共建立普法机构 199 个，配备专（兼）职普法工作人员 280 名，区直职能部门法制宣讲组 18 个。紧紧围绕村社“两委”换届选举和开展创建广东省文明城市活动等政府中心工作，深入开展普法宣传，推动城区按时顺利完成“两委”换届选举工作任务。不断加强“民主法治示范村(社区)”创建工作，是年，全区共有 9 个村（社区）被授予“广东省民主法治示范村（社区)”称号，65 个村（社区）被评为“全区民主法治示范村（社区)”称号，基层民主法治创建达标率达 72%。3.“多”——活动多。开展“南粤幸福活动周”“法律援助惠万家、文明城市共创建”“法导我行、共创文明”等各种活动 10 场次，共印发宣传资料 2 万多份，出动律师、法律工作者和志愿者 200 多人次，为创文活动营造浓厚氛围。深入开展“法律六进”（进机关、进乡村、进社区、进学校、进企业、进单位)，切实抓好各级领导干部、公职人员、青少年学生、村社“两委”干部等重点普法对象的教育，确保重点对象的法制教育覆盖面达到 90%以上。2014 年，共举办各类讲座、培训班、座谈会、法律咨询宣传活动 220 多场次；共开展送法下乡活动累计 150 多场次，送法进企业 50 多场次；举办“法律进校园”活动 65 场次。

【人民调解】 2014 年，以开展“社会矛盾纠纷化解年”活动为契机，深入开展社会矛盾纠纷大排查大调处，及时有效化解矛盾纠纷，努力发挥人民调解在维护社会稳定中“第一道防线”作用。发挥基层司法所及各级调解组织、行业调解组织的作用，积极参与土地纠纷、劳资纠纷、医疗纠纷、交通事故等矛盾纠纷的调解工作，坚持“深入基层、深入群众，逐件排查、逐日上报”的原则，对基层矛盾隐患做到底子清、情况明，将矛盾纠纷化解在基层，化解在萌芽状态。一年来，全区共排查受理各类民间纠纷 721 件，调解 721 件，调解成功 707 件，调解成功率 98%。其中：防止民转刑案件 16 宗，37 人；防止群体上访 7 宗，109 人；避免和挽回当事人经济损失 264 万元。

【社区矫正】 2014 年，认真贯彻落实《社区矫正实施办法》，以严格管理为核心，以预防和减少重新违法犯罪为目标，遵循“教育、感化、挽救”的原则，全面推进社区矫正工作，取得了显著的成效。截至 2014 年年底，全区累计接受矫正对象 358 名。其中，期满已解矫 161 名，委托外地托管 2 名，移交当地派出所管理 1 名，脱管 1 名，因病或意外事故死亡 4 名，经检察院复查作出医学鉴定重新收监 2 名，向法院建议撤销缓刑 10 名（重新犯罪 4 名），建议撤销假释 1 名。现在矫人员 176 名，其中，缓刑 166 人，假释 4 人，保外就医 6 人。这 176 人都见人见档，管控到位，建档率 100%，重新违法犯罪率为 1.11%。

【安置帮教】 按照“帮教社会化、就业市场化、管理信息化、工作规范化”工作要求，加强与有关部门沟通联系，认真做好辖区内刑释人员的衔接、排查、教育和管理。通过刑释解教人员安置帮教工作动态管理信息系统，按照监所提供的姓名、地址、身份证等信息，定向查找。对一些地址、身份证信息不准或不实的刑释人员，则采取综合查找的办法，实现了安置帮教人员信息核查管理“行动快、数据准、情况实”。截至 2014 年年底，城区共有在册刑释解教人员 97 名，其中，刑满释放 49 名，期满解矫 48 名；男性 86 名，女性 11 名；一般帮教人员 83 名，重点帮教人员 14 人；已安置 83 名，安置率 85.6%；帮教率 100%；重新犯罪 3 名，重新违法犯罪率 3%。

【法律援助】 区司法局把法律援助作为党委政府的民心工程，多举措并举，提高法律援助覆盖面和社会影响力。一是区法律援助中心开通“12348”法律服务热线，24小时接受群众的法律咨询；二是将法律援助工作制度，办案流程，受理范围、方式，监督电话等内容张榜公示，推行一次性告知制、首问责任制，开展电话咨询、上门服务、预约服务，简化受理、审批手续，方便来访群众及时了解办理法律援助事项的有关信息；三是降低法律援助经济困难标准门槛，拓宽法律援助申请渠道，推进法律援助向村居延伸，基本实现“能援必援、应援尽援”。一年来，共接受群众来电来访617人次（其中“12348”服务热线接受群众来电434人次），办理法援案件83宗，办结案件数比去年同期增长70%，并实现受理率和办理率两个100%。

【公证服务】 为优化公证窗口的服务质量，在公证处开展三项服务承诺：一是投入3万元，开通网上办证业务，做到公开透明、业务快捷、程序简化。落实限时办结制，小案当天完成，大案最长不超过3个工作日，大大提高了办证速度，进一步方便了群众；二是最大限度服务群众，推行预约办证、上门办证服务，对孤寡老人、残疾人等特殊人群办理公证业务实行电话预约、上门服务等手段；三是实现办证流程透明规范化，将公证收费标准、办事指南、办理流程张榜公示，以“为民惠民”实现公证业务社会效益。2014年共办理公证865件，实现群众“零投诉”。

【记事】 1月22日，印发2014年度全区普法工作计划和方案。

2月19日，召开全区司法行政系统“党的群众路线教育实践活动”动员大会。

4月23日上午，区委第二督导组到区司法局检查督导工作，局长曾昭谋向区督导组汇报了教育实践活动开展情况。

根据市司法局的部署要求，从4月份开始，区司法局对全区社区矫正人员实行电子定位监控管理，2014年此项工作已全面辅开。

5月21日，市领导王世顶带领市委督导组到区司法局检查指导工作。

5月22日，副局长吴贤义及基层股股长到陆丰市参加全市社区矫正工作现场交流会。

5月27日，举办“法律援助惠万家，文明城市共创建”法律咨询活动。

6月11日，市检察院、城区检察院组织全市社区矫正人员和暂予监外执行（保外、就医）服刑人员到市人民医院作体检，城区有3名保外就医人员参加体检。

6月13日，局长曾昭谋、副局长吴贤义带领基层股工作人员到城区电信公司蹉商落实社区矫正人员电子监控工作事宜。

6月26日，开展全区性“6·26”禁毒宣传咨询活动。

7月1日，汕尾市城区普法微信公众平台正式开通。

7月4日，区司法局组织市区凤山、新港、香洲街道40多名社区矫正人员集中进行教育学习，邀请新区派出所民警、部分村（社区）“两委”干部参加，并开展公益劳动。

7月18日，区政协召开青少年社区矫正工作专题协商议政会议。局长曾昭谋向与会人员汇报开展青少年社区矫正工作。

7月20日，市、区司法局组织律师、法律援助志愿者等共20多人在市区通港路中段开展以“法律援助为民服务”为主题的法制宣传活动。

7月29日，副局长王声效及宣教股负责人前往惠东参加禁毒工作学习交流会。

8月13日，市司法局副局长郑晓红带领社区矫正科和基层管理科工作人员一行到区司法局检查指导工作。

9月9日，组织人员参与市区香洲头违章建筑拆迁行动。

9月17日，省司法厅政治部主任谢昌晶等领导在市司法局局长潘恩宏、副局长郑晓红等的陪同下，到城区调研指导法律服务工作开展情况。

9月23日，区司法局、区普法办在市区通港路中段举办以“法导我行，共创文明”为主题的大型法律咨询宣传活动。

10月15日，全区各级公务员1000多人聚集区职业技术学校，参加由区委组织部、区人社局、区司法局联合组织的全区公务员法制教育及职业道德建设培训班。培训班由市委党校法研室主任吴伟平副教授和布晓青讲师主讲。

10月22日，区司法局法律工作者应邀到东涌镇石洲中学举办法制教育讲座，为该校500多名学生上了一场“提高法制意识，做守法好公民”的法制辅导讲座。

11月4日，以省司法厅副厅长何流明为组长的广东省依法治省领导小组第六检查组，在市人大常委会副主任吴友深、市依法治市办和市司法局负责人的陪同下，到城区田家炳中学和区人民法院两个法治文化建设示范点检查指导工作。

11月13日，由市人大常委会副主任吴友深、内司工委主任陈赛齐等带领的市执法检查组，对城区贯彻落实《中华人民共和国人民调解法》(主席令第三十四号) 的情况进行检查。区人大常委会副主任邝文泉、区司法局局长曾昭谋等参加了活动。

11月14日上午，区禁毒委牵头组织区公安分局、区司法局、区团委等部门，在市区通港路中段举行“珍爱生命 拒绝毒品”万人签名活动。

11月18日，区行评团到区司法局听取行评意见整改落实情况，曾昭谋局长汇报情况。

11月24日下午，区司法局在区新楼小学举办预防青少年违法犯罪法制教育讲座，该校500多名师生参加讲座。

12月4日，区人大牵头组织区司法局等18个单位和部门联合在市区通港路中段举办以“弘扬宪法精神 共建法治城区”为主题的“12·4”国家宪法日暨全国法制宣传日大型普法宣传活动。

12月4日下午，区司法局与东涌镇新湖小学联合举办法制讲座，与该校近200名师生共同庆祝第一个国家宪法日。

12月12日，区行评团召开行评总结会，区司法局获得行评总分第一名。

12月26日下午，召开一村（社区）一法律顾问工作动员会议。会后，举办了驻村（社区）法律顾问培训班。区委常委、政法委书记卓江广出席并讲话。

（黎明静）

附 城区司法局领导名单

局 长：曾昭谋

副局长：王声效

吴贤义

经济管理

JING JI GUAN LI

经济建设

【概况】 2014年，区政府在市委、市政府和区委的正确领导下，在区人大和区政协的监督支持下，严格按照中央、省、市的各项部署，深入贯彻落实中共十八届三中、四中全会精神，紧紧围绕扩容提质、振兴发展目标，坚持发展、改革、稳定的主线，团结带领全区干部群众，开拓进取，真抓实干，有力地推动了城区的经济社会建设。全年全区完成生产总值105.5亿元，比增6.2%；规模以上工业增加值46.63亿元，比增6.8%；农业总产值26.05亿元，比增4.0%；固定资产投资34.34亿元，比增13.3%；社会消费品零售总额81.13亿元，比增10.2%。

【主要措施】 一是起步区征地工作有新突破。2014年，汕尾新区规划建设全面铺开，三个起步区征地补偿工作，取得了新的突破。中央商务区中的火车站片区一期831亩、二期610亩已完成征地，作物补偿和迁坟工作在加紧扫尾中，三期征地已召开村民代表大会通过同意。碧桂园二期项目土地也已交地开工建设。金町湾滨海旅游区顺利完成一期842亩的征地和作物补偿工作，2014年9月25日，保利集团金町湾旅游度假城项目开工建设。深汕高速公路长沙湾全互通立交出入口工程10月20日动工建设。红草高新技术产业园区在2014年7月被省政府定为省级高新技术开发区，成为全市唯一的省级高新区。9月23日，广物汽车城项目顺利开工。

二是重点项目建设有新进展。该区认真抓好区级25个重点项目的建设。其中，森林抚育补贴试点项目、泰濠世纪豪庭房地产、凤飞山至捷胜公路续建工程3个项目已竣工，广物汽车城、高瞻实业农产品冷冻厂续建、城区妇幼保健院综合楼等13个项目已开工建设，其他9个项目正在加快推进征地补偿或用地报批等前期工作之中。

三是农、林、渔业有新发展。该区大力扶持发展农、林、渔业生产，2014年，全区新增农民专业合作社1家，总数达42家，发展农业龙头企业9家，无公害蔬菜基地3个。投入600万元完成5000亩高标准农田建设。投入500万元完成红草丰祺合作社良种良法示范基地建设。投入800多万元完成中央投资沿海防护林建设任务。投资1320万元的捷胜龟龄岛东南生态公益型人工鱼礁项目动工建设，已完成工程量80%。

发展与改革工作

【概况】 2014年，在区委、区政府的正确领导下，在区人大及其常委会和区政协的监督支持下，全区干部群众认真贯彻落实区委、区政府工作部署和要求，加快扩容提质、振兴发展，坚定信心，把握机遇，开拓进取，全区经济和社会发展取得新的进步。

【全区经济持续增长】 2014年，全区完成地区生产总值105.5亿元。其中，第一产业增加值16.01亿元；第二产业增加值50.93亿元；第三产业增加值38.59亿元。三次产业结构由2013年的14.3∶49.9∶35.8调整为2014年的15.2∶48.3∶36.5。城区公共财政预算收入3.86亿元。

【农业经济稳步发展】 2014年，全区完成农业总产值26.05亿元。其中，粮食总产量达到2.28万吨，渔业产量达到19.63万吨。全区拥有农业龙头企业9家，无公害蔬菜基地3个，新增农民专业合作社1家，总数达到42家。投入1000万元完成11宗小（2）型病险水库除险加固工程；投入800多万元完成沿海防护林建设任务，全区森林覆盖率达到48%。总投资1320万元的捷胜龟龄岛东南生态公益型人工鱼礁项目正在紧锣密鼓进行，该项预计2017年年底完工。

【加快工业转型步伐，推动重点项目建设】 加大对重点企业帮扶力度，促进企业转型升级，全区工业经济呈现稳定增长发展态势。全区规模以上工业企业达到39家，完成规模以上工业增加值46.63亿元。完成社会固定资产投资34.34亿元，区级重点项目建设扎实推进，已竣工或动工建设的有凤飞山至捷胜公路续建工程、森林抚育补贴试点项目、泰濠世纪豪庭房地产项目、广物汽车城项目、金町湾旅游度假城项目等13个项目，累计投入资金3.8亿元。

【消费市场持续畅旺】 2014年，全区完成社会消费品零售总额81.13亿元，消费对经济增长的贡献率不断增强。旅游消费趋旺，全年全区接待外来旅客130万人次，旅游总收入7.68亿元。

【社会事业建设步伐加快】 2014年，教育创强工作稳步推进，马宫、新港街道被评为“广东省教育强镇”。发明专利、实用新型及外观设计授权量同比增长69%。基层医疗卫生服务体系进一步健全，医疗服务质量和水平不断提高。全面完成乡镇综合文化站建设任务，建成村（社区）文化室92个、配套完善农家书屋58家，红草铜鼎山郊野公园、墩下城公园和一批社区村头公园已建成投入使用。汕尾渔歌入选第四批国家级非物质文化遗产名录，渔歌演唱获得省第十一届“百歌颂中华”歌咏比赛铜奖，大型原创渔歌剧《默娘》获得广东省妈祖文化创新剧目。凤山祖庙旅游区获国家AAAA级旅游景区和省中华文化传承基地称号。成功举办首届渔歌节、海峡两岸文化交流暨凤山祖庙重光20周年等重大活动。创建广东省卫生村12个，省人口与计划生育基层群众自治示范村3个。食品安全和打假工作不断深入，安全生产形势稳定好转，社会管理进一步加强，全区社会大局稳定，群众安全感和满意度提升。

综上所述，城区经济社会发展还存在不少困难和问题：一是经济总量不大，经济总体实力不强，欠发达的基本区情还没有根本改变；二是工业化水平仍然较低。工业基础薄弱，产业集聚化程度偏低，产业转型升级步伐不快；三是土地、资金等发展要素的制约依然存在；四是社会管理和公共服务压力大、任务重，民生保障水平较低。

【顺利完成撤并工作】 根据《中共汕尾市城区委、汕尾市城区人民政府〈关于印发汕尾市城区人民政府职能转变和机构改革方案〉的通知》，2014年5月4日，将城区物价局职责划入区发展和改革局。

【价格管理逐步完善】 2014年，城区发改局坚持依法治价管费，坚持以稳定市场价格为已任，以关注民生、服务民生、加强市场价格鉴管监测为工作重点，突击抓好群众关心的商品价格以及收费等民生价格，开展价格专项检查以及价格监测工作。一是认真开展收费综合年审工作；二是加强市场价格监测监管工作；三是立足价格管理职能，开展价格监督检查工作。为促进城区经济发展和平安城区创造良好的价格环境。

（曾春泉）

附　区发展和改革局领导名单

局　长：张祥文

副局长：蔡举瑜

　　　　何世烈

　　　　颜焕强

工商行政管理

【概况】 2014年，汕尾市工商行政管理局城区分局（以下简称城区分局）内设办公室、人事监察股、法规股、登记注册股、企业监督管理股、经济检查股、市场合同股7个股室和东涌、红草、捷胜、凤山、香洲、新港工商所6个派出机构，还设“12315”投诉举报中心及对口指导管理的城区消费者保护委员会、城区个体劳动者协会和城区私营企业协会。是年底，全系统共有正式干部职工164人，其中，公务员133人，事业干部6人，工勤人员25人。

是年，城区工商分局以中共十八大、十八届三中、十八届四中全会精神为指导，以“稳中求进、进中求快、快中求好”为基调，以深化改革创新为统领，以营造宽松平等的准入环境、公平竞争的市场环境、安全放心的消费环境为中心任务，深入开展党的群众路线教育实践活动，认真落实市工商局和区委区政府的工作部署及要求，扎实推进工商登记制度改革，优服务、强监管、惠民生、提素质、稳队伍，提升工作效能，狠抓工作落实，为服务城区地方经济的发展，取得一定的成效。

是年底，全区有个体工商户17258户，从业人员59006人，注册资金46508.74万元。公司企业

327户，注册资本58666.8万元，从业人员2857人；分公司89户。个人独资企业326户，注册资金7212.7万元，从业人员3024人；个人独资企业分支机构11户。合伙企业37户，从业人员326人，注册资金1300.1万元。内资非公司企业法人143户，从业人员7949人，注册资金32361.3万元；全区内资营业单位272户，从业人员3860人，注册资金4880.26万元。农民专业合作社72户，成员出资额23399.7万元，社员人数1029人。

【扎实推进商事登记制度改革】 按照《广东省商事登记制度改革方案》的要求，在上级的统一部署下，城区分局积极深入推进工商登记制度改革，推动工商注册制度便利化。改革经营范围登记、简化住所（经营场所、营业场所）登记手续，为各类投资主体创造一个公开、规范、统一的准入环境，激发全社会的创业热情，促使市场主体增量提质。2014年，城区分局新发展个体工商户3141户，从业人数5872人，注册资本10854万元，与2013年同期相比，发展户数增长17.4%，注册资本增加1.14%。新发展内资公司企业及其分公司154户，注册资本41602万元；从业人数1642人。新发展合伙企业及其分支机构20户，注册资本587万元，从业人数186人。新发展个人独资企业及其分支机构19户，注册资本537万元，从业人数178人。与2013年同期相比，企业发展户数增加86.8%，企业注册资本增加116.4%，从业人数增加30.1%。新发展农民专业合作社及其分支机构10户，投资总额5275万元，从业人数80人。

同时，认真贯彻落实《企业信息公示暂行条例》，构建市场主体信用信息公示体系。企业年报和即时信息公示制度是工商登记制度改革的重要内容，分局高度重视《企业信息公示暂行条例》实施和服务工作，利用各类媒体和平台广泛发动宣传，通过在分局机关和各工商所张贴公告、派发宣传小册子、充分利用当地电台、电视广播、报纸和其他网络手段大力宣传条例，并组织企业集中进行面对面培训，为条例实施营造良好的舆论氛围。是年，分局共印发宣传册3000余份，答复群众咨询900余次，组织企业专场辅导3次，组织业务人员专题培训3场次，全区已有2354户市场主体完成2013年度报告公示。

【整顿和规范市场经济秩序】 立足工商部门职能，规范市场行为，以“严管”构建公平、公正的市场环境。分局从构建市场监管长效机制入手，以人民群众关心的热点、难点问题为突破口，全面加强对市场流通领域各种违法违规行为的查处工作，重点是依法取缔无照经营、积极开展食品安全监管、打击非法传销和销假贩私、查处商标侵权和虚假广告、反不正当竞争等各类经济案件，强化市场监管力度，狠抓案件查处工作，整顿和规范市场经济秩序取得新进展。2014年，城区分局共查处经济违法违规案件302宗（包括简易案件），已缴交罚没款39.70万元。

深入开展流通环节食品安全整顿工作　严格按照省、市局有关流通环节食品安全整顿工作方案的要求，通过股、所联动方式开展各项专项执法检查。是年，共立案查处食品经营户违法案件37宗（包括无证照经营食品案件），罚没款5.74万元。

强化流通领域商品质量监管　营造良好的消费环境。认真组织指导辖区工商所开展监测商品分布情况调查，建立了18类33个品种共827户的定点监管对象名单。

积极开展查处超标电动自行车联合行动　在市、城区政府的统一领导下，城区分局与质监、公安、经信等部门组成联合执法队伍，对辖区内销售超标电动自行车的商户进行全面的清查整顿。立案查处涉嫌销售超标电动自行车案件1宗，依法查扣超标电动自行车24部。

积极开展非法组拼装摩托车专项整治行动　重点查处无照经营和超范围经营等违法行为，对非法组拼装废旧摩托车的行为坚决予以打击。行动以来，共立案查处涉嫌非法组拼装摩托车案4宗，罚没款0.46万元，依法没收在扣非法组拼装摩托车14辆。

认真开展“双打”及不正当竞争整治工作　坚决打击假冒侵权、虚假宣传等不正当竞争行为。围绕当前经济生活中人民群众关心的热点问题，以查处人民群众反映强烈的农资、建材、汽配、家具、保健品等商品为重点，着力打击假冒侵权和虚假宣传行为。是年，分局查处商标侵权案件1宗，罚款0.36万元。

强化户外广告监管　是年，分局一方面严格把好户外广告登记关，特别是对食品、酒类等重要商品，手续不齐全的，一律不登记，净化户外广告市场，确保户外广告的真实性；另一方面加强巡查监管，同时积极指导、配合执法单位办案，与执法单位联动，互通信息。2014年，办理户外广告登记104户次，查处广告案件4宗，罚款0.8万元，在办广告违章案件2宗。

开展打击传销和变相传销专项行动　通过印发宣传单、悬挂宣传横幅、出动宣传车等形式营造打击传销和变相传销活动的宣传声势。并积极采取多种措施，严厉开展打击传销和变相传销活动。是年，城区分局辖区内的4个街道办事处和3个农村镇均已建立“无传销社区（村）”。

认真开展“安全生产月”活动　围绕“强化安全基础，推动安全生产”主题，分局认真履行工商职责，深入开展烟花爆竹、危险化学品、非煤矿山等涉及安全生产的整治工作，并积极配合政府安全生产监督管理等部门加强企业安全生产监管工作，确保“安全生产月”活动的各项工作落到实处。是年，城区分局在清理整治无照经营活动中，出动检查人员2250人次；执法车辆560车次；检查从业单位1285户；配合政府有关职能部门的检查督查15次；发现安全隐患企业12户；个体户19户；发出限期改正通知书6份；发出行政指导《行政告诫书》175份；制作宣传条幅17条；向有关部门发函协助查处未取得行政许可擅自从事经营的经营户54户；立案查处取缔无照经营133宗，案件总值46.25万元，罚没金额29.65万元；引导办照157户，查扣电子游戏机16部，取缔游戏机室1户，“黑网吧”1家。

积极开展创建文明城市工作　根据上级部门关于“创文”工作的相关部署与要求，分局高度重视“创文”工作，成立了“创文”工作领导小组，并制定《汕尾市工商行政管理局城区分局创建广东省文明城市工作方案》，积极开展百城万店无假货、广告招牌用字规范专项检查等行动。活动以来，分局出动执法人员73人次，检查了商铺和各类户外广告500余处，对检查中发现的65户使用繁体字、异体字、简字、错别字等不规范汉字的商户进行了现场纠正，并劝告其限期整改。

【消费者权益保护工作】　2014年，分局“12315”申诉举报咨询中心共受理消费者申诉案件109宗，调解成功90宗，为消费者挽回经济损失13.08万元；受理举报案件28宗，罚款0.4万元，咨询23宗。

【队伍建设力度不断加强】　扎实开展群众路线教育实践活动、建立务实工商队伍。在市局实践办的正确领导和市局督导组的悉心指导下，分局班子强化领导，带头示范，整风肃纪，严格按照“照镜子、正衣冠、洗洗澡、治治病”的总要求，聚焦“四风”，结合实际，开门搞活动，整个教育实践活动有序推进，各个工作环节依次展开，圆满完成。一是突出查摆问题，推动“四风”整治落实到位。班子成员主动转变工作方式，放下“架子”，沉下“身子”，轻车简从，深入基层、走访企业开展调研，并通过座谈讨论、个别邀约访谈、设置意见箱、发放征求意见表等多种方式“接地气”，广开言路，开门听取来自队伍内部和社会各界的意见与呼声，找准整改问题的着力点，努力实现机关与工商所联动、党员干部与群众互动找问题、找差距的效果。对各种渠道征求到的意见和建议，经归纳、梳理汇总为24个问题，建立健全台账，作为对照检查的重要依据，并明确相应的整改方向。二是突出落实整改，推动行业新风的形成。班子始终把整改作为体现活动成效的关键，边学边改，以解决“四风”问题的实际效果取信于民，着力树立行业新风。三是深入开展调研。班子成员围绕体制机制改革、商事登记制度改革和党的群众路线教育实践活动等内容，深入基层开展调研，掌握基层出现的新问题、新情况，增强工作部署的预见性和针对性。分局始终坚持立说立行，及时整改。积极开展队伍纪律作风专项整治，清退超标办公用房2间，减少办公用房71平方米，“四风”现象得到了有效遏制。

同时，进一步转变工作作风，打造清廉工商队伍。根据市局2014年党风廉政建设和反腐败工作部署分工意见，结合实际进行部署，深入贯彻落实党风廉政责任制，2014年，区工商系统共签订党风廉政建设责任书18份，将责任目标延伸到股、所，落实到人。确保党风廉政建设和反腐败工作抓实抓好，抓出成效。一是认真开展纪律教育学习月活动。分局紧紧围绕“加强思想道德建设、保持党的纯洁性”主题，认真开展示范教育、警示教育和岗位廉政教育，举办动员会、教育辅导报告会、专题讲座、座谈会、观看电教片20多场（次），组织全系统干部职工撰写心得体会100余篇，引导广大党员领导干部不断增强自我净化、自我完善、自我革新、自我提高能力。二是扎实开展民主评议政风行风“回头查”工作。分局以行评工作中查摆问题的整改落实情况、已整改的问题是否出现反弹和是否出现新的问题、便民利民惠民服务措施是否到位、以及政风行风建设长效机制是否完善和得到有效贯彻执行等四个方面作为行评“回头查”工作的重点和突破口，进一步查齐查实全系统政风行风工作中存在的突出问题，特别是党员干部存在的“四风”问题和侵害群众利益的突出问题。把落实整改作为重中之重来抓，及时制订整改方案，明确整改目标和要求，落实整改责任和措施，取得了显著的整改成效。全系统工作作风明显好转，为民服务意识明显增强，工商执法监管水平得到了全面的提升，树立了工商队伍的良好形象。

（林　程）

附　汕尾市工商行政管理局城区分局局长、副局长名单

局　长：陈建文

副局长：杨辉森

叶志光

审　计

【概况】 2014年，城区审计局内设人秘股、审计一股、二股、三股、四股、经济责任审计办公室及整改监督股7个股室。现有干部、职工15人，借用人员1人，临时工4人，离退休人员4人。

2014年，共完成审计项目17个，查出违规金额102万元，管理不规范资金2245万元，提出审计意见和建议124条，被采用114条。提交专题、综合性报告和信息简报等22篇，其中，审计专题、综合报告7篇，其他15篇，被采用3篇次。充分发挥了审计机关在维护财经纪律，促进廉政建设，推进经济发展等方面的职能作用，为加强廉政建设、建设法治政府，促进全区经济社会又好又快发展做出积极贡献。

【预算执行审计】 根据上级审计机关的安排和要求，紧紧围绕推进财税体制改革，建立透明规范的公共财政体系总体要求，加大了2013年同级财政审计的力度，2013年度全区实现财政收入15.66亿元，财政支出10.54亿元，并对区凤山街道办事处、原区人口和计划生育局、原区卫生局、东涌中学、捷胜文昌中学、职业技术学校、慢性病防治站、食品公司经营处8个部门及所属3个单位预算执行情况进行了审计，共查出违规金额188万元，管理不规范651万元，应上缴财政110万元，进一步促进加强预算管理，规范公共财政资金及提高其使用效益。

【民生工程审计和专项资金审计】 2014年，对全区保障性安居工程跟踪审计。2013年度区政府共筹集保障性安居工程资金282万元，支出245万元，查出保障性安居工程资金闲置、未完成2013年度保障性安居工程基本建成任务等问题。2012年至2014年2月全区体育彩票公益金的筹集、使用和管理情况审计，审计城区科技文体局体育彩票公益金收入126.04万元，支出51.42万元，查出公益金结余较大影响基金发挥效益及超限额使用现金等问题。通过审计进一步加强全区保障性安居工程和专项资金管理和使用，促进资金落实到位，发挥其应有的社会效益。

【经济责任审计】 2014年，城区审计局按照“积极稳妥、量力而行、提高质量、防范风险”的原则积极开展领导干部任期经济责任审计，及时将审计结果和发现的共性、个性问题整理报送区委、区政府、组织人事等有关单位，供区委、区政府用人和决策参考，同时建立审计结果落实整改报告制度，2014 年度审计了 6 个单位，查出管理不规范金额 597 万元，提交审计报告和审计结果报告 12 篇，提出审计建议 21 条，对于责成整改的被审计领导干部及单位，在整改时间内向区审计局报送书面整改情况报告，有力地促进领导干部廉政建设和加强单位财务管理制度。

【完成上级审计机关和区政府审计工作】 一是区审计局与区相关部门联合开展贯彻执行中央八项规定严肃财经纪律和“小金库”专项治理工作；二是 7 月配合开展全区财政供养人员“吃空饷”问题专项清理整治工作；三是 8~11 月，区审计局抽调两名业务骨干到肇庆参加国家审计署土地出让金和耕地保护审计工作，得到上级审计机关的高度表扬和区委、区政府的肯定。是年，区审计局被省审计厅授予“2014 年全国审计宣传通联工作先进单位”称号。

【领导班子和审计队伍建设】 以党的群众路线教育实践活动为契机，进一步加强队伍建设，不断提高干部队伍凝聚力和战斗力。一是加强学习，领导班子除狠抓政治理论学习外，还把加强党性锻炼，提高领导班子的执政水平作为班子建设的重要工作来抓。二是加强思想交流和沟通，搞好团结。班子成员自觉维护团结，经常主动沟通与交流、相互理解和支持。三是积极推荐优秀干部，培养优秀专业人才。四是抓好机关作风建设，认真贯彻落实八项规定，切实抓好审计队伍的党风廉政建设教育，树立审计廉洁、高效的良好形象。

（钟华城）

附　城区审计局领导名单

局　长：叶凯旋

副局长：巫传永

魏小娟

统　计

【概况】 1988 年 6 月汕尾市城区统计局正式成立。设综合股、工交基建股、农业股。人员编制 9 个，其中，行政编制 6 个、事业编制 3 个。2003 年 7 月，设立汕尾市城区普查中心，设事业编制 2 名。2010 年 2 月，设立汕尾市城区社会经济调查队，设事业编制 3 名，皆为汕尾市城区统计局属下事业单位。

【城区第三次全国经济普查】 一是普查机构组建。区、镇（街道）分别成立了以分管统计工作领导为组长的第三次全国经济普查（以下简称三经普）领导小组，下设办公室，各村（社区）相应设立普查工作组。二是后勤保障。各级第三次全国经济普查办公室全面落实办公场所和人员配备，区和各镇（街道）均落实经济普查工作经费。三是普查人员落实。全区共选聘“两员”（指导员、普查员）327 名，其中普查员 205 名。四是普查设备及普查物料落实。全区购入三经普移动采集终端（PDA）设备共 120 部，共发放普查表及法律告知书约 17000 张。五是加大宣传力度。全区通过派发普查宣传单约 800 张、张贴普查公告约 500 张、市区重点地段悬挂宣传横幅约 60 幅，刊登《关于开展汕尾市城区第三次全国经济普查的公告》，制作市内主要公交干线车身广告，主干道灯箱广告，LED 广告等，大力宣传三经普工作。六是开展普查工作。2014 年 1 月 1 日，第三次全国经济普查如期开展，区统计局全员参与，并从其他成员单位抽调业务骨干，奔赴各村（社区）指导 PDA 操作，并与普查员实地参加普查工作。七是数据质量抽查工作。区经普办配合省经普办质量抽查组、市经普办对区凤山街道香洲社区、红草镇埔边社区进行经济普查工作质量抽查，并就抽查中存在的问题督促其及时进行整改。八是普查数据开发应用。区经普办加强组织领导及数据评估审核，确保数据质量，配合市经普办，做好普查后续工作，为普查数据开发应用做好准备。

【城区 2015 年全国 1%人口抽样调查前期准备工作】 2014 年 12 月，区政府成立了以区统计局局长陈永潮为组长，由区宣传、发改、公安、卫计、民政等 10 多个部门组成的汕尾市城区 2015 年全国 1%人口抽样调查工作协调小组，下设办公室。区统计局为做好后勤保障，基本落实办公场所和人员配备。

【统计四大工程建设】 统计“四大工程”是指统计机构推进现代化统计工作，变革统计数据生产方式的四项重要的工作：第一项工作是建立真实完整、及时更新的调查单位名录库；第二项工作是建立统一规范、方便填报的企业一套表制度；第三项工作是建立功能完善、统一兼容的数据采集管理软件平台；第四项工作就是建设安全畅通、便捷高效的联网直报系统。区统计局配合市统计部门继续向企业和相关部门广泛宣传“四大工程”意义和工作要求，力保统计人员熟练掌握联网直报业务，全面巩固实施统计“四大工程”。

【统计业务和队伍建设】 一是提高统计服务水平。及时、准确提供月（季）度和年度统计资料，定时编辑印发《城区统计》，及时向区领导及有关部门提供全区经济发展的有关统计数据，通报经济运行情况等，满足区委、区政府领导及时掌握全区经济运行情况的需要。

二是提升统计数据质量。严格执行国家统计报表制度，认真贯彻落实各项年报、月（季）度报表工作。向各镇（街道）统计站及区各联网直报单位转发关于印发《广东省一套表联网直报单位统计工作规范》的通知，督促联网直报单位建立统计电子台账。建立统计数据质量责任制，健全统计数据质量分级负责制度，积极实行与相关部门和上级统计部门沟通、衔接，掌握最新资料，完善统计数据来源渠道，切实保障统计数据质量。

三是统计法制建设，加强法制宣传。利用“12·4”法制宣传日和“12·8”统计法宣传日，配合市统计部门开展统计法律法规的学习教育活动。年间，城区统计局人员配合市统计局，采取联合执法和专项执法等性质围绕全区“四上”企业（指规模以上工业企业、限额以上批发零售住宿餐饮企业、资质等级的建筑业企业和房地产开发企业，规模以上服务业）清理清查工作进行执法，明确网报单位统计职责、统计权利及义务，增强企业统计人员依法依时上报数据责任感。

四是统计方法制度改革。推进核算统计改革，完善季度GDP数据联审，贯彻落实市统计部门推行的GDP核算下管和下算一级改革，严格执行新的工业统计标准。同时，积极推进投资统计、贸易统计、劳动工资统计、能源统计和服务业统计等的改革。

五是建设统计队伍。2014年，城区统计局在局内通过深入开展党的群众路线教育实践活动，召开座谈会，广泛征求群众意见，查摆班子成员“四风”（指形式主义、官僚主义、享乐主义和奢靡之风）问题和群众反映问题，形成“四风”突出问题专项整治行动工作方案，分时段进行局内整改落实工作进展情况汇报。

支持和鼓励业务人员参加上级组织的各类培训活动，区统计局分别在9月和12月派统计业务骨干参加省统计局于广州市举办的国民经济核算与宏观经济分析研修班和工业统计高级研修班。另外，严格按照《关于做好县级统计人员岗位知识培训工作的通知》的要求，由区统计局组织实施局统计人员培训及考试工作，扎实统计知识基础，提高统计业务水平，提高统计队伍素质，优化统计新形象。

【国民经济和社会发展主要指标】 2014年，全区完成生产总值（GDP）105.5亿元，比2013年增长6.2%。财政一般预算3.86亿元，下降26.1%。全区完成固定资产投资34.34亿元，比增13.3%。完成工业总增加值52.96亿元，比增6.4%，其中，规模以上工业增加值46.63亿元，比增6.8%，占工业总增加值88%；实际利用外资148万美元，下降69.7%。农村经济平稳发展，完成农业总产值26.05亿元，比增4%。2014年，全区社会消费品零售总额81.13亿元，比增10.2%，从消费形态来看，住宿餐饮业保持快速增长，大众消费持续火爆。人民生活水平进一步提高，城镇常住居民人均可支配收入21150元，城镇居民生活质量持续改善。香洲街道、凤山街道、新港街道以20.52亿元、16.41亿元、14.36亿元位居前三。

【城镇常住居民收入与消费】 2014年，汕尾市城区全体居民收支稳步增长，消费结构优化升级，生活水平明显提升。据2014年城区城乡一体化住户调查资料显示，2014年区城镇常住居民人均可支配收入为21150元，比上年增加346元。从收入结构

2014 年城区国民经济指标完成情况表

表 6

指标名称	计算单位	2013 年完成数	2014 年完成数	同比增长（%）
国内生产总值（GDP）	亿元	104.62	105.5	6.2
规模以上工业增加值	亿元	46.02	46.63	6.8
农业总产值	亿元	24.39	26.05	4.0
社会消费品零售总额	亿元	74.16	81.13	10.2
固定资产投资	亿元	30.31	34.34	13.3
公共财政预算收入	亿元	5.22	3.86	–26.1
外经贸出口	万美元	18770	13216	–2.7
实际利用外资	万美元	488	148	–69.7
城镇常住人均可支配收入	元	20804	21150	1.7

说明：2014 年数据为统计快报数据。

看，工资性收入仍是居民收入的重要组成部分，全年城镇常住居民人均工资性收入为 14212 元，人均财产净收入为 1330 元。

消费支出。2014 年，汕尾市城区城镇常住居民人均消费性支出 15698 元，比 2013 年增长 9.6%。

【农村常住居民收入与消费】 2014 年，城区各级党委、政府围绕农业增效、农民增收、农村稳定的目标，进一步落实各项支农强农政策措施，建立完善加强农村建设的制度，全区农民经济社会实现较好的发展，农民收入继续保持良好的增长态势。据全区 90 户城乡一体化住户的抽样调查表明，2014 年，

2014 年汕尾市城区各镇（街道）国民经济和社会发展主要指标完成情况表

表 7　　单位：亿元、吨

	全社会固定资产投资额		全社会消费品零售总额	渔业产量
	2014 年	同比增长（%）		
合计	34.34	13.3	81.13	196324
新港街道	0.91	–24.4	14.36	94343
香洲街道	8.15	29.0	20.52	1075
凤山街道	4.74	–26.5	16.41	11192
马宫街道	3.94	7.48	3.36	43316
红草镇	4.11	11.13	7.83	15450
东涌镇	2.18	–60.8	10.26	22140
捷胜镇	1.86	–32.8	8.39	7728
区直	8.45	56.2	–	1080

说明：2014 年数据为统计快报数据。

城区农村常住居民人均可支配收入为11102元，其中，工资性收入9109元，占农村常住居民人均可支配收入的比重为82%。

2014年，农村常住居民全年人均消费支出8662元，比2013年增长11.9%。支出增加的主要原因一是物价上涨，农产品价格波动大，二是农民的消费能力和生活质量进一步提高。

（曾越雷、叶妙钰、林伊露）

附　城区统计局领导成员名单

局　长：陈永潮

副局长：王灯彩

2014年汕尾市城区全体居民人均收入和支出情况表

表8

项目	全体居民	同比增长（%）	城镇居民	同比增长（%）	农村居民	同比增长（%）
可支配收入	18921	10	21150	9.2	11102	11.7
其中：工资性收入	13724	——	14212	——	9109	——
消费支出	13998	10.1	15698	9.6	8662	11.9

说明：2014年数据为统计快报数据。

安全生产监督管理

【概况】 2014年，城区严格按照“全覆盖、零容忍、严执法、重实效”和“党政同责，一岗双责，齐抓共管”的总体要求，切实加大安全生产工作力度，落实企业安全生产主体责任，深入组织一系列安全生产“八打八治”（打击矿山企业无证开采超越批准的矿区范围采矿行为，整治图纸造假，图实不符等问题；打击危化品非法运输行为，整治无证经营、充装、运输、非法改变、认证、违法挂靠、外包、违规装载等问题；打击破坏损害油气管道行为，整治管道周边乱建乱挖乱钻等问题；打击涉及有限空间作业、可燃爆粉尘作业、喷涂作业、涉氨制冷、船舶修造无证照生产经营及严重安全生产违法违规行为，整治重大隐患；打击无资质施工行为，整治层层转包、违法分包等问题；打击客车客船非法营运行为，整治无证经营、超范围经营、挂靠经营及超速、超员、疲劳驾驶和长途客车夜间违规行驶等问题；打击“三合一”“多合一”场所违法生产经营行为，整治违规住人，消防设施缺失损坏，安全出口疏散通道堵塞封闭等问题；打击非法转让渔船和“三无”船只作业行为，整治渔船超员、超载、抗风力航行或作业等问题）、“打非治违”等行动，排查治理各类事故隐患，坚决遏制重特大事故发生，确保城区安全生产形势稳定。是年，全区发生工矿商贸生产安全事故死亡1人，生产经营性道路交通事故死亡2人。全区危险化学品、烟花爆竹、非煤矿山、职业病危害等领域均没有发生生产安全事故，各项控制指标均在市下达的指标范围内，安全生产形势稳定。

【安全生产责任制落实】 高度重视安全生产责任制的落实和责任体系建设，认真学习传达贯彻习近平总书记关于安全生产工作的重要讲话精神和党中央、国务院、省、市各级党政对安全生产工作的指示精神，不断强化安全生产红线意识，着力推进“党政同责、一岗双责、齐抓共管”以及坚持“管行业必须管安全，管业务必须管安全，管生产经营必须管安全”的安全生产责任体系建设。区政府与各镇人民政府（街道办事处）、区直有关部门签订《汕尾市城区安全生产责任书》，区安委会发出了《关于下达2014年全区安全生产各类事故控制考核指标的通知》，健全目标责任管理体系。严格安全生产“一票否决”制度，把安全生产工作绩效纳入各级干部考核体系，在涉及单位或个人评优、评先以及干部职务晋升等列入安全生产责任制履职考量指标。2014 年，城区对评先、评优单位及晋升职务 30 人都到区安监部门征求意见，进行考量。

【安全生产监管工作】 严把企业准入关，对安全生产行政许可企业进行动态监管，推进安全生产标准化建设，推进标准化建设 9 家，重大危险源评估 2 家，落实 18 家与中介机构签订委托协议，已完成 16 家；加强职业病危害因素检测与评价，开展工作场所职业病危害登记备案，加强职业病危害因素检测与评价，督促职业病危害重点企业与第三方中介机构签订委托检测协议，进行职业病危害申报备案，职业危害申报备案企业 83 家；对符合条件的 5 家烟花爆竹零售点、3 家化工门店予以许可发证；强化对全区 7 家民营加油站和 1 家烟花爆竹批发企业的日常监督工作。

【安全生产执法监察和专项整治】 除了在各节假日及重大活动开展安全生产大检查，还在不同时期开展一系列安全生产大检查，坚持落实各行业领域安全监管部门职责，不断完善和提升齐抓共管的工作局面，按照“全覆盖、零容忍、严执法、重实效”的总要求，在道路交通、人员聚集场所、渔业船舶、建筑施工、危险化学品、非煤矿山、烟花爆竹、旅游、水上交通、农业机械、民爆器材、学校(幼儿园)等重点行业和领域开展专项整治。特别是开展“八打八治”“打非治违”专项行动工作，突出重点行业领域专项整治，严格安全生产执法监察，印发了《汕尾市城区安全生产委员会关于集中开展“八打八治”、“打非治违”专项行动工作的通知》。全区共组织检查组 137 个，出动检查人员 9236 多人次，组织开展跨部门、跨地区联合执法 28 次，检查生产经营单位 2745 多家，发出责令限期整改 103 份，强制措施决定书 3 份，挂牌整治 4 家，取缔 1 家,立案 22 宗，罚款 20 宗，共处罚 18.75 万元，暂扣违法车辆 2205 部，收缴烟花爆竹 150 多件，没收氢气 61 瓶，行政拘留 8 人。

2014 年，全区组织各类检查共出动检查人员 22000 多人次，检查生产经营单位 6000 多家次，现场整改隐患 5000 多处，发出责令限期整改 600 多份，罚款 64.3 万元，有力地遏制安全生产事故的发生。

【应急救援管理】 落实安全生产应急管理机构编制和人员，明确了任务，实行 24 小时值班制度，安全生产应急管理工作正常开展。举办多场次液氨泄漏、海上遇险逃生、消防安全等应急处置演练活动，进一步增强安全意识，提高应急处置和自救自护能力。组织开展液氨泄漏、火灾逃生、灭火、海上遇险逃生等演练，增强从业人员、学生、群众的安全防范意识，提高在紧急状态时的自救互救能力，提升企业应对突发生产安全事故的整体应急处置能力。

【安全生产宣传教育】 以围绕“强化安全基础，推动安全发展”为主题，印发了《致市民的一封信》《给渔民一封信》《告广大企业员工一封信》《致学生家长公开信》等，利用报刊、电视、宣传栏、手机短信、网络等形式开展安全生产宣传，组织开展一系列的宣传教育活动。开展第十三个安全生产月宣传服务咨询日暨安全生产执法监察警示活动，突出“强化红线意识，促进安全发展”的活动主题，组织生产经营单位企业负责人、管理人员、从业人员、安委会成员单位等学习贯彻新的《中华人民共和国安全生产法》和《广东省安全生产条例》，强化渔业安全、学校安全、涉氨安全、矿山安全、道路、水上安全等行业的培训教育。2014 年，举办各类培训班 22 场次，接受教育培训 20000 多人次，有效提高安全意识，掌握安全技能，预防事故发生。

【事故调查处理】 2014 年 4 月 25 日城南路吉城综合楼发生一人死亡事故，严格按照《广东省生产安全事故报告和调查处理条例》的规定，严格报告程序，严肃处理责任人，按“四不放过”（事故原因不查清不放过、责任人员未处理不放过、整改措施未落实不放过、有关人员未受到教育不放过）原则，进行立案调查处理，对责任单位按照《广东省生产安全事故报告和处理条例》处以 10 万元的罚款，对相关责任人按照《广东省生产安全事故报告和处理条例》处以总共3.42万元的罚款，涉嫌刑事责任的交由公安机关处理。

【安监队伍建设】 建立健全的安全监管队伍，全面完成镇一级的安监站建设，成立区安全生产应急救援指挥中心，划转职业危害新职能，设立职业危害监管股室，落实专人负责；设立村（社区）安全巡查员队伍，全区94个村（社区）配备94名巡查员，加强村级安全生产巡查工作，形成区—镇（街道）—村（社区）安全监管网络。

（朱家博）

附　城区安全生产监督管理局领导名单

局　长：罗覃呈

副局长：黄泽霖

农业

NONG YE

农 业

【概况】 2014年，区农业工作在区委、区政府的正确领导下，全面贯彻落实党的路线、方针、政策，围绕发展现代农业、促进农民增收、推进社会主义新农村建设，科学指导农业产业结构调整，突出发展效益农业和特色农业，加强农业项目管理，推进基础设施建设步伐，提高农业综合生产能力，促进了全区农业生产的稳步发展。是年，全区完成农业总产值26.05亿元。种植业作物产量质量有较大幅度的提高，农产品总量同比基本平衡。

【种植业】 *粮食作物主要是水稻、番薯* 城区农业部门认真落实粮食工作责任制，努力做好种粮大户直补、种粮综合直补等扶持粮食生产政策的贯彻落实工作。2014年，全区落实种粮综合补贴面积5.14万亩，补助资金380.23万元、种粮直接补贴资金41.11万元、中央财政农作物良种补贴资金77.07万元。确保了全区粮食生产的稳定。2014年，全区粮食播种面积7.12万亩，总产2.62万吨。

花生 全区2014年花生种植面积0.69万亩，总产量0.10万吨。

蔬菜 全区2014年蔬菜种植面积3.32万亩，总产量4.65万吨。

水果 全区2014年水果种植面积1.9万亩，总产量1.02万吨。

【病虫害防治】 2014年，城区农业部门根据时节深入田间调查，了解农作物各种病虫害的发生规律，掌握各种病虫害发生高峰期及最佳防治时间，及时下发防治通知让种植户施药防治。是年，全区没有因农作物受病虫危害而造成减产失收的情况。同时，大力抓好有害生物防控工作。2014年，全区主要农作物病虫害发生面积42.85万亩次，防治面积38.81万亩次，挽回经济损失折谷5666吨，实际损失1109.75吨。是年，印发病虫情报6期180多份，对防治工作起到了一定的指导作用。

【实用技术推广】 2014年，全区农业部门大力推广应用水稻抛秧技术、蔬菜遮阳网栽培技术、蔬菜规范化和标准化栽培技术，视土货配方施肥、病虫害综合防治、化学除草、农作物微肥控制应用等，全年累计推广农业实用技术面积18万亩。同时，举办红火蚁防治技术培训班2期，培训250人次，印发宣传资料5000多份；举行农作物生产管理技术培训班8场；农机咨询活动10场，培训人员720人次，接受咨询1万多人次，印发宣传资料15万份。

【农业政策法规宣传和行政执法】 *农业政策法规宣传培训工作取得一定成效* 通过放心农资下乡、咨询活动和科技下乡等方式，共张贴标语12条，印发各类宣传资料6000多份，举行现场咨询和宣传活动5场次，举办各类农民培训班3场次，培训农民400多人次。

农资市场监管工作落实 全区共有农资经营门店29家，全年累计出动执法人员190人次，检查农资经营门店100多个次，使区农资市场得到了有效的监督管理，维持良好的运转秩序。

【高标准基本农田建设】 2014年，城区农业部门完成省下达项目资金600万元，规划5000亩的高标准基本农田建设任务。区农业局分3个片区实施，其中：捷胜镇前进管辖区及东坑管辖区建设规模为3219.88亩；东涌镇管辖区建设规模1426.2亩；红草镇管辖区建设规模为834.6亩，项目已经通过区、市二级验收。

【农产品质量安全检验检测】 2014年城区农产品质量安全检验检测站正在建设当中。为提高城区农产品质量安全检测水平，确保农产品质量安全，保障人民群众身体健康，是年，区农业局采取联合市局检测中心的方式，或由省厅委托兄弟市检测部门到城区检查等方式，对区农产品生产和经营进行检测抽查。是年，共开展抽检活动3次，抽检农产品样品50多个。

【农机服务】 *农机销售* 城区的农机销售完全以市场化的方式进行，农户购买农机具方式多样化，主要是通过经销商、经销点或厂家直接购买。由于城区水产养殖面积大，销售机具主要以水产品养殖机械为主，区内有4家增氧机经销商（经销点），经营浙江富地牌及上海喃嵘牌等多个品牌型号。

农机购置补贴　2014年农机购置补贴资金指标73.81万元，受理审核农户及组织申请补贴资金73.8万元，结余补贴资金120元。受理指标确认书数31份，审核申请户数17户，申请机具801台，具体情况：全喂入自走履带式谷物联合收割机3台；拖拉机8台；旋耕机7台；粮食烘干机4台；增氧机654台；畜牧饲养机械—有漏缝地板10栏125台套。通过落实补贴政策，让农民群众享受国家强农惠农政策，减轻负担，同时也提高该区农业机械化水平。

农机使用　农机拥有量逐步增加，农户普遍使用的农机种类有手扶拖拉机、中型拖拉机、旋耕机、起垄机、联合收割机、碾米机、烘干机、植保机、增氧机等。是年年底，全区农业机械原值7751万元，农业机械总动力11.09万千瓦。其中：耕作机械动力9856千瓦，排灌机械动力8623千瓦，渔业机械动力52560千瓦，农田基本建设机械动力7469千瓦，收获机械动力1850千瓦，以及灌溉机械、畜牧养殖机械、植保机械等动力30498千瓦。拥有小型拖拉机1013台，大中型拖拉机25台，水稻联合收割机42台，水稻插秧机5台，机动脱粒机386台，植保机械1085台，烘干机6台，以及灌溉机械、畜牧养殖机械等。农作物机械化综合水平达到53.02%，水稻机械化综合水平达到59.69%。

农机扶持　积极引导农机专业合作社建设，服务于农业生产，发挥农业机械化重要作用，提高农业生产能力。城区第一家农机专业合作社—城区新祁丰农机专业合作社，成立于2011年5月，是农户自愿组织，专门从事农业机械化作业。2014年有社员52人，拥有机械总动力950千瓦，机具211台/套，机库面积250平方米，固定资产110万元。是年，该社服务农业生产作业面积3600亩，年经营收入90万元。

农机技术培训　积极落实基层农机推广体系建设，加强农机技术指导，培育农机大户。2014年举办了三期农机人员及农机手、农机大户培训班，举办培训班有农业机械购置补贴培训班、基层农机推广体系改革与建设培训班、参加人数共600人次，其中管理人员5人，参加培训农机技术员15人，示范户50户，农机手210人次，农户人数320人次。

农机化投入　2014年，区农业局充分发挥农机项目投入和农机购置补贴政策，积极鼓励农民购机，推广农机具和农机化设备设施，是年农机化总投入810万元，其中，财政投入94万元，农民投入716万元。

农机管理　2014年，深入开展农机“安全生产月”活动，以“强化红线意识、促进安全发展”为主题，进一步加大区农机安全生产宣传工作力度，推进农机安全发展。共发放农机相关宣传资料300多份，接受农户咨询90人次，挂横匾8幅，张贴宣传挂图30幅，免费为农机户粘贴反光贴250条。做好农机牌证管理、落实农机购置补贴政策；引导农业机械服务农业生产；开展农机安全生产工作，致力于“平安农机”活动建设，防患于农机事故发生。是年，无农机事故发生，同时还新增加注册登记农户6户。

（郑梦霞　余德财）

附　区农业局领导名单

局　长：刘克涛

副局长：李孝群

　　　　冯生杰

海洋与渔业

【概况】　2014年，城区继续坚持“以养为主，养殖、捕捞、加工并举”的方针，加快渔业产业结构调整，实现渔业持续稳定增长，全区渔业总产量19.62万吨，总产值14.92亿元，产量同比增长3.65%，产值同比增长15.1%。其中，海洋捕捞总产量9.15万吨、产值7.02亿元，产值同比增长15.54%；淡水养殖产量0.195万吨、产值0.21亿元；海水养殖产量10.28万吨、产值7.69亿元，产值同比增长15.1%。

【渔业科技推广】　2014年，推广先进水产养殖技术和管理经验，实现增产增效是城区渔业经济新的增长点。

继续推广主导品种为对虾、石斑鱼、金鲳鱼，主推技术为虾鱼、虾蟹牡蛎混养生态养殖技术。推广高产高效的高位池养殖南美白对虾有230亩；在红草、马宫的鱼塭推广牡蛎、斑节对虾、石斑鱼、黄鳍鲷混养养殖新模式3000多亩。

2014年5月23日~25日举办阳光工程培训班，约100名水产养殖户参加培训。

【海洋与渔业生态资源管理】 做好品清湖资源环境的后续管理和维护工作。制定实施双人值班制度， 2014年，共出艇413艘次，清理竹竿3466支、定置网346副、长城网176副及各类浮标563余个，处理群众举报的渔事纠纷21起。此外，积极组织品清湖护湖志愿者活动。继续加强辖区海域、海岛资源保护的政策宣传，营造依法用海的良好社会氛围。落实海域、海岛“三巡”制度，依法查处违法占用海域案件4宗。

是年1月，对因“天兔”台风袭击受损的捷胜渔港、马宫渔港护堤进行修复。

是年5月，渔业资源增殖放流资金20万元，购买黑鲷、黄鳍鲷鱼苗20万尾，班节对虾苗1000万尾，在马宫渔港进行放流。

是年6月11日，总投资1276万元的省级人大议案汕尾市城区捷胜龟龄岛东南生态公益型人工鱼礁工程进行公开招投标，该项工程需制作鱼礁1285个、建造礁体灯标4座、在礁区附近建设礁区警示牌1座。是年8月12日，开工建设。

【执行惠渔政策】 2014年，上级下达城区上年度全年渔业油价补贴清算资金为22607.6754万元，全区纳入农业部数据库和省级数据库的海洋捕捞渔船1081艘，总功率147666.16千瓦，总用油量59927.52吨，应发总金额为22606.3623万元。经测算，城区渔业柴油补贴标准为：围网作业1650元/千瓦、拖网作业1545元/千瓦、刺网作业1510元/千瓦、杂渔具1050元/千瓦。

【水产品质量安全监管】 认真做好水产品质量安全管理工作，制定《2014年度城区水产品质量安全监控计划》。2014年完成抽检品种有：鱼类32个样品，全部合格；苗种1类，南美白对虾苗10个样品，其中，2个样品超标，已依法依规查处；虾类10个样品，全部合格；贝壳类40个样品，抽检合格率达到97.8%。是年，组织养殖股、技术站、渔政执法人员183人（次），检查养殖户115场次。对水产品质量安全管理规定、标识管理等进行宣传，发放资料1500多份。

【渔业安全生产监管】 加大安全生产宣传力度，是年张贴标语500多张、悬挂横标38条，放发《渔业安全手册》《致全区渔民朋友的一封信》等宣传资料2310份，发送警示短信32000多条。

健全渔船安全生产管理制度和应急预案，制定实施《2014年度防风应急预案》和《2014年渔业安全生产应急预案》。

完善渔船安全生产执法检查常态机制，加强渔船出入港签证管理和渔船设施安全监督。

【伏季休渔管理工作】 4月下旬制定《2014年伏季休渔实施方案》，休渔时间为5月16日12时至8月1日12时。

5月6日组织召开全区休渔工作会议，对相关单位按照各自职能进行部署和具体分工，切实做好休渔期间渔船“防火、防台、防盗”三防工作。

休渔期间，加强执法管理，落实渔政队伍实施渔船停泊区常态化巡查监管。向参休渔船发出《休渔须知》《关于做好伏季休渔期间渔业船舶安全管理的通知》，严格执行“休渔九个不准”（不准在休渔船上明炉生火；不准在船上烧香拜神；不准在船上燃放烟花炮竹；不准在休渔船停泊区从事电焊或气焊作业；不准供油船进入休渔船停泊区；不准在船上聚众打牌；不准留船值班人员擅离岗位；每艘休渔船每天至少必须全面淋水一次，特别是甲板以上的设施，不准敷衍了事；休参渔船不准船靠船、背靠背等形式长时间停泊在一起，应留足回旋余地）。

2014年5月开始，广东省实施南海伏季休（禁）渔资金补助发放工作，全区休渔渔船322艘，受理录入补助86艘，渔业船员374人。

6月18日，在马宫街道召开全区安全生产知识培训班，船东、船长、船员代表190名参加培训，培训内容是生产操作技能、消防安全和应急救援等知识，并联合区安监部门举办了安全生产咨询服务活动。

【海洋渔业执法】 *加强港口检查和海上执法，打击违法、违规作业* 据统计，2014年出动执法人员452人次、执法艇126艘次，共查获违规作业渔船48宗，其中，违反禁鱼区作业29宗、电鱼作业9宗、改变作业2宗、违反休渔期规定8宗。

加强渔港监督管理 一是健全安全监督检查制度，完善渔港监督检查台账制度；二是加强巡航检查、维护渔港的正常秩序；三是把好渔船进出港签证关，坚决做到证件不齐不给予签证；四是加强港内整治，坚决清理乱锚泊的行为，确保航道畅通，为渔船的进出港提供安全保障。

【机关内部管理】 2014年，局深入开展党的群众路线教育实践活动，坚持以集中学习、个人自学为主，确保学习有计划、有内容、有成效，提高全体党员干部的党性认识和勤政廉政水平。同时，坚持以创建文明窗口示范单位为契机，进一步规范办事程序，切实提高机关服务效能。

（郑达生、彭永强）

附 区海洋与渔业局领导成员名单

局 长：庄厚穋

副局长：骆科银

彭少勇

水产品批发市场

【概况】 汕尾渔港历史悠久。城区水产品批发市场是汕尾渔港唯一的水产品市场，2014年有管理人员120多人，市场占地面积8600平方米，同时配套80米宽的顺岸式简易码头、停车场、后勤补给、渔需品供应、餐饮等服务场所。配置有广东省第一家水产品电子屏幕公开竞价系统，是农业部指定的全国水产品批发重点市场之一。渔港拥有上规模大马力的捕捞机动渔船1200多艘，海产品运输船40多艘，常年停靠渔港的外港渔船有1000多艘。2014年，全年交易量5.8万吨，交易额8.1亿元，带动解决2万多人的就业问题。是粤东最大的白带鱼集散市场，白带鱼的登场交易量占总交易量的80%，产品出口日本、韩国等国家及我国台湾并全国各地。

【制度建设】 区水产品批发市场管理所紧紧围绕所担负工作职能，不断加大力度，加强和完善各项制度建设。一是按照整顿、规范、发展、提高的工作目标，大力改进管理服务，较为系统地制定了工作规范、岗位职责、考核奖惩、学习培训等方面规章制度，进一步改进工作作风，提高工作效率和各项服务质量。二是结合实际，召开有关会议修订管理制度，坚持按制度办事，全所职工积极参与民主决策、民主管理、民主监督，充分发扬民主提高管理决策水平。三是大力整治机关作风，树立管理人员的良好风气。通过整治机关作风活动，树立内强素质、外树形象，切实提高工作人员工作质量和服务水平，使内部管理更完善，树立了市场的诚信和汕尾渔港的形象。

【市场管理】 水产品市场的管理与服务始终坚持"交易秩序正常化、价格公开合理化、产品流通畅销化、管理服务规范化"的"四化"目标为核心。通过加强市场规范管理，对市场交易秩序，欺行霸市，纠纷斗殴等现象，抓住不放，大力打击和整顿欺行霸市、霸一色鱼、瞒称压价等行为。营造了市场良好的交易环境和交易秩序，保证了渔民能够安心生产，渔民的利益得到维护，渔民生产的效益有所提高，保护渔业生产者、经营者的合法权益，确保渔民交易安全和社会稳定。

（陈成洲）

附 区水产品批发市场管理所领导名单

所 长：朱昌明

渔试办

【概况】 汕尾市城区渔业经济体制综合改革试验区于1989年5月16日经国务院批复正式成立。试验区领导小组下设办公室（以下简称渔试办）于1989年10月1日正式挂牌成立。1993年2月10日区编委会定格渔试办为正局级机构，编制5人。

【推动渔业经济体制综合改革】 2014年，区渔试办在区委区政府的正确领导下，以推进全区渔业经济体制改革为已任，承担了区委区政府下达的两个改革任务。一个是渔业经济体制综合改革，另一个是建立国际渔业大家现货挂牌交易中心。是年，区渔试办组织人员深入该区各地，对全区的渔业捕捞、养殖及海产品加工情况进行全面深入调研，为深化改革提供了有力的数据支持和理论依据。之后，改革全面推进，建立国际渔业大家现货挂牌交易中心前期工作已准备就绪。

【其他工作】 根据城区中心工作，渔试办派出人员协助区政府做好东涌征地扫尾工作，深入东涌镇为火车站周边征地工作做了大量而细致的群众思想工作并顺利完成了任务。

（谢国辉）

附　城区渔业经济体制综合改革试验区领导名单

主　任：朱昌明

副主任：唐永驰

水产养殖公司

2014年，城区水产养殖公司全体干部职工112人，已退休人员51人，在职人员6人，其中在编人员1人，余下55人自谋职业；内设机构有人秘股、财会股和工会；主要经济收入靠办公楼和滩涂水域养殖场地的出租；主要职责是认真贯彻执行党的各项路线、方针、政策，履行政府赋予的职能，管理好公司资产，维护好干部职工利益。

（蔡玉贞）

附　区水产养殖公司领导名单

经理：朱贵东

水产供销公司

【概况】 2014年，城区水产供销公司干部职工395人，在职人员231人，其中，在岗4人，227人自谋职业；离退休人员164人，其中3人返聘留任在岗，实际在岗人员7人。内设机构有计财股、人秘股、业务股、保卫股和基层工会委员会。下属有马宫、捷胜2个水产分公司，马宫水产分公司在职人员36人，退休人员38人；捷胜水产分公司在职人员7人，退休人员4人。公司经营状况已处停业歇业，主要靠原有的门市及仓库让职工承包或租赁的收入维持运转。公司主要职责是认真贯彻执行党的路线、方针、政策、执行区委、区政府的指令，完成布置的工作任务，处理好公司的行政事务，应对突发事件，做好安全保卫，管好公司资产，维护干部职工的合法权益。

【党组织工作】 2014年，城区水产供销公司党支部，党员45人，其中，在职党员11人、退休党员34人，党支部换届后，保持正常开展党内活动，尽力发挥党支部在企事业的核心领导作用。

【维稳工作】 2014年，城区水产供销公司，由于历史遗留问题较多，存在很多不稳定因素。公司经理患病不能正常上班，公司酝酿企业改制工作停滞不前，致使职工代表多次上访，红卫小学旁职工宿舍楼房，因违章建设被查封责令拆除，15户住户职工多次到市、区政府上访，城区政府派出工作组进驻公司，加强领导、开展工作，使上访等问题避免矛盾激化。保持正常的秩序。

（陈永基）

附　区水产供销公司领导名单

副经理：黄伍弟（主持全面工作）

畜牧兽医

【概况】 2014年，城区畜牧兽医局依法实施免疫、检疫，疫情监管和畜产品质量安全监管，以农民增收为目的，不断调整养殖业组构，改善养殖生产环境，在畜牧工作狠抓落实中，勤政务实，认真执法，搞好服务，确保全区无重大疫情发生，动物及动物产品质量安全，保障全区畜牧业生产平稳发展。

2014年，全区畜禽肉类总产量达到1.6万吨；肉猪饲养量20.4万头，累计出栏16万头，存栏4.4万头；肉牛饲养量0.92万头，累计出栏0.81万头，存栏0.11万头；家禽饲养量166.8万羽，畜禽生产未出现高致病性禽流感等重大动物疫病的疫情事故。

【动物防疫】 是年，全区防控重大动物疫病工作，在区委、区政府的正确领导下和上级业务部门的指导下，认真做好预防免疫各项工作，取得了较大的成绩。2014年，全区春、秋两季强制免疫累计免疫禽流感疫苗9.4万针次。免疫密度超过100%,免疫猪、牛口蹄疫4.5万针次,密度为100 %，防注猪瘟疫苗4.4万头次，免疫密度达到105%，免疫猪高致病性蓝耳病疫苗4.2万针次。重大动物疫病防控工作取得重大成效。

【疫情监测和消毒灭源】 2014年，动物防疫人员利用开展免疫和诊疗畜禽疫病等时机，密切注意口蹄疫、禽流感的疫情动态，定期不定期地开展疫情普查。是年，全区共抽取禽血清1130份，猪血清260份，牛血清45份，畜禽棉拭子293份，op液45份，进行免疫和疫情的监测，经省、市监测，全区送检的畜禽血清全部合格。同时，区畜牧兽医局坚持每月对屠宰场的屠宰环节、养殖场的养殖环节进行瘦肉精、莱克多巴胺、沙丁胺醇的抽检监测，全区共检测样品480份，畜禽免疫效果较好，检测结果全部呈阴性。此外，区畜牧兽医局认真组织春、夏消毒灭源工作，重点加强畜禽饲养场所、交易场所、屠宰加工场所等周边地区的消毒工作，据统计，全年区镇两级消毒面积达270多万平方米。

【畜产品质量安全监督】 是年，为防堵高致病性禽流感的疫情传入，区畜牧兽医局加强了检疫工作，严把检疫关。区动物卫生监督所和各镇兽医站，按照农业部有关检疫规定，认真开展猪牛禽的产地检疫和屠宰检疫工作。全区派驻各定点屠宰厂检疫员共25名，在实施宰前检疫后，对生猪屠宰过程，实行同步检疫，经检疫合格还出具了动物产品检疫合格证明。是年，全区经定点屠宰厂（场）检疫的生猪有10.34万头。

【加强重大动物疫病防控措施】 是年，为做好全区重大动物疫病防控工作，维护人民身体健康和公共卫生安全。一年来，区畜牧兽医局根据区委、区政府和上级相关部门关于加强H7N9禽流感防控工作的部署和要求，积极认真开展H7N9禽流感防控工作，成立长效的防控禽类H7N9禽流感应急队伍。多次召开站（所）长和局业务骨干会议，分析研究重大动物疫病防控工作，制定切实有效的防控措施。

【加大业务人员素质培训】 2014年，全区畜牧兽医系统工作人员参加省、市技术业务、理论及畜牧业法律、法规等培训11场次，参加培训25人次。同时，区畜牧兽医局组织了各类技能培训班8场次，培训业务人员及饲养场技术员共600多人次，经过培训，区畜牧兽医系统业务人员能力得到了进一步提高，为全区防控重大动物疫病工作提供了有力技术保障。

【开展兽药专项整治】 2014年，全区的兽药管理工作，由于没有生产厂家，重点放在经营和使用环节上。根据上级的部署，全区切实加强了对兽药市场的管理，区畜牧兽医局加强对全区现有14间兽（鱼）药经营门店，每月进行一次例行检查，同时还不定期对兽（鱼）药经营门店开展抽查。为确保饲料使用安全，维护消费者合法权益，区畜牧兽医局精心组织，全方位、多层次地开展宣传活动。通过印发宣传资料、上门指导等形式，大力宣传饲料安全知识，并发放《中华人民共和国动物防疫法》和广东省《兽药管理条例》《饲料和饲料添加剂管理条例》等宣传手册。

【生猪屠宰管理机构改革】 2014 年，根据中共汕尾市城区委《关于印发〈汕尾市城区人民政府职能转变和机构改革方案〉的通知》，原区经信局承担的生猪定点屠宰监督职责划入区畜牧兽医局管理，区政府及时调整了生猪管理领导小组和生猪屠宰管理行政执法大队，调整后机构、人员及相关工作以区畜牧兽医局为执法主体。区畜牧兽医局为了加强全区生猪屠宰管理工作，认真组织协调各有关部门开展工作，加大宣传力度，印发了 5000 份《关于加强肉品管理的通知》。牵头区公安分局、食药监等部门，依法打击私屠滥宰和制售病害肉等违法犯罪行为，维护正常的生猪屠宰和肉品经营秩序，确保市民吃上“放心肉”。

（吴伯荣）

附　区畜牧兽医局领导名单

局　长：黄思达

副局长：洪学奋

林 业

【概况】 2014 年，城区林业局以“生态林业、民生林业、文化林业、创新林业、和谐林业”为目标，积极创建林业生态区，大力实施生态景观林带，森林碳汇，沿海防护林等林业重点生态工程，开拓进取、扎实工作，推动全区林业持续、稳定、健康发展。截至 2014 年年底，全区林业用地面积 21.92 万亩，森林覆盖率 48.95%，林木绿化率 54.39%，森林蓄积量 5065320 立方米，森林资源保护和发展目标考核为全市前列。

【生态林工程建设】 2014 年，城区有省级生态公益林面积 12726.9 公顷（其中国家级生态公益林 5209.5 公顷），约占林业用地面积的 86.9%，其中，水土保持林面积 9409.8 公顷，水源涵养林面积 2337.8 公顷，风景林面积 81.6 公顷，自然保护小区林面积79.1 公顷，沿海防护林面积 818.6 公顷，其中，生态公益林面积 58.2 公顷。

2014 年，全区省级生态公益林中Ⅰ类林面积为 1654.5 公顷，Ⅱ类林面积为 6618 公顷，Ⅲ类林面积为 3296.4 公顷，Ⅳ类林面积为 1158 公顷。Ⅰ、Ⅱ类林面积所占比例为 65%。城区生态公益林的建设管理和保护，进一步提高了生态功能等级，充分发挥其在水土保持、水源涵养、生物多样性保护、美化环境等方面的重要作用，构筑成城区绿色生态屏障。

生态景观林带和沿海防护林建设。推进生态景观林带和沿海防护林建设与绿色通道建设相结合，主要组织实施了省道、厦深高铁、深汕高速公路绿色通道工程建设。2014 年，完成深汕高速公路生态景观林带工程 14 公里，面积 840 亩，沿海防护林工程 10000 亩，封山育林 18400 亩。

城乡绿化体系建设。是年，建成 AAAA 级凤山妈祖旅游区，汕尾市市级铜鼎山森林（郊野）公园、奎山公园等。组织开展“建设林业生态文明万村绿”大行动，全区乡村美化绿化示范点 35 个，其中，省级 5 个，市级 5 个，区级 25 个。主干道高速公路、省道、厦深铁路等基本实现多品种、多形式的绿化，街道、小区绿化布局合理，村庄绿化实现了“林在村中，村在绿中”的良好景观，营造了一个人与自然和谐融洽的城乡环境。

【林业生态林管护】 2014 年，全区配备生态公益林护林员 180 人，其中，专职 20 人、兼职 160 人，为全区生态公益林的管护工作提供了前提条件。生态公益林管护面积落实率和管护人员签订率均达 100%。执行新修订的《广东省生态公益林效益补偿资金管理办法》，全区进一步明确生态公益林效益的补偿对象，规范发放程序，保证了补偿资金的足额到位，让林农真正得到实惠。

【林木林地资源管理】 实行森林采伐限额的规定和木材生产“一本账”计划，坚持凭证采伐林木与凭证运输、经营加工木材的制度，致力从源头上遏制乱砍滥伐现象的发生。注重林业执法队伍和林业工作站建设，实现了公路无“三乱”（乱设站卡、乱罚款、乱收费）目标。城区高度重视森林资源保护工作，誓保造林绿化成果。一是加大对各种破坏森林资源违法行为的打击力度，防止各种破坏森林资源案件的发生。是年，全区未出现重大盗伐、滥伐林木案件。二是加强林地林权管理，规范征占用林地手续。严格审批征占用林地项目，坚决制止乱占滥用林地行为。全区征占用林地审核率达到100%。进一步遏制了林地资源的非法流失，有效地保护资源。对稳定林区的生产秩序，促进林区经济发展起到重要作用。三是加强森林防火工作，落实森林防火责任制。加强森林防火巡查排查，完善森林防火信息指挥系统和预警系统，是年，全区森林火灾受害率都控制在0.5‰以下。四是加强森林病虫害的防治检疫工作。2014年，全区森林病虫害成灾率为零，测报准确率达90%，无公害防治率达98.4%以上，监测覆盖率和种苗产地检疫率均达到100%，有效保护了森林资源。

【森林防火】 2014年，区政府把森林防火工作年度考核纳入全区年度工作考核范畴，实行奖惩并举，促进层层落实岗位责任。全区各级认真落实森林防火行政领导责任制，召开森林防火会议10场（次），家长会、学生会4场（次），发出森林防火通告12000张，张贴宣传标语10000万多条，制作和刷新永久性防火宣传牌200块，夹报发送《告全区人民一封信》15000张和宣传标语20000多条，通过电信、移动、联通等短信温馨提示100多万条，营造了浓厚的森林防火氛围。积极开展“无森林火灾乡镇”及“无重特大森林火灾县区”创建活动。在重要节假日期间，严格管理野外火源，对重点火险地段、森林旅游区等加大监控巡查力度，在主要入山路口设卡把守，以防止火种上山。区森林公安派出所与区防火办联合建立防火督查组，不定期开展巡逻督查，实行“见烟就查、见违章用火就罚”，野外违章用火得到遏制。森林消防护林队加强森林防火巡查，并坚持每月1次以上的业务知识培训和日常化的体能训练，队伍整体素质得到提升，成为全区森林防火、扑火工作的主力军。是年，全区没有发生大的森林火灾。

【林业执法】 是年，城区森林派出所发挥职能作用，联合林政股打击破坏森林资源的违法犯罪行为，加强依法治林和林权纠纷协调工作。在各级党政和上级林业部门的支持下，林业派出所在开展利剑专项行动和管林治林中勇当“排头兵”，立下汗马功劳。一年来，查处各类林业案件28宗，办结28宗。行政处罚案件28宗；其中刑事拘留2人，为国家挽回经济损失约200多万元，对制止乱砍乱挖滥伐和维护林区治安稳定起到了重要作用。派出所和林政股联合深入基层，协助镇（街道）、村居委会和林农调解各种林权纠纷，稳定林区的发展。

【林政管理】 2014年，加大林地保护管理力度。主动服务全区经济社会发展大局，积极配合做好重点项目建设征占用林地上报工作，积极配合区殡改执法队处理非法占用、滥用林地修造坟墓的违法行为，保护林地资源安全。切实加强森林采伐管理。禁止砍伐生态公益林，对商品林采伐实行限额管理，没有发生违规审批和超标审批的现象。认真做好林权纠纷调处工作，参与调解林权纠纷，避免了群众越级上访和集体械斗事件发生，促进林改工作的顺利开展。加强木材行业管理，进一步规范了木材流通领域和经营市场的秩序。

【野生动植物资源保护】 城区林业部门积极开展陆生野生动植物保护“宣传周”“宣传月”活动，依法检查市场、宾馆、酒楼及大排档共20多间，保护国家保护的、有益的、有重要经济科学研究价值的“三有”（有益、有重要经济价值、有科学研究价值）陆生野生动物。

【森林病虫害防治】 加强林业有害生物防治工作。2014年，城区主要公路两侧和市区周边林区内发生“薇甘菊”危害严重，大面积灾情的有几十亩，小面积有一亩、半亩。薇甘菊繁殖快，对森林资源危害大，区林业局根据实际情况积极申请上级资金和药物支持，采用人工和药物进行有效防治，防治面积近340亩。

（施智严）

附　区林业局局长、副局长名单

局　长：林楚城

副局长：朱钦文

水　利

【概况】 2014年，城区水利系统以水利工程建设、水资源管理和“三防”工作为重点开展工作。全区投入水利建设的资金1600多万元，为2013年度项目资金。2014年度争取上级建设资金2200万元已到位，尚未投入建设。

【11宗小（2）型水库除险加固工程】 城区东涌镇大陂、定家声、东石石奎、飞龙山、马草湖、许厝乡水库,红草镇海梧、海雅水库,马宫街道蛇地笼水库,香洲街道尖担坑、梧桐坑水库11宗小（2）型水库是列入广东省一般小型病险水库除险加固规划的工程项目，概算总投资1739.51万元。2013年中央、省安排了补助资金1044万元。2014年4月底前，11宗水库陆续开工建设，至12月止完成投资约907万元，占上级补助资金1044万元的87%。

【宝楼水库应急抢修工程，新港海堤、南湖海堤抢险工程】 受2013年台风“天兔”袭击，新港海堤、马宫南湖海堤受损，部分堤段崩塌，堤身损毁严重。宝楼水库大坝在加固工程没有进行防渗处理的主坝左坝段桩号0+449~0+530地段，出现5个漏水点，存在安全隐患，需采取防渗处理，消除隐患。为解决这些问题，区政府安排资金136.5万元进行抢修。其中，新港海堤抢险工程31.5万元、马宫南湖海堤抢险工程60万元、宝楼水库应急抢修工程45万元。

【红草马宫堤围海梧段加固工程】 红草海梧堤段多年失修，群众反映强烈，是联系服务群众“最后一公里”问题。该堤段是红草马宫堤围达标加固工程的一个单位工程，全长3.2公里，现状堤面宽度、堤顶高程均达不到设计要求，外坡大部分为土堤无衬护，且堤身单薄，达标加固总投资约1800万元。但红草马宫堤围已到位建设资金5174万元除用于已完工堤段及在建的下围段外，仅存500多万元可用于海梧段的建设。2013年12月30日，区政府七届二十三次常务会议同意海梧堤段按现有资金约550万元组织公开招投标。

2014年7月该工程完成招投标。区政府、区水利局协调红草镇政府解决好施工道路、取土料场、养殖场及作物补偿等问题，工程于2014年8月上旬开工建设，至12月止，已完成西闸至梧围堤段临时施工道路的修筑，桩号0+450~1+500长1050米的堤身填筑土方、迎海坡抛石固基的厚40厘米、M7.5浆砌石护坡厚30厘米的干砌石结构层、厚15厘米的砂石混合料垫层的施工任务，完成投资约100万元。

【中央财政小型农田水利重点县建设项目】 2014年8月初，城区向省财政厅、省水利厅申报小型农田水利重点县建设项目，同时委托省水利电力勘测设计院编制建设方案。9月初，向省水利厅、省财政厅上报小型农田水利重点县申报各项材料。10月20日，省水利厅、财政厅《关于第六批中央财政小型农田水利重点县建设方案（2014~2016年）的批复》，批准了项目建设。项目总投资7771.62万元，其中中央财政补助3600万元，省级财政补助2400万元，要求市级财政配套300万元，县级财政配套300万元，群众自筹1171.62万元（含土地折款和投工投劳等）。项目主要位于红草镇、捷胜镇、马宫镇和东涌镇等4个镇，灌溉面积3.45万亩，受益人口8.42万人。各年度的基本情况为：2014年度总投资2588.92万元，2015年度总投资2585.39万元，2016年度项目总投资2597.31万元。省财政厅下达城区2014年度中央补助资金1200万元，省级补助资金800万元。2014年12月，城区水利局编制了项目实施方案报区政府审批,委托设计部门开展勘测及初步设计工作。

【水资源管理】 一是加强宣传，提高全民水患意识。在“世界水日”和“中国水周”活动中，围绕宣传主题采用张贴标语、挂横幅、发放宣传资料等方式开展水法律法规的宣传教育，强化干部群众的水法制观念，进一步加深对水安全、水生态和水环境的认识，增强全民水患意识。2014年的安全生产活动月，印制了2000份饮水安全宣传手册发给市民，起到了较好的宣传效果。二是抓好用水总量控制管理，落实水资源开发利用控制红线。通过网上办事大厅向社会公布取水许可内容和办事指南，规范取水许可审批工作。认真做好取水许可管理台账、取水户年度用水总结与计划、地下水取水管理等工作，逐步完善水资源论证、计划用水、水环境质量监测等相关制度，促进水资源管理规范有序开展。三是努力做好水资源保护工作。坚持水量水质并重原则，设立了水源保护区，在主要供水水库竖立界碑，限制审批新增取水和入河排污口，对功能区水质进行定期检测。认真开展水利执法工作，严肃查处违反水法律法规的行为，尤其是违法采砂、以及在饮用水水源地进行污染水源活动的行为。认真做好禁止在供水水库游泳的有关工作，水库大坝竖立警示牌，水库管理人员定期巡查，劝阻人们进入水库游泳。局水政执法人员多次现场制止了在赤岭水库游泳的行为，防止对饮用水的污染。此外，还查处了东坑上库采砂案件,积极配合区政府处理赤沙水库畜禽养殖场污染水资源的工作。

【大陂头移民村建设项目】 广东省水库库区移民工作局先后下达2008、2009、2011年度水库移民库区与安置区建设项目资金共95万元给城区东涌镇大陂头移民村。大陂头村自2011年2月开始，按计划先后完成了进村道路、栏杆和挡土墙、进村大门，机耕路及山塘加固等项目的建设，工程于2014年1月完工验收。该计划的实施解决了大陂头移民村、水库库区和移民安置区基础设施建设部分存在的问题，进一步改善了移民群众的居住环境和生产生活设施。

【“三防”工作】 2014年全区平均降雨量1745毫米，比2013年减少329毫米，偏少16%。汛期降雨主要集中在5月份，月降雨量达到840毫米。汛期前各水库蓄水量与前多年同期接近，5月由于强降雨各蓄水工程的蓄水量大增，5月底全区蓄水总量比历年同期偏多约80%，全区各蓄水工程基本达到汛限水位，多次排水泄洪。汛期后段由于降雨量偏少，汛期末蓄水总量较历年同期偏少约30%。

一是着力抓好汛前、汛中各项工作。从3月初开始，城区各级全面开展汛前防汛防风准备工作及安全隐患大检查，对排查出来严重影响度汛安全的问题及时处理。进入汛期，区“三防”指挥部召开了多次“三防”水利工作会议，学习上级“三防”会议精神，对“三防”工作形势作了客观分析，研究部署落实“三防”工作，动员全区各部门、各单位牢固树立防大汛、抗大灾的紧迫感和责任感，切实做好“三防”工作。区“三防”办按照防风防汛抢险预案的要求，在防汛经费紧缺的情况下，增购防汛物资，以备抗灾抢险的需要。是年共投入15万元购置了防汛沙包4万个，胶鞋150双，雨衣150件，救生衣150件，防水手电筒150把，安全帽150套、2艘橡皮舟、防汛砂石料5000立方米、块石4000立方米及锄头、沙铲等一批防汛抢险救灾物资和救生器材。按省防总的部署，完成了区级及7个镇（街道）的“三防”信息接收应急保障系统和“三防”责任人管理系统的建设，为防灾救灾工作提供了有力的保障。

城区在再次整合镇级抢险队、村级自救队的同时，调整充实了区“三防”抢险中心突击队，同时约定机械抢险队必要时参与抢险。调整充实后的区“三防”抢险中心突击队由林业、民政、渔政、教育、区直机关、团区委等6个分队120人组成。各镇、街道也加强了抢险队伍的建设与管理，对各项预案进行细化，确保可操作性，在资金有限的情况下，依照有关规定准备防汛抢险救灾物资和救生器材。

二是及早部署组织抗击强降雨。5月8日开始，城区持续强降雨。区委、区政府高度重视强降雨防御工作，党政主要领导亲自带领有关部门到容易发生内涝的盐屿、和顺等地检查排水设施，并落实了一些措施，减少内涝的发生。

5月18日8时至5月19日11时，受强降雨云系影响，城区遭受暴雨到大暴雨，局部特大暴雨的袭击，东涌镇降雨量达到310毫米，市区降雨量达260毫米，降雨量最小的乡镇也超过200毫米，造成市区3个街道多个社区（居委）出现严重内涝。

据统计，全区农田受浸1.29万亩，养殖受浸面积240亩，房屋、商铺、门店和铁皮屋受浸1700多间，转移人口1114人，直接经济损失1000多万元。

灾情发生后，区委区政府立即启动应急机制。区委、区政府主要领导第一时间部署、组织区党政在家领导分赴受灾前线，指挥区“三防”指挥部成员单位，镇、街道党政领导干部职工全力开展转移救援等救灾工作，同时区级抢险中心突击队、镇级抢险队、村级自救队等第一时间全力投入救灾，组织疏通水路，设置警戒线，转移受困受灾群众。市区内涝受浸较严重的香洲街道新兴社区，道路积水深度超过1米，房屋受浸800多间，受灾人口3500多人。区“三防”指挥部调用了橡皮舟，由区抢险中心突击队对受困群众进行转移，确保了群众生命的安全。由于降雨集中，宝楼灌区东涌2号埇段堤坝崩塌，出现了宽约10米的缺口，洪水直冲农作物，威胁着下游群众生命财产的安全。区政府副区长带领区水利局、东涌镇等单位的领导及技术人员到险段指导抢险工作，落实了抢险方案。红草镇埔边银鹏门口的海汕公路严重淹水，积水没过车窗，消防官兵紧急出动，救援队伍坚守抗灾一线，开展救援。通过全区各级全力组织救援、转移工作，将灾害损失降到了最低，没有发生人员伤亡。

三是着力抓好蓄水防旱工作。由于汛期末蓄水总量偏少，为切实做好“蓄水保春耕”工作，城区严格贯彻执行省、市“三防”部门的有关文件会议精神，及时抓好蓄水防旱工作。特别是确保水库安全的前提下，注意蓄水，合理调度，在保障群众饮用水的同时尽量提供农田灌溉用水，确保人民群众的生产和生活不受影响。同时，加大科学用水宣传力度，提倡合理用水、节约用水，提高水的使用效率。

（王业链）

附　城区水利局领导名单

局　长：刘留芳

副局长：黎文录

　　　　林维忠

工业

GONG YE

工　业

【红草工业园区建设】 汕尾市城区红草工业园区位于汕尾市城区红草镇三和村周边地带，东至南洋村和石牌村，南临埔边村，西邻亚洲村，北至拾和村，距市中心和汕尾港约10公里，与厦深铁路汕尾站相距12公里，毗邻沈海高速公路、省道S242线和规划建设的深圳至汕尾轻轨支线，区位优势和交通条件优越。园区规划面积17.4平方公里，启动区建设面积为4.4平方公里，远期规划工业用地13平方公里。园区以承接深圳、“珠三角”地区的转移高端产业为主，重点发展电子信息、海洋生物、食品加工、生物制药以及装备制造作为园区的主导产业，配套发展商贸、物流等现代服务业。

2014年，红草工业园区在获得省认定通过作为省市共建循环经济产业基地和高新区后，产业转移园的申报工作加紧跟进，多次往省有关部门开展沟通联系。产业园征地工作也加紧推进，2014年园区完成征地面积1330亩，其中，三和片区832亩、径口片区498亩。第一批征地832亩土地组件已获省国土厅批准。已有广物汽车城、广昆南储冷链物流园等项目落户建设。

【企业技术改造】 *加快推进传统产业技术改造和增资扩产，促进企业转型升级* 主要是帮助指导一批企业申报国家、省技改专项资金扶持，引导企业实施自主创新和名牌带动战略，努力打造特色品牌，促进企业转型升级。通过开展产业转型升级，全区许多民营企业依靠技术改造，增加产品品种，提高产品档次，扩充产业链，提高竞争力。2014年,全区申报各类技改专项6个，争取扶持资金1680万元，其中包括雅泰隆食品、岭峰包装印刷等一批企业，均获省专项资金扶持。通过推进技术改造和增资扩产，提高了企业生产技术和生产规模，加快企业转型升级。

积极开展节能监察，促进全区节能目标全面完成 一是严格落实节能目标责任。将全区节能目标合理分解到街道镇、各部门、各行业，落实各部门的监管督导责任。与街道镇、重点监控企业分别签订节能目标责任书，进一步细化节能目标责任内容，对街道镇、重点用能企业实施“双控制”责任目标管理机制。二是强化企业节能管理。依法加强年耗能1000吨标准煤以上用能单位节能管理，强化重点用能企业节能管理，开展城区万盛织造厂、永盛针织厂、营通水泥制品厂有限公司、恒威手袋有限公司、德昌电子有限公司、柏嘉玩具日用品有限公司、营通混凝土搅拌站、雅都食品厂、仁裕轻质机砖厂有限公司和炜达行塑胶科技发展有限公司10家企业节能低碳行动。同时落实目标责任，建立健全企业能源管理体系，实行能源利用状况报告制度，严格执行能源管理岗位和能源管理负责人备案制度。三是开展节能监察。加大对全区高耗能企业、重点公共机构和商贸酒店等领域的日常节能监察。严格根据单位产品能耗限额标准、落后生产工艺、设备淘汰制度、能源利用状况报告制度等执行情况，开展节能执法监察，严肃查处违法违规行为。2014年，全区万元GDP能耗下降3.92%。四是开展电机效能提升工作，推进循环经济建设。2014年，对全区电机使用企业调查摸底，同时指导年耗能500吨以上的电机使用企业淘汰落后电机。

【民营中小企业经济发展】 2014年，城区继续紧紧围绕建设现代产业体系提高自主创新的目标，大力发展海洋经济，进一步扶持民营企业发展，积极鼓励企业增资扩产和技术改造，加快海洋产业和临港工业转型升级。

企业类型 城区的民营工业主要有电子信息、机械制造、海产品深加工、纺织服装、船舶修造及制冰、工艺品加工、塑料制品、建筑材料以及其他依托海洋资源延伸的加工业等产业。初步形成了以五丰水产食品有限公司、国泰食品有限公司、海饶水产冷冻有限公司、林记水产食品有限公司等为龙头的海产品深加工产业；以龙达电子、铭基节能、汕港船电、快捷电子、展辉实业等为龙头的电子信息产业；以银鹏机电、信昌机电、建成机电等为代表性企业的机电机械行业；以万聪、红海、建业、鸿业等为龙头的船舶修造行业；以兴盛、万盛、永盛等为龙头的纺织服装业。这些加工制造业成为了城区民营经济重要的支柱产业。工业产品主要有海

产食品、电子机电、纺织服装、塑料制品、珠宝首饰、工艺品、化工、制鞋、建材、船舶修造等，近年来增长较快的是电子机电、海产食品、纺织服装、塑料制品、建材等，其中，海产品深加工业、电子信息、机电、服装纺织业、建材加工和塑料制品业的工业产值占城区工业总产值70%以上，成为了城区的工业经济主导产业，带动了其他产业的发展。

截至2014年年底，城区共有各类经济组织1900多家，其中，民营工业企业260多家，完成工业产值62.95亿元，占城区工业总产值比重29.7%。规模以上民营企业23家，完成工业产值36.75亿元，同比增长14.5%。

城区二轻集体企业联社原有23个厂社，企业职工人数共1340人，包括渔钩厂、渔农具厂、胶花厂、金属制品厂、供销公司、制缆厂、五金厂、竹器厂、被服厂、造船厂、镜艺厂、新成皮革厂、木器厂、编制社、油印社、日用品厂、剪铁车间、工业公司、羽绒制品厂、同真制衣厂、塑料渔具厂、航海仪器厂、包装编制厂。在汕尾建市前后，由于受到市场经济体制的冲击影响，23个联社企业陆续停产关闭，自然解散。2008年下半年，城区政府按照有关政策给予联社企业职工办理养老保险。截至2014年年底，已办理退休养老1340人。联社现在职员工4人，主任1人，联社主任由城区经济和信息化局副局长陈伟生兼任。

企业创新升级　2014年，城区民营工业企业努力创新升级，总体运行情况良好，主要表现在以下几个方面：

一是工业项目建设加快推进。城区主要在建民营工业项目包括高瞻实业、真牌珠宝城等，其中高瞻实业已建成投产，其他项目已加紧建设中。

二是自主创新能力明显提高。城区有一部分民营企业获得相关专利及注册自主品牌，自主创新能力得到不断提高。现有省级民营科技企业8家。全区累计获得国家专利65项，其中，发明专利9项、实业新型14项、外观设计42项，主要涉及电子、玩具、食品、医药和服装等行业。快捷通导科技有限公司开发了三合一彩色海图定位仪等一批高新电子产业，铭基节能科技有限公司成功开发LED节能灯具，展辉实业和汕港船电公司等都拥有十多种国家产品专利，奥米格服装有限公司开发了防辐射新型环保服装，仁裕轻质砖厂开发了轻质环保墙体新型建筑材料产业，产品都已完成研制并投向市场。

三是企业转型升级明显加快。近几年来，城区积极鼓励船舶修造、海产食品加工、船用产品研发企业等临港工业开展升级改造，加大技术改造和增资扩产，进一步加速产业转型升级。转型升级成效显著的民营企业有五丰食品、国泰食品、快捷通导、仁裕砖厂、新雅地毯等重点工业企业。其中，五丰公司利用原料鱼残废料开发鱼胶原多汰原料，并利用其研制出了高级鱼胶原汰化妆品、口服液等高端产品，该开发项目也被列入省500强目录，并成为城区唯一一家受国家委托制定该行业国家标准的民营企业。

企业转型发展　2014年，城区外向型经济不断增强，涌现出五丰、国泰、银鹏、林记、万聪、快捷、美顿、新雅等外向型企业，外向型经济规模和发展后劲不断增强。全区外经贸出口总值完成13216万美元。

【上规模工业企业简介】　2014年，汕尾市城区规模以上工业企业41家，新增2家，其中2013年2家已不达规模以上；企业销售收入181.71亿元。

汕尾市国泰食品有限公司　位于汕尾市市区埔上墩村西南侧，创办于2002年11月，注册资金5000万元，是一家集水产养殖、捕捞、加工、冷藏、储存、国内外贸易等于一体的水产品深加工民营工贸企业。2014年，拥有淡水鱼深加工车间、海水鱼加工车间、虾类产品加工车间、干货(鱿鱼干、墨鱼干、虾干、鱼干)制品加工车间、新鲜咸鱼加工车间、急冻库区、冷藏库区和配套办公生活区等，总占地面积约7万多平方米，其中，水产品加工建设工程建筑面积近3万平方米。是年，从业人员600多人，其中技术人员100多人。公司属下备案淡水养殖场共14个，养殖水面面积1万多亩，每年可养殖优质出口罗非鱼原料2万吨以上，同时带动养殖面积近1万亩。属下备案远洋渔船30多条，带动多家捕捞渔队前来汕尾销售海捕产品。现有设备日急冻能力达300多吨、冷藏库6间容量近

1万吨，年加工水产品能力达到2万吨以上。还有多条深加工生产线，配套养殖基地和多艘深海捕捞作业渔船。公司主要产品有冻罗非鱼、冻罗非鱼片、冻海水鱼类、咸鱼制品及其他水产品食品，产品远销美国、法国、英国、加拿大、韩国、泰国、新加坡、阿联酋、瑞典等国外市场和我国港澳地区，在国内也有较高知名度。2014年，公司进出口额为1475万美元，其中出口额1475万美元。2014年公司实现销售收入47780万元，基本保持2013年水平。

汕尾市新雅地毯制造有限公司　位于汕尾市城区捷胜镇长埔工业区,成立于2004年，占地面积13050平方米,是汕尾市唯一一家上规模的集研发、生产及国内外销售于一体的地毯经营民营企业。公司拥有6000平方米的生产车间和多条地毯生产线，所生产的艺术地毯、挂毯、壁画毯、工程毯等手工地毯、机制地毯、汽车地毯等，应用于国内五星级酒店、高级会所、机场、KTV场所和家居装修等各个领域，并且远销美国、中东、新加坡等国家和中国香港、澳门等地区，产品因“绿色环保、绚丽多姿、艺术高雅”，深含中西方文化底蕴的特点而深受国内外顾客的喜爱和追奉。现拥有18项自主知识产权的专利技术和“新雅地毯”自主品牌，在内蒙古、北京、上海、西藏、广西、海南、广州、深圳等全国大中城市均设有办事处。2014年，公司产值为10258万元，同比增长15.7%。

汕尾市五丰水产食品有限公司　位于市城区埔边工业区，成立于2003年11月，是汕尾市最大的民营水产品加工企业之一和广东省农业龙头企业。其总占地面积80000多平方米，建筑面积15000平方米，拥有员工306人，其中，技术人员68人，中、高级技术职称以上技术人员32人。主要经营罗非鱼、南美白对虾、带鱼、鱿鱼、马头鱼、马鲛鱼、红鼓鱼、红甘鱼、叉尾鮰、黄金鲳等产品和其他海产品，产品出口美国、加拿大、欧盟、日本、韩国、俄罗斯等国家。公司集专业的水产品繁殖、养殖、加工和销售为一体，有开发面积1万多亩的绿色无公害养殖基地，同时拥有500多艘合作的捕鱼船；拥有4座库容量为3000吨的冷藏库、5座日急冻能力50吨的急冻库和4条现代化的罗非鱼生产线，罗非鱼片年加工能力达7500吨，条冻罗非鱼年加工能力达14600吨。该公司是中国现今最大的水产品胶原蛋白肽生产工厂。2014年，公司实现销售收入82522万元，同比增长28.2%。

汕尾市快捷通导设备有限公司　位于汕尾市城区红草镇埔边工业区，成立于1997年3月，占地2万平方米，其中厂房1万平方米。固定资产1600多万元，是汕尾市一家重点科工贸民营企业，主要从事民用渔船航海仪器的研发、生产及销售业务。该公司拥有专业从事通导设备研发、设计和生产的各类技术人员近40人，生产和管理人员40多人。公司生产销售产品包括航海仪器、通讯仪器（移动通信终端设备除外）、五金制品以及模具等，产品畅销我国10多个沿海沿江地区，并批量出口到东南亚的马来西亚、越南、泰国、缅甸和欧盟的意大利、挪威以及巴西、埃及等国家，部分零部件出口到日本的大企业，年产值超过1000万元。公司拥有雄厚的研发能力，2014年拥有11项自主知识产权，其中，发明专利2项，注册商标1项，实用新型专利2项，外观设计专利5项。所开发的GPS海图渔探仪突破传统，实用功能强大，把GPS、海图、探鱼仪的功能有机地合为一体，解决了一台设备性能单一的缺点，使用户既节约成本又节省使用空间且使用方便。此外公司大力发展创新开发，已成功开发包括船用雷达、自动操舵仪、甚高频对讲机等9个系列30个产品，其中“ONWA”品牌的航海设备在市场上极具竞争力。2014年，公司出口额243.7万美元。

汕尾市林记水产股份有限公司　位于汕尾市区下洋海埔林，成立于1995年8月，毗领汕尾渔港，是一家专业加工水产品、鱼糜及鱼糜制品的技术型企业，集食品研发、生产、销售于一体。占地面积11000平方米，有鱼糜生产车间3500平方米，年产量5000吨；鱼糜制品车间2400平方米，年产量4000吨；仓库2000平方米，平板机、急冻库日急冻量可达30吨，冷藏库容量1000吨。同时公司引进国外先进的生产及检测设备鱼糜生产线、鱼糜制品生产线、SD-700D弹性仪、白度仪、水分仪等。有固定员工85个，其中，行政管理人员10个，产地收购人员5个，技术人员11个，销售人员8个，固定生产人员51个。平时生产忙时，请临时工数人。为进一步扩大生产，公司实施鱼糜制品生产线升级改造项目，在对现有厂房加工场地进行改造的基础上，购置先进的鱼糜制品生产设备；另从银行贷款，在产品技术上研制特色水产品热加工及优势鱼类的鱼糜及副产物深加工综合利用研究等产学研项目。2014年，公司实现销售收入2528万元。

汕尾市营通水泥制品厂有限公司　该公司成立于1998年，位于赤岭工业区北环南侧，是预应力高强混凝土管桩（PHC管桩）、商品混凝土、磨细砂和水泥沙砖的专业生产企业。厂区面积3万多平方米，拥有PHC管桩、磨细砂及水泥沙砖3大生产车间，1支运输车队和1支静压桩队，实行生产、运输、打桩“一条龙”服务。2014年，有生产工人100多名。公司原生产单一产品排水管，2004年立项投建PHC管桩车间，生产预应力高强混凝土管桩，年产量达100万米以上，被广泛运用于高层建筑，深水桥梁码头，铁路基础作业等领域，填补了汕尾工区的空白。2014年，工业总产值60248万元，同比增长23.7%。

汕尾市城区汕港船电设备有限公司　创建于1979年8月，位于马宫街道东片开发区32~39号。公司建筑面积2000多平方米，主要从事海洋渔船及民用机电设备研制，是汕尾市一家科工贸非公有制企业和国内船电产品较齐全的厂家之一。至今已开发13个系列近100多种船用民用产品，获国家发明、实用新型及外观设计等专利28项，拥有自主知识产权“爱船者”和“汕港”注册商标。公司以创新技术产品为突破口，自成立以来获科技进步奖12项，自主开发研制专利产品QC型“爱船者”自动潜水电泵和电泵自动控制器等20多个项目，环保专利产品手机手握充电器获香港国际专利技术博览会金奖，“爱船者”品牌被广东省企业联合会、广东省企业家协会选为广东省优秀自主品牌。2014年，公司完成产值8930万元，同比增长9.3%。

汕尾市万聪实业发展有限公司　位于汕尾市城区马宫街道牛尾山脚，创建于1986年。1986年马宫渔港船舶后勤补给、维护能力极为薄弱，公司刚一开始兴建了一座小型冰厂，填补了马宫渔港渔船无法在本地购冰使用的空白。经过二十多年来的艰苦拼搏，公司已初具规模，2014年，公司总占地面积10000多平方米，拥有千吨级船坞2座，二船位船排2座，机械修造车间1座，制冰厂1座，供油站1座，从业人员100多人，年制造船舶能力2艘，年维修、保养船舶400艘次。公司已发展成为粤东地区较大规模的民营船舶修造企业，业务遍及我国港澳地区和福建、浙江两省，成为广大渔船的重要后勤保障基地。2014年，公司实现销售收入3289万元。

广东银鹏动力设备有限公司　位于广东省汕尾市城区埔边工业区，是银鹏集团（美国康明斯的授权代理商）到2014年为止的三大先进的生产销售基地之一，已全面通过ISO 9001：2008质量认证，主要致力于“银鹏”系列的发动机、发电机组的配套、加工、维修、租赁、销售和零配件供给，噪音环保工程的设计和施工。公司占地2万平方米，拥有标准化装配车间和PT泵、喷油器、涡轮增压动态平衡发电机组电功率、发动机水功率等先进检测设备，具备日产10台机组的生产能力。产品有各类50~1600千瓦的陆用或船用发电机组或动力机组、智能发电机组、移动电站、静音电站等，被广泛应用于工厂、矿山、楼宇、电信、船舶、油田、公路建设、铁路等行业。同时公司拥有一支维修经验丰富、技术精良的售后服务队伍，设立24小时服务热线，服务网点透过集团遍布全国各地。2014年，公司实现销售收入58385万元，同比增长19.2%。

汕尾市兴业混凝土搅拌有限公司　成立于2004年10月，注册资金2030万元人民币，主要生产和经营商品混凝土、散装水泥、轻质砖。公司生产基地征用土地面积达3万多平方米，设有商品混凝土试验室，配备先进的试验设备和检测仪器。首期工程建成2条300立方/小时商品混凝土生产线，并引进意大利（SICMA）现代化的设备和技术，实行电脑全自动化控制，商品混凝土年生产能力达120万立方米。拥有混凝土专用运输车、泵车、输送泵等专用设备60多部。2014年年底有员工100多人，具有专业职称技术人员20多人，其中，高级工程师1人，高级顾问2人，中级工程师2人，优秀技术人员一批。

公司生产的各种强度等级的混凝土和特种混凝土先后被供应至省大型重点项目汕尾发电厂、深汕高速公路、汕尾海关办公大楼、信利工业城、汕尾巴黎半岛酒店、汕尾龙富广场、汕尾黄金海岸、厦深铁路（汕尾段）、华师附中汕尾学校、汕尾名门御庭、海丰新地王、海丰华富花园、海丰富汇华庭、海丰地王广场、海丰名门商住楼、海丰云岭山庄、鹅埠工业园等工程建设，质量合格率达100%。2014年公司总产值27648万元，同比增长30.9%。

汕尾市艺强装饰工程有限公司 于2004年正式注册成立，位于汕尾市城区汕尾汽车总站附近，交通便利。公司拥有自主的生产基地，总占地面积1万多平方米，厂房面积6000多平方米。2014年，有职工300多人，技术人员30多人。是一家以建筑、装饰材料、室内装修、不锈钢制品加工工程、建筑门窗工程、智能化工程、机电设备及安装工程等为主要经营范围的中小民营施工企业；又是一家集设计、开发、制造、安装为一体的非标自动化设备机械生产企业，拥有一批机械、电气、自动化控制等专业人员，设备齐全、加工制作精良完善。公司工程或产品广泛适用于半导体电子、医药、食品、科研等行业。2014年，公司产值12654万元，同比增长10.9%。

（陈若谷 陈晓婷）

国土资源

GUO TU ZI YUAN

国土资源

【土地资源】 2014年年末，全区土地利用如下：

农用地 2014年年末，城区农用地面积共20603.37公顷，占全区土地总面积28315.90公顷的72.76%。农用地包括耕地、园地、林地、其他农用地四类。

耕地 共3509.21公顷，占是年全区农用地面积的17.03%，占全区土地总面积的12.39%。随着经济社会的发展，人口的逐年增加和耕地被建设占用，人均耕地占有量逐年减少。2014年年底，全区人均占有耕地0.01公顷，低于联合国粮农组织确定的人均耕地警戒线0.053公顷的水平。

园地 共2215.17公顷，全部是果园，占是年全区农用地面积的10.75%，占全区土地总面积的7.82%。由于粮油市场价格持续处于较低的水平，农民改种其他经济作物增加收入而占用耕地。

林地 共11713.98公顷，林地是农用地的主体，也是全区土地利用的主体，占是年全区农用地总面积的56.85%，占全区土地总面积的41.37%。

其他农用地 其他农用地面积3165.01公顷，占是年全区农用地面积的15.37%，占全区土地总面积的11.18%。

建设用地 全区建设用地共5148.86公顷，占全区土地总面积的18.18%，建设用地包括城镇村及工矿用地、交通用地、水域及水利设施用地等。

城镇村及工矿用地 包括城市用地、建制镇设施用地、村庄、采矿、风景及特殊用地，共有面积4088.25公顷，是全区土地中总面积的14.44%。

交通用地 包括公路用地、铁路用地和港口码头用地类，面积为372.19公顷，占全区土地总面积的1.31%。

水域及水利设施用地 包括水库水面和水工建筑两类，面积为688.42公顷，占全区土地总面积的2.43%。

未利用地 未利用土地面积共2563.67公顷，占全区土地总面积的9.06%。

资源管理

【做好征地组件报批及征地工作】 2014年，区国土资源局负责用地组件报批工作的项目为汕尾高新区红草园区三和片用地，用地面积为19.6018公顷。该年度实施征地的项目主要有：城区马宫街道金町村政府储备用地、城区捷胜镇牛肚村海训部队（续）扩建用地和汕尾高新区红草园区用地，用地总面积为84.4157公顷。

【落实耕地保护责任】 认真落实土地管理共同责任，制定了《汕尾市城区镇（街道）耕地保护目标责任考核方法》，明确了政府、有关部门耕地保护目标责任和分工。根据2013年度市下达给城区的耕地保护量任务为2652公顷，2014年，城区耕地保护量不变。全区实有保护耕地面积为3578公顷，高于市下达的考核任务，顺利通过上级耕地保护责任目标考核检查。

【积极推进高标准基本农田建设】 根据《汕尾市高标准基本农田建设实施方案》，汕尾市下达给城区2012年高标准基本农田建设任务为5000亩，至2014年不变。经城区人民政府同意，区国土资源局负责3000亩，实施项目为城区捷胜镇高标准基本农田建设项目，建设规模为3219.88亩（214.66公顷）。该项目在2013年落实项目资金和完成项目规划设计、预算、工程招标等工作的基础上，于2014年3月3日开工，是年6月30日竣工，建成高标准基本农田214.66公顷。项目竣工面积达到承担的任务，同时通过县级验收。

【加大国土资源执法监察力度，遏制违法违规用地行为发生】 2014年，城区启用了国土资源在线巡查系统，通过组织巡查工作人员参加在线巡查系统使用培训，并将辖区进行分片，把动态巡查工作责任落实到具体人，进一步加强土地矿产动态巡查的监管力度，促使基层动态巡查工作人员认真贯彻“预防为主”工作方针；进一步加大辖区土地矿产动态巡查和执法监察力度，及时制止和严格查处国土资源违法行为。是年，区国土资源局通过动态巡查发出《责令停止国土资源违法行为通知书》33份，除4宗宅基地不作立案处理外，其余发现的土地矿产违法行为都及时进行制止。在2013年度土地矿产卫片执法检查工作中，经调查核实辖区卫片执法检查疑似违法图斑7个，具体为：矿产方面2宗，均为采石场；土地方面5宗，其中，有历史批文的2宗；违法用地3宗，其中，立案处理1宗，面积1.3亩；非立案处理2宗，面积15.84亩。

【夯实管理基础】 一是继续推进地籍调查和土地确权登记发证工作。在2013年年底基本完成农村集体土地所有权登记发证工作的基础上，重点对省市验收提出的问题进行整改、完善土地登记资料；抓好农村集体土地所有权登记发证扫尾工作，提高覆盖率；抓好土地登记信息化建设，加快宗地统一代码编制工作。截至2014年10月，国有土地使用权累计登记发证4159本，覆盖率达到45%，农村集体土地所有权发证情况基本完成，完成率96%；应发证宗地数为630宗，已发证宗地数为585宗；集体建设用地使用权发证，应发证数150本，已完成141本，发证率为94％。宅基地使用权发证情况。宅基地使用权应发证数11538本，已发证数10615本，发证率为92％；同时按《土地登记资料公开查询办法》的规定，全面开展土地登记信息查询工作，是年查询次数61次，累计查询次数395次。二是全面完成2013年度土地变更调查工作，更新2013年度土地利用现状数据库，并开展年度土地利用变化情况分析，拓展变更调查和遥感监测成果应用领域，通过省、市的验收。

【积极推进“三旧”改造工作】 至2014年年底，城区“三旧”（旧城镇、旧厂房、旧村庄）改造中，已受理的有24宗，面积460345平方米，上报城区政府的有22宗（其中经城区政府批准19宗）。已在《汕尾日报》、汕尾电视台、网站进行公示的3宗。

（林文省）

附　汕尾市国土资源局市区分局领导成员名单

局　长：庄梓会

【矿产资源管理】 城区矿产资源主要分为金属矿种和非金属矿种，其中，金属矿种主要包括锡矿、钨矿和钼矿，此外还有稀有金属钛铁矿、锆英石、金红石、独居石等；非金属矿种主要包括高岭土、建筑石材和建筑用砂。

1998年以后，城区采矿业以开采建筑类的砂、石和取土为主。全区原共有4家采石场，分别为汕尾市城区东升石矿有限公司、汕尾市城区双发采石场有限公司、汕尾市城区生华石矿有限公司和汕尾市交通石矿开采有限公司，因其采矿许可证均于2012年12月30日到期，故2013年起4家石场均已停止开采。2014年城区根据上级要求，认真采取措施，切实加强区域内砂石资源管理。主要是整治非法开采，有针对性地对非法取土、取砂行为进行集中整治。是年4月16日，由城区委、区政府领导牵头，组织城区公安、林业、海洋、经信等相关部门以及捷胜镇人民政府相关负责人员，对捷胜镇有关非法采砂行为进行严厉查处打击。全年共查处非法采砂13次，出动人员105人次。

此外城区积极做好地质灾害防治工作。一是在防汛期间，对全区8个地质灾害隐患点进行一次拉网式排查，制定重点地质灾害隐患点山体滑坡避险搬迁和防治方案。二是加强监测预警和强化值班轮值制度，健全地矿局防洪抢险队伍，落实各项防范措施，确保人民群众生命财产安全。

（陈若谷、陈晓婷）

区地产公司

【概况】 2014年，区地产公司全体干部职工紧紧围绕区委、区政府部署，积极配合做好东涌镇征地工作。完成汕尾市火车站广场征地面积831亩，迁移坟墓1000多穴，金斗20000多个，百姓公妈一处，正觉寺搬迁选址。2014年6月，区组织部发文借调副经理张伟江参加派驻区水产供销公司工作组；12月，区组织部发文借调经理郑汉为任驻区水产供销公司工作组组长。

（张伟江）

附　城区地产公司领导名单

经　理：郑汉为

副经理：张伟江

城区物资总公司

【概况】 2014年，城区物资总公司全体干部职工123人，其中，已退休人员32人，在职6人（其中定编1人），其他人员到外面自谋生活。内设机构：业务股、人秘股、财会股。

【管理工作】 2014年，公司党支部吸收了2名入党积极分子并参加区直工委举办的培训班学习。

区物资总公司严格执行资产经营管理制度，管理经营好国有资产，以市场为导向促使资产经营效益实现市场价值最大化，维持保障企业正常运作和社会稳定。

深化社会企业改革，坚持以人为本的思想政治工作，争取职工理解支持企业深化改革，进一步减少人员压力和减轻经济负担。完善保管好职工档案。

（郑昌城）

附　城区物资总公司领导名单

副总经理：张庆川

交通·通信·城乡建设

JIAO TONG·TONG XIN·CHENG XIANG JIAN SHE

城区交通

【概况】 2014年，城区交通部门突出做好全区交通基础设施建设，重点做好农村道路规划、农村道路硬底化建设、危桥改造工作。继续做好凤飞山至捷胜公路复工工程工作和厦深铁路城区段征地拆迁收尾工作；做好县道X141线（品清至新安）路面大修工程工作；协助做好市区至火车站一级公路和深汕高速公路出入口的征地拆迁工作；抓好渡口渡船安全管理工作。

【农村公路建设】 抓好辖区内新农村公路规划建设。按照省、市、区的要求，从实际出发，合理规划安排农村道路建设。对条件具备、基础好，集资积极性高的乡镇开展道路硬底化建设。2014年，完成计划内新农村公路9公里，计划外新农村公路建设16公里，共完成25公里。投入建设资金共1100多万元，除上级部分补助资金外，其他资金由当地镇（街道）、村等自筹解决。

【凤飞山至捷胜公路复工工作】 该工程于2003年5月14日经省计委《关于汕尾市城区凤飞山至捷胜公路可行性研究报告的批复》批准立项，首期工程32公里。截至2014年，已完成工程征地拆迁工作，完成路基17公里，完成8.3公里的水泥混凝土路面，累计完成工程总投资5500万元（其中征地拆迁款1333万元）。由于建设资金不足等原因，该工程于2008年至今处于停工状态。2014年，该工程复工建设，完成捷胜沙坑至东坑路段2.2公里，马龄山至芳荣路段长7公里的水泥混凝土路面铺设，工程总投资800万元。是年，该工程已基本完成并通车，大大提高公路等级，方便群众出行。

【县道X141线品清至新安公路路面大修工程】 拟将县道X141线品清至新安进行路面大修改造，已委托有资质的设计单位进行优化设计，2014年，完成施工图设计，主要路段公路造价800多万元。是年，东涌至赤古路段长800米已完成混凝土路面铺设，完成投资130多万元。

【开展农村公路危桥改造】 2014年，区交通局加大对农村公路危桥改造工作，对县道X124线妈祖桥进行改造，计划建成长38米，宽8.5米的中桥，计划总投资130多万元，已完成全桥的施工任务。

【积极协助市有关单位做好交通基础设施建设】 在市、区一盘棋的框架下，做好交通基础设施工作：一是全力协助市公路局做好市区至火车站一级公路改建工程的征地拆迁扫尾工作，已基本完成品清路段和改线路段的拆迁工作，共拆迁10多户，拆除构造物20多间和地上作物一批，已付补偿款100多万元。二是协助马宫街道做好深汕高速公路长沙湾西向出口的征地拆迁工作。

【渡口渡船管理】 城区有中山渡口和小岛渡口（屿仔渡口）2个，渡船9艘。中山渡口：是由葵通轮渡分公司承包的渡口，有木质渡船7艘，主要航线从汕尾港区内至炮台、沙舌等。小岛渡口：由凤山街道小岛村委会管理，有钢质渡船2艘，属非营业性渡口，主要为小岛村民和广东渔船二厂人员出入市区所用。平时，区有关部门加强对渡口渡船的检查和督查，特别是重大节假日，渡口人流增加，区交通局和安监部门组织人员进行专项检查，加强值班，严格管理，查漏补缺，落实安全生产和防范措施，并建立渡口渡船安全管理台账。做到安全生产警钟长鸣，常抓不懈，通过一系列管理，确保了渡口渡船安全生产进行，自城区交通局接管以来，未发生过安全事故。

（张国平）

附　城区交通局领导名单

局　长：曾向平

副局长：陈国亮（正科级）

城市交通

【概况】 截至2014年年底，汕尾市区共有2家公交企业，车辆218辆。汕尾市区公交运行线路19条，运营车辆218辆，营运范围覆盖整个市城区，线路范围包括：东至东涌镇，西至马宫镇，南至捷胜镇，北至红草镇。新许可的马宫至火车站、捷胜至火车站线路各10辆未投入车辆运行。市区公交经营企业2家，一家是汕尾市区专线公共汽车有限公司，经营线路11条，经营车辆125辆；一家是汕尾市真诚公共汽车运输有限公司，经营线路6条，经营车辆73辆。

【公共交通行业】 2014年，市委市政府推进优先发展城市公交，印发《汕尾市人民政府关于优先发展城市公共交通的实施意见》，开展编制城市公交专项规划，制订优先发展城市公共交通联席会议制度。调整优化市区原有公交线路、班次，做好火车站的接驳运输工作，新增公交车辆32辆，新开通汕尾、陆丰、鲘门火车站公交班线。截至年底，市区公交线路共有19条，公交车辆218辆，公共交通布局、调整工作加快。原市区至捷胜客运班线13辆全面实行公交化，公交范围东扩至捷胜镇，实现市城区公交全覆盖；新开通马宫至汕尾火车站、捷胜至火车站等2条线路，新增公交运力20辆。

【出租汽车行业】 截至2014年年底，全市共有出租汽车企业11家，车辆746辆。其中，汕尾市区5家，车辆360辆。2014年，市区积极开展出租车行业管理，一方面加大对“黑车”、蓝牌车等“三无”车辆非法从事出租汽车经营活动打击力度，建立长效机制，着力改善出租汽车营运环境，保障从业人员和广大群众合法权益；另一方面进一步规范出租汽车经营行为，严厉查处拒载、绕道、不打表等服务不文明行为，促进出租汽车行业规范健康发展。

（市年报资料摘录）

市区交警工作

【概况】 2014年，市区交警大队在市公安局党委和交警支队的正确领导和统一部署下，贯彻落实中共十八大精神和十八大三中全会精神，创新思路，改进工作作风，始终坚持“抓班子，带队伍，促工作，保平安”的工作总体思路，在大队警力少，装备差的条件下，克服困难，迎难而上，认真谋划，抓好各项工作的落实，取得了一定的成效，有效地维护了辖区的道路交通安全、畅通。

【交通管理】 2014年，大队共出动警力16250人次，警车4586架次，共查处各类交通违法行为5988宗，包括暂扣交通违法车辆5760辆，查获酒后驾驶严重交通违法行为14起14人（包括醉酒驾驶1宗1人），其他各类交通违法行为228起。同时纠正轻微交通违法行为为980余起，行政拘留无证驾驶24人，刑事拘留6人,举行公开销毁无牌无证机动车现场会2场次，共销毁无牌无证机动车辆共计2105辆。是年辖区一般程序处理交通事故4项指数与2013年同期比较略有下降，其间辖区没有发生死亡3人以上的重特大道路交通事故，没有发生车匪路霸案件，交通管理工作态势总体平稳。大队在做好常态管理的同时，还圆满完成春运交通管理工作。做好春节、元宵节、清明节、端午节、高考、中考、中秋节、国庆节、驻汕海训部队和上级领导到汕尾考察以及各项大型会议和重要活动等各项交通安全保障工作共计109场次。

（黄国维）

附　市区交警大队领导班子成员名单

大队长：叶小武

教导员：李泽鹏

副大队长：洪海锦

　　　　　李小岸

电信与通信

【概况】 2014年，城区继续推进固定电话交换网络、城域网、接入网络等通信网络系统建设。固定电话交换网络方面：截至2014年年底，固定电话交换网络16.1万线，合计用户数约8万户。其中，传统固定电话汇接局1个，端局6个，装机容量11.4万线，用户数约6万户，接入网络4.7万线，用户数约2万户。城域网方面：城区建设了2套城域网核心网网络，部署4台出口路由器，与广州、深圳对开出口上联链路，是年，出口总带宽140G，汇聚层部署接入路由器群，承载全市城域网各节点的上联接入，在城区田墘、东涌、遮浪、捷胜、马宫、红草各镇区机楼均建设有接入交换机，承载各镇区数据业务的上联接入。接入网络方面：城区的接入网络以铜缆、光缆组网，承载不同类型的业务接入，截至2014年年底已建成的接入网络，宽带业务已全部覆盖，市区的商业区域、新建住宅小区等重点区域，已基本覆盖了FTTX接入网络，提供光纤到户、光纤到办公室的全光接入网络。

（市年报资料摘录）

信息化建设

【基础设施】 为推进城区信息化通信建设，2014年，城区启动了光网、移动4G网络等基础设施建设项目，投资累计1773万元，其中固定宽带网络投资1371万元，无线宽带网络建设投资402万元。是年，城区宽带用户达到53959户，普通固话用户达到74614户。是年，城区固定宽带覆盖用户能力9.9万户，家庭平均接入宽带6.3米；光纤覆盖用户能力4.4万户。

【农村信息化】 2014年，城区政府继续大力推进村通、光网城市等公众服务建设。是年年末开始“光纤大会战”工程建设，让汕尾广大农村地区迎来了“百兆光纤”的喜讯，并通过多年的资金投入，大力推进农村信息化建设，提高农村信息化程度。此外，城区抓紧推进农村地区的光纤覆盖建设，有力地配合了“农村电商”战略的开展，对促进农村生产、强化农村社会管理和加大农村教育培训具有重要意义。

（由中国电信汕尾分公司提供）

【电子政务】 2014年，城区紧紧围绕省、市网上办事大厅建设的工作部署，大力推进网上办事分厅建设工作，截至2014年年底，完成了党政办公自动化系统、汕尾市网上办事大厅城区分厅等电子政务项目建设。一是城区网上办事分厅共入驻区直单位及镇街29个，共进驻事项313项，其中，行政审批事项总数257项、社会事务服务事项56项。在进驻行政审批服务事项中，达到一级、二级深度事项202项，一级、二级深度率78.6%；达到三级深度事项55项，三级深度率21.4%。进驻社会事务服务事项中，达到一级深度事项42项，网上办理率75%。完成了区级行政审批事项及社会事务服务网上办事深度率的任务。二是配合市厅前置系统，按规范要求统一的业务咨询、结果查询、星级评价、服务投诉等功能，实现了分厅办事过程和结果数据与市厅、省厅同步。实施市统一优化完善的分厅系统，加强与市厅和省厅的互联互通。三是按照《广东省行政审批事项通用目录》标准规范要求完成了进驻事项信息、办事指南和业务手册，按要求落实了本级行政审批的标准化、规范化。

（市年报资料摘录）

住房和城乡建设

【概况】 2014年，区住房和城乡建设局(简称区住建局）内设4个职能股，即人事秘书股、建筑施工管理股、城乡建设管理股、住房保障和房地产市场管理股。机构编制10人，行政编制6人（其中，局长1人、副局长2人），事业编制3名，工勤人员1人。辖属下区建筑工程质量安全监督站、区建筑工程质量检测站、区建筑设计室、区房地产交易管理所、区住房资金管理中心、区燃气管理所、区住房和城乡建设局东涌房地产房管理站、马宫房地产房管理站、捷胜房地产房管理站、红草房地产房管理站10个事业单位。

【城乡建设规划和管理】 2014年，在省、市住建部门的指导下，在区委、区政府的领导下，坚持“因地制宜、统筹规划、自力更生、多方支持”的原则，加强领导、强化责任，统筹推进,全区农村危房改造工作进展顺利，完成农村低收入住房困难户住房改造任务450户。与此同时，深圳光明新区在城区投入帮扶资金300万元，建设完成6个村头公园和2条道路，改善了村民人居环境，推进城区新农村建设的步伐。

城乡建设管理方面。是年，城区乡镇建设工程规划许可登记发证4宗，与2013年相比减少2宗，占地面积6566.5平方米，建筑面积5321.6平方米。

【建筑安装】 2014年，城区建设市场的建设形势低迷，全区报建工程1宗，建筑面积199999.6平方米，报建造价5.6亿元，与2013年的2宗相比减少1宗，而造价增加4.09万元，比增270%。

【房地产市场】 是年，全年全区房地产办证2160宗，与2013年相比减少885宗，比减29%，登记面积386145平方米，成交金额126069万元，其中，房地产存量交易办证526宗，比减28%，面积64597平方米，比减16%，成交金额20257万元，比增11%；商品房交易办证435宗，比减82411平方米，成交金额25573万元，比减54%；抵押办证1999宗，比增42%，登记面积249962平方米，比增5%，权利价值86239万元。全年收入办证费288.6万元，比增6%。全区乡镇公产房租金收入18.2万元，与2013年基本持平。

【质量安全监督】 是年，建筑工程竣工验收3个，比2013年同期增加2个，竣工面积204098平方米，完成竣工总产值28203万元，比2013年增加563%，验收合格率100%。

【建筑材料检测】 全年完成检测项目5100组，比2013年略为减少。其中，钢筋（焊接）1715组，水泥45组，红砖30组，砂24组，碎石6组，混凝土试块2500组，混凝土抗渗30组，水泥砂浆试块280组，混凝土配合比20组，回弹检测450区（组）。收入检测费共43万元，与2013年同期比增36%。

【住房保障和住房市场管理】 全年办理商品房预售许可1宗，预售建筑面积83412平方米，办理开发企业资质6宗，物业管理资质1宗。

2014年，省、市政府给城区下达教师公共租赁住房任务102套，实际完成50户，落实廉租房租赁补贴10户。同时财政投入90万元，完成25间区直管公房危房改造项目。

【完成市区一批交通支（道）路维修改造工程】 是年，对市区三马路关帝庙前道路及相连四条巷道进行市政工程综合改造，铺设排污水、雨水管道，改造自来水管道，现浇砼路面，其中关帝庙前道路铺花岗岩石板路面，并安装路灯。

【市区燃气市场管理】 2014年，市区燃气市场仍为二级分管，瓶装燃气由城区燃气管理所管理，管道燃气由市级有关部门管理。区燃气管理所以教育实践活动为契机，完善办事指南和服务承诺，规范办事程序，强化市场管理。改进作风，加大对燃气市场的监管力度，突出重点，查处使用不合格钢瓶，消除安全隐患，积极联合区安监、公安、消防等部门开展对全区燃气市场的专项检查，没收不合格有气钢瓶21个，严厉打击违章违法行为。开展经常性检查和巡查，及时消除安全隐患，确保安全。

【队伍建设】 2014年，区住建局按照区委的统一部署，认真开展以“为民、务实、清廉”为主题的党的群众路线教育活动，通过学习、教育、听取和查摆问题，做到深化思想认识，开展专项整治行动，认真抓好整改落实和建章立制工作，解决领导班子和党员干部在“四风”方面存在的问题；努力改进工作作风，通过教育实践活动，使全体党员干部思想与宗旨意识明显增强，工作作风与精神面貌明显提升，干群关系明显改善，服务群众工作能力进一步提升，制度建设的长效机制得到建立。

（赵文辉）

附　区住建局领导成员名单

局　长：卓红钻

副局长：陈宏开（2014年4月29日任）

　　　　余德荣

建安公司

【概况】 城区建安公司前身为城区第二建筑工程公司，公司以雄厚的技术力量和精湛的传统工艺，结合现代化科学管理、先进的施工机械配备，以质量求生存，以信誉求发展，公司不断发展壮大。2014

年，企业的实力大大增强，企业的总资产达 2110 万元，职工 108 人，有各类专业技术职称人员 106 人，各种大中型机械设备齐全。公司设立党支部，内设工会、总工室、办公室、施工管理技术股、施工质量安全股、财会股，下设 5 个分公司。

【积极参与建筑市场竞争】 2014 年公司在区委区政府的领导下，积极参与建筑市场的竞争。在占有汕尾建筑市场的同时，积极开拓外地建筑市场，谋求发展空间。公司在“质量求生存、信誉求发展、管理要效益”的经营宗旨的指导下，发扬“求实创新、团结拼搏”的企业精神。2014 年公司完成工程造价 2000 多万元，建筑面积 35000 平方米，合格率 90%以上。在上级主管部门的领导下，公司组织了雄厚的技术力量，在加强工程质量安全管理方面，取得了社会信誉，提高了企业的经济效益。

（黄界洲）

附　区建安公司领导名单

经 理：张家生

城区第一建筑工程公司

【概况】 汕尾市城区第一建筑工程公司组建于 1997 年 10 月。1990 年 4 月 21 日，被省建委批准为三级建筑企业公司，1992 年 8 月起公司兼营房地产开发，并于 1993 年 8 月经汕尾市城区政府编委 (93) 38 号文批准该企业由集体转为全民企业单位，为实行机构改革，于 2000 年 10 月再转换为集体企业。

2014 年，公司现有职工 70 人，其中，工程专业技术人员 25 人，助理工程师 17 人，二级建造师 7 名。公司拥有一层办公楼，面积为 266 平方米。公司内设有经理室、财会室、档案室、质安组，公司拥有雄厚的技术力量，在当今社会上建筑竞争日趋激烈的情况下，能坚持立足本地，积极向外竞争。不断开拓进取稳步发展。

公司坚持以“信誉第一，用户至上”为经营服务宗旨，多次被市及城区建委评为先进单位，被区政府授予文明示范企业。2014 年，公司为了巩固发展，加大学习教育和培训力度，鼓励干部职工参加学历进修、资格考试和职称评定，通过学习培训加强干部职工的综合素质，提高了干部职工的工作能力和业务水平，为公司稳固发展提供有力保障。至 2014 年，公司连续十年被省工商行政管理局授予“重合同、守信用企业单位”，同时还被汕尾市城区工商行政管理局授予连续二十五年“重合同、守信用单位”称号。

（林荣加）

附　城区第一建筑工程公司领导名单

总经理：余鸿儒

经贸流通

SHANWEISHICHENGQU YEARBOOK

汕尾市城区年鉴 · 2015

JING MAO LIU TONG

商贸流通

【概况】 自汕尾建市以来，城区逐步形成了门类、功能较多的、较完整的市场网络。市场建设多元化发展，市场类型由原来的单一农贸市场，逐步发展为现在既有消费品市场、生产资料市场，又有生产要素市场；既有零售市场，又有专业批发市场；既有简易市场，又有超级市场。以个体商业户为主，多种所有制形成的流通企业积极参与市场竞争，包括近几年发展的一批连锁经营、物流配送、超级商场、仓储型超市等商贸企业、海产品批发市场以及各种日益增多的便利店、专卖店、代销店等。2014年，城区的农贸市场主要有通港路的奎山经贸市场、老车站路的奎山市场、通港路南段的新洲市场、通航路的霞兴市场、城南路的百汇市场、城内路的永昌市场、二马路东的东鱼市市场、二马路中段的荣泰市场以及吉祥路的西门市场等。此外，马宫街道、红草镇都有1个小市场，东涌镇、捷胜镇各有2个小市场。大型连锁超市以信利、信诚、万盛、真情等为主，城区内信利超市有5家，信诚超市有7家，万盛超市有2家，真情商场3家。另外，还有一些商品专营店，如以衣服贸易为主的联兴一条街、以水产品贸易为主的掇鸟街、设有渔需品水产品交易所的海滨街等。2014年，全区社会消费品零售总额81.13亿元，同比增长10.2%。

【商品流通管理】 2014年，城区加大力度，全面提高市场管理水平。一是继续抓好生猪定点屠宰资格审核清理，认真组织现场检查，对部分屠宰厂（场）存在的问题作出整改通知。二是牵头区生猪管理成员单位整治市场和打击私宰，是年共出动执法检查人员4852人次，打击私宰10宗，涉案人员2人，捣毁私宰窝点4个，没收私宰肉946公斤，行政处罚7500元。在规范市区肉食市场管理中，全年各厂（场）共检出病害猪526头。三是抓好样本企业数据统计和信息上报，指导信诚商场、信利超市、市生产资料公司等商贸企业按要求上报各项主要消费品相关数据。同时搞活商贸流通，积极组织企业参展参会，扩大对外经贸合作。四是加强废品回收市场和单用途商业预付卡的监督管理，对全区148家废品回收站开展清理整顿行动，同时规范全区商业预付卡管理。五是集中开展商贸领域安全大检查和整改活动，确保全区商贸流通领域的安全生产。

（陈若谷、陈晓婷）

附　城区经济和信息化局领导名单

局　长：游建雄

副局长：陈伟生（兼任城区二轻集体企业联社主任）

林永钟

马启凤（2014年5月任）

陈宏开（2014年5月调离）

外经贸

【概况】 2014年引进外贸项目1宗，实际吸收外资金额148万美元，合同吸收外资金额512万美元,外经贸出口13215.54万美元。

【外资企业的管理与服务】 转变工作职能、简化企业办事程序　区外经贸局根据国务院、省政府、市政府以及区政府关于简化行政审批的通知精神。2014年取消行政审批项目20个，通过整合后只保留2个法定审批项目，其他外资业务采取事前备案，事中事后监管的管理模式。

实行政务公开、提高办事效率　区外经贸局结合工作实际，通过业务窗口，网站及下基层等各种形式，向企业及服务对象公开办事流程、办事指南、办事内容、办事时限等。全程做好服务工作，接受社会和企业监督。

推动外资企业技术改造，促进产业转型升级　2014年，全区共有6家外资企业进行技术改造(汕尾德昌电子有限公司、汕尾万盛针织时装有限公司、汕尾雅泰隆食品有限公司、汕尾信联针织时装有限公司、汕尾永盛针织时装有限公司、汕尾兴盛针织厂有限公司)，投入技改资金7000万元，引进先进生产设备100台（套）。大大增强了企业的发展后劲，促进企业的持续发展。

帮扶外贸企业，稳定外贸出口　2014年城区开展市、县领导调研帮扶重点外贸企业活动，该局选择对全区产业发展具有带动性的16家重点企业，市、区领导以及该局领导与企业建立密切联系。通过挂点、约见、走访、座谈等形式，及时掌握企业存在的问题，主动服务、帮助企业排忧解难。共走访企业30多次，召开座谈会20多场，共收集企业反映的困难和问题50多条。其中，通关、税收、融资、招工方面属于企业反映的共性问题，也有部分属于企业根据自身行业特点在生产经营中存在的困难和问题，各挂靠领导能够拍板解决的问题，现场办公帮助解决，做到问题件件有跟进、事事有落实。通过帮扶活动，促进全区外贸出口稳定增长，实现经济平衡健康发展。

（刘志平、朱宗贤）

附　区外经贸局领导名单

局　长：黎炳林

副局长：曾昭敏

　　　　林创龙

粮食工作

【概况】　城区粮食局是政府直属事业单位，赋予粮食行政管理职能。内设人事保卫股、购销股、储运加工股，下辖区直属粮食储备库、区国有粮油收储有限责任公司、区军粮供应站，及下辖3个独立法人代表资格的企事业。2014年，区粮食局围绕确保粮食安全，认真贯彻落实粮食工作政府负责制，严格执行《汕尾市粮食安全考核办法》，加强粮食宏观调控，强化粮食流通监督检查和依法管理，进一步完善粮食应急预案，做好粮食应急机制建设，巩固和发展与粮食主产区的长期合作关系，保障全区粮食供需平衡和市场粮价稳定。

【粮食安全责任制考核】　2014年，根据市粮食局、农业局《关于下达全市粮食安全责任考核粮食播种面积等四项指标的通知》的文件精神，市下达区粮食播种面积5.52万亩，粮食总产量1.71万吨，储备食用植物油规模90吨，粮食风险基金160万元，区100%完成市下达各项指标。按照粮食安全责任书的要求，不断推进粮食流通体制改革，巩固和发展与粮食主产区长期合作关系，抓好粮食应急工作和流通设施建设，全面承担起辖区内粮食安全的责任。

【粮油储备管理】　2014年，在春秋两季粮油普查工作中，全区地方储备粮油任务100%落实到位，量足质好，粮情处于安全状态，粮食安全生产零事故发生。一是严格执行储备粮油的各项规章制度，进一步提高科学保粮水平，延缓粮食陈化，降低粮温，长期采取自然通风和机械通风的形式，有效保障粮食质量安全。二是适时做好储备粮油轮换工作，确保在库粮油推陈储新，严格执行储备粮油轮换制度，按照《汕尾市城区储备粮管理办法》的规定，2014年轮换地方储备粮1020吨；做到依法依规，顺利完成储备粮油轮换任务。三是严格执行储备粮油各项规章制度，完善储备粮油管理办法，不断创新管理机制，加强储粮安全生产和化学药品制度管理，做到集中存放、专人、专管、专账，明确责任、领用规范，严格管理。

【粮食市场宏观调控】　区粮食局抓好粮油宏观调控，一是做好粮食收购工作，认真执行省有关部门制定的2014年早籼稻粮、晚籼稻粮最低收购价政策，根据市场粮食价格变化，合理定价、按质论价，创新收购方式，积极抓好粮源。二是针对粮食购销工作出现的问题，做好对农户稻谷收获，质量调查和品种监测工作，同时建立农户粮情调查点。2014年全区农户固定调查户数15户，为全区粮油供需平衡提供重要依据。三是继续推进省际间粮食产销合作关系，调剂全区粮食缺口，确保粮食总量平衡。积极开展宣传和贯彻国务院《粮食流通条例》《广东省粮食安全条例》和《广东省粮食收购资格暂行办法》，加强对陈化粮销售处理的全程监管，依法实施粮食流通行政许可。继续贯彻落实粮食行政法规，加强粮食执法队伍建设，完善粮食市场管理机制，确保全区粮食市场平稳和发展。

【城区国有粮油收储有限责任公司】　（以下简称粮油公司）2014年，粮油公司在区粮食局的领导下，团结一致，扎实工作，全面开展厉行节约、艰苦创业精神。8月投资60万元建设一座168平方米储备油仓库和值班室，解决储备油存放仓库，并改善办公环境，配置了办公设施，抓好粮食入库质量关，入库粮食必须达到："干、饱、净、无虫"的标准，切实加强仓储管理工作，严抓安全生产，杜绝隐患，严格药物管理，降低粮食熏蒸成本，推广科学保粮的技术。同时做好储备粮油轮换工作，掌握市场行情信息，千方百计完成储备粮轮换任务，为政府四项考评指标和宏观调控提供有力保障。2014年，公司实现纯利润1万元。

（何　璋）

附　区粮食局领导名单

局　长：何宏源

副局长：黄迪斯

　　　　蔡昌流

供销合作联社

【概况】 城区供销合作联社（以下简称区联社）1988年成立。全区供销社系统秉承办社原则，紧扣城区经济工作精神和农村政策，致力服务"三农"，拓展经营业务，强化企业内部管理，全面发展壮大企业经济实力，逐步形成初具规模的经营格局，发挥出合作和联合方面优势，在推进农业产业化系列经营服务，统筹城乡商品流通，发展连锁经营服务、再生资源回收和参与新农村建设等方面工作作出应有贡献。

区联社定为事业单位，设秘书股、人事股、财务审计股、业务管理股和保卫监察股5个内设机构。区联社辖有城区农业生产资料公司、土产公司、日用杂品公司、果菜副食品公司、供销工贸公司、供销综合公司、红草供销社、马宫供销社、东涌供销社、捷胜供销社等10个单位。现全区供销社系统拥有经营网点90多个，经营面积约0.7万平方米，资产经营主要采取租赁经营方式。

【制度建设】 为更好地执行党的路线方针政策，加强党风廉政建设，践行党的群众路线，提高工作透明度和工作效率，转变机关作风。2014年，对1992年汕尾市城区供销社系统的制度汇编，即《两公开一监督制度》《领导干部保持自身廉洁守则》《经营管理制度》《购销业务活动制度》《基建和大修理项目的管理制度》《加强党的建设规章制度》《工作制度》《考勤制度》和《领导成员抓好党风和廉政建设责任制度》等制度。根据现行法律法规，结合自身工作实际需要，进行删减、补充、修改和完善。

【经营管理】 2014年，全区10家社有企业实现总购进4048万元，总销售4575万元，分别完成年度计划的104.7%和106.4%，完成年初计划经济指标和任务；剔除历史政策性亏损挂账利息后，全系统汇总利润基本持平，扼制了经济效益再度滑坡，推进全区供销社企业的稳定持续发展。

【完善支农系列化经营服务】 一是充分利用供销合作社点多面广、自下而上联合合作的优势，大力推进农资经营服务站点的整合和优化，完善农资经营服务网络体系建设。二是联合上级供销社和支农单位，举办科学用肥用药、科学种植和"放心农资进农户"等推广活动，指导农民科学用肥用药、科学种植，促进当地农业生产；提高农民对农资商品的识辨伪能力，营造便民利民服务环境。三是严格农资经营许可和市场准入制度，清查假冒伪劣农资商品，杜绝坑民害民现象的发生。2014年，全区供销社系统支农单位实现农资经营580万元，销售化肥1744吨，其中，氮肥828吨、钾肥327吨、磷肥250吨、复合肥339吨，各类型的化学药约19吨。

【加快发展农民专业合作社】 以"合作社+基地+农户"的合作经营模式，兴办领办西湖、绿农、智博、祁丰4家专业合作社，经营内容包括种植、种养、销售、农机等，农民专业合作社为当地农业发展创出新模式。带动了当地900多农户走向创业致富，是新形势下带领农民组织生产，进入市场，紧跟潮流，丰富经营服务内容，拓展经营服务功能的有效方式。

【平价商店建设】 积极调动一切有利因素，集中优化社有资产资源配置，加大对家家香、兑源、诚诚3家平价商店的投入，按平价商店设置要求加快建设，逐步扩大平价商店的示范效应。推进专业合作社与平价商店“产销对接”，减少商品流通环节，降低经营成本，以履行平抑物价、稳定市场的社会责任，树立起良好的社会形象。

（许建民）

附　区供销合作联社领导名单

副主任：洪向金

　　　　洪志隆

国有商业(企业)集团公司

【概况】 2014年，城区国有商业（企业）集团公司属下各公司实行独立核算。全系统在册干部职工1381人，完成人事制度改革后，在岗107人，待岗566人，办理离退休手续人员708人。

【各公司简介】 城区商业企业集团公司：2014年，公司在册干部职工20人，其中在岗7人，离退休13人。

城区百货公司：2014年，公司在册干部职工138人，其中在岗3人，待岗50人，离退休85人。

城区纺织品公司：2014年，公司在册干部职工153人，其中在岗3人，待岗57人，离退休93人。

城区华侨公司：2014年，公司在册干部职工73人，其中在岗3人，待岗29人，离退休41人。

城区糖烟酒公司：2014年，公司在册干部职工183人，其中在岗3人，待岗68人，离退休112人。

城区五交化公司：2014年，公司在册干部职工94人，其中在岗2人，待岗42人，离退休50人。

城区饮食服务公司：2014年，公司在册干部职工215人，其中，在岗3人，待岗88人，离退休124人。

城区商业发展总公司：2014年，公司在册干部职工6人，其中，退休2人，待岗4人。

城区友谊公司：2014年，公司在册干部职工14人，其中，退休6人，待岗8人。

城区商业信托公司：2014年，公司在册干部职工25人，其中，退休5人，待岗20人。

城区物资废品回收公司：2014年，公司在册干部职工10人，其中，退休1人，待岗9人。

城区商业综合公司：2014年，公司停止运转。在册干部职工94人，其中，待岗54人，离退休40人。

城区食品公司：2014年，食品总公司下属设经营处、东涌经营处、捷胜分公司、红草分公司以及马宫分公司共5个经济独立核算单位。共有干部职工318人，其中，在岗51人，待岗137人，离退休130人。

是年，继续实行“定点屠宰、集中检疫、统一纳税、分散经营”的政策，认真贯彻执行《广东省生猪屠宰管理条例》和《国务院关于加强食品产品安全监督管理的特别规定》等政策，牢固树立科学发展观，服务生产者和消费者的理念。较好地解决群众“卖猪难”问题，积极组织货源，确保市场肉食需求，保证肉品卫生，稳定市场价格，真正做到让人民群众吃上“放心肉”。2014年度，全区屠宰经营生猪约10.34万头，肉品约20.4多万担，总销售2亿元，为国家提供各项税费收入408万元。

酒类专卖管理局：根据《国务院关于地方改革完善食品药品监督管理体制的指导意见》《广东省人民政府关于改革完善市县食品药品监督管理体制的指导意见》，广东省人民政府办公厅关于印发《广东省食品药品监督管理局主要职责内设机构和人员编制规定的通知》《汕尾市人民政府关于改革完善市县食品药品监督管理体制的实施意见》和《汕尾市城区食品药品监督管理局主要职责内设机构和人员编制规定》的通知等文件精神，区酒类专卖管理职能并入区食品药品监督管理局，由于该局属行政执法部门，要具有公务员的身份才能整合进入该局工作，鉴于区酒类专卖管理局人员属企业性质，为解决其后顾之忧，参照区商业企业改革的办法，并结合城区实际，特制订改制方案上报区人民政府审批。2014年年底，在册干部职工15人，其中在岗12人，退休3人。

汕尾市城信拍卖行：成立于1996年7月，属于区商业集团公司属下企业，是特种行业。2014年干部职工23名，其中在岗20人，退休3人。2014年7月，区商业企业集团有限公司根据《中华人民共和国劳动合同法》等法律、法规和市委办《关于深化我市国有商业企业改革》工作要求，结合城区实际，区商业企业集团有限公司制定了《汕尾市城区国有商业企业深化体制改革方案》，汕尾市城信拍卖行根据2013年10月23日汕市区府办函(2013)116号文件的批复，结合该行的实际，经全体职工一致同意，全员已解除了劳动合同关系，社保费、补偿金、档案托管手续等已全部办妥。该行于2013年11月份经市、省批准已改制变更为有限责任公司。鉴于这样的现状，结合本商业实际情况，经研究请求区政府批准、上报《关于撤销汕尾市城信拍卖行的请示》。2014年12月31日，汕市区府发函同意撤销汕尾市城信拍卖行。

（蔡剑锋）

附　区国有商业（企业）集团公司领导名单

总经理：蔡潭少

副总经理：陈冬云

财政·金融

CAI ZHENG·JIN RONG

财　政

【概况】 2014 年，汕尾市城区财政部门在区委、区政府的正确领导和上级财政部门支持下，全面贯彻中共十八大及十八届三中、四中全会精神，深刻领会中央、省、市财政工作会议精神，紧紧围绕全区经济社会发展总体要求和目标任务，充分发挥公共财政职能作用，继续实施积极的财政政策，增强财政保障能力，不断强化绩效理念，努力完善公共财政体系，促进保障和改善民生，加快推进财政改革，不断开创财政工作新局面，完成了区委、区政府交给的各项工作任务，促进全区经济持续健康发展与社会和谐稳定。2014 年，城区公共财政预算总收入完成 16.01 亿元，其中，城区本级公共财政预算收入完成 3.86 亿元，完成预算任务的 100.02%，同比调减 26%；公共财政预算总支出 11.02 亿元，其中，完成公共财政预算支出 10.7 亿元，同比增长 4.33%。

【财政收入】 区财税部门加强协作、联动，把组织收入作为日常工作的重中之重，做到早安排、早部署、抓落实、抓督查，全力完成全年财税收入任务。进一步加强税收征管，坚持依法征税、应收尽收，坚决打击各种偷、逃、抗、骗税等违法行为；挖掘非税收入潜力，抓好土地出让金和各项政府性基金的征管；积极争取上级财政资金和项目扶持，优化财政收入结构。2014 年，城区较好地完成了全年财政收入任务，收入结构和质量得到明显改善。

2014 年，区本级公共财政预算收入完成 3.86 亿元，完成预算任务的 100.02%，同比调减 26%，其中：税收收入完成 2.14 亿元，占全年收入的 55.44%；非税收入完成 1.72 亿元，占全年收入的 44.56%。全区公共财政预算支出完成 10.7 亿元，同比增长 4.33%。全区公共财政预算总收入完成 16.02 亿元。其中：完成本级公共财政预算收入 3.86 亿元，返还性收入 0.3 亿元，一般性转移支付收入 1.08 亿元，专项转移支付收入 5.6 亿元，上年结余收入 5.03 亿元，调入资金 349 万元，地方政府债券收入结转 1139 万元，国债转贷资金上年结余 3 万元。全区政府性基金预算总收入完成 7699 万元，其中：完成政府性基金预算收入 522 万元，同比增长 16.78%,上级追加政府性基金补助 3920 万元，政府性基金预算上年结余收入 3257 万元。全区政府性基金预算总支出完成 2245 万元，同比增长 21.61%，收支相抵结余 5454 万元，全部结转 2015 年使用。

【财政支出】 2014 年，全区公共财政预算总支出完成 11.03 亿元。其中，完成公共财政预算支出 10.7 亿元（含区本级支出 5.37 亿元），地方政府债券还本支出 381 万元、转移性支出（上解省市支出）0.29 亿元。收支相抵结余 4.99 亿元（其中，结转 2015 年使用支出 4.97 亿元，净结余 218 万元，国债转贷收入结余 3 万元），全部结转 2015 年使用。

2014 年，区财政局坚持以保障民生为重点，进一步调整和优化财政支出结构，将财政资金投向民生之根的农业、民生之基的教育、民生之本的就业、民生之保的卫生、民生之安的社保、民生之盾的维稳、民生之助的文化等社会事业，促进社会和谐稳定发展。一是加大“三农”投入，认真落实各项强农惠农政策，推动社会主义新农村建设。2014 年，全区投入“三农”资金 2.74 亿元，其中发放油补资金 2.11 亿元。二是加大教育事业优先投入。区坚持教育事业优先发展，逐步提升整体教育水平和质量。2014 年，全区投入教育事业达到 3 亿元（不包括预算外教育支出）。三是加大卫生事业和社会保障的财政投入。2014 年，全区社会保障和就业支出 1.71 亿元（其中，最低生活保障支出 2498 万元），医疗卫生支出 1.38 亿元。四是加大公共安全体系建设投入。全面加强公共安全管理，推进公共安全保障体系建设，全年投入公共安全支出 2349 万元，同比增长 26%。五是加大环境综合整治资金投入。为加强市容市貌建设，营造宜居城区，2014 年城区对改善市区环境卫生等投入近 2000 万元。六是加大文化事业建设投入。为弘扬城区文化，丰富人民群众文化生活，2014 年城区财政投入近 2000 万元用于文化事业建设。

【深化改革，加强监督】 致力于深化财政管理改革，加强财政性资金监督，着力提高财政管理水平。一是完善预算执行管理。进一步完善部门预算从编制到执行的各项规定和管理办法，完善公用支出定额标准体系；加强预算支出监管，提高预算执行的均衡性、安全性、时效性；加大统筹力度，保证重点支出需要；继续压缩行政事业单位公用经费，严格控制一般性支出。二是强化财政监督检查，规范财政运行秩序。结合国库集中收付制度改革，对区直各部门预算执行情况进行监督检查，巩固“小金库”检查成果；围绕强化财政收入征管质量和秩序，加强非税收入监管，重点加大对行政机关和企事业单位行政事业性收费、罚没收入及政府性基金预算收入的检查力度；加强国有资产监管，进一步规范国有资产产权交易，防止国有资产流失；强化投资评审职能，主动介入项目事前评估审查，减少工程资金的浪费，提高财政资金使用效益。三是深入推进财税体制改革，加快建立现代财政制度。依法规范财政收支行为，推进税收制度改革，实施规范透明的预算制度，完善财政管理体制，规范国库收支管理，加强政府债务风险管理，进一步完善政府购买公共服务机制，围绕“重绩效、强监督”提升各项财政管理工作水平。四是规范和加强土地出让金收支管理。区财政局采取积极有效措施，加大对土地出让金的征收和催缴力度，加强土地出让金使用管理，按照规定的使用范围用于征地拆迁补偿、土地开发、城市建设、支农等专项支出，并做到重点向新农村建设倾斜。支出通过政府基金预算从土地出让收入中予以安排，切实实行“收支两条线”管理。

（陈贵层、周佳茵）

国有资产监督管理

【国有资产监督管理】 2014年，城区按照中央、省、市关于国企国资改革发展的部署要求，认真做好国有资产的监督管理工作。根据《关于在全区开展行政事业单位及企业国有资源清查的工作方案》对全区国有资产进行清查，并建立完备的资产清查制度，摸清“家底”，防止前清后乱，尤其是对资产使用重点部门进行重点抽查核对，巩固现阶段资产管理工作成果，并加快建立健全监督工作机制，落实监督责任，切实防止国有资产流失，不断促进国有资产管理规范化和制度化。

【国有企业改革】 2014年，城区国企改革任务艰巨，区财政局准确把握改革的原则和方向，紧密结合工作实际，准确界定不同国有企业功能，因企制宜，制定出切实可行的实施方案。2014年积极探索商业系统的改制工作，城区城信拍卖行成功改制，并做好改制后职工安置工作，保障了企业职工的合法权益，推进了城区国企改革的坚实步伐。同时，结合当前开展的群众路线教育实践活动，切实转变工作作风，提高服务型企业的能力和水平，推动城区国有企业完善现代企业制度，为加快城区经济建设增添强大动力。

【加强行政事业单位资产管理】 2014年，城区按照《汕尾市城区行政事业单位国有资产管理暂行办法》的规定，密切结合自身实际，制定下发了《关于在全区开展行政事业单位及企业国有资源清查的工作方案》。要求各行政事业单位根据规定和要求对所有非经营性国有房地产、所有经营性国有资产、闲置资产和经批准的其他行政事业单位国有资产进行清查，全面清理登记资产管理情况，并完善资产卡片信息数据，做到家底清账务明，确保账账相符、账物相符。同时强化监管，制定行政事业单位国有资产的配置、使用、处置、评估、统计报告等一系列配套制度，细化国有资产各个环节的管理，全面规范城区行政事业单位的国有资产管理工作。

【加强行政企事业单位的基础性管理工作】 一是开展公车专项整治行动。城区开展了整治超标配备公车和严格公车经费支出专项行动，制定下发了《汕尾市城区财政局转发关于做好整治超标配备公车和严格公车经费支出专项行动的通知》，对城区区属各单位、各镇街道超标配备公车和严格公车经费支出进行严格的核查，各单位及时报送清理清退公务用车专项整治工作情况。通过专项整治行动加强了城区公务用车管理的规范化、制度化建设，并严格控制了公车购置、运行维护经费，切实遏止公务用车支出中的各种违法违纪现象。二是加强“三公”（因公出国（境）、公务用车购置及运行和公务接待）经费管理。城区坚决按照党中央、国务院《关于党政机关厉行节约制止奢侈浪费行为的若干规定》等有关规定执行，从源头上规范“三公”经费的预算编制和支出监督管理，整治“三公”经费开支过大问题，严禁超预算或无预算安排支出。按年初预算，严格“三公”经费管理，严格控制“三公”经费支出，2014年全区“三公”经费支出1303万元，比上年1684万元减支381万元，下降了23%。三是确保严肃财经纪律和“小金库”专项治理工作的全面开展与顺利实施。根据上级文件要求，制定了《汕尾市城区深入开展贯彻执行中央八项规定严肃财经纪律和“小金库”专项治理工作方案》，印发给区直各有关单位，并结合城区实际，按自查自纠、重点检查、整改落实三个步骤予以推进，进一步提高城区财政财务管理科学化、精细化水平。四是开展办公用房清理清退工作。根据中共中央办公厅、国务院办公厅《关于党政机关停止新建楼堂馆所和清理办公用房的通知》的要求，城区对全区楼堂馆所和办公用房进行清理清退与整改落实，各地和区直各部门认真按照《党政机关公务用房建设标准》的有关规定进行对照检查，并做好相关整改台账和统计报表，保证多占办公用房、滥建楼堂馆所专项整治工作取得积极成效。

（陈贵层、周佳茵）

附　区财政局领导成员名单

局　长：吴秋业（2014年5月任）

　　　　吕丰民（2014年5月离任）

副局长：刘贵文

　　　　蔡奋雄

国　税

【概况】 汕尾市城区国家税务局主要负责汕尾市直、城区国税管理和纳税服务工作，内设机构级别为正股级10个行政股室和1个事业机构。2014年，城区国税局以组织收入为中心，以优化纳税服务为抓手，以推进依法治税为主线，以强化税收征管为基础，以队伍建设和廉政建设为依托，以推进征管改革和金税三期上线为关键点，以创建“风至人和，税正品高”的税务文化品牌为着力点，努力争当推进汕尾国税发展排头兵。荣获2014年度广东省“五一劳动奖状”和“汕尾市模范职工之家”称号，并受到当地党政和广大纳税人一致肯定与好评，树立了良好国税形象。

【组织收入】 城区国税局克服畏难情绪，增强必胜信心，强化担当意识，牢牢坚持“及早筹划，多管齐下，统筹兼顾，质量并重”思路，坚持组织收入原则，尽早把全年税收任务层层分解到税源管理部门和个人，与绩效考核结合，形成岗责体系。从上而下，做到主动谋划，及早准备，攻坚克难，多措并举，确保组织收入工作取得较好成效。2014年，共组织税收收入10.51亿元，同比增收12197万元，增长13.13%，圆满完成全年收入计划，首次突破十亿元大关，收入再上新的台阶，为地方经济建设做出新的贡献。

【税收征管】 着力抓好税源精细化管理，深化征管改革不止步，制定《征管改革岗位职责配置》等6个制度，优化组织结构，合理配置人力资源；着力抓好重点税源监控管理，落实“四个一”（每个月开展一次联席会议、开展一次纳税辅导、开展一次经营分析、开展一次税源调查），确保重点企业税收计划落实到位；着力抓好税收政策的落实，加强进项税额抵扣清理，堵漏增收；着力抓好进出口税收管理，加快审核进度，全年审核上报免抵税额产生额同比增加2.07亿元，增长65.09%；着力抓好行业税收整顿，敦促纳税人自动补缴税款262万元；着力抓好“营改增”（营业税改增值税）扩围工作，共有224户纳税人纳入试点范围，累计入库1728万元，减少纳税人税收负担1520万元；着力抓好个体税收管理，确保“223”管理目标（组织收入目标，以各责任区域基础税源为基数，税收收入增长幅度必须达到20%以上，即必须达到地方政府要求的增长幅度；户籍征管目标，以各责任区域纳入管理个体户户数为参数，漏征漏管户数控制率必须控制在2%以下；个体定额目标，以各责任区域纳入管理个体双定户总户数为参数，起征点以上户比例必须达到30%以上）落实到位，新增个体双定户268户，调整定额175户，每月增加税收15.3万元；着力抓好纳税评估工作，完成企业所得税评估102户，补缴税额96.36万元；着力抓好非居民企业所得税清理，完成非居民企业所得税收入4847万元,同比增长94.83%；着力抓好金税三期工程优化版上线前期准备工作，开展两轮实际业务压力测试，制定问题管理机制，全面扫清了上线障碍。

【依法治税】 城区国税局进一步巩固依法行政示范单位创建成果，不断推进依法行政进程。深入推进法治税务示范基地建设，不断提升依法行政意识；加强法制观念教育，促进大家树立学法、懂法、执法、依法、用法的理念，确保执法严格公正；强化执法风险管理，完善监督检查考核机制；坚持落实行政问责制，切实实现“五位一体”（业务有规程、执法有责任、办税有公开、风险有监控、过错有追究）税收执法工作体系；不折不扣贯彻落实税收优惠政策。2014年，办理出口退税3.49亿元，企业所得税汇缴退税1054万元。

【纳税服务】 城区国税局坚持以纳税人的合理需求为导向，不断提升服务质效，完善服务体系，创建纳税服务工作亮点。以“便民办税春风行动”为契机，开展纳税服务“大接访”“大走访”活动，面对面为纳税人答疑解惑；举办“假如我是纳税人”换位思考主题活动，提倡大家换位思考，切实提升群众满意度。继续完善办税服务厅“标准化”建设，更新设备和标识，完善自助办税终端服务功能，为纳税人提供更加便利的服务渠道。推出“同城通办”便民办税举措，把24小时自助办税终端推广至企业，全面推行免填单服务，并启动“微信公众平台”，切实为纳税人提供更加便利的办税环境。强化社会监督，“请进来，走出去”，召开纳税人座谈会、特邀监察员座谈会，广泛接受社会监督。

【队伍建设】 城区国税局牢牢坚持“以人为本、教育为先、领导带头、严管厚爱、创先争优、激发活力”的原则，积极开展党的群众路线教育实践活动，通过“四走”（走进一线深入调查研究，走到窗口了解服务需求，走进企业解决实际问题，走进纳税人宣传党的方针和税收政策）广泛征求意见。并召开民主生活会，针对收集到的“四风”和工作方面的问题79条，列出26项整改措施。推进建章立制，共废止制度16个，修订7个，制定29个，形成促进党员干部坚持为民务实清廉的长效机制。加强班子建设，坚持党组中心组理论学习，严格遵循党组和局长议事规则，齐心协力谋划区局未来。加强培训教育，分类开展素质培训，努力造就一批业务标兵和岗位能手，在年初的会计达标考试中，区局人员通过率达100%，总成绩全市第一。加强绩效管理，制定出台《汕尾市城区国家税务局绩效管理办法（试行）》等，把全市国税系统153个指标分解到各个部门，落实到人，并结合区局年初部署的十项重点工作细分为163个考评指标，设置台账加强跟踪管理，细化管理分工，有效促进相关工作的整改和改进，确保各项工作的落实和质量的提升。完善激励机制。强化心理疏导，努力营造“想干事、会干事、干好事、不出事”的氛围。充分发挥工会组织的作用，在过去开展“暖心工程”的基础上，成立爱心帮扶基金管理委员会，大大提升干部职工幸福感和归属感。努力推进税务文化体系建设，树立“风至人和、税正品高”的文化品牌，不断完善区局文化建设园地、道德建设园地、职工书屋等平台建设，努力打造文化建设升级版。丰富日常文化活动。依托十个兴趣小组，开展文体、志愿、帮扶等活动，丰富干部职工生活，规范干部职工的日常行为，促进养成良好的行为习惯。以“围绕税收抓党建，抓好党建促税收”为方针，推进基层党组织的建设，基层党组织的思想建设得到加强，组织机构得到健全，战斗力得到增强。

【廉政建设】 城区国税局坚持标本兼治，惩防并举的原则，从根本上筑牢防线。贯彻落实中央八项规定和中共十八届三中、四中全会提出的新要求，确保党风廉政建设取得新成效，加强作风建设，树立良好国税形象。巩固政风行风建设成果，以非常满意的评价为政风行风评议“回头看”画上一个圆满的句号。强化反腐倡廉教育，深化廉政文化建设。开展多种形式的反腐倡廉教育活动，丰富廉政文化形式，不断充实学习内容，继续开展家庭助廉，充分发挥春风化雨之效。加强风险防控管理，牢固确立风险防控意识，严格落实党风廉政建设责任制和“一岗两责”“一书一卡”等制度，完善各项征管业务风险点的防控，切实做到防微杜渐、警钟长鸣。

【内部管理】 加强制度建设，重新汇编成册，并强化制度执行，加大督导检查力度。加强财务管理，科学编制预算，严格预算执行，推进公务卡改革，提升开支规范程度，保障各项工作顺利。提升政务运转效率，强化督查督办，提高工作执行力。着力打造“五大”政务信息公开平台（多功能一体机、LED大屏幕、公告栏、网站、微信平台），不断提升政务公开水平。创新税收宣传形式，形成“三大税宣基地（田家炳中学、奎山小学、盐町头小学）、五项品牌活动（进机关、进学校、进农村、进社区、进企业）、七个宣传平台（横幅、报刊、电视、宣传栏、电子屏幕、网络、微信）”有机结合、相互补充、共同作用的良好局面，并创新渠道，立足网络传播迅速、移动终端普及等时代特点，用好、用活互联网站、微博、微信、手机终端等新媒体、新媒介，谱写新媒体宣传“六重奏”——彩信税宣、网信税宣、网站税宣、QQ群税宣、微博税宣、微信税宣，打造区局税宣新品牌。加强民生工程建设，成立“爱心帮扶基金”，认真解决干部职工实际困难，创造拴心留人的工作环境。加强绿色机关建设，为全市公共机构节能减排做好表率。

（钟少钮、孙冬奇）

附　城区国税局领导名单

党组书记、局　长：叶庆雄

党组成员、副局长：蔡锦涛

党组成员、纪检组组长：林礼并

党组成员、副局长：陈海珊

吕小易

彭怡生

罗汉贵

2014年汕尾市城区国税年纳税额50万元以上企业一览表

表9　　单位：万元

纳税企业	纳税总额
信利半导体有限公司	37975
信利光电股份有限公司	32205
广东烟草汕尾市有限公司	4820
广东电网有限责任公司汕尾供电局	4814
汕尾德昌电子有限公司	2763
信利电子有限公司	2400
汕尾万盛针织时装有限公司	1978
汕尾市碧桂园房地产开发有限公司	1535
汕尾万盛房地产有限公司	637
汕尾农村商业银行股份有限公司	591
汕尾城区恒富实业有限公司	537
信利仪器（汕尾）有限公司	520
中国石化销售有限公司广东汕尾石油分公司	477
汕尾高峰科特纸业有限公司	471
中国移动通信集团广东有限公司汕尾分公司	439
汕尾雅泰隆食品有限公司	337
中国电信股份有限公司汕尾分公司	333
汕尾信联针织时装有限公司	331

续表 9

纳税企业	纳税总额
汕尾市国泰食品有限公司	321
汕尾柏嘉玩具日用品有限公司	295
汕尾中升恒通汽车有限公司	276
安信证券股份有限公司汕尾香洲西路证券营业部	254
汕尾市供水总公司	241
华润电力（海丰）有限公司	239
广东岭峰包装印刷有限公司	225
汕尾市汽车运输总公司	215
中油碧辟石油有限公司汕尾分公司	191
汕尾市信利广场贸易有限公司	184
汕尾市红海大酒店有限公司	180
汕尾肉联厂	179
汕尾市翡翠湾房地产有限公司	162
汕尾市信诚商业连锁有限公司	160
汕尾市二运汽车有限公司	157
汕尾市快捷通导设备有限公司	141
汕尾兴盛针织厂有限公司	138
汕尾市苏宁云商销售有限公司	131
汕尾市艺强科技工程有限公司	128
信利工业（汕尾）有限公司	120
中国联合网络通信有限公司汕尾市分公司	118
汕尾市安宏民爆物品有限公司	110
汕尾华商冷藏物流有限公司	101
汕尾恒威手袋有限公司	97
广东银鹏动力设备有限公司	91
汕尾市鼎程生物技术有限公司	85
汕尾大参林药店有限公司	79
广东泰盈利实业有限公司	71
汕尾市林记水产股份有限公司	71
汕尾市小亚节能科技有限公司	64
广州屈臣氏个人用品商店有限公司汕尾信利广场店	58

续表 9

纳税企业	纳税总额
广东鸿安送变电工程有限公司	58
汕尾广物汽车销售服务有限公司	57
汕尾市红海船舶服务有限公司	56
汕尾信利齿科材料有限公司	54
汕尾市城区创盛纸制品有限公司	54
汕尾市维明生物科技有限公司	52
汕尾市公信建设工程设计审查有限公司	50

地 税

【概况】 2014 年，城区地税局在省、市局和区委、区政府的正确领导下，坚持用科学发展观统领地税各项工作，围绕组织收入中心任务，改进和完善税收征管方式，进一步推进依法治税，提高税收科学化、精细化管理水平。加强干部队伍建设和党风廉政建设，努力构建和谐税收征纳关系。

【税收征管】 2014 年，在总结实践经验的基础上，不断创新管理体制，优化管理机制，改进管理方法。全年累计组织各项税费收入 12.28 亿元。

加强重点税源户的管理监督 将年应纳税额 10 万元以上的企业纳入重点税源企业监控管理，实时掌握企业纳税情况。尤其对碧桂园、金海明珠楼盘、万盛银湖湾楼盘、翡翠湾楼盘、泰濠房地产等重点项目实行专人跟踪管理，全年房地产共入库营业税 7916 万元，同比增长 43.4%，增收 2396 万元。

加强土地增值税的征收管理 积极采取有效措施，精心组织、周密部署，加快对辖区内各个楼盘开展土地增值税清算管理工作，组织税收清缴入库。全年征收土地增值税税收收入 3073 万元。

强化企业所得税的汇算清缴 按照“明确主体，规范程序，优化服务，提高质量”的工作要求，通过短信方式提醒纳税人及时办理年度企业所得税汇算清缴申报。2014 年度进行汇算清缴的企业所得税户共有 528 户，汇缴应补税企业 425 户，应补税额 183.32 万元。

加大小型微利企业政策宣传 继续认真贯彻小型微利企业税收优惠政策，及时开展政策宣传，加强小微企业后续管理工作。2014 年，区局共免征计税金额 2 万元以下营业税 2500 笔，共 123.61 万元。

加大房产、土地两税清理力度 按照“政府牵头、地税主导、部门配合”的原则，形成紧密配合、集中行动的清理工作格局。通过广泛的政策宣传，进一步提高了纳税人的纳税意识，并逐步跟进纳税辅导及纳税评估工作，有效地促进清理工作的顺利开展。同时，精心制定清查方案。集中市区局力量，做到清理一户，核对一户，登记一户，征收一户。自 10 月下旬开展清理活动以来，共清理入库房产税、土地使用税入库税款 1172 万元。

【纳税服务】 *简化办税流程* 根据市局《税务机关代开发票操作规程》的规定，对门前代开发票全面推行免填单业务，直接在大厅办税窗口办理，简化办税环节，规范操作流程，更好更快方便纳税人。

推广 CA 电子办税服务厅 根据市局的要求，初步推广 CA 认证电子办税服务厅，不断完善自助办税服务功能，扩大自助办税的应用面，增加开具个税完税证明、社保费扣缴相关功能，扩大办税服务渠道。

推广应用网上办税系统 通过短信平台给全市纳税人发送网上办税系统应用的办税提示，加大力度推进网上办税系统的推广应用工作。全面

推进社保费网报网扣工作，切实提高网报申报率和开户率。

认真做好金税三期工程（以下简称金三）上线工作　严格按照省市局工作部署，稳步推进金税三期上线工作。组织区局金三师资成立金三试点办职能组及技术组，以应对、解决金三上线初期出现的各种状况。派出5期约100人次参加市局的业务培训，并充分利用二级师资开展3期130人次的全员培训。

【扶贫“双到”】　一是解决饮用水困难问题。2014年年底集资修建的安全饮用水工程在2015年年初竣工，一举解决了新民村1400多户村民饮用水困难的问题，同时也为村民农田灌溉提供了用水保障。

二是为贫困村民带去慰问。是年初，区局领导带领有关股室人员关心看望贫困家庭、孤寡老人和老党员，了解他们的生产生活情况，为他们带来节日问候和生活必需品，切实把党的温暖送到困难群众心中。

三是协助村“两委”完成换届选举。区局党组领导高度重视，并把其提升到促进经济快速发展，维护农村稳定大局，切实践行党的群众路线的高度，要求驻村干部精心组织，积极协调，认真协助村委完成“两委”换届选举工作。

四是规划发展，谋求新出路。城区地税局与东涌镇新民村委积极磋商民生基础建设，如村前公园、公用厕所、道路硬底化工程等，逐步改善村民生产生活条件。同时探索特色产业，推动新民村渔业养殖发展，谋求经济发展新出路。

【“三公”支出】　城区地税局近年来高度重视“三公”支出问题，通过采取一系列的措施加强公务接待费内部控制和审批管理，进一步压缩公务接待支出，2014年同比下降了67.61%。一是严管公务接待开支。公务接待坚持务实节俭、简化礼仪、高效透明的原则，明确内容、行程和人员。实行公务接待费开支定期公示制度，实现接待费管理公开透明。各单位公务接待费用开支主动接受纪检监察和审计部门的检查，接受社会舆论的监督。二是控制办公经费开支。通过省局办公自动化系统推行无纸化办公，严格控制发文数量和文件篇幅。除党报党刊和业务报刊外，压缩书报杂志订阅费用开支。倡导节电、节水、节油、节约用纸，降低行政运行成本。三是压缩用车经费开支。公务车辆实行定点维修，定点加油，核减维修开支，延迟零件更换开支，降低油耗开支。规定城区局所有公务车辆在非工作时间一律停放在停车场，严禁公车私用。通过采取上述的工作措施，降低了车辆的费用支出。

【文化建设】　一是制度建设逐步规范。为确保城区地税在新的形势下更好地发挥机构职能，提升纳税服务质量，提高办税征管效率，城区地税局先后出台了《城区地税系统绩效管理办法及实施细则》《领导联系基层工作制度》《城区地税系统涉税舆情管理办法》等十几项制度办法。二是队伍建设不断深入。积极推进城区局人才培养，参加省市局培训并开展地税讲堂。推进绩效管理建设，完善风险防控机制，确保地税工作高效运作。推进“连心桥”工程，及时疏导干部职工心理问题，促进身心健康发展。三是文明创建硕果累累。2014年，城区地税局精神文明创建工作蓬勃发展，大力发展优秀团员加入党的队伍，组织开展丰富多彩的文化娱乐活动，先后被汕尾团市委授予“青年文明号”称号，被团区委授予“五四红旗团支部”称号。

【党廉建设】　一是认真开展党的群众路线教育实践活动。领导班子按照“照镜子、正衣冠、洗洗澡、治治病”的总要求，围绕“为民务实清廉”主题，聚焦“四风”问题，对照焦裕禄精神、党中央八项规定和“三严三实”要求，认真开展党的群众路线教育实践活动。设置征求意见箱14个，累计发放征求意见表300余份、调查问卷127份，撰写心得体会125篇，编发活动简报33期。二是全面加强领导班子建设。领导班子之间敞开思想，严肃认真地开展了批评与自我批评，进一步统一了思想，树立了大局观念，坚定了带领全局干部职工完成税收工作任务的信心和决心。同时，城区局党组还主动把自身工作置于群众监督之下，充分发挥广大干部职工参政议政的积极性和主动性，实现了上下级的双向监督和民主评议。三是筑牢拒腐防变的思想防线。城区局结合党的群众路线教育实践活动，加强党团建设，丰富党、团员组织生活，开展廉政主题教育活动，以教育促廉政。通过采取廉文荐读、读书思廉、上党课、培训班、座谈会等形式，组织地税干部职工学习反腐倡廉理论和法律法规，开展廉政主题教育活动。同时，以案例教育、警示教育、对比教育等形式，开展日常预防职务犯罪的教育。四是坚持不懈地抓好党风廉政建设。以节日期间廉政教育为重点，要求广大干部特别是领导干部过好“廉”关。举办预防职务犯罪讲座，增强干部职工廉洁从税意识；组织干部学习党风廉政建设有关文件和上级部门的廉政规定，观看了警示片，进行典型案例警示教育，引导大家树立正确的世界观、人生观和价值观；邀请特邀监察员召开座谈会，开门纳谏，广泛听取社会各界的意见和建议，争取理解和支持，促进区局党风廉政工作更好开展。

（赖思远）

附　城区地税局局长、副局长名单

局　长：张家瑶

副局长：郭小平

　　　　卢金泉

　　　　谢　戈

　　　　卓凌波

2014 年汕尾市城区地税年纳税额 50 万元以上企业一览表

表 10　　　　单位：万元

纳税企业	纳税总额
信利半导体有限公司	5667.5
信利光电股份有限公司	5267.8
汕尾市碧桂园房地产开发有限公司	4548.3
广东烟草汕尾市有限公司	3239.6
汕尾万盛房地产有限公司	2585.5
汕尾市振兴投资有限公司	2324.2
汕尾市万业房地产开发有限公司	2153.7
汕尾市土地开发储备中心	1529.1
汕尾市建安建筑安装工程有限公司	1466.5
中国工商银行股份有限公司汕尾分行	1454.1
中国银行股份有限公司汕尾分行	1313.8
汕尾市城区泰濠房地产开发有限公司	1259.8
中国建设银行股份有限公司汕尾市分行	1192.6
汕尾市保利房地产开发有限公司	1062.3
广东金粤建设有限公司	958.3
华润电力（海丰）有限公司	887.0
广东电网公司汕尾供电局	733.8
中国移动通信集团广东有限公司汕尾分公司	656.9
汕尾市裕邦房地产开发有限公司	638.9
信利电子有限公司	570.2

续表 10

纳税企业	纳税总额
广东电网有限责任公司汕尾供电局	561.9
中国太平洋财产保险股份有限公司汕尾中心支公司	555.2
中国电信股份有限公司汕尾分公司	542.5
中国人民财产保险股份有限公司汕尾市分公司	376.6
汕尾农村商业银行股份有限公司	372.3
汕尾德昌电子有限公司	363.2
誉福实业（汕尾）有限公司	341.7
广东深汕西高速公路有限公司	326.3
华夏人寿保险股份有限公司汕尾中心支公司	292.6
汕头市建安 (集团) 公司汕尾分公司	287.8
中国农业银行股份有限公司汕尾分行	284.9
中国邮政储蓄银行股份有限公司汕尾市分行	280.6
汕尾黄金海岸实业有限公司	277.4
汕尾市城区四方土石方工程有限公司	267.4
誉福实业 (汕尾) 有限公司巴黎半岛酒店	261.8
中国平安财产保险股份有限公司汕尾中心支公司	259.7
汕尾市公安局	257.0
中华联合财产保险股份有限公司汕尾中心支公司	242.5
中国平安人寿保险股份有限公司汕尾中心支公司	219.0
汕尾市福利彩票发行中心	203.0
汕尾万盛针织时装有限公司	198.1
汕尾市艺强科技工程有限公司	193.8
汕尾市鸿润电气安装有限公司	192.4
广东鸿安送变电工程有限公司	190.3
汕尾市城区第一建筑工程公司	186.1
汕尾市水利水电工程公司	182.3
天安财产保险股份有限公司汕尾中心支公司	175.0
汕尾市城区致材装修经营部	168.6
汕尾市城区建筑安装总公司	162.3
汕尾市振文实业有限公司	153.1
安信证券股份有限公司汕尾香洲西路证券营业部	148.7

续表 10

纳税企业	纳税总额
汕尾市金海明珠房地产开发有限公司	146.0
泰康人寿保险股份有限公司汕尾中心支公司	134.9
中国联合网络通信有限公司汕尾市分公司	126.1
汕尾城区恒富实业有限公司	123.2
鼎和财产保险股份有限公司汕尾中心支公司	119.3
汕尾市教育建筑工程有限公司	107.5
汕尾市汇能电力物业有限公司	107.2
中国人寿保险股份有限公司汕尾分公司	104.0
广州市开物物业管理有限公司汕尾分公司	98.2
汕尾市海珍实业有限公司海珍酒楼	95.3
汕尾雅泰隆食品有限公司	92.1
汕尾市金叶发展公司	90.7
汕尾市红海大酒店有限公司	90.1
广东省邮政公司汕尾市分公司	89.4
汕尾市金保保安押运有限公司	88.8
中国农业发展银行汕尾市分行	88.0
信利仪器（汕尾）有限公司	86.3
汕尾市信利广场贸易有限公司	85.5
中国石化销售有限公司广东汕尾石油分公司	84.9
汕尾市城区雅都食品厂	82.4
汕尾市小亚节能科技有限公司	78.8
广东省体育彩票管理中心汕尾分中心	77.0
汕尾高峰科特纸业有限公司	75.7
汕尾柏嘉玩具日用品有限公司	68.9
汕尾市乐安建设工程有限公司	68.7
汕尾市泰林酒店有限公司	68.1
汕尾市城区森泰房地产开发有限公司	67.9
汕尾市汇能电力设计有限公司	66.3
汕尾市恒宇科技有限公司	65.3
汕尾市金港濠驾驶员培训有限公司	62.8
汕尾友谊宾馆	62.4

续表 10

纳税企业	纳税总额
汕尾市城区豪都酒楼	61.6
汕尾逸挥基金医院	61.5
汕尾市人民医院	61.0
汕尾市汇能电力技术工程有限公司	60.1
汕尾广物汽车城投资有限公司	60.1
广东碧桂园物业服务有限公司汕尾分公司	57.4
汕尾市大中华实业有限公司	56.7
汕尾市财政局	55.4
汕尾中升恒通汽车有限公司	53.6
广东省电信工程有限公司五分公司	52.5
汕尾市市政工程有限公司	52.4
汕尾市城区成达建材购销部	50.6

金融业

【概况】 2014 年，汕尾市区共有银行类金融机构 11 家，保险类金融机构 13 家，证券类金融机构 2 家，另有 5 家小额贷款公司和 1 家担保公司。辖区内金融运行总体平稳。

【金融基础设施建设】 一是中国人民银行汕尾市中心支行（以下简称人行汕尾中支）顺利完成第二代支付系统、财政国库集中支付系统、中央银行会计核算数据集中系统上线推广工作。全市各地推进银行卡助农取款服务，初步构建起支农惠农支付绿色通道；推广具有金融功能的社保卡应用，完成金融 IC 卡非接触小额支付商圈建设，逐步实现金融 IC 卡关闭降级交易，推进银行卡芯片进程；推进金融机构编码体系建设，全面推广金融机构代码证。2014 年 12 月末，城区助农取款服务点行政村覆盖率达 100%。二是扎实推进金融消费权益保护和地方信用体系建设。市金融消费权益保护联合会与市消费者权益保护协会共同签署《汕尾市消费维权协作机制合作协议书》，8 月底开通“12363”咨询投诉热线电话，搭建辖区金融消费权益保护咨询投诉新渠道。推进征信中心建立进程，市政府出台汕尾市社会信用体系建设 2014~2020 规划；启动公共信用信息管理系统建设，推进广东省农户信用信息系统建设；人行汕尾中支与汕尾职业技术学院签订《征信教育与科研战略合作框架协议》，联合探索征信建设新模式。

【金融改革】 一是汕尾金融业加快扩大开放。2014 年 8 月，万联证券进驻汕尾，成为辖区第二家证券机构。二是金融机构深化改革发展。1 月，汕尾农商行正式挂牌，推进农行“三农金融事业部”改革试点工作，对考核达标县级“三农金融事业部”执行比农行低 2 个百分点优惠存款准备金率，加大对“三农”和县域经济发展金融支持。三是金融市场和直接融资稳步发展。市各金融机构实现加入银行间市场交易商协会、参与银行间市场业务；区大中型企业通过银行间市场发行直接债务融资工具或上市融资，地方政府城投债发行、地方债自发自还试点等稳步推进，进一步畅通直接融资渠道。9 月，市首家企业（汕尾市维明生物科技有限公司）在广州股权交易中心挂牌。四是辖区利率市场化改革前期准备工作顺利推进。五是地区振兴发展金融支持途径探索。2014年，人行汕尾中支组织辖区金融机构贯彻落实《人民银行广州分行关于金融支持粤东西北地区振兴发展的指导意见》，探索金融支持汕尾地区振兴发展新方法、新途径。

(摘录市年鉴资料)

汕尾农村商业银行

【概况】 汕尾农村商业银行有限公司(以下简称汕尾农商银行）位于汕尾市区香洲西路北侧雅苑阁一至七层。由原汕尾市城区农村信用合作联社和红海湾开发区农村信用合作联社合并改制而成。2014年1月26日，汕尾农村商业银行正式挂牌开业，注册资本约3.5亿元，设立了股东大会、董事会、监事会和经营管理层的“三会一层”治理架构，根据业务发展需要内设13个职能部门和5个中心。全辖共有营业网点20家，其中，营业部1家，支行11家，分理处8家。渔业贷款专营中心1个，分布在市区及各乡镇。在职员工311人。

【业务范围与实绩】 经中国银行业监督管理委员会批准，2014年，汕尾农村商业银行的业务范围为吸收人民币公众存款；发放人民币短期、中期、长期贷款；办理国内结算；代理发行、代理兑付政府债券；从事同业拆借；从事银行卡（借记卡）业务；代理收付款项及代理保险业务；办理票据承兑与贴现业务；经有关机构批准的其他业务。是年年底，汕尾农村商业银行各项存款余额约14亿元，各项贷款余额约5.6亿元。

【记事】 2014年1月26日，经中国银行业监督管理委员会广东监管局批准，汕尾农村商业银行正式开业。

4月14日，汕尾农村商业银行第一届第一次工会会员代表大会顺利召开，黎志平当选第一届工会主席。

4月17日，广东省副省长陈云贤在汕尾市市长吴紫骊等领导的陪同下到汕尾农村商业银行视察工作。

6月23日，汕尾农村商业银行公园支行更名为城区支行，并迁址至市区汕尾大道中段的烟草综合楼A栋一至三层。

7月7日，汕尾农商银行与海丰县人民政府签订战略合作协议书，双方就为海丰生态科技城提供金融服务等达成一致意见。

7月19日，汕尾农村商业银行召开第一届董事会第三次会议，选举余胜九为董事长。

8月31日，汕尾农村商业银行召开2014年度第一次临时股东大会。表决通过了《关于修改汕尾农村商业银行股份有限公司章程的议案》。

10月16日，汕尾农村商业银行与汕尾市农业局、水利局、畜牧兽医局签订战略合作框架协议书。

(曾文芳)

附　汕尾农村商业银行领导名单

董事长：余胜九

监事长：彭崇桄

副行长：徐祥英

　　　　黄少楼

行长助理：陈世武

工会主席：黎志平

处置地方金融风险

【概况】 城区处置地方金融风险办公室（以下简称区处置办）是挂靠区政府办公室的议事协调机构的办事机构，正科级。2014年，其内设机构有人秘股和办案股。单位人员编制7名。主要工作职责是负责全区地方金融风险化解工作和地方金融机构服务、监管工作：包括调处全区民间标会工作，督促、指导、协调全区各类基金会的清理、追债和资产处置工作，配合政法机关处置民间借贷、民间非法集资工作，解决城市信用合作社遗留问题，组织、协调、监管小额贷款公司日常运转等。是年，区处置办重点做好区“城市信用社”的退市扫尾工作和对城区两间小额贷款公司的日常监管。

【积极调处“两会”纠纷】 2014年，根据上级关于认真做好信访突出问题及群体性事件处置工作的指示，区处置办积极参与区处理信访突出问题及群体性事件联席会议，继续深入基层了解情况，做好上访群众的耐心说服教育工作。是年，共接待“会脚（民间标会入股人员）”上访20多人次，其中重访10多人次；股民上访近10人次，参与非法集资受骗群众上访3人次；与有关街道一起调处解决了因“会脚”向“会头”讨“会款”引起的纠纷3宗，及时化解了维稳信访案件。对新出现的民间标会和民间非法集资活动，组成专门工作小组，深入调查研究，细致分析处置。通过印发《致广大市民的一封公开信》，与公安机关经侦部门联合介入等途径，告诫市民拒不参会、远离标会、杜绝起会，拒绝参与非法集资，不贪财、不放贷、防骗子。有效地防止了民间标会和非法集资的蔓延与扩散，确保了全区的社会稳定。

【城区第二家小额贷款公司成立】 根据广东省人民政府《关于开展小额贷款公司试点工作的实施意见》文件精神，省金融办、省工商局、人行广州分行、广东银监局联合颁发了《广东省小额贷款公司管理办法（试行）》。2014年4月，由汕尾市第二运输汽车有限公司作为主发起人，形成小额贷款公司初审材料，经城区处置办初审，报城区人民政府复审，上报汕尾市政府金融工作局核准并上报广东省金融办，通过审核批准，城区华泽小额贷款有限公司于2014年11月成立。该公司基本情况如下：

公司名称：汕尾市城区华泽小额贷款有限公司。

设立住所：汕尾市城区汕尾大道中段城区富凯大酒店二层左侧办公区。

公司机构性质：有限责任公司。

注册资本：人民币1亿元。

业务经营范围：按照小额贷款公司有关政策法规的规定在本区范围内向企业、自然人办理各项小额贷款；以及经批准的其他业务。

机构组织形式：按照现代企业制度，形成股东会、执行董事、经理的管理结构进行经营管理。

【城市信用社撤销清算扫尾工作】 按照省、市政府部署和先后召开的停业整顿城信社退出市场工作会议要求，从维护社会稳定和创造良好的金融秩序出发，全省城信社选择行政撤销方式统一进入退市清算阶段。区处置办作为退市工作领导小组和城信社撤销清算组成员单位，认真负责，做好停业整顿城信社撤销清算工作。对城信社资产进行梳理，简化债务，明确债权债务关系，并通过汕尾市诚信合伙会计师事务所进行审核，报市政府金融工作局并报银监会广东汕尾分局公告撤销。对于城信社的敏感性债务方面，区处置办组织专门人员对存款人和股金投入者进行耐心细致的说服教育工作，有效地遏制了集体性上访，确保全区的社会稳定。

（陈汉森）

附　城区处置地方金融风险办公室领导名单

主　任：刘衡

副主任：林寒财（2014年8月任）

教　育

JIAO YU

教育

【概况】 2014年，全区有中小学校93所，中小学教师3948人，在校学生54240人。其中，小学74所（民办小学9所），在校生26331人；初级中学12所（民办初中1所），初中学生16107人；完全中学5所、职业中学2所，高中阶段学生11802人。有幼儿园97所（公办幼儿园4所，民办幼儿园93所），在园幼儿10250人。

【主要工作】 汕尾市城区教育局紧紧围绕区委、区政府中心工作，以创建教育强区统揽工作大局，致力锻造“民主、法治、廉洁、高效”的教育队伍，教育效能建设、教育创强、教育改革、教学监管、学校发展等工作卓有成效。

教育创强工程强力推进 2014年，按照城区创建教育强区工作实施方案，通过改、扩建3所镇（街道）中心幼儿园，改造提升农村义务教育薄弱学校，完善教学设备设施，加强校舍、校园文化和师资队伍建设，推进了教育创强步伐。是年7月，新港街道、马宫街道通过省教育强镇（街道）督导验收，被授予“广东省教育强镇”称号。教育创强促进中小学办学条件取得历史性改善，教育综合实力明显提升。

强师兴教工程高效实施 2014年,继续实施“强师工程”，招聘优秀师范院校本科以上（含本科）毕业生45人，缓解了高中教师短缺的矛盾。表彰了一批市、区优秀校长、优秀教师、优秀班主任、优秀教育工作者和教坛新星。继续做好中小学教师继续教育培训工作，安排校长和教师参加国家、省、市级培训，组织全体教师进行选修科目（校本）培训共计4528人次,选修科目（校本）培训3986人次。认真实施中青年学科带头人和骨干教师培养工程，鼓励教师继续接受教育。

提升质量工作力度加大 开展高考备考教研工作，聘请省内9个学科名师为高考备考指导专家，加大学科备考指导力度，搭建学术交流平台。建立实施中小学教学监管工作长效机制，强化教学监管，促进学生全面发展。全区举行片区教研活动60次，参与活动2000多人次；开展市、区学科带头人学科教学示范活动10次；申报“十二五”教育科学规划课题62项，其中，申报省级课题22项，已立项8项，市级课题40项，已立项36项，通过结题鉴定9项。

政风行风建设取得实效 2014年度，在全区教育民主评议政风行风工作中，区教育局高度重视，领导到位，责任到位，认真制定实施方案和整改方案，坚持纠建并举，查改并重，依靠群众，科学评议。进一步转变机关工作作风，实现精神面貌明显提升、干部作风明显改进、服务效能明显增强，营造风清气正的事业发展氛围。区教育局被评为满意等次。

【义务教育】 全区有义务教育阶段学校86所，中小学公办教师3948人，在校学生42438人，其中，小学生26331人,初中学生16107人。小学适龄儿童入学率为100%，辍学率为2.1%，初中毛入学率为121.05%，辍学率为0.3%。2014年，区教育局在近年来小升初入学改革基础上，实行电脑派位，免试就近入学。派位工作公开公平，阳光透明。

【学龄前教育】 全区有幼儿园97所（公办幼儿园4所，民办幼儿园93所），在园幼儿10250人，幼儿入园率为91.4%。按照计划，2014年，改建捷胜、红草、马宫3所中心幼儿园。针对镇（街道）中心幼儿园建设缓慢等问题，区教育局结合实际，根据市教育局、市发改局、市财政局《转发关于实施第二期学前教育三年行动计划意见的通知》要求，制定了《汕尾市城区发展学前教育三年行动计划（2014~2016年）》，争取每个镇（街道）建设1所公立示范性幼儿园，满足城区人民群众对学前教育的需要。

【高中阶段教育】 2014年，全区有全日制高中阶段学校7所，在校生11802人。其中，普通高中5所，在校生10828人；中等职业技术学校2所，在校生974人。开设有农村经济综合管理、农村电气技术、会计、计算机等专业，为当地培养了一大批合格技能型人才。

（罗玢琦）

附　汕尾市城区教育局局长、副局长名单

局　长：林泽树

副局长：吴义军

罗方辉

徐子岳（2014 年 8 月 15 日任）

新城中学

【概况】 城区新城中学是一所公办全日制完全中学，占地面积 117727 平方米，建筑面积 42658 平方米，为广东省一级学校、广东省普通高中教学水平优秀学校，已通过广东省国家级示范性普通高中初期督导验收。2014 年，有 70 个教学班（初中 25 个，高中 45 个），有学生 4196 人（初中 1463 人，高中 2733 人），教职工 312 人。

【科学的办学策略】 学校以“自强不息，明德砺志”为校训，树立“办具有高度科学精神和人文精神的现代化名校”的发展目标及“培养高素质现代文明人”的育人目标，办成“优化教育资源，优化教育质量，坚持教育改革和教育科学实验，坚持实验性、示范性、开放性、创造性”的特色学校。学校实施两级双线管理制度。实现管理的科学化、民主化、人文化、高效化。

【现代化的教学设施】 学校有现代化的教学设施设备，装配了物理、化学、生物实验室及计算机教学室各 4 间，语言教学室、劳动科技活动室各 2 间，多媒体专用教室、心理辅导室、历史室、地理室、美术室、音乐室、舞蹈室、生物标本馆各 1 间，多媒体课室 75 间（互动电子白板）。建立了校园网，教师办公电脑 100 余台，图书馆藏书 15 万册，报纸 50 种，杂志 228 种，电子读物 15 万多册。

【高素质的教师团队】 学校教师来自全国 28 个省区，有高中教师 182 人，初中教师 115 人。教师队伍中，有特级教师 1 名、国培对象 7 名、广东省基础教育系统“百千万人才”培养对象 2 名、省级骨干教师 5 名、“南粤优秀教师”5 名、区以上学科带头人 16 名。研究生学历 6 人，高级教师 84 人，一级教师 132 人，教师学历 100%达标。

【教学活动】 学校推行“学做导合一”教学策略，是年，参加高考人数 1113 人，第一批入围 35 人，本科以上入围 248 人，3A 以上入围 475 人，600 分以上 9 人。2014 年中考，全校平均分 616.9 分，城区前 10 名新城中学占 9 人，学生苏琬婷以总分 772 分的成绩列全区第一；学生方夏颖、林艺奕以总分 770 分的成绩并列全区第二。截至 2014 年，学校有 6 名学生考入北京大学。

2014 年 3 月，新城中学获“汕尾市首届汉字听写大赛优秀奖”。

2014 年广东省高中学生化学竞赛（由广东省化学学会主办），该校雷伟宝等五位同学载誉而归，陈锦燕老师获指导奖。

2014 年 6 月，汕尾市“安信杯·我的汕尾我的家”中小学生绘画大赛，该校 5 人获奖，学校获优秀组织奖。

是年，汕尾市中小学禁毒教育征文和书画比赛（由市教育局、市禁毒办、市司法局、市妇联联合举办），新城中学 14 件作品获奖。

第三十一届全国中学生物理竞赛，新城中学有 5 名选手获得市级奖项。

2014 年 10 月 18 日，由市文明办、市教育局、市语委办联合举办的“中小学中华经典诵读比赛”在华师附中汕尾学校举行。新城中学选派的节目《春江花月夜》获三等奖，张利民老师获优秀指导奖。

新城中学师生参加由区纪委和区教育局联合面向全区中学开展的“廉洁图书读后感”征文活动，有 5 篇作品获奖。

2014 年“中国体育彩票杯”汕尾市青少年运动会，新城中学代表队获得金牌 19 枚、银牌 4 枚、铜牌 1 枚。金牌数全区排名第一。

新城中学选送的节目合唱《唱给小箩卜头的歌》、合奏乐《展览会》双双荣获广东省第二届中小学生合唱比赛、广东省第二届中小学生器乐比赛暨首届行进管乐和行进打击展演活动中学组二等奖。

【教研活动】 学校教学教研活动扎实开展，按照《新城中学校本教研实施方案》，各学科组每周定期进行一次校本教研活动，每月开展公开课2次以上。该校申报的汕尾市“十二五”规划课题《校本培训实效性和特色化研究（SRW-011）》等五项课题顺利结题，该校申报的“‘学做导’教学策略下的作文教学模式探究”“汕尾民间艺术——三大稀有剧种进课堂研究”两个市级课题通过了中期检查验收立项。

按照汕尾市、区教育局统一部署，新城中学成为深圳第二外国语学校的结对帮扶对象。双方按照帮扶协议，新城中学选派了4位中层干部赴深二外进行为期一周的跟岗学习，共同开展了同课异构教学活动。

2014年汕尾市城区中小学多媒体教学课件制作竞赛，该校共有24件教师作品获奖。

继续开展“一对一”支教帮扶活动，新城中学选派了邱雪云、陈红、邱汉伟、祝汉群4位教师到城区兄弟学校开展支教活动。

【崇高的社会声誉】 学校被评为广东省文明单位、广东省绿色学校、广东省安全文明校园、广东省中小学心理健康教育示范学校、广东省语言文字规范化示范校、广东省群众体育达标先进单位、广东省朝阳读书活动先进集体、广东省中小学校本培训优秀示范学校、广东省中小学知识产权教育试点学校、全国特色语文示范校、全国普通高级中学特色项目学校，是华南师范大学和广东体育职业技术学院教学实践基地，华南农业大学、广东工业大学、广东中医药大学、电子科大中山学院、南方医科大学优质生源基地，美国东洛杉矶学院姊妹学校。

（邱如君　刘东生）

附　城区新城中学领导成员名单

党支部书记、校长：文学荣

副校长：邱　斌

刘武明

叶丽萍

工会主席：卓孝义

汕尾中学

【概况】 汕尾中学是一所公办全日制完全中学，正科级建制，属城区重点中学。学校确立了“科学决策、强化管理、改善条件、提高质量”的办学思路，提出了“合作共享最大资源，和谐共享最大快乐”的文化理念，以“培养心清气正、具有崇高精神境界和人格魅力的高素质青年”为育人目标，把汕尾中学办成一所有特色、有校魂的国家示范性高中，校训是：崇德、启智、强身、励志。

【配套设施】 2014年，学校共有58个教学班，其中，高中部35个班，初中部23班；在校学生3960人，其中，高中生2399人，初中生1561人。师资队伍雄厚，全校在编在职教职工278人，其中，具有中学高级职称82人，中级职称125人。教师中，拥有研究生学历5人，省骨干教师8人，市名教师3人，市、区学科带头人共11人。学校现有行政人员27人，管理机构健全，设有办公室、德育处、教导处、教研处、总务处、保卫处等部门和工会、团委等工团组织；还成立学生会、舞蹈队、碧潮文学社、演讲辩论学社、青鸟漫画社、弘武学社、英语社、轮滑社等多个学生社团。

学校占地面积约37000平方米，建筑面积31300平方米，校园布局合理，绿化覆盖率达76%。拥有教室59间，实验室5间，多媒体功能厅1间，教学平台60多个，语言实验室1间，电子阅览室1间；图书馆1座，图书阅览室1间，藏书量12.2万册，图书馆报纸杂志160余种，各种教参、工具书共200余种；学校设有10兆主干校园网，有电子阅览室，储藏电子图书25万册。拥有行政办公楼和学生宿舍楼各1幢，教师宿舍楼4幢共120套；行政办公楼、年组办公室、党支部之家、教工之家、学生会活动室、音乐舞蹈室、美术室、卫生保健室、档案资料室、展览厅、心理健康教育咨询室等场室一应俱全；体育场15000平方米，配套300米环形跑道附设100米直跑道。

【奖教奖学】 2014年，修订完善了《汕尾中学黎智常奖教金章程》《汕尾中学教师综合评价方案》，评选出2013~2014学年度“黎智常奖教金”获得者一等奖3人，二等奖5人，三等奖10人。同时，授予刘金魁等3位教师“汕尾中学首席教师”称号。发放“黄瑶奖学金和助学金”，奖励优秀学生。2014年高考总成绩前三名的学生，每人奖学金5000元；资助20名在高考本科录取分数线3A以上且家庭经济困难的优秀学生，每人助学金4000元。每年资助的学生共23人，总金额9.5万元。学校被创建全国优秀家长学校实验基地广东办公室批准为广东省第三批“全国优秀家长学校实验基地”；学生会被评为2014年“广东省优秀学生会”。高考成绩显著：一本上线21人，超指标3人；二本上线257人，超指标1人；3A上线430人；本科上线率38.1%，3A上线率63.7%，两个上线率均居全市各县区公办学校第一。中考成绩也取得历史性突破：总分平均616分居全市第一，有6位教师获区以上表彰，有10位学生获区“优秀学生干部”称号，6位学生获区“三好学生”称号，5位学生获市“优秀学生干部”称号，2位学生获市“三好学生”称号，1名学生获“省优秀学生”称号。

（王正国）

附　汕尾中学领导班子成员名单

党支部书记、校长：张竞能

副校长：颜维教

许伟东

蔡小然

工会主席：郭佩琴

田家炳中学

城区田家炳中学坐落于汕尾市城区秀丽的品清湖畔，是一所公立的完全中学。学校始建于1995年，学校最初名为凤山二中，后来易名为新湖中学，1998年6月，正式更名为汕尾市城区田家炳中学。学校为“汕尾市一级学校”“广东省精神文明单位”“全国教育科研先进学校”和“广东省法制文化建设示范点”。2014年，学校占地82662平方米，建筑面积3.4万平方米，有容纳1000多个宿位的学生公寓，并配备有标准的400米塑胶跑道田径综合运动场1个。全校有78个教学班，在校学生4560人（初中生1580人，高中生2980人），在职教师371人（初中教师130人，高中教师241人），高、中级职称242人。学校以“尚德、笃学、无私、奉献”的校风，“团结、进取、务实、创新”的校训勉励师生。2014年高考超额完成区下达的各项指标。前三批入围人数835人，总入围率为83.9%。其中，3A以上入围人数为420人，本科入围人数为114人，其中，学生许建望获理科全区第一名；中考成绩名列全区前茅。

2014年12月，区田家炳中学被广东省依法治省工作领导小组评为”法治文化建设示范点”。

是年9月，该校刘星辰老师在汕尾市教育局举办的第五届广东省中小学班主任专业能力大赛汕尾市选拔赛中荣获普通高中组二等奖。

是年9月，张春迎老师获汕尾市教育局授予的“优秀班主任”称号。

（余锦雄）

附　田家炳中学校长、副校长名单

校　长：吴可业

副校长：蔡海棠

蔡笃雄

东涌中学

东涌中学创办于1958年，是城区一所乡镇全日制公立完全中学，区一级学校。学校坐落在汕尾市城区东郊的东涌镇，前面是风光秀美的母亲湖——品清湖，比邻五星级豪华商住区——碧桂园，后面为新建的火车站。2014年，学校占地面积52000平方米，校舍建筑面积9308平方米。现有教职工176人（高中80人，初中96人），专任教师169人（高中75人，初中94人）。专任教师中本科学历152人，专科学历17人，学历达标率为100%；其中，中学高级教师16人，中学一级教师95人，中学二级教师20人，未评聘39人。全校共38个教学班，学生1929人。其中，高中18个教学班，学生903人；初中20个教学班，学生1026人。

2014年，学校得到上级党委政府及有关部门的高度重视和关怀，学校办学条件日臻完善，办学规模不断扩大，办学质量不断提高。学校通过争取上级拨款，开源节流，在建有办公楼、教学楼、实验楼、学生宿舍楼、师生食堂的基础上改造理化生实验室共5间；加固学校围墙的建设，平整了学校操场，内有300米环形跑道、足球场、篮球场、实心球训练场等，满足了体育教学和学生体育锻炼的需要；配备了计算机室、档案资料室、图书阅览室、理化生实验室、全校多媒体教室、高中部学生语音室；安装了校园监控录像系统等。

学校实行人文备考、自主备考，科学备考，2014年高考再创佳绩，高考成绩获得了大面积的丰收，上大专线人数68人，3A以上入围18人，其中本科5人。大幅度超额完成上级下达给学校的各项高考任务，取得了学校参加高考以来的最佳成绩，为城区高考连续几年多项指标列汕尾市前茅做出了贡献。学校办学成绩稳步上升，社会声誉日益提高。

2014年，该校坚持社会主义的办学方向，坚持“以人为本、和谐发展”的办学理念，极力发展高中体育、美术科教学，逐渐形成以术科班为办学特色，把学校办成“高层次、高声誉、高质量、有特色的学校”，实现学校的可持续发展。

（张永聪）

附　东涌中学校长、副校长名单

校　长：林建好

副校长：刘东晓

梁金旦

文昌中学

文昌中学坐落于汕尾市城区捷胜镇西郊，是城区一所乡镇全日制公立完全中学，为区一级学校。2014年，学校占地3.5万平方米，校舍建筑面积约1.5万平方米，建有教学楼2幢，综合实验楼1幢，学生宿舍楼1幢，教师宿舍5幢38套；设有物理、化学、生物实验室、电脑室、多媒体电教室、图书室、语音室、美术室等20多间功能室。2014年，全校有初中教学班12个、高中教学班12个，在校生1088人（初中生539人，高中生549人），在职教师129人（初中教师61人，高中教师68人），其中，高级职称6人，中级职称64人（初中教师32人，高中教师32人）。学校以“和谐、温馨、正直、文明”的校风，“崇德、敬业、团结、有序”的教风，“尊师守纪、拼搏进取”的学风和“笃行、善学、求实、创新”的校训，勉励着莘莘学子。2014年3月，正式提出创建无烟校园。2014年6月，高考3批A以上21人，其中何世攀、曾杰重2人上一批线。超额完成区下达的各项奋斗指标，获区高考备考优秀奖；中考成绩列全区面上中学前列。2014年7月，安装教学楼、综合实验楼、大门监控系统，进一步完善了校园安全管理。

（林位彬）

附　文昌中学校长、副校长名单

校　长：梁良晓

副校长：李让举

王　剑

何秀坤

旅游·科技·文化·体育

LV YOU·KE JI·WEN HUA·TI YU

旅 游

【概况】 2014年，城区旅游局紧紧围绕城区委、区政府的工作部署，认真抓早、抓紧、抓好旅游景区品位提升、旅游宣传促销、旅游市场监管、推进旅游重点项目建设等工作，取得明显成效，旅游业发展态势良好。景区（点）接待人数明显增加。投诉制度进一步完善，工作时间确保受理投诉电话，春节、国庆等旅游黄金周期间实行值班制度，及时受理游客投诉并处理出现的问题。全年未发生有效的旅游投诉和旅游安全责任事故。

【经营】 2014年，全区接待外来游客128万人次，比增16%，创旅游收入7.16亿元，比增15%。区旅游业的快速发展，已成为新的经济增长点。

【宣传促销】 2014年，旅游局积极通过网络信息、报刊、电视、电台等媒体多渠道宣传城区的旅游宣传口号“山海湖城、休闲之都——汕尾城区欢迎您”。在汕尾大道两旁悬挂宣传口号，制作户外宣传箱，并积极与电信、移动联系，在市区华誉城和中国移动营业厅门口的显示屏上播放城区旅游歌曲。通过广泛宣传，全面提升城区旅游目的地形象。4月中旬，旅游局认真配合市旅游局，组织相关企业人员前往广东深圳、河南洛阳等地开展“活力广东，滨海汕尾”专场旅游宣传推介活动，取得了很好的促销效果。8月底，组织相关旅游企业参加广州国际旅游博览会，进一步提高城区旅游知名度、美誉度。

【旅游管理】 *旅游市场监管* 为推动旅游市场良好环境的建立，区旅游局在“三八”“五一”以及中秋、国庆黄金周期间，联合区工商、安监、消防以及省、市旅游部门对旅游安全、旅游质量等方面开展大检查，指导、督促旅游企业文明经营，营造一个文明守法、和谐洁净、安全生产的旅游市场氛围。

旅游质量监督及投诉 城区的旅游质量监督检查主要是由市旅游质量监督管理所统一部署，城区旅游局积极配合，只设立受理旅游投诉咨询电话和专职工作人员，及时受理旅游消费者的各项投诉，对不能处理的问题及时向市旅游质量监督管理所反映。2014年，全区实现旅游零投诉。

【景区景点选介】 *铜鼎山旅游区* 2014年，根据市规划局的总体规划，把与该旅游区连接在一起的岭峰集团的“三旧”改造项目占地面积6万平方米进行整合建设，打造成有五星级国际酒店及大型配套购物商场、居住房等集休闲、运动、购物、度假等宜居宜玩的休闲度假胜地。通过整合建设，铜鼎山旅游区占地面积1800亩，正在按规划建设并完善各项配套设施，加快创建AAAA国家级旅游区。现建成设施和景点有：景区内外交通道路，大型停车场（占地12000平方米）、景区内5公里的石台阶登山道，8个景观点和眺望亭、长2000多米的大型人造瀑布、占地3000多平方米的成人游泳池及儿童戏水游乐场、占地2000多平方米的儿童天地游乐场、占地6000平方米的烧烤场及“农家乐”餐厅。在建的有：羽毛球馆、反斗城、游客接待中心、度假环保木屋以及景区标志性建筑长9米宽8米高15米的铜鼎等。

保利·金町湾 金町湾位于城区马宫街道金町村范围内，东起香洲下洋，西至马宫白沙浮，紧依深汕高速公路和汕马公路，距高速公路入口1.5公里，主要由汕马公路的南面滩涂地带构成。金町湾南临大海，北靠群山，腹地开阔，山海风光旖旎，其主要旅游资源是滨海沙滩，沙滩平均坡度30°~40°，坡度缓、沙白细、海水清、风浪小，整个资源呈带状分布，沙滩后方腹地宽阔，适合开展各种水上运动和滨海旅游娱乐项目。2014年9月25日，汕尾保利·金町湾滨海旅游项目奠基仪式在广东省汕尾市城区马宫街道举行。金町湾旅游区主要利用绵长的沙滩及带状滩涂规划建设高级别墅区、主题酒店区、大众滨海休闲区以及沙滩娱乐区等滨海旅游设施。

【宾馆、酒店选介】 *海怡假日酒店* 海怡假日酒店坐落于工业大道南段西片20号~24号，位置优越，交通方便，距离汕尾市火车站大概10分钟车程，距离汕尾汽车总站5分钟车程，酒店东临品清湖，可尽享海景风光，空气清新，环境幽静。酒店设施齐全，配备中餐厅、茶艺馆、会议室。客房装修典雅大气，温馨舒适，有多种房型可供选择。于2014年11月14日已接受汕尾市星级评委会三星级酒店初检，三星级旅游酒店的申评正在进行中。

【创“AAAA”活动】 凤山祖庙旅游区于2014年5月被国家省旅游星质评定委员会评为国家AAAA级旅游景区，并于6月29日上午圆满完成挂牌仪式。

【创旅游名村活动】 渔家小岛生态旅游区位于汕尾市城区凤山街道小岛村，小岛村四面环品清湖，岛上环境优美，总面积约0.34平方公里。随着市政建设逐步推进和改善，小岛村依着岛屿独特的地理位置，底蕴厚重的渔家文化和优越的生态环境，已成为品清湖上的一颗璀璨的明珠。2014年11月，汕尾市城区凤山街道小岛渔业村被广东省旅游局评为“广东省旅游名村”。

（刘霭敏）

附　城区旅游局局长、副局长名单

局　长：郑　晓

副局长：陈楚雄

凤山祖庙旅游区

【概况】 2014年，汕尾市城区凤山祖庙旅游区被全国旅游景区质量等级评定委员会评定为国家AAAA级旅游景区；被广东省人民政府侨务办公室、广东省文化厅、广东省旅游局确认为“中华文化传承基地”。这是广东首个妈祖文化单位获得的双殊荣。

【高标准建设凤山祖庙旅游区】 凤山祖庙旅游区自1994年成立以来，始终贯彻高起点设计、高标准建设、高质量管理，打造“妈祖文化”“渔家文化”“海陆丰戏剧文化”三个特色文化品牌。以清乾隆（1742年）扩建的古建筑凤山祖庙为轴心，以妈祖文化为切入点，围绕妈祖信俗文化载体作文章，以妈祖对沿海地区及对海外华侨华人、港澳台同胞的影响，通过妈祖庙会、妈祖文化节牵动海外赤子寻根谒祖、报效国家、建设家乡的炽热感情，不断配套完善区内建设。2013年开始，汕尾市城区人民政府把凤山祖庙旅游区创AAAA景区列入政府重要议事日程，区政府主要领导任创AAAA工作领导小组组长，组织相关部门检查督促、按时按质完成各项指标。凤山祖庙旅游区主任张昌富，副主任陈壮军带领全体干部职工团结一致、群策群力、充分调动大家积极性，继续为创建AAAA旅游景区而努力，开展内强素质，外树形象的创优质服务活动。投入大量资金，配套一批旅游设施，提升优化旅游区服务质素，终于在全国100多家旅游景区评审中脱颖而出，被评为国家AAAA级旅游景区。

【推动凤山祖庙旅游区走向世界】 凤山祖庙旅游区在保护、传承中华传统文化活动中，始终坚持以服务文化大省建设，服务海内外华侨华人中华文化传承为宗旨，充分发挥传播中华文化、展示地方人文、展现建设成就的积极作用，合力促进和推动广东省侨务、文化、旅游等领域的对外交流合作，进一步推动岭南文化、妈祖文化走向世界，推动中华文化在海外的传承发展。凤山祖庙旅游区管理处和理事会以妈祖文化为纽带，以祖庙为载体，通过节庆活动、妈祖诞文化节等凝聚海外华侨华人、港澳台同胞祭拜妈祖的炽热情怀，激励他们对家乡、对凤山祖庙建设事业的关心和支持。20多年来，海外华侨华人一如既往、慷慨解囊，据统计，华侨华人及港澳台同胞捐资5000多万元建设凤山祖庙旅游区和妈祖文化广场等建筑设施。凤山祖庙旅游区也因此被广东省评为“侨捐项目先进单位”和“旅游系统先进单位”。2014年4月，被广东省侨务办公室、广东省文化厅、广东省旅游局确认为“广东省中华文化传承基地”称号。

（罗　镲）

附　区凤山祖庙旅游区管理处领导名单

主　任：张昌富

副主任：陈壮军

科技文体

【概况】 科技工作——认真贯彻落实省市科技工作会议精神，加快创新驱动发展，主要从知识创新、科技宣传、科技转化和资源集聚方面发挥科技部门职能作用，着力做好“四个推进”：推进创新载体建设；推进创新平台建设；推进服务体系建设；推进人才队伍建设。

文化工作——以习近平总书记在文艺工作座谈会上的重要讲话为指导，树立新的文化发展理念，弘扬时代文化精神，积极推进公共文化设施建设，鼓励精品创作，创设文化艺术团体和文化志愿者服务队，做实做强非物质文化遗产的传承与发展，改进文化市场管理和促进文化市场的健康发展。

体育工作——紧扣绿色体育、阳光体育，全面贯彻《全民健身计划（2011~2015）》，充分利用市区体育资源共享优势和挖掘社会资源，积极推进城区全民健身公共服务体系建设，大力开展群众体育和竞技体育活动，使城区体育事业呈现蓬勃发展局面。

·科　技

【扩大宣传，营造科技创新环境】 *认真策划和开展科普宣传专题活动* 2014年，举办了以“科技进步活动月”、“科技改变生活、创新驱动发展”为主题的两个科普活动周活动。组织科技、宣传、农业、林业、文化、卫生等10多个部门，选派专业科技人员和干部90多人，深入乡镇、社区开展培训、讲座、咨询、展览等系列活动13项，举办各类实用技术培训班6场次，发放各种实用技术图书资料14000余册（份），引导科技改变生活，提高农民科技应用能力。围绕“节约能源资源，保护生态环境，保障安全健康”的活动主题，结合实际，组织动员各乡（镇）、各有关部门、各学（协）会以及科普志愿者等开展“全国科普日”宣传活动，展出展板121块，发放《森林防火宣传手册》《无公害大棚蔬菜技术资料汇编》《珍爱生命——远离毒品》等书籍，参与活动的群众约3000人次，在全区营造良好的科普氛围。

创建科普示范社区和科普志愿者服务队 支持和帮助条件较成熟的社区创建科普示范点。创建了城区香洲街道东兴社区为科普示范点，社区科普基础配置齐全，设有科普阅览室1个，科普图书报纸杂志等2000多册，科普宣传栏5个，挂图每年更换不少于12次。组建科普志愿者30人，开展科普宣传工作。香洲街道东兴社区于2014年12月31日被认定为“广东省科普示范社区”。

【增强科技成果的转化力度】 支持指导乡镇围绕主导产业技术提升、特色产业培育，支持科技示范基地建设。引进和加大农业科技成果转化力度，促进信息服务平台建设、推广新兴职业农民培训等；引导农民转变生产方式，发展生态循环农业产业。2014年7月，城区的新湖工业园区和红草工业园区已经通过省专家组评审，并成为省级高新技术产业园区。积极推进科技创新专业镇建设，2014年10月16日，红草镇被认定为“广东省科技创新专业镇”。城区专利申请量为75件，同比增长139%；获得授权共49件，同比增长82%。

【加快服务平台建设】 科学技术服务平台建设。加快农民运用现代信息技术平台，以科普实验基地为平台，指导和培训农民对现代种植技术的学习与运用，提高农民科学知识与技能。完善网上办事大厅，提高服务质量和效益，加快信息资源共享建设，突出政务公开、网上办事、政民互动功能。

·文　化

【基层公共文化设施建设】 2014年，区文化馆投入20万元改造文体局一楼作为汕尾渔歌传承基地。已建成镇（街道）综合文化站7个，村（社区）文化室92个，全区公共文化资源总量有所提升，覆盖区、镇（街道）、村（社区）三级公共文化服务网络初步形成。“农家书屋”工程扎实推进，“渔船通”工程建设任务2014年2月全面完成。农村电影放映“2131”工程（农村电影放映工程）积极实施，已建成区级数字多功能影院2个。

【文艺创作大型化、精品化】 2014年，创作了传统西秦戏剧《观音得道》。筹资180万元创编了广东省首部大型渔歌剧《默娘》，并于2014年2月首演，是年11月22日入选“第十二届广东省文化节参演剧目”，在省粤剧艺术中心演出。是年，渔歌剧《默娘》在马思聪艺术中心和妈祖文化广场共公演了10个场次，场场座无虚席，观众共计15000多人次。筹资近100万元创编《疍家风情》渔歌精品，在市区公演了4个场次，观众6000多人次。汕尾渔歌传承基地重编《渔歌五组曲》，其中《喊出金银满滩头》和《捕鱼》于6月参加“唱响中国梦——广东省第十一届百歌颂中华汕尾赛区”荣获金奖，并入选9月举行的广东省50强总决赛获铜奖。2014年9月23日至10月31日在凤山妈祖风景区举办首届“汕尾渔歌节”系列文艺活动，共组织大型文艺晚会5个场次，设立“凤山渔唱”小舞台2个，每天4场小演出，共演出24个场次，观众达6万多人次。

组织白字戏、正字戏、西秦戏等传统戏剧下基层演出。据统计，2014年，全区共开展各种形式的文艺活动60多个场次，各艺术团体下基层表演175个场次。

【文化遗产保护卓有成效】 “非遗”工作保护有效　截至2014年，共收集“非遗”线索资源561条，项目资源56条。挖掘整理正字戏剧目500多个，西秦戏、白字戏传统剧目各100多个。积极申报各级“非遗”项目，全区入选国家级1项，省级3项，市级2项，县（区）级3项。入选省级“非遗”项目代表性传承人4人，市级4人，省民间文化杰出传承人1人。2014年，向省推荐申报省级传承人1人，向市推荐申报市级传承人3人。

扎实做好文物保护　完成了第三次全国文物普查工作，全区共登记不可移动文物61处。其中，省级文物保护单位1处，市级4处，县（区）级5处。区文物保护工作按照“保护为主、抢救第一”和“有效保护、合理利用、加强管理”的文物工作方针，进一步扩大国家保护与社会保护相结合的成果。是年，区文物保护工作得到高度重视，文物保护扎实推进，文物保护重点工作有新成果。积极指导香洲街道做好《墩下城文物保护规划》和落实“四有”（有保护范围、有保护标志、有记录档案、有保管机构）措施。争取墩下城城墙维修省级专项补助资金250万元，加强对墩下城城墙的保护与修复工作。加强对凤山妈祖、捷胜得道庵、马宫长沙炮台等文物保护单位和名胜古迹的保护。

“汕尾渔歌”入选第四批国家级“非遗”项目名录　汕尾渔歌申报第四批国家级非物质文化遗产代表性项目工作自2013年9月开始。文化部组织专家按照评审标准对全国1111个项目进行了审议，最终入选的有153项，其中广东省有6项入选。此次与2011年公布的355项第三批国家级“非遗”项目相比，第四批“非遗”项目在数量上进行了明显的精简。2014年12月3日，中国政府网发布了《国务院关于公布第四批国家级非物质文化遗产代表性项目名录的通知》，汕尾市城区“汕尾渔歌”入选项目名录。“汕尾渔歌”的升级为创建文化强区增添重要法码，标志着城区渔歌文化传承发展迈上新台阶。

汕尾渔歌文化品牌产生效应　据统计：是年，省内外、港澳台等地慕名访问汕尾渔歌传承基地有500多人。主要到访团体有：2014年6月27日，东莞理工大学音乐系120多名师生到访，开展渔歌文化交流活动；7月23日，澳门20家媒体团到汕尾渔歌传承基地访问，观赏了《娶新娘》《渔歌五组曲》《斗歌》等渔歌表演；8月5日，台湾15家新闻媒体团到基地访问，并观赏了精彩的渔歌表演；8月27日，广东省南方报业集团媒体记者10多人到传承基地采访和观赏渔歌表演；10月14日上午，中国著名画家、广东省文联专职副主席李劲堃教授，省文联党组成员、广州文艺职业学院党委书记吴佳联带队到基地调研文化、文艺工作，特邀汕尾渔歌传承基地渔歌表演队到凤山妈祖山脚下演唱原生态汕尾渔歌，体验汕尾渔歌特色文化，并给予高度赞赏；10月29日，广东电视台岭南戏曲频道导演潘德欣、记者黄乐到基地专访汕尾渔歌。

【文化艺术团体蓬勃发展】 全区传统戏剧艺术团体

有13家，主要有西秦、白字、正字戏剧团及文化传播公司，满足乡镇、社区群众文化需求。2014年，汕尾渔歌表演艺术团体有2家：汕尾市城区渔歌传承基地表演队和新港渔歌表演队，在2014年首届“汕尾渔歌节”中承办了大部分演出任务，为打造汕尾地方特色文化品牌做出突出贡献。

【文化市场巡查管理日常化】 城区科技文体局认真部署和安排，加强对文化市场规范化管理。不定期联合区工商、区公安分局等有关部门对市区网吧、酒吧、电子游艺室、音像店、书报摊等经营场所进行消防安全、禁毒等清理清查。2014年，查处违规违法网吧2家、娱乐场所3家。通过日常巡查加强文化市场管理，确保城区文化市场健康有序发展。

·体　育

【开展第六届全国体育场地普查】 城区辖区有凤山、香洲、新港、马宫4个街道和红草、东涌、捷胜3个镇，总面积300多平方公里，常住人口40多万人。2014年，第六届全国体育场地普查结果：全区共有全民健身活动站（点）22个，活动场地392块，总面积51万平方米，人均体育场地面积1.26平方米。

【加快公共体育设施建设】 充分利用社会资源和资金参与文体设施建设。2014年，筹集资金建成红草健身公园、东涌健身公园、捷胜健身公园3个镇级农民健身工程；积极主动推进汕尾市铜鼎山森林郊野公园建设，文化公园面积建设占地1800亩；积极推进公共游泳场建设，市区建有欢乐游泳池、碧桂园游泳池、锦义游泳池、山水游泳池、南湖度假村游泳池5个；公共足球场有锦义足球场、安联足球场、埔边足球场、铜鼎山足球场4个；室内健身室有信利百度健身俱乐部、马拉松健身俱乐部、益盛健身俱乐部、芊水瑜伽健身馆、奥锐健身俱乐部、金珠瑜珈健身馆6个。

【加强社会指导培训，推动群众体育发展】 群众广场舞是城市文明的重要符号，采用舞蹈形式多变与音乐的更新来顺应时代要求，突出新鲜感来吸引群众乐于参与。为此，区科技文体局着力加强了社会指导员的培训指导工作，力求体现城市文明的进程。

继续加大对太极拳（剑）及扇舞的推广力度，引进区域性等不同等级竞赛，打造太极拳（剑）及扇舞体育健身品牌，提高体育知名度和影响力。

引导沙滩排球、手球等体育活动进入海洋文化体育，打造健身、娱乐一体化体育品牌。

【规划全民健身户外活动场地】 拓展户外体育，引导全民健身。城区拥有良好的户外体育运动资源，努力打造城区户外体育运动名城。

户外体育运动场地丰富。城区素有“粤东黄金海岸”“山海湖城”称誉，主要有“三山一湖”(凤山、鼎盖山、屿仔山和品清湖）景区和“二湾一岛”（银龙湾、金町湾和龟龄岛)。山，地形与坡度适宜蹬山漫步；水，水清沙白，风浪不大适宜游泳体育锻炼。

绿道日趋完善。从市区至赤坑和市区至鼎盖山电视塔，从市区至陶河绿道和环品清湖绿道，徒步全程合计约15公里，可作为户外徒步赛道。市区至马宫和市区至海丰两侧设自行车绿道，可作为野外自行车赛道。

【健全体育基层组织】 群众体育得到广泛深入的普及。经常参加体育锻炼的人数逐年递增，全区经常参加锻炼的人数已达到总人口的50%以上。以青少年体育、职工体育、社区体育、农村体育、残疾人体育为重点，不断丰富人民群众的体育生活，实现群众体育常态化。努力在行政事业单位、企业中全面推广工间操，推动群众体育工作上新台阶。

健全体育基层组织，以体育组织带动体育活动的健康发展。2014年，城区在巩固壮大现有太极拳、老年体协等组织外，至2014年，已成立篮球、羽毛球、乒乓球、自行车、网球、冬游、棋类、牌类、台球、社区体育等体育俱乐部20个，组织人民群众参加健康有益的体育活动，丰富人民群众的体育生活。

不断优化城乡体育网络。全区所有乡镇的文化体育广播中心，均加大了人力、物力投入，提高活动和组织能力。每年都举办形式各异、丰富多彩的职工农民体育运动会。举办青少年运动会，红草镇、捷胜等乡镇的职工运动会已成常态。城区老年人运动会已形成了长效机制。

【开展竞技体育比赛】 2014年5月，组织35人参加市举办的老年人太极拳(剑)选拔比赛。

5月，组织全区“三棋”（象棋、国际象棋、围棋）预选赛，选出20名优秀选手参加全市比赛。

6月28日，与市体育局联合举办“汕尾市体育节”启动仪式，并组织300多人参加自行车环城活动。

6月，组织城区太极拳（剑）协会参加全市气功站点联赛。

6月，选出优秀选手16名，参加市体育局联合举办的“汕尾市全民健身系列活动暨第15届体育节仪式。

9月，举办首届健身功站点联赛，参赛队伍70人。

10月，组织城区太极拳（剑）协会参加广东省第8届老年人运动会，荣获“42式团体”二等奖，个人有24人获奖。

10月19日，组织城区冬泳协会承办全省“狂欢沙滩节”。

12月，组织城区冬泳协会赴香港参加冬泳联赛。

12月，组织城区代表队250人参加汕尾市青少年运动会。各项目均取得良好成绩：游泳获得金牌16枚、银牌4枚、铜牌1枚；帆船、帆板获得金牌2枚、银牌3枚；跆拳道获得金牌13枚、银牌4枚、铜牌3枚；皮艇、赛艇获得金牌4枚、银牌3枚；拳击获得金牌15枚、银牌14枚、铜牌6枚；摔跤获得金牌13枚、银牌11枚、铜牌4枚；足球获得铜牌3枚；排球获得金牌6枚。

（李武汉）

附　区科技文体局领导名单

党支部书记、局　长：郭乃坎
区科协主席、副局长：陈焕荀
副局长：邓丽娟
　　　　马启凤（2014.5离任）

医疗·卫生

YI LIAO· WEI SHENG

医药总公司

【概况】 城区医药总公司是由汕尾市城区人民政府批准，编制委员会核定的区直副科级事业单位，人员定编10名，设总经理1名，人员经费自筹。2014年，区医药总公司以提高城区医药经济效益为中心，深化医药卫生体制改革，稳中求进、开拓创新，按照中共十八届三中、四中全会要求，实行依法治国，推进社会主义经济建设、政治建设、文化建设、社会建设、生态文明建设。实现城区医药经济持续健康发展和社会和谐稳定，保证医药行业的安全，查处伪、假、劣等药品流入医药市场，净化医药市场的社会环境，维护广大人民群众生命健康。努力完成区委、区政府的各项工作要求和目标任务。

【组织建设】 2014年，按汕尾市城区总工会的要求，区医药总公司顺利进行了换届选举，并选出了工会主席1名，组织委员1名，女工委员2名。

【GSP认证】 2014年，广东省食品药品监督管理局开展实施GSP认证，由于时间紧、任务急，由于政府无法投入资金，区药材公司、区中成药公司、区医药有限公司辖下各零售门市像一盘散沙，很难正常经营。按广东省食品药品监督管理局的要求，需要资金、场地、仓库、硬件、软件、空调机等，最主要的是每个零售药店要配备一名执业药师，但批发企业、零售药店的执业药师大都没有配备，在这样的情况下，区医药总公司领导班子决定由30家零售企业全部自寻出路，可以去加盟大森林、加盟和兴堂、加盟回春药行等各连锁企业，或可以向食品药品监督管理局变更为个体药店。

城区医药有限公司是年8月份证照到期，年初着手研究做法，制定方案，用了将近半年时间，获得广东省食品药品监督管理GSP认证证书。

（李啟斌、崔建文、张佳丽）

附 城区医药总公司领导名单

总经理：李小鸿

汕尾市第二人民医院（汕尾逸挥基金医院）

【概况】 汕尾市第二人民医院（汕尾逸挥基金医院）是由香港爱国同胞洪逸挥无偿捐资和政府出资兴建的一所公立医院，2011年升格为汕尾市第二人民医院，成功创建汕尾首家三级乙等医院，是汕尾地区集医疗、教学、科研为一体的三级综合医院。医院在国内最早推行新的管理体制和运行机制，尤其是公立医院法人治理结构的改革管理经验在全省医院交流推广。建院以来，以医德医风立院，获得汕尾市人民政府纠风办颁发的“无红包医院”称号。

2014年，医院占地总面积30000多平方米，总建筑面积40000多平方米。职工总人数848人，其中卫生技术人员760人；全院正副高职称人员86名，初中级职称人员530人。开放病床551张，病床使用率88.8%。内设有一级临床科室：内科、外科、妇产科、儿科、眼科、耳鼻喉头颈外科、口腔科、急诊科、重症医学科、肿瘤科、综合内科、麻醉科、皮肤科、康复理疗科等。设有二级专科：心血管内科、消化内科、呼吸内科、肾内科、内分泌科、神经内科、血液科、普外科、骨科、胸外科、泌尿外科、脑外科、儿内科、新生儿科、妇科、产科等。设有医技科室：放射科、药剂科、功能科（B超、心电图、脑电图、经颅多普勒等）、检验科、输血科、病理科、消毒供应室、手术室、内窥镜室、介入室、血液透析、红光治疗室等。其中，心血管内科、急救医学科和中医脾胃病科获得粤东地区首个省级临床医学重点专科称号。医院拥有大、中型设备近1000台，后勤大型设备100多台，能适应三级医院的临床诊疗、教学、科研的需要。

【党建工作】 医院党员从1997年建院之初的3人党小组发展到2014年有党员171名；预备党员7名，入党积极分子4名。其中，具有中级职称的党员有8名，高级职称25名。大专以上学历的党员109名。其中，研究生学历的8名，本科生学历的 65 名，大专学历36 名。医院党的组织构成是以密集型知识分子为主体。医院党委成员注重干部年轻化、知识化、专业化，并注重党内女干部培养，形成一支富有生机与活力的领导管理团队。

医院党委下设七个党支部，把支部建在科室，充分发挥党员的先锋模范作用和战斗堡垒作用。在制度建设方面，注重健全党内民主，规范工作程序，实行党政联席会议制度。认真抓好落实，力求做到专人、专注、专项。凡涉及医院重大事项，如大型基建项目、设备投资、干部选用等，充分听取意见，落实民主集中制，加强监督机制，更有利于医院管理。医院党委在区委和区直工委的领导指导下，贯彻落实科学发展观，结合三级医院建设实际，围绕“人才培养、学科建设、医疗质量、社会服务”这条主线，按照“五好”和“五带头”（“五好五带头”即：领导班子好、队伍素质好、制度建设好、工作业绩好、群众反映好；带头学习提高、带头争创佳绩、带头服务群众、带头遵纪守法、带头弘扬正气）的要求，扎实开展“创先争优”活动，努力营造良好的工作氛围，继续保持医院工作的全面、协调和可持续发展。

【医疗教学】 医院继续与中山大学孙逸仙医院、珠江医院、武汉总院等加强技术协作，充分利用教学医院优势，不断提高临床技术水准和科研教学能力，提高医院教学、管理和科研水平。定期开展学术讲座、医疗查房、病例讨论等工作，在业务、技术上进行指导，取得较好的效果。同时，按照三级医院规划，医院投入 1500 多万元购置各专科急需的诊疗设备，如微创手术工作站、各科腔镜配套设备、手术显微镜等，放射科配置 64 排 128 层 CT 机、1.5TMR 核磁共振、DSA、DR、CR、钼靶等大型医疗设备，提升临床诊断水平，方便群众检查就诊。2014 年，医院各科开展手术达三级医院水平，成功抢救了 200 多例急性心梗、肝肿瘤破裂、脑动脉瘤破裂、脾破裂、重症儿童及新生儿，取得良好效果，解决了许多病人因病要到 300 多公里以外的省城就医的麻烦问题，在一定程度上缓解了“看病难”的局面，充分体现了技术兴院的亮点，同时这也是医院秉承“以民为本”、重视民生，便民利民的做法之一。

【经营情况】 2014 年，全年业务收入达 2.25 亿元，同比增长 22.4%，其中，住院部业务收入约 1.67 亿元，同比增长 21.5%；门诊部业务收入约 0.58 亿元，同比增长 25%。全年出院病人达到 23443 人；医保住院人数达到 14192 人，与 2013 年同比增长 24.3%；住院麻醉手术台数达到 5400 台，与 2013 年同比增长 12%；门诊诊疗 21.4 万人次，同比增长 12%；介入手术 226 台，与 2013 年同比增长 22.2%，开放床位 551 张，病床使用率达 88.8%。

【重点项目】 为进一步推进医院信息化建设，提高医院精细化管理水平，学习和借鉴大型综合医院在信息化建设方面的成功经验，建设现代化、规范化、系统化、精细化的智慧型数字化医院。医院领导高度重视信息化建设，充分体现“一把手”工程，拟在 2014~2016 年内投入 2606 万元进行总体立项、整体规划、分步实施、适度超前，以依托信息化、建设数字化、促进现代化的理念，分期投入资金，加强信息化、数字化医院建设，逐步实现从数字化到智慧化转型，实现管理水平、质量控制、技术效益和社会效益整体跃升。2014 年，已建设了 IT 管理中心机房，完成了规划设计和立项，正准备招标。该项目建成后将更好地提升医院的管理水平，充分发挥三级网络优势，创新管理方法，实现管理出效益。

省财政支持启动资金 500 万元建设的肿瘤防治中心大楼被市区列为“十大民生重点工程项目”，是医院规模发展和创建三级甲等医院的重中之重。2014 年，该项目已完成立项、地质勘探、环评、图纸设计、前期报建工作和公开招标启动项目建设。地下室项目的基坑支护工程基本完成，主体工程项目招标工作正在着手进行。城区党政领导召开常务会议同意引入民间资本建设该项目。肿瘤防治中心占地面积 1700 平方米，总建筑面积 10240 平方米；拟建大楼地面八层（因气象局提出影响其气象监测而只能暂建五层）。地下二层（地面主要为肿瘤门诊及疗区，地下主要为放疗机房），集门诊、住院为一体的医疗建筑。定位为现代化癌症综合治疗中心、数字化肿瘤放疗中心、人文关怀优质服务防治中心。建成以后可扩容250~300张床位，使全院总床位达800张以上，达到三级甲等医院评审标准。

随着汕尾地区社会经济发展，人口不断增长及人口老龄化、临床疾病谱的变化，恶性肿瘤的发病率正处于不断上升趋势，根据流行病学资料统计，我国每年癌症发病率为290/10万人次左右。汕尾市按现有人口350万人计算，每年癌症肿瘤新发病例为10000例左右。据统计，2014年汕尾市带瘤存活肿瘤病人约3万人，每年需提供400张专科肿瘤床位才能满足病人的需要，而市仅有120张肿瘤专科治疗床位，难以满足日益增加的肿瘤病人的诊治需求。因此，医院将进一步加强肿瘤学科建设，建立较为先进的肿瘤防治中心，履行政府的防治肿瘤的工作要求，尽力缓解肿瘤看病难、看病贵和因瘤返贫、因瘤致贫的问题已成为十分迫切的任务。

肿瘤防治中心除肿瘤治疗外，将设置肿瘤防治机构以弥补汕尾地区肿瘤疾病防治的空白，充分体现政府公益性。同时也促进医院的综合技术提升、为设备利用、留住专业人才提供平台，使大病重病不出市，解决群众看病难、看病贵问题，进一步提升汕尾市区整体医疗水平。

医院在获得国家卫计委等全科医生培训基地资格及住院医师规范化培训协同医院的基础上，获得中央财政支持建设培训楼资金近千万元，该项目已完成可行性报告，建设场地的三通一平、环保审批、国土规划选址确认、建设用地确认、社会稳定风险评估及初步设计方案、图纸设计、招标、报建等工作并上报规划局批准。

【医院文化】 2014年，医院重视医院文化建设，为进一步提升医院人文水平，先后邀请北京大学人文研究院教授、中山大学教授到院举办医学人文讲座，通过学习交流，使员工了解医学人文和如何加强医患沟通。配合省卫计委成功举办广东省卫生计生系统“广东医生”微电影大赛评审活动；院长余健儿等撰写叙事医学论文并获得中国医院协会文化专业委员会高层论坛征文二等奖，还亲自发起医学人文进科室温馨书柜赠送活动，分别为临床各科赠送了书柜和一大批书籍，亲自为书柜题写名称“温馨书柜”。“5·12”国际护士节期间医院举办了向南丁格尔塑像献花仪式，同时还邀请了职院文学教授为全院护士讲授诗歌创作和文明礼仪，丰富了护士的业余生活。为加强科室文化建设，践行医院核心价值观、服务宗旨与服务理念，肿瘤科等部分科室开展医学人文进科室活动，倡导“文、雅、美”的医院文化和人文环境，为病人营造一个安全、温馨、和谐的住院场所，科室文化正在探索中推进。

【医德医风】 2014年6月份，省卫计委督查指导组到院检查行业作风专项治理工作。按照卫生部《加强医疗卫生行风建设“九不准”》文件要求，医院积极加强医德医风教育，完善制度建设，始终保持公正廉洁的优良作风。积极完善医德医风考评制度，考评结果与医务人员的工资、职称晋升和评先评优挂钩，加大了对违规违纪行为的查处力度。建立了医疗服务信息公示制度，在医院醒目位置公示了常用药品价格、主要医疗服务项目及收费标准，主动接受患者及社会监督。

2014年，以阳光用药监管领导小组为核心，药学部牵头组织协调医务、信息、纪检监察等各部门层层推进，围绕质量、安全、服务、费用等加强管理，逐步实现对药品供应链、使用链和监管链实施全过程监控。以公开、公平、公正的方式遴选医院基本用药，并在网络平台上实行“阳光采购”。对新药引进、药品品种更换、淘汰，临时采购等实施相关管理规定。通过组织医务人员认真学习“阳光用药”的相关规定，设立“阳光用药”宣传专栏、签订药比责任书，使“阳光用药”使用链得到进一步规范。药品监管方面，医院以临床药师工作作为合理用药技术屏障，依照相关法律法规，通过临床药师查房、处方点评、抽查病历、药师审核处方等实时监控手段，对严重不合理用药采取通报、诫勉谈话等措施。注重临床药师队伍的建设，定期选派临床药师到上级医院进修学习，确保阳光用药制度的持续运行。

全面抓好医疗质量安全工作，先后组织安全保卫科保安员、临床工程科电工，手术室、眼科及急诊科医务人员和全院各科室人员进行了消防应急演练与灭火器技能操作、逃生技能培训。组织安全保卫科全体保安员分阶段进行消防安全培训，2014年，全员共参加消防技能培训1400人次。设立警务室，同时印发《消防安全知识》，组织医院员工认真学习，确保医院消防安全。不定期组织各部门开展安全生产大检查，查找医院在医疗、护理、药品、消防、后勤、管理等方面存在的安全隐患，并及时采取措施加以整改。

（黄建军）

附　汕尾市第二人民医院（汕尾逸挥基金医院）院长、副院长名单

院　长：余健儿

常务副院长：洪浩波

副院长：曾　斌

彭俊锋

卓雅淑

妇幼保健

【概况】 城区妇幼保健院成立于1989年1月，坐落于城区园林西街16号，原属股级单位，2008年8月经城区人民政府批准升格为副科级事业单位。保健院业务用房由二栋四层楼的商铺合并组成，建筑面积360平方米。2014年，在职专业技术人员17名，其中，副主任医师2名，主治医师5名，住院医师、助理级医技护理人员等共10名。设有妇产科、儿科、检验室、B超室、阴道镜室、TCT检查室、心电图室、电脑信息网络室、药房等科室。主要工作任务是负责全区妇女儿童保健工作，对辖区内妇幼卫生信息进行收集、统计、分析及汇总上报。2012年起承担城区预防艾滋病、梅毒、乙肝母婴传播（三病）的技术指导、检查检验及人员培训，农村孕妇叶酸补服发放、农村妇女免费“两癌”筛查，基层开展公共卫生妇幼保健适宜技术的指导和培训工作。

【落实“一法两纲”】 严格执行《中华人民共和国母婴保健法》《中国妇女发展纲要（2012~2020）》《中国儿童发展纲要（2012~2020）》等规章，进一步提升妇幼卫生服务能力。一是加强2个系统管理，积极推动住院分娩。通过广泛宣传和加强妇幼保健员的管理，提升住院分娩率，最大限度减少孕产妇及新生儿的并发症与死亡率。全区2014年住院分娩产妇数8233人，建册率以及产前检查率均在94%以上，产后防视率94.3%，无发生孕产妇死亡案例；新生儿死亡数12人，占1.46%；早产298例，早产率3.6%；新生儿畸形35例，死胎死产33例。开展新生儿听力筛查1654人，甲低、苯丙酮尿症等筛查2006人，没有出现新生儿破伤风个案。二是规范儿童保健管理，大力提升儿童健康水平。着力做好0~36个月儿童保健手册的建册和管理工作，家长凭儿童保健手册定期到医院做检查，由医生进行体检以鉴测生长发育和健康状况，登记造册，发现问题给予及时处理和指导。2014年幼儿体检人数1023人，发现龋齿数164人，约占16%；贫血35人，占3%；包皮包茎91人，占9.0%；轻度佝偻病11人，占1%；女幼儿小阴唇粘连和外阴炎13例，占1%；以及少数咽炎、沙眼、近视等。

【实施重大妇幼卫生项目】 一是免费发放叶酸。2014年为农村孕前及孕早期妇女发放叶酸1500人份，提高叶酸服用率，减少叶酸缺乏导致的畸形儿产生，是年没有发现神经管缺陷儿。二是继续做好艾滋病、梅毒、乙肝母婴（“三病”）阻断工作。为加大阻断力度，免费向各分娩机构发放检测“三病”的试剂、耗材及乙肝免疫球蛋白，使表面抗原阳性母亲所生新生儿得到及时阻断。全年孕产妇艾滋病、梅毒、乙肝检测人数共8223人，检测率100%。检出艾滋病0人，梅毒4人，发病率0.05%，乙肝表面抗原阳性557人，发病率6.8%，其中表面抗原阳性母亲所生新生儿乙肝免疫球蛋白注射率100%。三是免费为农村妇女进行“两癌”筛查。近几年来，城区被省列为免费开展“两癌”筛查地区，区妇幼保健院高度重视，认识组织，通过宣传海报、小册子、电视、网络等渠道大力宣传、广泛发动，营造良好的氛围。组织10人的医疗技术骨干到全区7个镇、街道开展“送检上门活动”，活动共免费筛查农村妇女10000例，使宫颈病变的妇女得到早发现、早确诊、早治疗。

【项目建设】 列入2012年城区重点建设项目的汕尾市城区妇幼保健院综合楼，经过前期的筹备工作后，在2014年1月正式开工，2014年，已完成打桩，工程主体建设正在进行中。该项目总投资资金780万元，争取到项目建设资金430万元（其中，中央资金320万、省级资金110万）。建成后，将大大改变城区妇幼保健院基础设施落后、医疗设备缺乏、业务用房不足、专业技术人员紧缺的现状，进一步加快城区妇幼保健卫生事业发展。

（马如燕）

附 城区妇幼保健院领导名单

院 长：马如燕

副院长：卓海激

慢性病防治

【概况】 城区慢性病防治站于1991年4月成立，是区政府下属的一所以预防和控制各种慢性病为主的非盈利性医疗机构。站内设有结控办、精防科、皮防科、体检科、门诊部、检验科等科室。2014年，在编医务人员16名，其中，副主任医师职称1人，中级职称4人，初级职称11人。配备彩色B超、心电图仪、X光机、全自动血球仪、全自动尿液分析仪等设备。

【业务工作】 2014年，城区慢病站有效落实麻风病、肺结核、性病监测及高危人群干预等防控措施，进一步推进全区重性精神疾病网络管理和学生预防性健康体检工作，取得良好成效。一是麻风病防治。全区仅存现症患者1例，城区慢病站按联合化疗方案进行规范治疗，实行岗位责任制，定期发药，取得较为满意的疗效。二是肺结核病防治。2014年，门诊共接诊筛查肺结核病人1416人次，共发现活动性肺结核患者367人，共治愈和完成疗程肺结核患者364例，治愈率99.18%。三是性病监测。加大性病数据收集力度，全区全年共报告性病323例，及时汇总上报。四是性病、艾滋病高危人群综合干预工作。认真执行《汕尾市城区开展性病、艾滋病高危人群干预工作实施方案》要求，全年共完成干预工作49次，干预不同场所25处，干预从业人员404人次，免费发放安全套2100份，发放宣传资料和健康教育手册936份，发放并收回有效调查问卷562份，举办健康讲座6次，发展、培养同伴教育员8人。免费进行艾滋病性病初筛检测329人次，共检查出艾滋病（HIV）阳性1例，梅毒阳性10例。五是重性精神疾病网络管理工作。根据工作实际，不断完善工作流程，分解工作任务，加大宣传力度，对各乡镇、街道加强指导和督查。2014年，全区已上报重性精神病患者1308例，同比新增82例。六是学生预防性健康体检。2014年，全年已完成对63所学校共40517人次学生的预防性健康体检。并针对在体验过程中发现异常的学生给予相应指导和建议。

（林培歆）

附 城区慢性病防治站领导名单

站 长：林培歆

副站长：杨瑞璘

城区食品药品监督管理

【概况】 根据省《关于改革完善市县食品药品监督管理体制的指导意见》和市《关于改革完善食品药品监督管理体制的实施意见》精神，区委、区人大和区政府非常重视食品药品监督管理体制改革工作，2014年2月，区编委出台了《汕尾市城区食品药品监督管理局主要职责内设机构人员编制规定》，高起点、高规格着手区食品药品监督管理局筹建工作。

2014年6月4日，区食品药品监督管理局挂牌成立，加挂汕尾市城区食品安全委员会办公室牌子。核定编制24名。其中，行政编制16名，执法专项编制6名，后勤服务人员2名。是年到位在编人员10人。

【推进监管体制改革】 汕尾市城区食品药品监督管理局成立后，在区委、区政府的重视下，按照工作管理职责，认真组织，周密部署，各项工作有效推进。

一.精心组建人员队伍。经区委组织部和区人社局严格遴选，选择具有专业知识、基层工作经验丰富、责任心强、工作能力强、年轻化的人员调入区食药监局。

二.适时交接监管职能。2014年9月10日，完成了与市局食品、药品、保化档案资料交接；12月1日，与原区工商分局交接了食品流通档案，并完成了档案资料的整理归档。是年，全区已办理许可证食品流通2085家，餐饮业417家，药品零售企业101家，村级药店（农村“两网”）49家，保健品经营企业105家，化妆品经营企业58家，医疗器械门店34家。

三.注重人员培训。区食药监局积极组织人员参加省、市局组织的业务培训班，共派出7批共13人次参加全省业务培训，还分期分批到市局参加业务学习。全体人员边学边干，学干两不误，为依法行政、提高业务水平、强化服务夯实了一定的工作基础。

【建立监管机制，提高依法行政水平】

一.建立完善制度建设。区食安办印发了《汕尾市城区食品安全委员会工作规则》和《汕尾市城区食品安全委员会成员单位工作职责》，进一步明确区食品安全委员会及成员单位的主要工作职责。

二.落实层级管理。建立食品安全联络员、协管员队伍。食安办与各镇（街道）签订了食品安全责任书。

三.完善应急处置机制。制定了《汕尾市城区重大食品安全事故应急预案》，城区于2014年12月12日举行了食物中毒应急演练。

【强化日常监管，维护食品药品市场秩序正常化】 城区在食品药品安全日常监管工作中，以宣传贯彻实施《中华人民共和国食品安全法》和《中华人民共和国药品管理法》及其实施条例为重点，加大监管力度，积极主动开展工作，确保全区食品药品安全保障工作稳步推进。一是严格执行行政许可制度。严格按照有关规定和要求办理许可证，监管人员根据翔实的申请材料及时上门开展现场审核，对符合要求的个体户在规定的时间内作出许可决定并给予发放许可证。对不符合要求的，现场提出整改意见，落实整改符合条件后方可发放许可证。区食药监局职能交接以来，共办理餐饮服务许可证45家，食品流通许可证25家，《药品经营许可证》7家，办理保健食品卫生许可证5家。二是做好大型活动餐饮安全保障工作。广东省（汕尾）“马思聪”小提琴邀请赛、市妇代会、妈祖文化活动、区“两会”等大型活动和会议举行期间，做到保障前有检查，全程有监管，保障后有总结的重大活动餐饮安全保障工作机制，确保了活动的餐饮服务食品安全。三是加强食品药品日常监管。严查伪劣食品以及药店不按GSP规范经营的行为。是年，共出动监督执法人员70人次，共检查了47家药品零售，收缴过期药品共400多盒，涉及10多个品种，约谈有11人次，发出责令整改通知14家。四是强化学校、幼儿园等集体食堂的监管力度。联合区教育部门对全区中小学校、幼儿园开展食品安全现场检查36场次，主要检查证照、环境卫生、仓库、洗涤、消毒、生、熟食隔离等情况。五是加强指导督促力度。监管人员经常深入企业现场进行指导检查，指出薄弱环节，指导督促建立食品药品安全管理制度，提高食品药品安全管理水平。六是做好药品安全监测工作。药品安全监测工作包括药品安全指数和药品不良反应监测。药品安全指数是广东省社会建设综合考核指标体系的正指标，2014年全区药品安全指数已达标。

【加强综合整治，力促食品药品安全】 围绕省、市食品药品安全重点工作和专项整治行动，城区以创建文明城市为契机，把握关键，突出重点，加大专项整治和稽查力度，使全区食品安全工作上台阶，提水平。积极开展食品药品安全检查，认真受理群众投诉举报案件，做到事事有落实，件件有回音。2014年，全区没有发现重大食品药品安全案件。一是积极开展“四打击四规范”专项整治（一是严厉打击无证无照生产经营食品行为，规范食品生产经营者的主体资格；二是严厉打击销售、使用无合法来源食品和原料的违法行为，规范食品生产经营者的采购活动；三是严厉打击生产经营侵权仿冒和“五无”食品违法行为，规范食品包装标签标识管理；四是严厉打击生产经营“两超一非”等劣质食品行为，规范食品生产经营过程）。共出动人员50多人次，检查批发、集贸市场18个次，检查食品经营户55户次，查处劣质食品案件3宗，圆满通过广东省检查组检查。二是大力推进食品安全示范学校食堂创建活动。食药监局着力抓好城区食品安全示范学校食堂创建工作，对全区学校、幼儿园食堂进行质量检查。同时，推荐了新城中学、马宫深渔中心幼儿园、星海幼儿园等3家学校食堂作为城区首批省级“食品安全示范学校食堂”，已圆满通过广东省检查组现场评审。三是切实开展预防禽流感工作。2014年12月5日，省、市人感染H7N9禽流感防控工作暨全面深化爱国卫生运动电视电话会议之后，城区将人感染H7N9禽流感疫情防控工作作为全区卫生工作的首要任务来抓，成立了人感染H7N9禽流感防控工作领导小组，同时下发了《汕尾市城区人感染H7N9禽流感疫情防控工作方案》，建立完善各项防控和应急机制，有效地防止禽流感的蔓延。

【加强宣传教育，促使食品药品安全认识深入人心】 2014年城区举办了“安全用药，关注健康”大型宣传咨询活动，深入校园、幼儿园、社区进行宣传，做好群众咨询服务，在汕尾中学举办食品药品安全专题讲座，这次宣传活动发放各类宣传资料3500多份。举办了3场全区首次大型食品、药品、保健品专业法规系列培训班，共有业主近千人参加了培训。2014年，区食药监局设置食品药品宣传专栏59个，张挂宣传横标30多条，各项活动信息分别在《汕尾日报》、汕尾电视台、市食安办简讯、网站以及区党政网、《今日城区》报、“创文”办专刊等刊登新闻报道共20多篇。

（张桂嘉）

附　城区食品药品监督管理局领导名单

局　长：程书航（副区长兼）

副局长：吴沛峰（2014年4月任）

食安办副主任：曾招肯（2014年4月任）

市区环境卫生管理

【概况】 城区环境卫生管理局（以下简称区环卫局）成立于1990年6月，是区政府主管环境卫生的职能部门，下设五站二队一场一中心（凤山站、香洲站、新港站、新林站、城南站、市容卫生监察队、车队、大伯坑垃圾填埋场、医疗废物处置中心）。2014年，有正式干部职工约200人，环卫作业承包公司管理人员约30人，一线工人400多人。环卫部门承担着汕尾市区约321.5万平方米道路及公共场所的清扫保洁，近37万平方米绿化带的保洁管理，15座公厕和3座转运站的管理维护，市区7万多户居民的垃圾收集和每天约260吨生活垃圾的压缩运输处理等日常环卫作业任务。

【转变职能，加强监管】 为全面掌握环卫作业市场化规范执行情况和卫生质量状况，区环卫局专门成立督查考核工作领导小组，制定《加强市区环境卫生督查考核的工作方案》。一是建立日常巡查考核长效机制。由区环卫局属下各站每天至少5次对广州开物物业管理公司作业情况进行全面巡查考核，同时做好巡查考核记录台账。二是建立定期和不定期督查考核机制。由区环卫局督查考核小组每周白天至少4~5次，每周晚上至少2次对市区环卫作业情况进行全面督查考核。区环卫局督查考核小组每天下午5时前将当天督查情况及时通报广州开物物业管理公司，每周将本周督查情况形成书面通报，要求该公司对存在问题尽快落实整改。在区环卫局的严格督查下，该公司加强了内部管理，健全制度建设，加大设备投入，提高管理水平，市区整体卫生状况有了初步的改善。

【开展专项整治】 按照《汕尾市城区“手牵手参与城市管理，心连心服务汕尾人民”系列活动方案》的工作安排和分工，区环卫局从属下各站抽调了十多名管理人员组成卫生环境整治志愿服务队，每月开展一次清理整治市区环境卫生行动。其中包括重点清理市区主次干道、内街小巷、住宅小区的堆积垃圾杂物，消灭卫生死角。同时，根据《汕尾市城区"门前三包"管理办法》，积极配合相关部门加强对街道、社区（村）委"门前三包"责任制的落实情况进行检查、监督、协调、指导，以实际行动整治"脏、乱、差"，参与创建文明城市。

【环卫设施升级改造】 针对市区环卫设施建设滞后的状况，区环卫局拟订了垃圾转运站的改造升级和新建方案。同时积极主动争取市财政、规划、住建等相关部门的重视和支持。2014年，市区原3座垃圾转运站改造的图纸设计、改造经费预算报告等前期工作已完成并报相关部门审核；另外计划在东西区污水处理厂旁边新建的2座垃圾转运站，其红线规划图、图纸设计、经费预算等前期工作已基本完成，后续工作正在跟进理顺之中。

【队伍建设】 区环卫局根据《汕尾市城区开展党的群众路线教育实践活动实施方案》的内容，结合当好新区建设"两机两器"的要求，严格按照规定动作、时间节点、实施步骤，认真开展教育实践活动。2014年通过近9个月的实践活动，取得了几方面的成效：一是全体党员干部的学习兴趣、积极性、自觉性普遍增强；二是对"为民务实清廉"的总要求，特别是对"四风"方面的问题有了更深刻的理解，进一步增强了党性观念、宗旨意识、服务意识；三是极大地增强了领导班子整体的凝聚力和战斗力；四是全体党员干部组织纪律性进一步增强，工作积极性、责任心明显提高；五是形成了践行党的群众路线的长效机制，为环卫管理工作走上规范化、标准化、制度化奠定了坚实的基础。

（蔡和家）

附　城区环卫局局长、副局长名单

局　长：蔡位群

副局长：卓永红

社会生活

SHE HUI SHENG HUO

卫生和计划生育

【综述】 2014年5月，按区委、区政府工作部署，原区卫生局和计生局进行机构改革，合并设置为汕尾市城区卫生和计划生育局，内设10个股室，分别是：办公室（挂区医药卫生体制改革工作领导小组办公室牌子）、规划与财务股、信息与统计股(流动人口计划生育服务管理股)、综合监督股、疾病预防控制与卫生应急股、医政股（挂区委保健委员会办公室牌子)、妇幼健康服务股、计划生育家庭发展股、考核评价股、人事与宣教股。办公地点在区城南路计生服务大楼三、四楼。主要职责：一是负责协调推进城区医药卫生体制改革与医疗保障，统筹规划卫生和计划生育服务资源配置，指导区域卫生和计划生育规划的编制及实施。二是负责疾病预防控制工作，协调有关部门对重大疾病实施防控与干预，组织实施免疫规划工作。组织和指导突发公共卫生事件预防控制和各类突发公共事件的医疗卫生救援，做好法定报告传染病疫情信息、突发公共卫生事件应急处置信息。三是负责职责范围内的职业卫生、放射卫生、环境卫生、学校卫生、公共场所卫生、饮用水卫生管理和政策措施的落实。组织开展食品安全风险监测、评估。四是负责组织拟订基层卫生和计划生育服务、妇幼卫生发展规划与政策措施，指导全区基层卫生和计划生育、妇幼卫生服务体系建设，推进基本公共卫生和计划生育服务均等化，完善基层运行新机制和乡村医生管理制度。五是负责医疗机构和医疗服务的行业准入管理并监督实施。六是负责组织推进公立医院改革，建立公益性为导向的绩效考核和评价机制，建设和谐医患关系，提出医疗服务和药品价格政策的建议。七是组织实施国家药物政策和基本药物制度，提出基本药物价格政策的建议。八是贯彻落实国家生育政策，完善生育管理政策，组织实施促进出生人口性别平衡的政策措施。制定优生优育和提高出生人口素质的政策措施并组织实施，推动实施计划生育生殖健康促进计划，降低出生缺陷人口数量。九是组织建立计划生育利益导向、计划生育特殊困难家庭扶助和促进计划生育家庭发展等机制。负责协调推进有关部门、群众团体履行计划生育工作相关职责。十是负责卫生和计划生育信息化建设，加强全员人口信息系统建设，参与全区人口基础信息库建设。十一是制定流动人口计划生育服务管理制度并组织落实，推动建立流动人口流入地、流出地卫生和计划生育信息互联互通及公共服务工作机制。十二是组织拟订全区卫生和计划生育人才发展规划，指导卫生和计划生育人才队伍建设。加强全科医生等急需紧缺专业人才培养，建立完善住院医师和专科医师规范化培训制度并指导实施。十三是指导基层卫生和计划生育工作，完善综合监督执法体系，规范执法行为，监督检查法律法规和政策措施的落实，组织查处违法行为。组织实施人口与计划生育目标管理责任制的考评工作。监督落实计划生育一票否决制。十四是负责卫生和计划生育宣传、健康教育和健康促进等工作，依法组织实施统计调查。十五是承担区委保健委员会、区深化医药卫生体制改革工作领导小组的日常工作；协调区爱国卫生运动委员会相关工作。十六是承办区人民政府、上级卫生和计划生育部门交办的其他事项。

【成立区卫计系统总支部委员会和区卫计局支部委员会】 2014年8月，经区直工委同意，分别由区直各卫计单位全体党员和区卫计局党员组成的区卫计系统中共总支部委员会和区卫计局中共支部委员会。经大会民主投票，产生区卫计系统第一届总支部委员7人，区卫计局第一届支部委员5人。

·卫　生

【概况】 2014年，城区卫生和计划生育局以科学发展观、中共十八大三中全会精神为指导，坚持以深化医药卫生体制改革为主线，上下联动，狠抓落实，圆满完成各项工作目标任务。是年，全区共有卫生医疗机构164家，其中，公立医院1所、民营医院2所、社区卫生服务中心4所、社区卫生服务站8所、镇级卫生院3所、区妇幼保健院1所、区专科防治站1所、区计生服务站1所、个体门诊76所、乡村卫生站67所。卫生系统在岗人员共1389

人，其中，在编在岗人员905人，临时聘用人员484人；在编在岗人员中卫生专业技术人员702人，临时聘用卫生专业技术人员403人；高级职称81人，初中级职称1024人，全区病床数有967张。

【基层医疗卫生机构综合体制改革】 一是推进人才引入制度改革。按上级文件精神，区卫计局、人社局联合制定《城区卫生系统事业单位公开招聘方案》，面向社会公开招考岗位，按照“公平、公开、竞争、择优”的原则，经过笔试、面试、体检等过程，一共招聘了15名专业技术人员，分别由红草中心卫生院、捷胜镇卫生院、东涌镇卫生院、凤山街道社区卫生服务中心、马宫街道社区卫生服务中心聘用。二是巩固基本药物制度。全面实施基本药物制度，开展药品参与全省集中网上采购工作。全区基层医疗机构基药销售约共570万元,按规定零差率销售，直接让利群众85.5万元。三是进一步完善考核考评机制。正式启动对基层医疗卫生单位的院长（主任）进行年度目标责任制管理考核，按考核办法兑现对院长（主任）的奖罚，发挥考核的引导和激励作用。四是推行家庭医生式服务工作。成立汕尾市城区卫生系统推行家庭医生式服务工作领导小组，制定《汕尾市城区推行家庭医生式服务工作方案（试行）》，与本辖区500户居民签订《基层卫生服务机构家庭医生式服务协议书》。

【医疗服务管理】 加大对医院卫生机构行风建设力度，将执行“九不准”（不准将医疗卫生人员个人收入与药品和医学检查收入挂钩；不准开单提成；不准违规收费；不准违规接受社会捐赠资助；不准参与推销活动和违规发布医疗广告；不准为商业目的统方；不准违规私自采购使用医药产品；不准收受回扣；不准收受患者“红包”）的情况列入医疗卫生机构以及人员年度考核、医德考评和医师定期考核的重要内容。开展“以病人为中心，以提高医疗质量为主题”的医院管理年及“平安医院”创建工作；开展“医疗质量万里行”活动，强化医疗机构内部管理，规范诊疗行为，降低医疗成本，保障医疗安全，持续改进和提高医疗质量。全年全区医疗卫生单位共收治诊疗人数543296人次，比增21.8%。其中，门诊人数506428人次，比增20.7%，住院病人36868人次，比增40.6%，出院诊断符合率96%，治愈好转率97%。

【公共卫生服务】 着力推进基本公共卫生服务均等化，提高群众健康水平。一是继续推进国家基本公共卫生服务项目，严格执行公共卫生服务规范，完善工作机制。2014年，共建立纸质居民健康档案337345份，建档率83%。二是加强儿童预防接种管理工作。以麻疹疫苗的强化免疫为抓手，强化各项一类疫苗接种及查漏补种工作，大幅提高一类苗接种针次。2014年，全区全面完成计划免疫一类疫苗应种人数22362人次，一类疫苗各单苗接种率和加强免疫单苗接种率均达99%。三是加强传染病管理。全区报告传染病2234例，传染病报告率100%，及时上报率100%。严格实行制度化、规范化、网络化管理，降低各种传染病的发病率，积极参与现场疫点处理，防止重大传染病的流行和蔓延。是年，没有发生重大传染病疫情。四是实施重大妇幼卫生项目。开展农村妇女增补叶酸预防神经管缺陷项目工作，共发放叶酸共1500人份；开展孕前和产前检查工作，免费为2060对夫妇提供孕前健康检查，产前进行地贫防控112人；实施孕妇在孕期和产时艾滋病、梅毒、乙肝“三病”的检测，共检测6233人；开展农村妇女免费“两癌”（宫颈癌、乳腺癌）筛查项目，全年完成9709人次。

【医疗卫生服务体系建设】 一方面，加快推进逸挥基金医院肿瘤防治中心、逸挥基金医院全科医生临床培训基地、汕尾市城区妇幼保健院新院址、东涌镇卫生院二期建设等重点项目建设。其中，逸挥基金医院肿瘤防治中心、逸挥基金医院全科医生临床培训基地已完成前期报建手续；汕尾市城区妇幼保健院新院建设已完成打桩和验桩，主体建设正在进行中。另一方面，加强社区卫生服务站、村卫生站标准化建设，实行统一管理。2014年共完成10家社区卫生服务站标准化建设，统一标识、统一规格、规范名称，配备执业医生及兼职慢病管理人员，负责社区基本医疗及公共卫生服务项目工作。

·计划生育

【概况】 2014年，城区人口和计划生育工作按照区委、区政府的统一部署，围绕“全面做好人口计生工作，建设人口均衡型社会，为全面建成小康社会创造良好的人口环境”的总目标，以“前移进位”的总体要求，狠抓日常工作和重点项目工作管理，落实综合治理和政策外源头治理两项重点工作，大力开展服务质量提升工程，进一步完善以“利益导向引导群众落实计生政策”的工作模式，全面完成人口计生目标管理责任制。2014年，全区户籍人口412680人，出生4936人，其中，一孩3789人，二孩1081人，多孩66人，出生率12.07‰，政策生育率为91.51%，自然增长率为6.73‰，婴儿出生性别比为104.73。征收社会抚养费451万元。各项指标均达到了目标任务要求。

【党政认真统筹谋划】 全区各级党政，始终坚持人口计生工作“一把手”亲自抓，负总责不动摇，强化“一把手工程”和责任制的落实，坚持把人口计生工作，作为事关城区经济发展的一项基础性工程。着重完善五大工作制度：一是完善党政联席会议制度。区委、区政府定期由区委书记或区长，召集区党政领导班子成员专题研究解决人口计生工作中出现的新问题、新情况。二是完善“一票否决制度”。对于工作被动，考评不达标的领导干部及责任人，坚决按照《关于实行人口和计划生育工作问责的暂行规定》给予严肃处理。三是完善挂钩帮扶制度。区直73个单位挂驻94个村（社区），区直单位一把手负挂驻领导责任。区、镇（街道）两级党政85名领导干部挂钩帮扶120户重点户。四是完善调研制度。区几套班子都形成了定期下基层调研人口计生工作的长效制度，研究指导计生工作，强化班子成员领导责任。五是完善督查制度。由区纪委负总责，组织区委办、区府办、区委组织部、区直工委、区卫计局等部门组成督察组，定期或不定期对各地计生工作开展监督检查。

【实出抓好计生重点项目】 以重点项目为抓手，全面推进计生工作上新台阶。一是扎实开展人口计生服务集中服务活动。集中时间统一开展春、夏、秋、冬四次人口计生集中服务活动，较好完成工作目标，进一步巩固工作基础。二是完善全员人口信息系统资料数据，开展数据动态监测。紧紧抓住计生数据动态监测的功能，充分发挥全员人口信息系统的作用，大力推进加强与公安、社保和民政等部门的人口信息互通及资源共享，以数据为基础，综合分析人口问题。同时还与外县（市、区）通过网络平台，对外出人口的生育、节育情况进行沟通协作，敦促外出人口落实计划生育措施达420人次，充分发挥了人口信息化管理在稳定低生育水平中的支撑作用。落实综合节育措施，稳定低生育水平，政策外多孩率得到进一步控制。政策生育率比上年明显提高7.26%；政策外多孩率同比降低1.75%。三是强化综合治理，促进人口长期均衡发展。注重把综合治理作为严把孕前管理和政策外生育的重要措施，充分发挥各个计生兼职单位的职能，建立起“党政负责、部门配合、群众参与、齐抓共管”的人口计生综合治理长效工作机制。在强化各职能部门落实责任上，先后出台了《城区人口与计划生育兼职单位实行人口计生综合治理工作目标责任制考核的决定》《流动人口计划生育综合治理单位职责分工意见》《关于建立人口计生信息逐级资源共享工作机制的意见》等文件，把人口计生工作融入各部门的职能，形成齐抓共管。四是落实“齐抓共管、综合治理”的流动人口计划生育管理责任制。制定《汕尾市城区流动人口计划生育管理办法》，进一步明确各共管部门的职责。加强对流动人口的持验证管理，各镇（街道）集中力量，集中时间，对所管辖的流动人口进行清理清查，查验证活动，及时建卡造册，加强流动人口管理。同时，强化对流动人口计划生育基本公共服务均等化工作，创建香洲街道、红草镇两个全省流动人口服务先进单位，免费为流动人口育龄妇女提供孕前优生健康检查、妇科病普查、避孕药具、叶酸发放、生殖保健咨询等服务。全年全区流动人口已婚育龄妇女持验证率达到90.5%。建立流动人口区域协作机制，实现流动人口计生信息互通，流入地与流出地共同管理。五是落实综合治理出生人口性别比偏高问题。

加大宣传力度，采取宣传栏、小册子和在重点科室公示禁止“非医学需要的胎儿性别鉴定和非医学需要的人工终止妊娠行为”（简称“两非”）标语等方式，广泛宣传人口性别比失调的严重社会后果，教育和引导群众正确对待出生性别问题，营造有利于女孩生存成长的社会舆论环境。落实方案，制定出台了《集中整治“两非”专项行动实施方案》，明确区卫生计生局、区公安分局、区妇联等部门的具体分工职责，联合有关部门开展“两非”整治活动，抓住医疗保健、计生技术服务、药品销售等关键环节，加大对私立医院、个体诊所和B超技术人员对怀孕14周以上终止妊娠手术管理制度执行情况的监督力度。全区组织清查卫生计生服务机构11所，医疗保健机构35个，没有发现“两非”现象。区全年婴儿出生性别比为104.73，较好地遏制了人口性别比偏高状况。

【提升服务质量促计生】 一是改善区计生服务站设施设备，提升服务能力。全区投入计生年人均经费33.89元以上，为区计生服务站购置了全自动生化仪、血球分析仪和尿液分析仪等仪器；进一步为推行优生促进工程，开展优生优育、避孕节育、生殖疾病的普查普治活动夯实基础。二是开展“科学育儿，建设幸福家庭”主题活动。把创建“幸福家庭”活动，提高人口素质作为计划生育的工作重要内容。2014年11月初，区政府邀请省级教授讲课，举办了“广东省科学育儿家庭教育”主题讲座，全区400多名育龄妇女免费参加了活动。三是整合医疗卫生和计生资源，着力开展“免费两检查”活动。以“免费孕前优生健康检查”及“免费两癌筛查”为抓手，实施优生健康惠民工程。卫计、民政、财政、宣传等多个部门协调协作，全面推进健康检查服务，全区接受优生健康检查教育的有4120人次，“两癌筛查”9709人次，病史询问3950人次，孕前医学检查1000多人。四是开展“惠一生”活动，创建和谐计生。强化财政投入保障机制，落实各项计划生育家庭奖励和扶助政策，加大对计划生育特殊困难家庭的救助。推进计生家庭意外和计划生育系列保险工作，以利益为导向，创建“和谐计生”。全区全面兑现2014年“四大”惠民奖励，共发放奖金103.5万元。其中：申领“农村部分计划生育家庭奖励”426人，共发放56万多元；申领“农村计划生育节育奖”269人，共发放15万多元；申领“城镇独生子女父母计划生育奖励”277人，共发放31万多元；申领“特别扶助奖”2人，共发放1.5万多元。计划生育奖扶制度及优惠政策落实率100%。同时，把计划生育利益导向与“扶贫双到”有机结合起来，对经济困难的计划生育家庭户，优先由领导挂钩帮扶，有关部门在资金投入、就业安排等方面给予优先落实。

（林海鹏）

附　城区卫生和计划生育局领导名单

局　长：庄雄升

副局长：郑伟雄
　　　　林庆和
　　　　冯少添

人力资源·社会保障

【概况】 2014年，城区人力资源和社会保障局（以下简称区人社局）以“民生为本、人才优先”为工作主线，面对新局势真抓实干、攻坚克难，认真应对新任务、处理新情况、解决新问题，顺利完成人力资源社会保障各项指标，取得显著工作成效。

【内设机构】 区人社局内设机构有办公室、公务员管理股、专业技术人员管理股、就业促进股、工资福利股、社会保险股、劳动关系股、培训教育股、事业单位人事管理股、人才服务办公室、劳动监察股。2个下属单位：劳动就业服务管理中心、城乡居民医疗保险管理中心。至2014年年底未变。

【社保工作取得新突破】 社会保障是民生之基，关乎人民幸福安康和社会公平和谐。人社局紧紧围绕“全覆盖、保基本、多层次、可持续”的方针，在做好各项社会保险扩面征缴的基础上，继续推进社保经办管理服务水平的提升、推广社会保障卡的应用等工作，社保管理水平不断提高。具体工作如下：一是做好社保扩面和基金征缴工作。2014年，市下达城区各项社会保险基金征收任务14175万元，其中企业养老扩面征缴任务9100万元。针对任务重，征缴难度大等问题，人社局采取多种措施，努力抓好此项工作。2014年，全区参加养老保险114746人，完成任务的85.70%；城乡医疗保险312824人，完成任务的98.84%；失业保险12780人，完成任务的94.67%；工伤保险12818人，完成任务的73.25%；生育保险5227人，完成任务的87.12%；参加城乡居保人数83282人，完成任务的97.98%。全区征收各项社保基金13698.85万元，完成任务的96.64%，其中，养老保险8812.36万元，完成任务的86.91%，城乡居保190.23万元；城乡医疗保险4182.87万元，完成任务的119.85%；失业保险294.33万元，完成任务的89.19%；工伤保险171.53万元，完成任务的100.90%；生育保险47.53万元，完成任务的105.62%。二是加强基金监督管理，确保基金使用依法依规。三是按时发放离退休金，确保离退休人员的离退休金按时足额发放。四是做好下岗失业人员档案管理工作。认真做好全区各企业下岗失业人员的档案管理以及社保续保补保、退休、调动等服务工作。

【民生就业工作新推进】 区人社局以“充分就业、培训就业、稳定就业”为工作目标，全力抓好就业服务工作。一是坚持就业为本，提供就业岗位，鼓励下岗失业人员实现再就业。2014年，全区城镇新增就业5734人，完成年度任务的110.27%；城镇失业人员实现再就业2325人，完成年度任务的110.71%；就业困难人员实现就业331人，完成年度任务的110.33%；转移农村劳动力7307人，完成年度任务121.78%；职业技能培训9068人，完成年度任务的107.95%，其中，农村劳动力转移技能培训3975，完成年度任务的107.95%，均超额完成市下达的各项就业目标任务。二是认真举办企业用工招聘会。2014年，共举行大小型企业用工招聘会25场次，共提供岗位37235个，求职人数16523人，达成用工意向9983人，其中，高校毕业生求职人数2234人，达成用工意向795人。三是举行农村劳动力免费技能培训。2014年4月初，组织东涌镇、捷胜镇农村劳动力在东涌镇龙溪村举办农村劳动力免费技能培训班，培训农村劳动力290人，通过考试，取得证书283人，促进了农村劳动力就业。四是大力开展就业充分社区创建工作。新增创建就业充分社区7个，进一步完成就业公共服务平台建设，缓解了城区部分劳动力的就业压力。五是开展就业援助服务工作，是年为城区提供就业困难人员认定共1541人。六是开展促进离校未就业高校毕业就业服务。通过电话访问，提供就业信息、职业指导等，为102名高校毕业生提供了就业服务，缓解了应届毕业生的就业压力。

【人才队伍建设新实绩】 区人社局紧紧围绕区委、区政府的中心任务以及上级人社部门的工作要求，认真抓好人事人才各项工作。一是积极配合市人社局做好2014年公开招考录用公务员的各项工作。二是认真做好全区机关事业单位工作人员年度考核和政府行政任免的相关工作。参加2013年度考核的机关及参公单位工作人员927人，被评为优秀等次的143人，占考核人数的15.4%。参加2013年度事业单位考核人数5814人，评为优秀等次819人，占考核人数的14%。考核工作已全部完成，并做好公务员和事业单位工作人员日常管理工作。三是做好高校毕业生报到服务工作。2014年，共接收报到的应届毕业生1428人，其中，硕士2人，本科390人，专科1036人，接收应届毕业生人事档案1285份，接收往届毕业生人事档案205份，并做好归档录入信息系统工作。四是加强专业技术人才培训和职称评审初审工作。组织培训专业技术人才和企事业单位管理人才4409人。审核专业技术人员申报材料68人，其中，高级23人，初级45人。五是认真做好工资福利业务工作。按时报送机关事业单位工作人员的工资统发数据，做好退休费、抚恤金和遗属生活困难补助费等核实、审批工作，做好职务晋升、人员调动和新参加工作人员工资核定等工作。六是积极稳妥推进人事制度改革。全面推行事业单位岗位设置和人员聘用、公开招聘制度。

【维权维稳工作新成效】 区人社局以“签合同、上保险、保工资、创示范新区”为重点，以“抓好、抓早、抓实、抓细”为原则，着力构建“以调为主、超前预防、源头息访”的维稳调控机制，有效维护了城区农民工合法权益。一是充分发挥劳动监察大队职能作用，强化部门协调，加大执法检查力度，及时化解劳资纠纷。2014年，人社局共受理信访案件69宗，其中集体来访6宗，到市政府上访1宗。通过调解处理解决劳资纠纷69宗，为农民工追回被拖欠工资270.8万元，涉及人数435人。多次开展大规模检查活动，检查用人单位246户，涉及劳动者近1.57万人，督促补签劳动合同2975份，下达责令整改通知书4份，并责令用人单位为劳动者购买社会保险，通过加强劳动监察力度，把矛盾化解在萌芽状态。二是按照示范区“十个全面”(即：全面落实劳动合同制度、全面建立集体协商制度、全面落实职工收入分配制度、全面执行劳动标准、全面完善企业规章制度、全面改善用工环境、全面执行社会保险制度、全面完善安全生产制度、全面组建企业工会、全面建立企业内部协调机制）的标准，加强对示范点创建工作的指导。截至2014年年底，已建立红草镇、马宫街道、凤山街道、东涌镇以及针织行业示范点5个，涉及企业总数161户，职工总数20785人。参加创建工程的企业达到了企业总量的60%，符合和谐劳动关系示范区创建标准的示范点达到了45%，实现全区和谐劳动关系示范区的目标任务。三是加强劳动争议调处工作。坚持“以防为主，调防结合”的方针，把工作着力点放在“调”的环节上，使劳动争议在未立案之前都得到及时的解决。2014年，共办理案件10宗，其中，立案受理7宗，案外调解3宗，涉及劳动者12人，争议涉及金额236.6万元。四是做好劳动能力鉴定报审和工伤认定工作。按照中华人民共和国国务院颁发的《工伤保险条例》的规定，2014年，申请工伤认定案件18宗，作出工伤认定的9宗,不予受理2宗，通过做工作后，双方协商解决5宗，涉及赔偿金额102万元，2宗尚在协调解决中。

【机关作风建设有新提升】 继续以创建“讲学习、讲纪律、讲团结、讲效率、讲创新、树立风正人和”的机关形象为目标，抓好人力资源社会保障系统全体工作人员政治思想教育、纪律教育、廉政教育，提高全体工作人员的整体素质。制定完善了局首长问责制、工作人员守则、廉政建设规定等16个制度，确保各项工作规范有序运转。机关党建、行风建设、法制建设、数据统计、信息宣传、档案管理、后勤保障等各项基础工作均得到加强。

（余尚樾）

附　城区人力资源和社会保障局领导名单

局　长：余鸿群

副局长：陈春风

余立宗

吴瑞能

林小青（2014年8月任）

社会保险

【概况】 2014年，城区社会保险工作紧紧围绕“改善民生，建设幸福城区”的中心，以党的群众路线教育实践活动为契机，真抓实干，锐意创新，各项工作取得一定成效。是年，社保局在编10人，临时聘用13人，共23人。

【参保人数和基金收支】 养老保险：参保人数43856人，其中企业养老37326人。2014年，征收企业养老金6537万元，支付8935万元，累计结余2444万元；征收机关养老金944万元，支付2027万元，累计结余5658万元。

失业保险：参保人数16209人。2014年，征收290万元，支付50万元，累计结余1841万元。

职工医保：参保人数28913人，2014年，征收统筹基金2049万元，支付2952万元，累计结余负2378万元。

工伤保险：参保人数21000人。2014年，征收基金167万元，支付2.2万元，累计结余932万元。

生育保险：参保人数7200人。2014年，征收基金46万元，支付16.3万元，累计结余223万元。

城乡居民基本养老保险：参保人数10200人。征收“新农保”基金3572万元，累计发放待遇人数37356人，支付待遇2576万元，累计结余4819万元。

【主要业务】 做好征收工作。在2014年最后一个月，社会保险基金征收存在1000多万元缺口的情况下，由区政府牵头，社保局与区人社局、区地税局三部门领导联合，通过研究、论证、评估，统一达成共识，集中力量，加大宣传，着手从国企方面入手，加大追缴力度，按时按量完成了征收任务。

及时调整养老金待遇，做到及时足额的社会化发放。同时做好关于广东省企业职工基本养老保险视同缴费账户记账有关问题的工作。根据人社厅、财政厅《关于广东省企业职工基本养老保险视同缴费账户记账有关问题的通知》文件规定，对城区符合该规定的退休人员2266人的养老保险待遇进行调整。调整后共补发差额626万元。

做好验证工作。一是从是年4月起，城区局集中精干力量，通知领取养老金的离退休人员到单位集中或到社保局验证，做到随到随验，准确无误。二是机关事业单位医疗保险个人账户划拨人员的生存验证，由单位填写鉴证享受医疗保险个人账户划拨人员的生存情况。三是通过与居委会、邮政储蓄银行合作,对享受新型农村养老保险待遇的居民生存认证,对行动不便的人员进行上门慰问验证，具体由各镇人力资源和社会保障所负责。

加强对定点药店的巡查管理工作。一是按照市局的工作部署，城区局对市区所属的36家定点药店进行突击巡查，对药店的营业执照、地址、店名、信息、IC使用情况以及药店经营刷卡等一系列情况进行定点检查，检查结果及建议已向市局作了报告。二是城区局采取不定时、不定点的方式对医疗机构进行检查，检查是否存在挂床住院、顶名住院的情况并抽查病历档案，查看是否存在滥检查及小病大治等违规行为。减少欺骗行为的发生，切实管好用好老百姓的“活命钱”，对不规范的问题督促医院落实整改，确保基金的安全。

进一步提高社会保险工作的透明度，方便群众依法及时获取社会保险有关信息。为贯彻全省社保信息公开工作视频会议和全市人社工作务虚会议精神，落实《广东省社会保险信息公开暂行办法》，推动全市社保信息公开工作，城区社保局结合实际，积极开展信息公开工作，在服务大厅建设LED屏、宣传栏和资料咨询取阅处，树立社保信息内容公开意识，拓展公开渠道、完善经办服务等内容。严格按照法律法规和有关规定，做到社会保险信息公开，政策公开，办事流程公开，办事结果公开，权益公开。

做好社会保险信访维稳工作。社会保险工作，关乎国运，事关民生，工作好坏直接影响到群众切身利益，影响到社会和谐稳定。社保市区分局始终把内强素质，外树形象，切实加强服务，将社保工作作为首要工作来抓，密切关注群众的诉求，认真处理群众的来信、来访，对上访人员进行耐心细致的解说，保证各类信访问题得到及时妥善解决，树立社保工作在群众中的良好形象。

【存在问题】 2014年，通过全体干部职工的共同努力，为全面完成全年工作目标任务打下了良好的基础。但是，也存在一些问题：一是社会保险非公有制单位及个体参保率低，城区大部分非公有制企业参保率平均在50%以下，离规定要求95%的参保率有很大的差距；二是社会保险参保群体缴费比例低，职工医疗保险和企业养老保险当期出现收支不平衡。其主要原因：

医疗方面 一是城区很多大病人员均以灵活就业人员的身份参加城镇职工基本医疗保险，至2014年11月底，城区有零星住院504人，报销费用512.5万元；零星门诊286人，报销费用72.6万元；定点住院费用共191.5万元；多位灵活就业人员纳入特殊病种门诊管理，人均月医疗费用约8000元。二是参保人员医疗需求的扩大，医院平均住院医疗费用逐年提高。

企业养老方面 一是由于缴费基数提高，很多灵活就业人员已停保或不积极缴费。二是非公制企业也不愿意缴费。三是国有企业欠缴社会保险费严重，大部分国有集体企业都处于停产、半停产状态，单位基本未进行缴费工作，参保人达到退休时，才由个人去缴纳社保费。四是省内办理城乡养老保险制度衔接转移平台于2014年4月1日启用，是年全省各地市均已接入和应用，但城区这一平台还没开始启用，导致养老保险省内转移业务无法积极高效地开展。

城乡居民基本养老保险认证困难 一是经办经费缺，编制人员严重不足，村民的参保意识不高。

二是当要放弃领取城乡居民养老金，办理退保时所需提供缴费的资料，群众很难提供齐全。

（林粉虹）

附　汕尾市社会保险基金管理局市区分局领导名单

局　长：蔡金为

副局长：方文瑜

基层政权与社区建设

2014年，全区94个村（居）委会，村（居）两委成员630人。

【创建民主示范村】 开展广东省村（居）务公开民主管理示范村（社区）创建活动。2014年城区共有12个村（社区）申报并被评为广东省村（居）务公开民主管理示范村（社区）。具体名单是：香洲街道新兴社区居委会、香洲街道园林社区居委会、新港街道金海居委会、凤山街道凤照社区居委会、凤山街道凤翔社区居委会、马宫街道浪清村委会、东涌镇赤古村委会、东涌镇新民村委会、红草镇光明村委会、红草镇晨洲村委会、捷胜镇石岗村委会、捷胜镇沙角尾村委会。

【推进社区建设】 2014年，根据省民政厅关于加强广东省城乡社区基础设施“六个一”工程建设的要求，通过争取上级民政部门的支持，完成中区社区公共服务站建设工作。

实施《中华人民共和国村委会组织法》《中华人民共和国居委会组织法》。继续深入开展村务公开和民主管理工作，依法保障广大村民对村务的知情权、参与权、决策权和监督权，促进全区村务公开工作规范有序开展。

【完成村级换届选举工作】 2014年，第五届居委会、第六届村委会进行换届选举。区民政局在区委、区政府的领导下，拟订选举工作方案，依法依规扎实推进选举工作，于2014年3月底前完成村、社区换届选举工作。

拥军优属

【“双拥”工作】 2014年是“双拥”工作创建出成效的关键年。围绕实现城区“双拥模范区”八连冠的创建目标，达到“组织领导坚强有力、国防教育广泛深入、双拥活动坚持正常、政策法规落实到实处、军政、军民关系融洽”六标准的总体要求，以实现“双拥模范区”不是最终目标，通过活动的开展，逐项落实完成区创建活动新标准，实现以下三个目标：一是通过加强宣传教育，迅速在全局乃至全区范围内掀起拥军优属，拥政爱民的活动高潮。二是继续丰富“双拥”共建形式与内容，推进“双拥”工作社会化、经济化、制度化，进一步巩固和发展军民共建关系。三是查漏补缺，取长补短。做到方法高效、措施得力，确保“双拥”工作有章可循，走出一条适合区民政局形势发展的新路子。

春节、“八一”等重大节日期间，组织对部分重点优抚对象，驻市、区部队进行走访慰问，送去了慰问资金及生活物资；通过各种方式，大力宣传国防知识、征兵政策和有关优抚安置政策，深化双拥宣传教育，营造军民共建的浓厚氛围。

落实各项优抚政策。2014年，全区享受定期抚恤补助的对象1459人，全年发放抚恤金741万元。积极推行以货币补贴为主要内容的安置改革，通过宣传和鼓励，使城镇退役士兵自愿接受货币补贴自谋职业。组织134名退役士兵免费参加职业技能培训，提高就业择业竞争能力，消除退役士兵后顾之忧。帮助解决优抚对象“三难”问题，解决医疗困难优抚对象428人（次），共36万元，发给两孤人员和六级以上伤残人员医疗补助金17万元，发给262名生活困难优抚对象一次性补助金27万元。按有关政策规定，完成310名60岁以上农村退役军人军龄生活补助的审核、上报及资金发放工作；落实定期抚恤补助对象医疗保障服务工作，全区1149名优抚对象全部纳入城镇医疗保障，享受基本医疗保障待遇及住院治疗费“一站式”结算服务。

【加强烈士纪念工作】 清明节期间，组织隆重的扫墓活动。为做好烈士纪念碑、亭的维修，充分发挥烈士纪念设施作为爱国主义教育和国防教育基地的作用，多方筹措资金，已投入资金80多万元，对区级管理的烈士纪念碑1座，镇级管理的烈士纪念碑、亭各1座进行了修复。为做好零散烈士纪念设施的维护管理，在市区陵园中划出5000平方米作为烈士墓园，集中安葬全区660穴零散烈士墓，2014年，墓园已进入抢建中，争取2015年12月前完成抢建各项工作。

【开展涉军维稳工作】 为化解社会矛盾，减少上访事件，区民政局通过约访、下访等一系列措施，为涉军人员讲解相关政策法规。对部分部队退役人员是否参战（涉核）身份暂未能确认的问题，依照有关政策规定，参照其他县（区）的做法，深入调研，研究处理办法，较好解决了参战（涉核）退役人员遗留问题，消除了上访隐患。切实维护了群众的合法权益，重大政治活动及节日间，没有发生涉及民政对象的越级上访、集体上访及群体性事件。

社会福利和社会事务

【落实特殊人群保障工作】 一是完成孤儿基本生活费发放工作。2014年全区孤儿数为209人，按社会散居孤儿每人月700元，集中供养孤儿每人月1150元的养育标准发放补贴资金。是年，发放孤儿基本生活费164万元。二是加强对社会流浪乞讨人员等需救助人群的救助工作。

【不断完善社会福利机构环境建设】 区福利院坚持以人为本，不断提高服务质量和办院水平，为让收养人员拥有良好的生活环境，特别是为部分行动不便的收养人员生活提供便利，区民政局积极筹措资金为福利院收养楼加装了电梯，进一步优化收养环境，进一步推进农村养老事业发展。

【继续开展居家养老试点工作】 为了进一步做好居家养老服务工作，使养老工作更加贴近广大老人的需要，以应对老龄化社会的各项需求，区民政局成立居家养老服务中心工程建设领导小组，积极组织开展中心建设选址、资金筹集等前期工作。探索社会福利社会化新路子。

【不断实现婚姻登记规范化】 不断完善各种人性化服务机制，使婚姻登记处成为展现民政工作的一个文明窗口。2014年，全区办理结婚登记4313对，受理离婚登记944对,受理补办登记404对。

殡葬管理

2014年，区委、区政府始终按照市委办、市政府办《关于全面推进殡葬改革加强殡葬管理工作的实施意见》和《关于开展占地毁林建坟专项整治工作方案》的工作要求，认真部署殡改工作，调整和充实殡葬管理工作的领导力量，制定工作计划，出台了《汕尾市城区殡葬改革工作实施方案》和《关于开展占地毁林建坟专项整治工作方案》；坚决贯切落实遗体火化“一刀切”政策不动摇，加强管理，强化督查，采取有效措施，狠抓重点，突破难点，全面提高火化率。截至2014年12月，全区共火化遗体1518具，平均火化率95.1%，火化任务完成较好。城区在落实火化“一刀切”的同时，积极开展“三道两区”占地毁林造坟专项整治工作。根据省民政厅《广东省民政厅关于加强骨灰安置管理治理乱埋乱葬的通知》的要求，区政府印发《汕尾市城区“三道两区”坟墓植树绿化屏蔽工作方案》，在全区组织开展植树绿化屏蔽统一行动，集中植树绿化屏蔽“三道两区”可视范围内的坟墓。同时，配合东涌镇火车站片区拆迁工作，开展清坟专项整治。整治、清理屏蔽乱葬坟墓共350穴，取得了一定成效。

为调动各级做好殡改工作的积极性，制定了激励机制，对镇（街道）每完成1例火化给予奖励1000元，建设镇级公益性墓园给予20万元补助，对殡改中涌现出来的先进典型将予以表彰。积极开展殡葬服务行业政风行风评议，把行评活动作为优化管理、提高服务、减轻群众负担的良好契机，进一步优化殡葬服务环境，树立殡葬系统“以民为本、文明执法、干净干事、规范管理、优质服务”的良好形象。

救助工作

【概况】 2014年，城区着眼保障困难群众的基本生活权益，不断加强社会救助体系建设，确保民生保障相关政策落实到位，使社会救助水平得到逐步提高。

【实现低保、“五保”提标】 2014年，全区列入低保救助4457户1.06万人，占全区总人口的2.6%，其中，城镇低保1474户3625人，农村低保2983户6975人。从7月起，实现低保提标，城镇低保标准由每人月275元提高到380元，农村低保标准由每人月185元提高到240元，城镇人月均补差由242元提高到335元,农村人月均补差由109元提高到150元，全年共发放低保金2338.894万元。全区现有“五保”供养对象430户430人，其中，集中供养50人，分散供养380人。10月起，提高“五保”供养标准，集中供养每人月从520元提高到580元，分散供养标准每人月从460元提高到520元，至12月，共发放“五保”供养金256.44万元。按照低保相关政策落实配套措施，全区得到城乡医疗救助的困难群众有15605多人次，支出医疗救助资金192.6多万元，有效缓解了低保对象、困难群众看病难的问题。

【城乡医疗救助】 为有效缓解城乡困难居民因病致贫、因病返贫和看病难的问题，根据《汕尾市城区困难居民医疗救助实施办法》精神，结合城区实际，制定了本级困难居民医疗救助实施细则，明确申请医疗救助条件、救助标准、救助项目、申请和审批程序以及资金审核结算、来源等内容。已安装了“广东省城乡医疗救助一站式管理网络系统”的配套软件。医疗救助实施办法已出台，2014年年底前能实现医疗救助“一站式”即时结算服务。全额资助城乡低保“五保”对象参加医保，同时对困难对象也给予适当医疗救助。

【临时救助】 2014年全区共筹集下拨临时救灾、救济和医疗等救助金825.62万元，帮助灾民、特困群众3.8万人（次）；在春节和8月份期间二次组织“送温暖、献爱心”活动。2014年春节期间组织动员社会各界热心人士捐赠济困，共接受捐赠物资（大米）价值约24万元；区下拨专项资金10万元，用于购买冬令救济物资一批，并及时将物资送到困难群众手中，让困难群众过上一个平安、祥和的春节。

社会组织管理工作

2014年，全区有各类民间组织142个，其中，社会团体30个，民办非企业单位112个。按照大力培育和加强监督管理并重的方针，主要抓好几项工作：一是严格把好年检质量关。按照《广东省民间组织年检暂行办法》有关规定，进一步落实以制度建设为重点的社会组织年检工作，同时，以做好社会组织年检工作为突破口，对全区社会组织进行全面清理，对两年以上未参加年检的22家民办非企业单位进行撤销登记处罚，对在年检中发现问题的，及时通知其进行清理整顿，限期整改，使城区社会组织活动正常开展。二是加强社会组织党建工作。全区142家社会组织有中共党员92人，有党员单位37家，全区社会组织建立党支部8个，建立联合党支部1个，占应建立支部个数的100%。

老年人工作

【概况】 为弘扬敬老、助老、养老精神，进一步完善城区老年人社会保障体系，切实维护老年人合法权益，让老年人共享城区经济社会发展成果，按照区政府有关批示精神及《汕尾市城区百岁老人长寿津贴发放暂行办法》，计划在2014年全面落实老人津贴，2014年年底已完成80岁以上老人的摸底工作，各镇（街道）正进行有关材料的报送、审核工作。老年节期间，组织开展老年人慰问活动。

表 11

2014 年汕尾市城区百岁（含百岁）以上老人名表

姓　名	出生时间（年、月、日）	性别	籍贯	居住地
黄　氏	1913.11.07	女	东涌镇	东涌镇东涌东美村
林　乙	1913.11.18	女	东涌镇	东涌镇长富村学校路一巷 5号
张浮菊	1909.09.15	女	东涌镇	东涌镇品清村
李赛蓉	1914.09.05	女	东涌镇	东涌镇东涌东北村
马细妹	1910.09.09	女	凤山街道	凤山街道滨湖小区五街一横巷 A1 栋 6 号
林　娥	1912.04.24	女	凤山街道	凤山街道凤苑中片七直巷 11 号
黄　夏	1913.07.26	女	捷胜镇	捷胜镇联星村
江　萍	1909.07.07	女	捷胜镇	捷胜镇南门外三社七巷 111 号
魏　屡	1911.01.15	女	捷胜镇	捷胜镇牛肚村
邱　妹	1915.10.11	女	红草镇	红草镇南汾村张厝 1 巷 1 号
黄　氏	1910.12.15	女	红草镇	红草镇拾和竹围村
彭　省	1908.10.12	女	红草镇	红草镇南汾村
陈　梅	1914.07.14	女	红草镇	红草镇西河桥吴村
颜赛娇	1915.06.27	女	红草镇	红草镇西河西门村
朱二妹	1915.01.02	女	凤山街道	城区夏楼美北四巷 8 号
李二妹	1914.09.09	女	马宫街道	城区马宫街道长沙东村 207 号
郭木笋	1915.09.08	男	新港街道	新港街道芳荣村委石角村

（刘泽良、邹春怀、陈建波、郭建群、黄舜佛、庄镇声、陈文清、黄佳球）

附　区民政局领导成员名单

局　长：黄　超

副局长：颜杰凤

邱保国

陈建坤

王少蓝

扶贫工作

【概况】 2001年根据《汕尾市城区区级党政机构改革方案实施意见》设置区扶贫开发领导小组办公室(以下简称区扶贫办),与区革命老根据地建设委员会办公室（以下简称区老建办）合署办公，副科级，挂靠区农业局，编制3名。2004年3月增加编制1名，共4名，至2014年不变。

【主要职能】 贯彻执行国家、省、市和区委区政府扶贫开发的方针和政策；拟订全区扶贫开发的规划、政策；组织指导山区、贫困地区的扶贫开发工作；组织协调对口帮扶和挂钩扶贫工作；负责革命老区的建设工作；负责扶贫基金的管理、监督工作；负责老区建设资金的管理监督使用工作。

【扶贫工作】 2014年，全区新一轮被省核定的相对贫困村9个，相对贫困户397户，相对贫困人口1780人，其中，相对贫困村有劳动能力的贫困户351户，相对贫困人口1675人。深圳市对口帮扶4个相对贫困村，178户，811人。其中，深圳市委办公厅帮扶东涌镇龙溪村，深圳市人大办公厅帮扶捷胜镇石岗村，深圳市政府办公厅帮扶捷胜镇联星村，深圳市政协办公厅帮扶捷胜镇沙角尾村；市直帮扶2个村，其中，市人社局帮扶红草镇埔边村，市海洋与渔业局帮扶捷胜镇五爱村；城区对口帮扶3个村，其中区地税局帮扶东涌镇新民村，区国税局帮扶捷胜镇联安村，区检察院帮扶捷胜镇东坑村。2014年，区扶贫开发“双到”工作，在区委、区政府的正确领导下，在全区各级政府部门共同努力下，在全区社会各界的大力支持下，通过镇、村和各帮扶单位驻村干部辛勤工作与当地干部群众共同努力，取得一定的工作成效，

贫困户100%实现脱贫 截至2014年年底，全区9个贫困村，397户贫困户，贫困人口1780人，贫困户人均年纯收入达到6000元。2014年有劳动能力的贫困户人均年纯收入比2012年3480元增长到5220元。有劳动能力的贫困户100%实现脱贫目标。

村集体经济增强 9个贫困村年集体经济收入全部超5万元以上，集体经济收入的能力明显增强。

贫困人口民生得到保障 贫困村“新农合”参保率100%，贫困村60岁以上贫困老人100%纳入新农保，贫困村贫困户低保人口纳保率100%。农村贫困户适龄儿童入学率100%。

落实技能培训，促进就业 各帮扶单位积极开展农村劳动力技能培训班，通过抓好培训，学习种养技术、电工维修等方面技能知识。使他们能够掌握一技之长，促进贫困户劳动力实现就业。累计组织贫困村有劳动力农民参加专业技能培训1611人次，实现有劳动力贫困户就业145人。

贫困村生产生活条件有明显的改善 各帮扶单位积极多方面筹集帮扶资金，采取帮扶单位自筹，各级财政资金的扶持、行业扶持、社会捐赠资金的扶持等形式，至2014年12月止，共筹集帮扶资金3360万元。到村资金3157万元，其中深圳市对口帮扶投入到村资金1580万元。有效改善了贫困村的公共卫生服务设施以及村容村貌等方面生产和生活条件。

农村基层组织建设进一步加强 贫困村基层组织建设得到加强。各帮扶单位坚持把扶贫与扶志，扶贫与基层组织建设有机结合，坚持把抓好农村党组织为核心的村组织建设作为驻村工作的重要任务。制订抓好班子建设计划措施并如期实现目标达到100%。做到党务、政务、村务和扶贫项目公开达到100%，村组织和活动场地实现“五有”（有牌子、有活动场所、有电教设备、有宣传栏、有工作制度）达到100%。落实帮扶责任，“一把手”和班子成员坚持到村检查扶贫工作。

群众满意度高 通过对全区每个贫困村抽取贫困户、非贫困户进行民意测评，群众对帮扶贫困村、贫困户脱贫工作成效的满意程度以及对帮扶单位驻村干部工作的满意程度为100%满意。

（黎友群）

附　区扶贫开发领导小组办公室领导名单

主　任：黎友群

民族宗教

【民族工作】 2014年4月24日，区召开城市民族工作会议，传达贯彻市城市民族工作会议精神，总结交流民族工作经验，部署当前及今后一个时期区的民族工作。各镇（街道）党（工）委副书记和分管民族工作领导，区直有关单位领导等40多人参加会议，区委常委、宣传部部长刘元海和区政协副主席、区委统战部部长黄义丞出席并讲话。这是城区首次以区委、区政府名义召开的以城市民族工作为主题的全区性会议。

【宗教事务管理】 一是依法加强宗教场所管理。2014年，区民宗局会同市民宗局、公安局、消防支队等单位组成检查组，对重点宗教活动场所建立、执行消防安全等七项管理制度的情况进行检查，不合格的，下发《整改通知》，责成落实整改责任，通过检查促制度完善和落实，有效防止各类安全事故的发生。6月，在城区工作5年多的教师蔡龙睦宣被按立为牧师，结束了城区7年没有牧师的历史。满足佛教信众经常进行集体宗教活动及规范佛教场所管理的需要。经申报，市民宗局批复同意筹备设立城区东涌浮荫岭凤鸣寺为佛教固定处所。7月，该寺经审核依法登记为宗教活动场所（固定处所类）。11月，在区民宗局指导下，经民主协商推选程序，郭光明接任堂委会主任。捷胜凝波寺等场所也适时依规调整充实了管理班子。二是筑牢抵御宗教渗透防线，坚持独立自主自办原则，确保正常宗教活动在阳光下开展。采取有效措施坚决抵御境外敌对势力利用宗教进行渗透，确保全区宗教活动正常。继续巩固天主教汕头教区选圣工作成果。指导基督教以座谈会、堂务主任报告会、讲道等形式共开展11个场次的防范邪教组织工作会议。三是组织系列宗教慈善公益和服务社会活动，积极引导宗教与社会主义社会相适应。组织宗教界开展“感恩·回报”慈善系列宗教慈善公益和服务社会活动。捷胜镇凝波寺分别于2014年春节前、6月两次开展布施活动，投入资金8万余元购米、油帮助捷胜休渔期渔民及贫困家庭渡过难关。11月10日，在区教育局会议厅举办区宗教界“同心·助学高中生”助学金发放仪式，该活动是区民族宗教部门落实中央统战部、国宗局号召的“同心系列行动”和宗教慈善周活动的一项重要内容。区民宗局发动宗教界从2012年起至2014年连续三年捐款开展“同心·助学高中生”活动，每年都举办助学金发放仪式，支持33名当年考上区属高中的品学兼优的特困学生完成学业，每人每年发放助学金2000元，共6.6万元，三年共计发放善款19.8万元。据不完全统计，2014年，区宗教界慈善公益和社会服务活动共投入26.6万元，受惠贫困群众达1500多户。

【创建平安宗教场所】 区民宗局通过做好几个方面的工作，确保在全省先行先创的“平安宗教场所”创建工作扎实推进。一是加强领导，确保活动深入开展。成立创建工作领导小组，进一步明确各成员单位的职责。作为牵头单位，区民宗局将创建工作列入部门年度工作重点和各场所年度目标考核，制定下发了《实施方案》及《评分标准》，小组每年召开会议不少于4次，按照“活动有布置、创建有计划、工作有检查、考核有结果”的“四有”要求推进创建活动的开展。各场所建立以管理组织负责人为组长，管理小组成员为成员的创建工作领导小组，具体负责创建活动的开展和落实。二是加强宣传，营造良好工作氛围。以开展“宗教政策法规学习月”活动为契机，制作创建活动宣传栏6个、横幅14条、发放各类宣传资料200多份并开展宗教政策法规知识试卷问答等活动，提高了信教群众遵纪守法意识及依法从事宗教活动的责任感和自觉性。举办宗教人员培训班1期参加69人，提高其解经传道和管理水平，形成横向到边、纵向到底的创建格局。三是对照目标，扎实推进创建活动。基督教汕尾堂、汕尾天主堂等2所教堂先后获“省模范宗教活动场所”称号。区民宗局及时总结经验，在全区进行推广，以现场会的形式，组织宗教场所负责人参观学习这2所教堂的先进经验、好的做法，发挥其先进示范作用，同时鞭策未达标的宗教场所找差距、订措施，尽快达标，从而推动创建工作整体上水平；各场所创建工作开展情况及时跟进督促检查，同时，创建工作领导小组对各场所加强督导。四是突出重点，明确创建工作抓手。以加强民主管理为突破口，促进宗教组织与信教群众的和谐；以妥善处理宗教矛盾问题为关键，确保宗教领域稳定，指导基督教汕尾堂、得道庵、普照寺等5个场所通过民主协商推选方式调整管理组织成员，妥善化解历史矛盾。以加强制度建设为着力点，打牢创建基础，推动23个场所按照国务院颁布的《宗教事务条例》的规定，建立人员、财务、治安、消防、文物保护、卫生防疫、应急预案等管理制度，完善民主议事、民主决策、民主监督规则，逐步推行“寺（堂）务公开”，各场所基本实现管理民主、决策科学、关系和谐、安全稳定。基督教汕尾堂、得道庵等8个重点场所将管理制度上墙公榜，在银行开设单位基本账户，实现了公款公存，制度化建设提升了组织管理服务水平，有效消除了矛盾隐患源，为创建活动提供基础保障。3月，创建工作受到市政法委检查组的高度评价，基督教汕尾堂、汕尾天主堂等7个场所被评为区首批创建平安宗教活动“达标场所”并授牌。

（郑和悦　林鸿靖）

附　城区民族宗教事务局领导名单

局　长：郑和悦

建制镇（街道）概况

JIAN ZHI ZHEN (JIE DAO) GAI KUAN

东涌镇

【地理位置】 东涌镇地处汕尾市城区东部，地理坐标北纬22°47′，东经115°24′，东与海丰县赤坑镇接壤，南与捷胜镇、红海湾经济开发区毗邻，西与汕尾市中心相连，北与海丰县陶河镇相邻，怀抱品清湖，距汕尾市中心区仅6公里，陆地面积103.58平方公里。东涌镇地势北高南低，海拔自0米至41米，东部和西部为平原，南部为修建于潟湖滩涂的盐田，中部为台地，从平原过渡到台地，局部分布有阶地，北部为岗地缓丘，羊古岭山峰为东涌镇的最高点，海拔527.6米。东涌镇属亚热带海洋性气候区。其特点是水、热、光资源丰富，气候终年温暖。境内矿产资源以非金属矿为主，具有优质花岗岩体（安华村等），一定的沉积沙（沙海北沙滩）。

【历史沿革】 相传1000多年前，福建莆田县大井头等地农民移居到此，以种田晒盐为生计。最早的居民点在品清湖东边的河口处形成，而当地称海潮可达之河处为涌，涌处品清湖之东，故取名东涌。海丰方言“涌”与“冲”两字谐音，且“冲”易读易写，群众常将“涌”简写为“冲”，因此曾一度将“东涌”改为“东冲”。明清时代，东涌隶属海丰县，中华人民共和国成立后，东涌镇先后隶属红草区和汕尾区（五、七区）；1957年撤区建立高级社（并大乡镇），下设东涌、品清、流安3个乡；1958年将三乡合并成立东涌人民公社，1984年1月撤人民公社建立区公所；1987年4月改区为镇；1988年3月，汕尾市设区，东涌镇隶属汕尾市城区。

2014年年末，辖新地、品清、新湖、东石、东涌、赤古、石洲、洪流、宝楼、新民、新安、龙溪、安华、民群、民进15个村和东涌社区，下设105个村民小组。

【人口人文】 2014年年末，辖区常住人口67618人。其中，男性34318人，占50.8%；女性33300人，占49.2%；均为汉族。2014年，人口出生率为5.5‰，人口自然增长率为5.5‰。

辖区山海风光兼备，历史文物众多，既有历史悠久的人文景观，又有风光旖旎的自然景观，蕴藏着丰富的文化遗产，特别是位于东涌镇西北侧的“湖田古刹”始建于明初，清嘉庆十七年（1812年）重修，原貌已改变，石匾额为重建时所竖。此外，还有清代建立的天主教堂（町前村、洪桥村、品清村等），品清乡的元朝古墓等。

【党建工作】 2014年，东涌镇大力推进党的组织和作风建设，进一步夯实党的执政基础，开展了一系列活动，进一步健全党员管理监督机制，充分发挥党员干部先锋模范和战斗堡垒作用。在镇、村两级开展了党的群众路线教育实践活动，围绕保持党的先进性和纯洁性，以为民务实清廉为主要内容，解决形式主义上工作不实的问题，解决官僚主义上对人民群众利益不维护不作为的问题，克服享乐主义上及时行乐思想现象，克服奢靡之风挥霍享乐和骄奢淫逸的不良风气，达到转变工作作风、加强班子建设，提高领导班子发现和解决自身问题的能力。开展后进村整顿工作，统一思想认识，规范村务、财务、党务公开工作，解决历史遗留问题，切实扭转后进村软弱涣散面貌。继续推进党代表工作室制度，搭起民意“连心桥”，凝聚民心民力，促进经济社会和谐发展。充分运用远程教育平台，经常性地对党员干部进行教育，有条件的支部还通过举行专题活动，提高党员的思想认识和觉悟。

【重点建设项目】 东涌镇以市区东扩为契机，实行重点建设项目领导分工责任制，落实责任，攻坚克难，加大投入，力争重大项目落户该镇。其中：2014年，占地约1400亩的火车站片区征地已进入地上附着物补偿扫尾阶段；碧桂园民居二期工程已开工建设；酒店项目已进入土地招拍挂阶段；高瞻实业有限公司农产品冷冻厂基本完成基建工作，已投资6000多万元；东涌镇卫生院续建工程完成住院综合楼1至2层基建。

说明：城区各镇、街道（含各村、社区）土地面积供参考，不作权属依据。

【工业经济】 东涌镇的新湖工业区、番禺（汕尾）产业转移园是重要工业生产基地，初步形成了玩具、塑料加工、纺织、皮革、文具、珠宝为主的工业体系。2014 年，社会总产值 327015 万元，工业总产值 267144 万元，比上年增长 0.5%。规模以上工业企业 7 个，规模以下工业企业个数 293 个，其中，企业个数 47 个，个体工业 246 个。

【农业经济】 东涌镇耕地面积 14092 亩，人均 0.21 亩（按总人口计算）；农产品主要有稻谷、番薯、蔬菜、荔枝、龙眼、青梅。2014 年农业总产值 34061 万元。

粮食作物以水稻、番薯为主，2014 年，粮食生产产量 5114 吨，其中，水稻 13277 亩，产量 4010 吨，番薯面积 3360 亩，产量 1104 吨。主要经济作物有蔬菜、花生、荔枝、龙眼等。2014 年，蔬菜种植面积 13150 亩，产量 20867 吨；花生种植面积 1860 亩，产量 275 吨，荔枝种植面积 3783 亩，产量 3207 吨；龙眼种植面积 847 亩，产量 615 吨。其中，名优特农产品有凤山红灯笼荔枝，洋葱、西兰花和姜，农民年均纯收入 7668 元。

畜牧业以生猪、家禽为主，2014 年生猪饲养量 96408 头，年出栏 92263 头；家禽饲养量 128512 羽。年产肉类 7827 吨，其中猪肉 376.2 吨；畜牧业总产量 7929 万元，占农业总产值 23.3%。2014 年，全年造林 9796 亩，其中生态林 2.8 万亩，林木覆盖率 70%。

渔业以对虾养殖为主，2014 年水产品总产量 6070 吨；渔业总产值 12004 万元，占农业总产值的 35.2%。

【基础设施】 东涌镇是汕尾市总体规划（2003 年~2020 年）中规划的新城市中心。厦深铁路汕尾火车站位于辖区内，海汕公路、汕可公路、红海湾大道、品清湖环湖路等等级公路穿境而过，市区公共汽车直达镇内各村，全镇 100%行政村通水泥路，自然村绝大多数也实现道路水泥化。2014 年年末，东涌镇有电信支局、邮政支局各一所，村村通邮。拥有电话接机总容量 8000 门。电话、移动电话、互联网普及化。

【安全生产】 坚持“以人为本、安全发展”的理念，坚持“安全第一、预防为主、综合治理”的方针，按照“标本兼治、重点治本”的原则和“政府统一领导、部门依法监管、群众参与监督、社会广泛支持”的工作格局，全面落实了领导班子成员“一岗双责”和镇到村、到各单位、到企业的安全生产责任制，并签订了安全生产责任书，确保横向到边、纵向到底，不留“空挡”“死角”，确保安全生产的认识到位、责任到位。还实行定期检查与经常检查、全面治理与专项治理相结合的工作机制，经常性地对辖区烟花爆竹、地质滑坡等高危行业（地段）进行清查，排除安全隐患。2014 年全镇无一例重、特大安全事故发生。

【科技】 2014 年，东涌镇各级党政领导重视科技工作，形成各地、各部门通力协助、上下联动推动科技进步的新局面。一是采取多项措施鼓励企业进行技术创新，尽早实现高新技术企业“零”突破；信联毛织厂引进电脑纺织毛衣，大大降低了劳动强度，提高了劳动效率。二是培育农业龙头企业，建立现代农业科技示范基地；省市级农业龙头企业安顺畜牧饲养场，为周边农户提供良种猪苗，同时让群众学到了科学养猪的新方法。三是强化科普宣传，提高人民群众的科技素质，激发全社会的创新意识。该镇品清村荔枝专业户陈泉，与省农科院果树研究所合作，培育出本地的特色荔枝品种“红灯笼”，同时推广了果树（荔枝）回缩修剪丰产栽培等农业技术。

【教育】 认真贯彻落实德、智、体、美、劳全面发展的教育方针，努力培养社会主义建设新人。全镇共有小学 19 所，在校生 2800 人，专任教师 262 人，小学适龄儿童入学率 100%；初中 2 所，在校生 3145 人，专任教师 249 人，初中适龄人口入学率 100%，小升初升学率 100%，九年义务教育覆盖率达 100%；普通高中 1 所，在校生 710 人。

【文化】 东涌镇文化生活较为活跃，有优良的历史传统。有西秦戏、白字戏业余剧团，每逢节日、农闲时间为群众演出喜闻乐见的剧目，春节期间，还有舞曲、唱曲等传统技艺。村级建有文化室10个，建筑面积860平方米。特别是东涌村旅港企业家黄瑶先生个人投资近亿元，总建筑面积1.3万平方米的汕尾市东涌民俗文化馆。该馆的宗旨是继承源远流长之乡土文化艺术，展现乡民昔日之勤劳俭朴、和睦互动、尊老爱幼的传统美德，使其成为群众开展文化活动、启迪后辈追宗思远之场所。

【卫生】 2014年，有卫生院1所，病床30张，专业卫生人员45人，其中，执业医师8人，执业助理医师6人，注册护士8人。卫生院（门诊部以上）完成诊疗4.3万人次，住院病人760人次。2014年法定报告传染病发病率为0，农村安全饮用水和农村卫生厕所得到普及。

【综治信访】 2014年，东涌镇综治维稳工作坚持“打防结合、预防为主”的方针，实施综治、信访、司法等部门集中办公，强化综治维稳力量，全年镇村两级共受理各类民间纠纷107宗，成功化解107宗，化解率达100%，共查处治安案件28起，刑事案件34起，有效地维护社会稳定。加强基层综治组织建设，共建有综治工作站（室）16个，分布于各村（社区），调整充实各村（社区）治保会。实行领导包案制度，及时化解信访隐患，全年共受理群众来访案件19宗，结案19宗，办结率100%。

【民心工程和社会保障】 按照中央提出的“生产发展、生活宽裕、乡风文明、村容整洁、管理民主”的方针，全镇切实加强了社会主义新农村建设，重点改善了龙溪、新民两村的村容村貌。在民政、社会保障事业上，牢固树立“亲民、爱民、为民”观念，想为群众所想，急为群众所急，切实解决群众生产、生活中的困难和问题，参加农村合作社医疗保障制度的农民52600多人，参合覆盖率100%，实现所有自然村覆盖，参加新型农村社会养老保险的总人数9680人，领取养老金人数为6408人，约占总参保人数的66.2%。另外，积极落实城乡居民最低生活保障和重建家园、安居工程等惠民工作，2014年已纳入低保有830户1959人，发放农村居民和城镇居民最低生活保障金420.15万元；农村“五保户”94人，年发放救助金58.7万元。投入危房改造工程资金近181.5万元，改造了121间危房。

【扶贫“双到”】 扎实做好扶贫“双到”工作。全面完成对龙溪、新民两个贫困村和全镇贫困户的建档立卡、电脑录入工作，在此基础上，实行“一村一策、一户一法”的原则，以帮助转移当地贫困劳动力、解决就业和加强技能培训、改变村容村貌为扶贫“双到”重点工作。投入扶贫资金60多万元，帮助龙溪村建设农贸市场1个。

（李嘉琦）

附　东涌镇领导成员名单

党委书记：许昌林
副书记：黄贤锐
　　　　罗绵龙（2014年8月任）
委　员：曾远通
　　　　骆盛林（2014年8月离任）
　　　　刘焕庚
　　　　叶庆添
　　　　卢本召（2014年4月离任）
　　　　曾冠中
　　　　曾昭钟
　　　　马腾蛟（2014年8月任）
　　　　吴秀红（2014年8月任）
镇　长：黄贤锐
副镇长：曾远通（2014年8月任）
　　　　林汉扬
　　　　卢本召（2014年4月任）
工会主席：余泽群

红草镇

【概况】 红草镇位于广东省汕尾市城区北部，距市区中心约11公里，东接城区东涌镇，香洲街道，西靠长沙湾，北与海丰县陶河镇接壤，南临城区马宫街道，是城区的政治、经济、交通、商贸、农业中心镇。全镇面积69.73平方公里，海岸线13.6公里。下辖14个行政村和1个社区，共63个自然村。

2014年总户数8455户，总人口43082人，其中外来人口4456人，从业人数23636人，其中外来从业人员4209人。

红草镇依山傍海，气候温和，是汕尾市城区的工农业大镇。东南部群山连绵起伏，东南、东北部多台地和山地，是红草镇水果种植基地。全镇水果种植面积0.64万亩，盛产佳果荔枝、龙眼、芒果、香蕉等名优水果，年产量5000多吨；中、北部为平原区，有耕地面积1.4万亩，盛产粮食、蔬菜、花生等，粮食年播种面积2.1万亩，总产7300多吨；蔬菜年播种面积0.45万亩，产量6100多吨。西北部濒临长沙湾，海岸线全长13.6公里，是汕尾海水养殖的重要基地。全镇共有养殖面积26901亩，盛产牡蛎、对虾、青蟹、金枪鱼等名贵海产品，年产量0.56万吨，产值19800万元。截至2014年，明蚝加工企业54家，总投入2.8亿元，养殖面积14000亩，年产明蚝成品14000多吨，产值10860多万元，占农业总产值40%，是汕尾市最大的明蚝加工养殖基地，也是该镇的特色产业。

【历史沿革】 红草原称青草，1927年，海陆丰苏维埃政权成立后一度改称红草，后民国地方政府又改称青草。1957年庆祝海丰苏维埃政权成立三十周年前夕，再改称红草。1969年，又改名东风（公社），1979年复名红草。

【基层党政建设】 红草镇下辖39个党组织，其中，村（社区）党（总）支部15个，机关（企）事业单位党支部16个，“两新”组织党支部8个，共有中共党员1076人。其中，预备党员32名，占党员总数的2.97%。女党员155名，占党员总数的14.41%。35岁及以下的党员235名，占党员总数的21.84%。大专以上学历的党员178名，占党员总数的16.54%。

2014年，红草镇坚持党建主业意识，务实、创新地推进党建工作，形成“抓党建、促发展、保稳定”的良好工作格局。一是深入开展党的群众路线教育实践活动。根据区委的统一部署，做到“规定动作不漏项，自选动作有特色”，针对梳理出的突出问题制定整改措施，尤其是镇自选动作“六个一”活动[一是每个村（社区）设立一个群众交心室，二是驻村干部每周到村（社区）工作不少于一天，三是每月到村（社区）解决问题不少于一次，四是每月到村（社区）包户不少于一次，五是党员领导干部必须每月到村（社区）上一次主题党课，六是每月写一篇心得体会]，确保党的群众路线教育实践活动取得实实在在成效。是年，解决了困扰晨洲村群众18年的“蚝民”户籍性质；解决了低保户领取救济金手续繁琐，农田补贴发放不及时，青草社区墟内750米主路道扩建和安装路灯资金筹集等问题。二是抓好村级换届选举工作。2014年村（社区）“两委”换届选举工作如期保质完成，依法依规选出了一批群众拥护的素质好、能力强、年轻化的“两委”干部。三是整顿后进支部，理妥“两委”关系。通过整顿，村“两委”的职责更加明确，支部的主导地位得到加强，班子更加团结。化解了新村村“一套人马、两驾车”，村“两委”干部双方互不相让、互不买账的问题。四是抓党员教育管理，干部队伍建设有成效。充分发挥党委中心学习组作用，定期组织班子成员深入学习中共十八大精神以及习近平总书记系列讲话精神。同时，利用党员干部现代远程教育网络、党代表工作室等平台，组织基层党员再学习、再教育。是年，红草镇党代表工作室被省委组织部评为“五好党代表工作室”。五是加快转变工作作风。坚决贯彻落实关于改进工作作风的八项规定，严格执行干部职工上落班制度，严肃整治“庸懒散奢”的工作作风，在全镇、村（社区）形成了干事创业氛围。

【综合经济指标】 2014年，全镇实现工农业总产值72.21亿元，同比增长7.7%。其中，农业总产值2.72亿元，同比增长8.8%；规模以上工业产值69.49亿元，同比增长6.25%。社会固定资产投资4.01亿元，同比增长8.4%。全镇农民人均纯收入6800元，比增2.8%。

【工业】 红草镇充分利用地理优势，将交通方便，丘陵台地面积比较充裕的埔边村周边区域规划成总面积为1.09平方公里的工业园区。同时，大力开展招商引资工作，取得了初步成效。截至2014年，全镇有企业792家，其中，个体690家，法人102家，主要生产、销售电子元件、电机、汽车、食品加工等高技术产品，年创税3000多万元。经过多年的发展，电子机械类及汽车销售已成为该镇主要产业支柱。是年，红草镇被认定为“广东省技术创新电子机械专业镇”。

进驻红草镇埔边工业园区的主要工业企业有，国家粮食储备中心、德昌电子集团（超大型工业企业，员工人数超过10000人）、岭峰印刷集团、五丰海产集团、银鹏柴油发动机有限公司、新华汽贸集团、广汽本田4S店、美顿食品有限公司、雅都食品有限公司、汕尾柏嘉玩具日用品厂。工业产品覆盖电子信息产业、机电产业、印刷产业、食品加工产业、汽车专卖、日化工业等。埔边工业区年均从业人员达到6000多人，从业人员月平均工资达2800元。2014年，其中电子机械类相关企业年产值达到33亿元，约占全镇工业产值47.5%。

此外，该镇红草工业园区已获得有关部门批准认定为省市共建循环经济产业基地、省级高新技术开发区、省产业转移工业园区。红草工业园区位于海汕公路埔边至径口段两侧，园区规划总面积17.3平方公里，启动区建设面积4.48平方公里。2013年至2014年，首期征地2500亩，涉及三和、径口、拾和等三村，其中，三和片区征地2127亩，已完成了715亩的作物及附着物的补偿工作，广物汽车城征地项目平整工程已经完工。拾和、径口片区294亩征地已通过了村民代表会议，签订了征地补偿协议书，2014年加紧组件上报和做好地上作物的登记造册工作。

【招商引资】 2014年，红草镇招商引资取得突破。新引进了广东物资集团广物汽车城、汕尾中溢丰田汽车销售服务有限公司、汕头市骏荣汽车销售服务有限公司汕尾分公司等三个项目。

汕尾广物汽车城项目 由广东物资集团公司属下的广物汽贸股份有限公司投资兴办，项目总投资7亿元，其中固定资产投资6亿元，流动资金1亿元。主要经营汽车展示、贸易、检测、维修、租赁和二手车交易、汽车精品、零部件、汽车金融等，是融整个汽车流通服务产业链为一体的综合性项目。该项目于2014年9月正式开工建设。

汕尾中溢丰田汽车销售服务有限公司 是经一汽丰田汽车有限公司授权，集整车销售、零配件供应、售后服务和信息反馈于一体的4S特约销售服务店，也是汕尾地区唯一一家一汽丰田汽车4S店，店址位于汕尾市海汕公路埔边工业区路段（岭峰集团对面），注册资金1000万元，占地1万平方米，2013年10月开始筹建，2014年4月底完工，5月正式开业。该店将以诚信待人，专业对车的宗旨，为广大汕尾市民提供从买车、验车、保险、上牌、上税、汽车精品安装、汽车维护等一条龙服务。

汕头市骏荣汽车销售服务有限公司汕尾分公司 位于汕尾市区海汕公路赤岭段东侧，是经营北京奔驰、进口smart、进口奔驰、进口奔驰AMG品牌的销售公司，主要以销售新车为主，同时也为用户提供配件、维修等服务。

【农业】 按照“发展特色种养业，稳步推进农村经济产业化”的思路，2014年，红草镇不断加大对农村产业发展的政策扶持力度，促进农村产业多元化发展，有力地促进农民增收。一是粮食（水稻）播种面积保持稳定。种粮面积始终保持在11000亩以上。二是水果品种得到优化、效益得到提高。各类水果种植面积共0.64万亩，荔枝、龙眼、芒果、香蕉等水果的种植效益不断提高。三是特色养殖业发展较快。养殖总面积26901亩，包括牡蛎、对虾、青蟹、金枪鱼等名贵海产品，其中，牡蛎养殖面积14000亩，产量14000吨，牡蛎（明蚝）加工3000吨。晨洲蚝业养殖专业合作社不断发展壮大，现有社员156人。

【旅游】 红草镇历史悠久，民风淳朴，旅游资源丰富，拥有多处著名自然景观，神社庙宇，优美海岸线。辖区内有南阳名胜亭（明代），彰善义学、狮山书院、万福庵、真武庙、古墓等旅游古迹，以及铜鼎山自然森林公园，长沙湾旅游度假村，民俗风俗文化中心等多处旅游好去处。

【基础设施】 红草镇农田水利设施完善，有山塘水库7个，总库容700万立方米，水源充足，排灌渠道畅通。深汕高速公路在红草镇埔边村设置出入口，海汕公路贯穿全镇，全镇15个行政村（社区），均已实现了公路水泥化，全面通电、通邮、通水、通有线电视、通电信等。

2014年，红草镇顺利推进多个基础设施建设工作。一是埔边村委综合楼拆除重建工程顺利推进。该工程是扶贫项目，首期规划建设一层，建筑面积550平方米，拟投资95万元，项目招标已经完成。二是南西截洪小流域水土保持治理工程完工通过验收。南西截洪小流域位于该镇五雅村境内，属汕尾市城区北部山地水土保持区，工程总造价约30万元。经过治理该流域水土流失得到遏制，周围生态环境明显改善。三是铜鼎山郊野公园初具规模。投入建设资金3000多万元，完成了上山小径、休息凉亭、儿童游乐场、停车场等建设项目。铜鼎山郊野公园的对外开放，给周边群众提供了一个游玩休闲的好去处。四是村头公园建设前期工作基本完成。深圳市光明新区对口帮扶汕尾城区建设6个村头公园项目有3个落户该镇，分别是梧围、海梧和拾和3个村头公园，现3个村头公园已完成建设并向村民开放。

【科技】 红草镇深入贯彻落实科学发展观，坚持以农业稳镇，工业强镇，第三产业兴镇的经济战略，加快转变经济发展方式，着力引进一批效益型、基地型、税收型的大企业。埔边工业园区拥有德昌电子有限公司、银鹏发展有限公司、快捷通导设备有限公司等一批生产规模大、经济效益好、品牌知名度高的电子机械类的龙头骨干企业。

【教育】 红草镇辖区有2所初级中学：红草第二中学，在校学生194人，教职工40人；逸挥中学，在校学生350人，教职工63人。1所职业中学，红草中职学校，在校学生271人，教职工68人。14所小学，在校学生人数1332人，教职工150人。

红草镇坚持优先发展基础教育，抓好义务教育，积极推进素质教育，大力做好防流控辍工作。2014年，全镇初中学校在校生年辍学率控制在3%以下，小学阶段适龄儿童入学率及小学毕业生升学率都达到100%，初中毕业生升学率达到85%，适龄“三残”儿童少年入学率达到90%。

【文化体育】 红草镇文化生活丰富多彩，民间娱乐活动多姿多彩。西秦戏、白字戏以及舞龙舞狮唱曲等传统戏艺皆有，这些节目逢年过节，各个村落都上演。各村都建有文化娱乐室，全镇文化娱乐室达25家，建筑面积超过1000平方米。

红草镇综合文化站位于文化底蕴深厚的青草社区，建筑面积约500平方米，建成后内设5个功能室，包括办公室、图书阅览室、多功能活动室、老年人活动室、教育培训室等，配套相关的办公设施、运动器材和图书等，配备专兼（职）管理人员3名。项目建设预计投入资金40多万元。2014年，已投入资金23万元（其中，上级拨款8万元，镇自筹15万元），完成了基建项目。

【卫生】 医疗卫生方面，至2014年，拥有红草中心卫生院1所，私人个体医疗站47家，专业卫生医疗人员70人，医用床位30个。农村医疗保险覆盖率100%，推行了农村新型社会养老保险。卫生院配备有较齐全的医疗器械及具有诊断和治疗经验的医护队伍，各村的个体医疗站作为辅助型医疗，形成社区型配套医疗服务的覆盖体制。是年卫生诊疗状况良好。

【综治】 红草镇坚持创新社会管理，维护社会稳定。一是积极开展党政领导干部“大接访”活动。2014年共举办“大接访”活动12场次，使许多矛盾、问题在萌芽状态得到及时解决。二是不断巩固创安工作。深度摸排掌握综治实情，共排查调处各类矛盾纠纷86起，调解满意率达96%。三是加强殡葬管理工作。提倡丧事从简、厚养薄葬，群众丧葬观念不断转变。

【民心工程和社会保障】 2014年，城乡居民医疗保险参保人数36231人，参保率100%；享受农村低保1000人，“五保”老人80人，发放各类定补及救济款共2.2万元；完成农村危房改造84户，群众居住条件得到改善；新型农村社会养老保险参保率达到75%，在全区名列前茅。

（曾 行）

附　红草镇领导成员名单

党委书记、人大主席：王建忠

党委副书记：陈伦庭

　　　　　　韩如沛

委　员：张永宜

　　　　王伯待

　　　　许捷华

　　　　余少杰

　　　　骆志雄

　　　　洪向泊

　　　　吴华勇（2014 年 10 月任）

镇　长：陈伦庭

副镇长：张永宜

　　　　洪向泊（2014 年 5 月转任）

人大副主席：秦友家（2014 年 10 月调离）

工会主席：许　吟(2014 年 10 月调离）

捷胜镇

【地理位置】　捷胜镇地理坐标北纬 22°43′ 至 22°44′，东经 115°23′ 至 115°24′，位于汕尾市区东南侧的红海湾畔，距市区 18 公里。辖地东与红海湾经济开发区毗邻，西与新港街道大华半岛接壤，北与东涌镇连接，南濒临太平洋。海域中分布有菜屿岛、龟龄岛等，明石暗礁盘踞。境内西北有大伯山、虎洞山，西南有烟墩山，中有云山。自东向西错落有石狗湖、双石湖、沙坑湖、东坑湖等四湖朝海。陆上被九伯岭分隔为两部分，中部地势略高，旱地居多，耕地多为沙质土，有少量淤泥，适耕性较强。

【土地、人口】　全镇辖区陆地面积约 49.48 平方公里，海岸线长 12 公里。有耕地面积约 11250 亩，其中水田 4439 亩，旱地约 6811 亩，人均耕地面积 0.21 亩。2014 年，全镇户籍人口 55890 人，其中，男 28751 人，女 27139 人，有农业人口 27514 人，渔业人口 8606 人，非农业人口 19770 人。

【历史沿革】　明洪武二十八年（1395 年），朝廷为保沿海安全，命“千户”侯良择地捷琅埔建筑城防。城刚建成，倭寇来犯，吏民倚城英勇抗击，大败来犯之敌，大功告捷。为纪念此役，取“捷琅埔”之“捷”字，后加战胜之“胜”字，故名“捷胜”，沿用至今。明清年代捷胜城设城所、镇武司。吏目厅等官方机构，故有“捷胜所城”之称。军事上属陆丰碣石卫管辖，行政上隶属海丰县金锡都。民国 2 年（1913 年），捷胜属海丰县第七区署，民国 34 年（1945 年），撤区设镇。1949 年捷胜解放，属海丰县第七区。1953 年改称捷胜区。1958 年成立捷胜人民公社。1984 年撤社设区。1987 年改区为镇。1988 年 3 月建市设区后，设立汕尾市城区捷胜镇人民政府，隶属市城区管辖。截至 2014 年，辖东门、西门、南门、北门 4 个社区，有 30 个居民小组。辖联安、联星、大流、五爰、埔尾、前进、石岗、石头、南门外、东坑、沙坑、牛肚、沙角尾、军船头 14 个行政村，共有 32 个自然村。

【人文特点】　捷胜镇建城六百多年，人文历史、文化积淀、文化遗风、诗书画艺术等源远流长、底蕴深厚，素有“文化古城”之称。

捷胜地处偏壤，海角天涯。恶劣的自然环境、清贫的物质生活，造就了捷胜人勤劳精明的求生本领，熏陶出捷胜人乐天知足的性格以及极为丰富充实的精神崇拜和宗教信仰。寺庙林立、神宫遍地，是捷胜镇自古以来的另一特色。

捷胜有悠久延续的人文积淀。首先，捷胜城建成以后，成为周边乡村政治、经济和文化的中心，改变了传统的单一的小农生产结构，百工诸业随之兴起。其次，建置之后，屯军戍守，有部分官兵留居捷胜，生息繁衍（现全镇姓氏达 86 个）。驻捷官兵多来自中原、东部各省，他们各自带来了当地的才识、技艺和习俗等文化。数百年来，内外文化相互交融，共同促进，并积淀成比较深厚的颇具包容性的文化底蕴。再次，重视兴学育才。城里的内文阁和城郊的外文祠，是古城作为集中培训应科举考试的学子处所。各大姓氏在自家的祠堂亦都办起了私塾。城里各社区利用公共场所，在东、西、南各城楼设塾，城外各村亦设有村塾。明清以来，该镇在文学艺术，教育科技等领域中，出现了许多取得重大成绩的人士。

白字、西秦、正字等地方戏剧有浓厚的群众基础。清末起，当地群众自办戏班，代代传承，还先后为海陆丰其他地区输送了不少演员，后来成为闻名的艺人。有西秦老生罗益才、西秦名丑何念砂、西秦名伶罗宗满、乌面名伶刘妈倩；正字“活曹操”林友平、正字名伶张细抱、正字戏名丑赖佛良、著名鼓师刘彩；白字戏何纯禧、赖一心等。民国时期有被鲁迅誉为“最有战斗力的版画家”何白涛，有擅长画竹（国画）的林大蔚，画梅（国画）的许兆寅，被当地群众称为“林厝竹”“许厝梅”。捷胜作为文化艺术之乡，有着悠久的文化艺术脉络。为继承发扬这种传统，建区以后，于1994年成立“捷胜诗词社”，现有会员70多人。截至2014年年底已出版《捷胜诗词》48期。于1996年捷胜成立书画社，今会员近100人，出版期刊35期，其作品交流海内外。在2003年成立群众乐器组织“群乐社”，经常开展活动，其宗旨是挖掘、整理稀有剧种、传承地方戏曲文化。

清末以来，捷胜古建筑、贝雕、木雕、石雕、泥塑等以其独特的风格而享誉海陆丰。尤以捷胜泥塑等传统工艺颇具特色。捷胜泥塑，历史悠久，以简洁、夸张、传神为特点，具有海洋特色古韵的传统工艺。

捷胜是一个革命老区。为纪念在第一、二次国内革命战争时期、抗日战争时期、解放战争时期牺牲的革命志士。1956年经海丰县人民政府批准，建造了革命烈士纪念碑。位于捷胜镇北门外，占地面积1000平方米，建筑面积828平方米，分大小2个纪念碑，大碑为108位烈士英名，小碑为革命烈士李劳工之碑。

【自然资源】 捷胜自然资源丰富，风光秀丽。南面海岸对开海面3公里处有一个岛屿，状似海龟，名龟龄岛，面积0.24平方公里，周边有牛皮洲、赤腊、鹰屿、青屿、芦萖屿5个小岛。岛上建有1座妈祖庙和高约30米的妈祖石雕像。还有形象逼真的风景地貌：南天门、羊回头、卧佛、蘑菇石等。该岛三面岩岸，西北侧沙岸，可泊大小船只数十艘，避9级以下大风。

【水产资源】 捷胜水产资源丰富，盛产鱼类、贝壳类和藻类。其中鲍鱼、龙虾、石斑、海胆、角螺、蚌蚝、紫菜等水产品以其质优驰名中外。

【矿产资源】 12公里的海沙滩中贮藏有玻璃矿砂和钨矿（储量未探明）。岛屿山坵中花岗石储量较多。

【旅游资源】 捷胜名胜古迹名闻遐迩。它有距今六千年至3000多年的新石器时代中晚期的沙坑北、沙坑南、东坑南、牛肚南、沙角尾等遗址；还有唐宋元时期的海底城寨、大石牯古村落及茅埔墟镇等遗址。城西东坑村有建于南宋末期的白石庵；城内有建于明代初年的观音堂、古城址和具有建城标志的城隍庙、五土四社稷；城西和城南有建于明崇祯年间的云山寺、云海寺；石厝村山岗有明末清初爱国志士廖天佐和刘锷隐居的天然石室“黎明洞”，其摩崖石刻文是汕尾市重要文物古迹之一；牛肚西南的海滩有建于明末为抵御敌寇而牺牲的“七老将”祠；南海岸东西两处还有建于清代的烟墩遗址；西门近郊有建于清光绪年间仿西式建筑造型的天主教堂，该教堂是当时海丰县中心教堂之一；北郊的狗地埔还有纪念第一、二次国内革命战争时期至解放战争时期牺牲的革命烈士纪念碑，这些文物古迹是汕尾市有名的旅游胜迹。

【重点基础设施建设】 2014年，捷胜镇汕遮公路口军船头路段至捷胜北门老车站实施亮化工程。该路段既是国防路段，又是全镇交通要道，由于长期路道未扩建，没安装路灯，成为交通安全的盲区，多次出现危及群众生命安全的多发地段。至2014年，捷胜镇党委政府高度重视，列入路政建设重点项目。通过广泛发动社会贤达捐资、政府支持等方式，投入资金91万元，安装沿线路灯76盏，实施亮化工程，切实解决了路道交通安全的问题。

2014年，全镇强化公共文化设施建设，满足群众文化需求。镇府在后山头广场兴建全民健身广场，占地面积4350平方米，其中，配套健身活动器材10多种，建设灯光综合球场1个，投入资金22万元。

2014年，全镇投入联安、五爱“一事一议”项目

2个，资金170万元。捷胜镇供电部门积极争取上级支持，实施全镇电力改造工程，提高全镇用电能力。

【基层党政建设】 2014年，捷胜镇坚持把抓好基层党建工作作为提高党的执政能力的基础工程来抓，主要体现“五个突出”：

突出抓好思想建设　镇党委高度重视思想建设，采取党委成员上党课、专题报告会、集体研讨会、撰写学习心得等形式，积极组织党员干部学习中共十八大和十八届三中、四中全会精神，学习习近平总书记系列重要讲话精神，以及省、市、区各级会议精神，进一步提高了基层干部队伍的思想素质和理论水平。积极组织全镇广大党员参加第二批党的群众路线教育实践活动，该活动从2014年2月开始到10月基本结束，参与这次教育实践活动的党组织有36个、党员1160名。按照中央、省、市、区的工作部署和要求，在区委的正确领导下和省、市、区各级督导组的悉心指导下，围绕“为民、务实、清廉”这一主题，牢牢把握“照镜子、正衣冠、洗洗澡、治治病”的总要求，聚焦“四风”(形式主义、官僚主义、享乐主义和奢靡之风) 突出问题导向，深入开展教育实践活动，紧密结合全镇实际，坚持从严从实要求，捷胜镇以“五个坚持五个结合”形式助推活动扎实开展（“五个坚持”一是坚持加强组织领导，为活动推进提供有力保障；二是坚持加强督查督导，营造良好氛围；三是坚持抓好学习教育，夯实思想基础；四是坚持聚焦“四风”，查摆结合，开门整改；五是坚持分类指导，以点带面，整体推进。“五个结合”一是与招商引资，推进重点项目建设结合起来；二是与加强农村基层组织建设结合起来；三是与解决群众关注的民生热点问题结合起来；四是与推进平安建设，创新社会管理结合起来；五是与整顿机关作风，建设履职有为、担当实干的干部队伍结合起来)。推动教育实践活动取得扎实成效：广大党员干部政治素质有了提高，公仆意识明显增强；干部“四风”问题得到有效遏制，工作作风和生活作风明显转变；党群关系密切，基层组织更具活力，执政基层更为巩固；群众关注的热点问题有效解决，经济社会稳定发展；制度建设不断创新完善，依法行政逐步规范。在这次群众路线实践活动中，军船头、联安、东坑、石岗、西门五个村（社区）被评为“基层组织建设先进单位”。

突出抓好组织建设　一是围绕“两个80%”的目标要求，依法依规，按时保质，全面完成村（社区）“两委”换届选举工作，选优配强村级“两委”班子。二是强化“两新”组织建设。通过满足条件的单独建立，未满条件的联合组建的方式，使全镇非公企业党组织覆盖率达100%。三是开展“补弱治软”。2014年，通过开展整顿软弱涣散基层党组织工作，成功转化了沙角尾村、南门外村2个后进支部，达到了预期目标要求。四是积极推行党务、村务、财务公开，建立规范农村集体资产、资金、资源的管理，完善村民监督委员会，进一步规范村级组织运作。五是创新基层组织建设活动形式，每年年终开展基层组织建设述职报告会，通过听取基层党支部书记工作述职，并开展民主测评推荐，评选表彰一批先进单位，提高了基层党支部抓党建工作的责任意识，形成基层组织创先争优局面。

突出抓好党员队伍建设　镇注重加强党员队伍建设，提高基层组织战斗力和凝聚力。一是严格发展党员。按照中组部新发布的《发展党员工作细则》的要求做好发展党员工作，2014年，全镇共吸收预备党员19名，预备党员转正44名，党员发展对象12名，入党积极分子14名，接受入党申请书16份。二是规范党内政治生活。全镇36个党支部都能坚持“三会一课”（每月一次支委会、每月一次支部大会、每月一次党小组会、每月给党员上一次党课）活动制度、组织党员开展生活会，党组织关系接转和党费收缴使用管理符合上级要求。三是严格党员教育管理。以路线教育实践活动为载体，积极组织基层党支部参加区、镇各级培训，切实开展各类学习教育活动，在精神上“补钙”。

突出抓好制度建设　一是建立健全了党建工作责任制，明确党组织书记履行党建工作第一责任人的职责，结合镇实际，对“三会一课”、联系群众、党员民主评议、党务政务公开等方面的制度都做了明确规定，使基层党建工作逐渐走上制度化、规范化的轨道。自2011年以来，每年开展“书记抓，抓书记”党建创新“书记项目”，党建工作水平得到明显提高。二是坚持联系服务群众制度，开展“亮承诺、抓落实、促发展”、驻点联系群众等活动，推进服务型基层组织建设，保障联系服务群众工作制度化、常态化。三是把坚持民主集中制作为自觉行动。制定完善各项规章制度，做到集体决策、科学决策、民主决策。四是把权力运行制约作为关键环节。制定完善了权力制约、责任追究等制度，把权力关进制度的笼子。

突出抓好“围绕中心，服务大局” 全镇强化“围绕中心抓党建，抓好党建促发展”的理念，切实转变工作作风，密切联系群众，特别是近年来以民生实事承诺工作制为抓手，结合开展“敢担当”活动、群众路线教育实践活动等，切实加强服务型基层党组织建设，对全镇经济建设和社会事业发展起到了有力的保障和促进作用。2014 年，在实践活动中,全镇基层组织落实民生实事 41 件，投入资金 1210 万元，得到群众赞许和上级好评。

【综合经济指标】 2014 年全镇社会总产值 158923 万元（现行价）。工农业总产值 125150 万元，同比增长 4%。其中完成工业总产值 99800 万元，同比增长 2%（其中规模以上企业 66000 万元，规模以下企业 33800 万元）；完成农业总产值 25350 万元，同比增长 6%。农业总产值中，渔业总产量 6620 吨，产值 6583 万元。完成固定资产投资 22143 万元，同比增长 5%。完成社会消费品零售总额 11630 万元，同比增长 4%。农村人均年纯收入 6890 元，同比增长 4%。

【工业】 2014 年，全镇规模以上工企业有 6 家，规模以下工企业 58 家，个体经营 205 家，工业总产值 99800 万元，同比增长 2%。

【招商引资】 2014 年，捷胜镇在切实抓好现有工企业管理促发展的基础上，加大招商引资，项目拉动，增强经济发展后劲。一是促使投资 600 万元的汕尾红卫渔网厂，投建投产，于 2014 年 6 月份正式招工 40 多人，开展渔网编织，修补等经营。二是促使新雅地毯厂开展灾后复产，技术创新，强化管理，扭亏增盈，做强做大。2014 年，引进 4 台地毯自动生产设备，提高生产能力，增强企业发展竞争力。三是实施项目推动。汕尾市景泰水产养殖有限公司，于 1997 年在该镇牛肚村开发养殖项目。由于资金限制，未能促使企业做大。是年，镇采取积极措施，鼓励该企业积极投资，利用海域资源，扩大沿海区域，形成养殖、旅游项目为一体的建设基地，总面积为 5.2 万平方米，总工程计划投入资金 1.5 亿元。2014 年已投入资金 500 万元，该项目计划 2014~2015 年全面完成基地配套设施建设，分步实施启用。

【农业】 2014 年，全镇投入资金 184 万元，开展沙坑水库除险加固工程；投入资金 50 多万元，对该镇南北排洪，重点排灌渠道进行加固维修，确保“三防”工作落实到实处。在上级的支持下，东坑村投入资金 220 万元，开展近 1800 亩的农田整治，前进村投入资金近 100 万元，建设旱涝保收基本农田。此外，全镇各村（社区）共投入资金近 10 万元，开展农田基础设施建设。

【科技】 2014 年，捷胜镇坚持科技兴农，积极推广科普知识，提高群众科技意识，引导群众科学种养，有效促进了农业增效，农民增收。

【教育】 捷胜镇积极开展教育强镇创建工作，加强教育资源整合，抓好教育基础建设。2014 年，文昌中学投入资金 10 万元，建设师生食堂；捷胜中学发动校友、热心人士捐资 24 万元，做好图书馆配套建设。全镇现有完全中学 1 所、初级中学 1 所、小学 11 所（原 13 所，前几年因生源缺乏，前进和天宝 2 所小学暂停办学）、中心幼儿园 1 所。全镇中小学总占地面积约 14.2 万平方米，总建筑面积约 3.3 万平方米。义务教育阶段初中有 26 个教学班，在校生 1284 人，教师 109 人；小学有 74 个教学班，在校生 1702 人，教职员工 169 人；高中教育在校生 549 人，教师 68 人；幼儿教育有 6 个教学班，在园幼儿 200 人，教师 12 人。全镇中学教师有 177 人，有高级职称 13 人，中一职称 83 人，中二职称 51 人，未定职称 30 人；小学教师 161 人，有中级职称 143 人，小一职称 17 人，未定职称 1 人。文昌中学高中部2014年高考入围18人，其中，本科入围4人，3A入围14人。

【文化·体育】 捷胜灯谜迎新春。2014年大年初一至初二，捷胜镇文化站、捷胜灯谜社和捷胜诗词社联合新春灯谜会，引来众多灯谜爱好者前来参与。为举办这次灯谜会，主办单位提前精心制作汇聚生活常识、历史知识、成语故事等内容的灯谜1250条，同时筹资1.2万元，购置丰富小奖品。灯谜会吸引了大批群众参加，有10岁左右的小朋友，也有70多岁的老人。台上锣鼓声咚咚，台下叫猜声连连，现场气氛热烈，掌声不断，数百猜谜者和群众沉浸在无边的欢乐中。举办灯谜会让群众切实感受传统文化知识，又为群众营造一个欢乐、祥和和热闹的春节氛围。

【卫生】 2014年，捷胜镇深入开展“爱国卫生活动”，致力整治村容村貌和乱、脏、差的现象，投入资金近50万元，实施全镇环卫工作整治，组织专门队伍，落实专人管理和垃圾收集处理机制，对镇辖区公路两边和交通要道等乱倒垃圾杂物以及建设杂土等进行全面的清理整治。镇卫生院出动人员对全镇重点地段、市场进行防疫消毒，全镇尚未出动重大疫情。

【综治维稳】 镇充分发挥综治信访维稳中心平台作用，强化综合治理措施，坚持综治、信访、维稳、公安、司法、调解“六位一体”，做好“五项”台账。深入开展平安建设创建活动；完善区、镇大接访机制；加大社会矛盾纠纷调处力度；开展外来人口整治；全面开展黄、毒、赌专项行动。2014年，调整充实禁毒领导机构，加大禁毒宣传力度，加大巡视排查力度，加大“无毒社区”创建、巩固提高力度，有效遏制毒品蔓延势头，维护社会和谐稳定。2014年，全镇共发生刑事案件13宗，破12宗，破案率为92.3%，抓获犯罪嫌疑人11人；受理行政案件37起，处罚33起，查处违法人员55人。尤其是禁毒工作成绩喜人，破获毒品案件11宗，抓获犯罪嫌疑人7人；查处吸毒人员30人（其中强制隔离戒毒22人，行政隔离戒毒8人），超额提前完成上级收戒任务（收戒指标为15人）。争取上级的重视支持，投入资金10万元，妥善处置大埔农业生态基地土地纠纷遗留问题。

【民心工程和社会保障】 2014年，镇妇联积极争取有关部门的支持，投入资金13.83万元开展扶危济困活动。其中市政协委员“献爱心，送温暖”开展单亲孤儿慰问活动26户，每户600元，资金1.56万元。镇妇联和区扶贫办开展4户危房改造，每户1万元，困难单亲母亲危房修缮1户，3000元，共资金4.3万元。省、市、区妇联给捷胜单亲特困母亲每户援建款各2.1万元，3户共6.3万元。“六一”节，区妇联给19户孤儿慰问金每人200元，礼品100元，共0.57万元。农村“两癌”贫困妇女救助帮扶3户0.9万元。结合党的群众路线教育，区侨务局走访困难归侨3户，资助资金0.2万元。此外，还收到省妇联为捷胜镇单亲母亲发放邮包礼品15份。

在“八一”建军节到来之际，青年企业家协会部分成员，组织慰问贫困烈属家庭。先后走访了5户家庭，了解他们的生活情况，分别为每户送上大米、食用油及慰问金。

【扶贫工作】 捷胜镇属全省第二轮扶贫“双到”对口帮扶单位，有联星村、沙角尾村和石岗村三个村接受深圳市人大、深圳市政协、深圳市人民政府的对口扶贫帮助，取得明显成效。深圳市人民政府办公厅挂驻联星村，2014年投入资金35万元。其中，解决该村路灯照明10万元，改造自来水管道达21万元，村内道路建设4万元。深圳市政协帮扶沙角尾村建设资金70.2万元。其中，建设沙角尾小学围墙400米，投入资金56.2万元；先后两次解决贫困户危房改造和困难群众慰问物资达13万元；配置乒乓球桌4张共计1万元。深圳市人大2014年为石岗村投入资金167.6万元。其中，铺设古井山至大淋行政村道500米、宽5.5米的水泥路道，投入资金45.5万元；安装更新自来水管3000米，投入资金24万元；更换路灯100盏，投入资金4.5万元；维修石岗小学，投入3.6万元；兴建石岗村委综合楼，三层面积704平方米，投入资金90万元。

【先进荣誉称号】 2014年4月，广东省新闻出版广电总局举行广东省家庭代表荣获首届全国“书香之家”颁奖仪式，捷胜镇周仲富家庭获得首届全国“书香之家”荣誉称号，受到表彰。

7月，捷胜镇何世文家庭获广东省妇女联合会授予的“广东百户最美家庭”荣誉称号。

12月，捷胜镇武装部被汕尾市军分区评为“先进武装部”。

12月，捷胜镇党委委员、武装部部长刘锦林被汕尾市军分区评为“优秀基层专武干部”。

12月，捷胜镇东坑村委民兵营被汕尾市军分区评为“先进民兵营”。

12月，捷胜镇沙坑村委民兵营长蔡德枝被汕尾市军分区评为“优秀民兵营长”。

（王立新　翁晓敏）

附　捷胜镇党政领导班子成员名单

党委书记、人大主席：刘克敏

党委副书记：曾昭好

骆盛林（2014年9月调任）

党委委员、纪委书记：何世海

党委委员：邝学武

何秀国

宣传委员：黄晓玲

组织委员、工会主席：曾海生

党委委员、武装部长：刘锦林

党委委员、边防派出所所长：吴　峰

镇　长：曾昭好

副镇长：邝学武

范远途

人大副主席：何秀国

马宫街道

【概况】 马宫街道地处红海湾畔、汕尾市区西部，东与红草镇及汕尾市区接壤，西北隔长沙湾与海丰县石安半岛相望，西、南两面濒临红海湾，属亚热带海洋气候，一年四季气候温和，阳光充足，雨量充沛，2014年平均气温21.1℃，年平均降雨量1929.6毫米。面积22.63平方公里，海岸线15公里，常住人口33787人，其中，户籍人口20162人，华侨、港澳台同胞6000多人。下辖7个村（社区），分别是马宫社区、深渔村、盐町村、浪清村、新北村、长沙村、金町村。

【历史沿革】 明万历三年（1575年）于马鬃山下建成天后庙（贯称“妈祖宫”）。“妈祖”显威名，慕名至者众多，清中叶该地成集镇，先以马鬃山得名“马鬃镇”，后因妈祖宫名盛易称“马宫镇”一直沿用。清代隶属惠州府海丰县金锡都，辛亥革命后几经归属。中华人民共和国成立初，马宫属海丰县第五区，曾与红草镇合称“青马镇”，1959年4月从红草公社析出，设马宫镇人民政府。1988年3月设汕尾市，马宫镇划属市城区，2002年12月，经省民政厅批准马宫镇更改为马宫街道，区域不变，2005年正式挂牌。

【自然资源】 马宫街道自然条件优越，资源丰富，滩涂广阔，渔场临近，盛产鱼、蟹、虾、蚶、牡蛎等。2014年年底，全街道有海水养殖面积1242公顷，有渔船453艘。马宫三面环水，交通便利，水路由马宫港可通汕尾、汕头、广州、香港等地港口，陆路有深汕高速公路过境并在长沙村设有互通口，厦深铁路过境马宫，汕马公路、海马公路联通汕尾市区、海丰县。马宫拥有妈祖庙、普照寺、倚壁虎炮台、长沙炮台、浪清烟墩、浪清蚝石栏、碑刻等丰富的人文景观，也有白沙浮、南湖海、金町湾等吸引众多游客的旅游资源。

【基层党政建设】 深入开展党的群众路线教育实践活动。2014年年初，全区开展党的群众路线教育实践活动以来，马宫街道组织部门认真按照区委组织部的有关活动要求，结合街道实际，全面部署开展活动。一是加大宣传力度。活动期间，街道各党支部悬挂有关横幅24条，张贴标语98条；出版《马宫信息》18期。二是转变工作作风，提高宗旨意识。街道党员干部职工通过持续深入的学习，思想认识明显提高，工作作风有了明显的转变。特别是街道窗口部门的干部职工的为民服务意识更是明显提高，更用心地做好群众工作。三是办好事实事。

是年，全街道合计投入345.5万元解决群众关心的14件民生实事，进一步提升政府的形象与公信力，突显实践教育活动开展的重大意义。

有序开展后进村整顿工作。根据区委组织部关于开展整顿软弱涣散基层党组织的有关文件精神，马宫街道以开展党的群众路线教育实践活动为有利契机，在认真排查、分析各村（社区）、企事业单位、非公企业等党支部班子建设、制度建设的情况后，确定新北村党支部、供销社党支部、志成玩具厂党支部为软弱涣散组织，并根据各党支部的实际情况采取有针对性的措施，进行帮扶整顿，取得初步成效。一是结对帮扶，选举新一届党支部委员会。上述三个党支部，在驻村、驻单位工作组的帮扶下，顺利地完成了整改，选举产生了新一届党支部委员会。二是解决多年来的遗留问题。在区及街道驻村工作组的帮扶下，新北村解决了村务、财务公开和民主管理混乱的问题。做到收支有上报有公开，并建立了各项规章制度，上墙公布。针对村社会治安问题，村委成立治安巡逻队，通过配合派出所干警，抓获了两次偷盗的犯罪嫌疑人，稳定了村的社会治安秩序。针对信访矛盾纠纷集中的问题，在驻村工作组的指导下，由街道综治信访维稳中心牵头，联合区有关部门，解决了该村鱼池、虾池的承包争议问题。三是建章立制，上墙公布。新北村、供销社、志成玩具厂三个党支部通过整改，2014年，已完成党支部有关制度汇编成册的工作，一些重大制度上墙公布。

加强党风廉政建设。一是全面落实党风廉政建设责任制。党政齐抓共管，科学统筹安排党风廉政建设责任制工作，并逐级签订党风廉政建设责任书，明确各级领导干部的党风廉政建设职责，真正让党政正职做到“五个亲自”（亲自组织分解当年党风廉政建设的主要任务，明确领导班子每一个成员的具体责任和各牵头单位、协办单位的工作目标及任务要求；亲自主持召开两次以上领导班子专题会议，听取班子成员有关党风廉政建设的工作汇报，研究和安排本地区、本部门、本单位的党风廉政建设工作；亲自阅批重要的信访件，解决群众反映强烈的党风廉政建设方面的突出问题；亲自检查一至两个下属单位执行责任制的情况，对需要追究的要落实责任追究；亲自主持召开本级领导班子民主生活会，至少参加一个下属单位领导班子的民主生活会），领导班子成员做到“三个抓好”（即抓好自己分管的党风廉政建设专项工作的落实，抓好分管部门、单位党政“一把手”的党风廉政建设，抓好分管部门、单位党风廉政建设方面突出问题的解决）。二是严格执行各项规定，切实加强作风建设。对于重大决策、重要干部任免、重大项目安排和大额度资金使用必须由领导班子集体决定。三是健全和完善反腐倡廉制度，规范干部从政行为。着重围绕“正确行使权力”问题，建立健全相关制度，定期对制度落实情况进行全面督查；努力完善机关财务制度，严格财务审批程序、支出范围和权限，提高财政资金的使用效益，严防违纪违法问题的发生。同时，加强纪委履行职责和自身建设，特别是查办案件工作情况的自查。是年，街道纪委接收到上级交办的信访举报1件，该案件立案的村干部1件1人，给予留党察看一年。另外，区纪委还协助街道，调查2宗历史纠纷。通过办案，有力地推动了各项工作的顺利开展。

村级换届选举顺利完成。2014年，村级换届选举工作，马宫街道在认真进行摸底排查的基础上，提前谋划，严密部署，落实党政领导班子包片责任，领导班子成员对驻点村（社区）换届选举情况进行实时跟踪、监督。经过数月细致工作，街道在全区率先完成村（社区）党支部换届选举工作。实现党支部书记、村主任一肩挑比例达85.7%，“两委”交叉率达90%，按时保质地完成了村级换届选举工作任务。

【综合经济指标】 2014年，马宫街道完成工农业总产值14.79亿元，其中，工业总产值约10.64亿元，规模以上工业产值约8.25亿元，完成年度计划的77.5%；规模以下工业产值约2.39亿元。农业总产值约4.15亿元，其中，渔业产量40961吨，产值约1.48亿元；社会固定资产投资额3.31亿元，比减9.8%；社会商品零售总额约0.96亿元，比减8.7%。

【重点项目建设】 马宫街道党政坚持把重点项目推进作为主引擎来抓，2014年主要以推进金町湾旅游度假区征地项目和长沙湾互通立交改建工程为重心，计划以这两个项目为转折点，推动马宫经济发展。

金町湾旅游度假区　金町湾旅游度假区保利项目是市、区“十二五”规划的重点项目，同时也是城区新区建设中三个起步区的其中一个项目。该项目计划开发建设成一个集旅游度假、休闲娱乐、商住酒店和大型房地产开发等项目为一体的大型综合性休闲度假娱乐场所。项目计划总投资60亿元，总占地面积200多万平方米，其中，一期占地56万平方米，二期占地59万平方米，三期占地100万平方米。2014年，一期征地工作已全面完成，除其中8.9万平方米土地规划为留成地以外，其余的土地面积由市政府于8月20日挂牌，实行招拍挂；并于9月19日由保利集团公司成功摘牌，9月25日举行项目奠基仪式，全面铺开项目建设工作。同时，根据区委、区政府的工作部署，马宫街道分别于是年11月13日和12月25日对养殖池和地上附作物进行清理。2014年年底，该项目已进入动工建设阶段。

长沙湾（往汕头方向）互通立交改建工程　深汕高速公路西路段长沙湾互通立交改建工程，位于汕尾市城区马宫街道长沙村境内，该工程由省高速公路公司投资建设，总投资3800多万元，征地面积3.7多万平方米。建成后将完善长沙湾出入口服务功能，为往返深圳、汕头的交通提供极大便利。该项目互通立交部分的征地、补偿工作完成，已于是年10月22日顺利动工。

【工业】　马宫街道初步形成了船舶修造、渔业加工、玩具、皮革等为主的工业体系。2014年工业总产值约10.64亿元，同比减少15.25%。规模以上工业企业4家，实现工业产值8.25亿元，完成年度任务77.5%。规模以下工业企业个数163个，其中，企业个数32个，个体工业131个。

【农业】　马宫街道农产品主要有稻谷、番薯、蔬菜、荔枝、龙眼。2014年，农业总产值约4.15亿元，比增1.4%。

粮食作物以水稻、番薯为主　2014年，生产粮食715吨，其中水稻583吨，番薯132吨。主要经济作物有蔬菜、花生、荔枝、龙眼等。2014年，蔬菜种植面积127亩（复种），产量1275吨；花生种植面积107亩，产量18吨，荔枝种植面积2307亩，产量426吨。

畜牧业以生猪、家禽为主　2014年，生猪饲养量1200头，年末存栏921头；家禽饲养量8645羽，年末存栏6000羽。2014年产肉类433吨；畜牧业总产值755　万元，占农业总产值的1.81%。截至2014年年末，生态林14896.5亩，其中造林2500亩，林木覆盖率39.72%。

渔业生产　2014年水产品总产量40961吨；渔业总产值约1.48亿元，占农业总产值的35.7%。

【马宫渔港】　马宫渔港位于长沙湾出海口，渔港2700米护岸蜿蜒形成耳型半湾，口门朝西敞开，宽1.2公里，港池面积18.6平方公里，水深4至6米，是一个天然的优良渔港，属国家二级渔港，广东省重点渔港。2001年被省海洋与渔业局评为“文明渔港”。渔港有两个千吨级船坞，小型修造厂、制冰厂、冷冻库、供油站、网具等后勤配套设施基本齐全。马宫渔港已经获得2011年省十一届人大四次会议代表提案，省海洋与渔业局已将马宫渔港列入“广东省2011~2015年规划建设渔港建议名单”，并全力支持将马宫渔港列为全国渔港建设“十二五”规划。

【基础设施】　2014年,马宫天后祖庙后面小公园建设为马宫综合文化站，用地占地面积约650平方米，综合文化站主楼二层，设有图书室、电子阅览室、棋牌室、阅览室和多功能活动室；深渔村委会对该村渔村二路、三路路段共500米铺设路面硬底化、修建下水沟及架设路灯；金町村主村道安装上了路灯，实现了村民多年来的愿望；浪清村组织团队喷药清除丛生野草，筹资解决建设村垃圾收集点，解决了整治村容村貌的问题，利于群众卫生健康；马宫街道浪清、长沙、金町、居委、深渔等村道共5公里成功改造，基本实现村村通公路；全街道行政村100%通水泥路，自然村绝大多数也实现道路水泥化。

【教育·文化·体育·卫生】 教育 全街道有幼儿园1所，在校生270人，专任教师25人；小学5所，在校生662人，专任教师80人，小学适龄儿童入学率100%；初中1所，在校生180人，专任教师38人，小升初升学率100%，九年义务教育覆盖率达100%。“教育创强”工作一直是马宫街道的首要任务，马宫街道以创建省教育强镇为契机，全面改善街道各类学校的办学条件，坚持教育优先发展，确定了学校布局调整工作，加强校园安全隐患排查，同时继续加强中小学校硬件和软件建设：中心校铺修了混凝土操场，更换了电风扇和全新磁性黑板，配套了讲台和课桌椅，设立了多媒体教室、语音室、藏书阅览室、音乐舞蹈室，装修了两间办公室，改造了行政功能室等，校园硬件建设日臻完善。中小学校引进了部分年轻优秀教师，充实了教师队伍，加强教师培训，不断提高教育水平和教育质量。2014年4月15日，马宫街道教育创强工作迎来了省的督前检查，得到了省有关领导的一致好评和称赞。

文化 为加快马宫综合文化站建设进程，完成择址定点工作，经与马宫港理事会商议，马宫港理事会多次商议后同意将妈祖后面的小公园捐赠给街道作为综合文化站建设用地。该地面积约650平方米，是集镇中心地带。综合文化站于2014年7月20日正式开工建设，建成的文化站主楼共二层，建筑面积约350平方米，集图书室、办公室、展览室、电子阅览室、游艺室、培训室、室内乒乓球室、娱乐活动室为一体。将极大地丰富广大人民群众的文体生活。完善村、学校体育设施配套，为各村配套篮球架3套、室外乒乓球台4套；加强文化市场监督管理，查处违规经营场所5家，责令整改3家，补办经营许可证2家，收缴盗版光碟80多张、非法出版物100多册。2014年年底，马宫村级文化室有7个，覆盖全部行政村。

体育 组织舞蹈和体育爱好者参加区的舞蹈培训班。2014年马宫街道有老年人体育组织1个，健身操队3支共250人；马宫业余健身操队，在国庆“南粤幸福活动周”举办了健身操表演活动，多次与区老年体协联合举办联欢会，丰富老年人生活；综合文化站每逢重大节日都组织开展文体活动，有乐器演奏、文娱演出、棋牌比赛、球类比赛等群众性文体活动，是年综合文化站组织和指导开展各项文体活动35场次。

卫生 马宫街道有卫生院1所，病床24张，专业卫生人员23人，其中，执业医师2人，执业助理医师3人，注册护士3人。村级卫生站6个。2014年卫生院完成诊疗7245人次，出院病人738人次。2014年，法定传染病报告为8例，农村安全饮用水和农村卫生厕所得到普及。

2014年，“新农合”参合率100%，城镇居民医保参保人数17898人（90%居民参加新农合），实现了应保尽保、病有所医的要求。

2014年街道积极开展街道、农村清洁工程，不断健全保洁机制，加快街道垃圾中转站的建设和自然村垃圾收集点的改造升级。通过采取“户收集、村清运、街道中转”的模式，聘请固定的卫生保洁员负责村内公共区域的清扫与保洁，落实卫生保洁“门前三包”责任制，维护收集点周边环境卫生，引导村民自觉遵守环境卫生公约，保证农村生活垃圾管理和收运常态化。进一步严格落实环境卫生管理专人专职和环境卫生专责制度，确定街道、村（社区）二级垃圾管理专门机构，街道配备8名保洁人员，各村（社区）配备2~3名保洁人员，将其纳入街道环卫队伍统一管理。是年1月，街道组织开展了环境卫生专项整治行动，共投入人员120人次、垃圾运载车辆13车次、清理垃圾43吨，街道社区环境卫生较大改善。

【综治维稳】 马宫目前正处于发展的黄金机遇期，保持社会稳定和谐尤为重要。街道在推进维稳工作中，一是坚持站稳群众立场，确保群众利益。在征地项目中，坚持以问题为导向，以法律为手段，依法、合理解决了征地后失地农民的留成地、社会养老保障以及征地款发放到征地户的问题，从源头上化解了群众积怨和社会矛盾。二是落实责任，加大矛盾排查和化解力度，达到案结事了的工作目标。今年来，街道一些历史积案如新北村、浪清村渔塭和长沙村雅各公司建设受阻、新北村土地权属纠纷等均得到妥善解决，维护了一方稳定。2014年，全街道未发生有较大影响、危害严重的恶性案件、刑事案件，治安案件的发案率明显下降，未发生重大交通事故及其他重大安全责任事故，未发生进京到省上访事件。据统计，今年共立刑事案件7件，破获1件，破获率14%；受理治安案件13起，查处12起，查处率达92%。

【实施民心工程】 马宫街道在抓好各项政务工作的同时，明确每年至少要为群众解决10件看得见，摸得着的民生工程。是年，街道通过民意调查等方式收集群众意见，了解群众心声，列出惠民工程清单，先后为民解决了以下民生实事：组织开展环境卫生专项整治活动，进一步美化村容村貌；筹措资金35万元，修建浪清村垃圾集中点；成功改造浪清、长沙、金町、居委、深渔等村道5公里，投入资金超过80万元；投入近50多万元新建马宫综合文化站，并于是年6月份正式开放使用，免费为当地群众提供书刊阅览、文化活动、科普推广等场地和服务，进一步丰富了群众的文化生活。

【社会保障】 2014年，全街道新农合参合率达100%，“新农合”共办理患者住院86人，报销总额达到1332718.8元，实际报销总额57122.86元。新农保参保人数17898人。对符合政策条件的贫困户落实最低生活保障，确保老有所养、病有所医、应保尽保。2014年，共发放临时救济款、救灾款180300元，解决因各种特殊原因造成基本生活困难群众410户980人；发放优抚优待抚恤及定补款441113元。落实了31户危房改造工程，其中1户尚未动工，共拨付省危房改造补助资金30万元，基本实现贫困户居有其所的目标。2014年，劳动保障所开展劳动用工大检查4次，为确保农民工按时足额拿到工资，维护农民工合法权益和社会稳定，街道在辖区范围内进行专项检查，在检查中均未发现用人单位拖欠职工工资的情况；同时街道还开展用人单位遵守劳动用工和社会保险法律法规情况专项检查，专项检查工作集中力量主要是对劳务派遣企业、招用农民工较多的制造、餐饮和其他中小型劳动密集型企业等重点行业和单位进行检查,其中企业职工办理劳动合同280人、参加社会养老保险233人、就地就近及转移就业550人、参加职业技能培训495人。2014年，全街道办理社保卡16038人，新采集约500人。

（林振捐、赖静维、吴晓映）

附　马宫街道党政领导名单

党工委书记：刘学深
副书记：陈昌利
　　　　施培良
委　员：芮耀枢
　　　　陈海湖
　　　　罗建寅（2014年11月离任）
　　　　林鸿政
　　　　刘立全
　　　　黄辉忠
　　　　林奋杰（2014年8月任）
办事处主任：陈昌利
副主任：陈海湖
人大联络室主任：叶朝阳
工会主席：卢文霞（2014年8月任）

凤山街道

【地理位置】 凤山街道位于北纬22°37′40″至23°38′35″，东经14°54′至116°13′24″，地处广东省汕尾市区东南部，东面濒临品清湖，西面与汕尾大道连接，南面与新港街道毗邻，北面为市汽车总站和芦列坑村。总面积为21.09平方公里，街道办事处驻设于市区四马路口。

【建制沿革】 凤山街道成立于1989年2月，辖原汕尾镇的第一至第五居委（社区）及盐町头、奎山、香洲、新林、卫东、革新6个管理区（行政村）。1993年7月增设凤苑社区居委会。1995年2月芦列坑管理区从香洲街道析出划归凤山街道管辖。1997年4月增设滨海社区居委会。1999年3月30日盐町头、奎山、香洲、新林管理区改为社区居委会；同年，卫东和革新管理区合并设为卫东渔业村，2002年11月改为小岛渔业村。同时，第一至第五社区居委会依次更名为联兴、文亭、凤照、安美和凤翔社区居委会。至2014年，该街道辖11个社区（含119个居民小组），2个行政村（含18个自然村）。

【人文特点】 2014年，全街道户籍人口76148人，其中，男39061人，女37087人；在总人口中，农业人口3704人，渔业人口2539人，非农业人口69905人；外来人口10535人，外出人员8630人。居民中汉族人口占99.9%，有少数民族76人。是年，人口出生率12.00‰，自然生长率6.81‰，政策生育率91.75%。由于地缘靠近珠江三角洲和港澳地区，当地居民，特别是年轻一辈，文化方面既保持着海陆丰传统习俗又受港澳大都市文化影响。

【自然资源】 凤山街道辖区主要以平地为主，气候温暖，年平均气温为21℃~33℃，水稻安全生长期260天左右，境内雨量充沛，年平均降雨量为1800~2400毫米，气候温和宜人。辖区内集“三山一湖”（凤山、鼎盖山、屿仔山、品清湖）为一体，人文景观和自然景观甚多，吸引众多海内外旅游者。主要旅游景点有刻载着汕尾港埠发展史的“关帝庙前街碑记”、革命烈士纪念碑、凤山祖庙、关帝庙，其中，市级文物1个，区级文物2个。明末清初兴建的凤山祖庙、安美妈祖庙和关帝君庙，其建筑技艺集中体现了清代粤闽文化在这里的传承。凤山妈祖庙布局错落有致，前后宫殿建造风格，古香古色，具有传统建筑艺术特色，一座16.83米高，重1000吨，468块福建惠安优质花岗岩石构成的妈祖艺术石雕像，屹立于凤山之巅，凤山祖庙旅游区已成为粤东旅游黄金海岸的重点景区。区内海域水产资源丰富，盛产海虾、海蟹和多种鱼类。

【基础设施建设】 辖区内商贸活跃，建立了较为完善的市场体系和市场网络，二马路、三马路、四马路、联兴街、掇鸟街、工联街等商场（店铺）接连无间，形成了以服装、金银首饰为主的特色街；有奎山鱼肉菜综合市场、经贸市场、香洲市场、新林市场、荣泰市场、凤苑市场、友谊市场、东辉批发市场，文明路的建材、维修、小五金配套的专业性市场，形成批发与零售，专业市场和综合市场协调配套的市场网络。

按照《汕尾市区建设总体规划》的要求，该街道重点改造老市区、扩建新市区，使道路、公共设施、商业场所、民居等区域环境均出现大变化。2014年，由深圳市光明新区帮扶50万元作为启动资金，光帝庙理事会牵头筹资150万元，对辖区内庙前街、脯铺町、成兴街、共和街进行全面维修改造。同时深圳市光明新区帮扶45万元、香洲社区筹资15万元，改造和顺村头公园，铺设石级、石板小广场、石栏杆，并对公园进行绿化。不断完善基础设施建设，优化人居环境。

【基层党建工作】 做好党员发展工作。2014年，共发展入党积极分子11名，培养党对象21名，吸收预备党员17名，转为正式党员35名，为党组织汲取了新鲜血液。加强班子建设。该街道重视支部建设，吸收年轻干部，使基层组织建设不断加强。“两新”组织党建工作深入开展。是年，街道46家非公企业中，独立建立党支部的有10家，有12家建立1个联合党支部。推进基层党支部的规范化建设，健全民主集中会议制度及党支部的“三会一课”制度，不断增强基层党支部的战斗力和凝聚力。2014年，该街道开展以“为民务实清廉”为主题的党的群众路线教育实践活动，开展活动的时间为是年1月~9月基本完成，参加范围是街道党政班子及党员领导干部机关及直属单位，社区（村）、非公有制经济组织、社会组织等基层组织及党员。街道作为省群众路线教育联系点，发挥了示范和带动作用。

【综合经济指标】 2014年，全街道完成规模以上工业产值32.16亿元，增长3.84%；农业总产值0.98亿元，增长12.6%。完成全社会固定资产投资4.7亿元。

【工业和贸易业】 民营经济是街道的支柱产业，对经济增长起着十分重要的作用，该街道十分重视民营经济的发展。针对企业用工难、融资难的实际，想方设法为企业排忧解难，为企业发展提供服务保障，帮助企业做强做大，从而拉动了街道经济的稳步发展。是年3月，该街道配合市、区人社局在辖区慈云山公园举办企业用工招聘会，为企业解决用工难的瓶颈问题。

【重点项目建设】 2014年，该街道实行领导班子挂靠项目责任制，加强跟踪管理，扎实推进项目建设。一是万盛银湖湾房地产项目。占地13万平方米，建筑面积40.4万平方米，计划总投资15亿元，是年已投入资金4亿元，项目正在建设当中。二是金海明珠房地产项目。该项目占地2.67万平方米，建筑面积17万平方米，四栋裙楼高二十九层的建筑，计划总投资3亿元，是年，项目正在建设当中。

【农业】 2014年，该街道拥有耕地497亩，旱地167亩，山坡地8500亩，其中，粮食作物播种面积655亩，总产量195吨；蔬菜播种面积815亩，产量1303吨；水果种植面积1100亩，产量2050吨。渔用机动船306艘，渔业养殖面积80公顷，海水产品总产量11192吨，其中，海水养殖10174吨，海洋捕捞1018吨。街道继续巩固农业发展基础地位，充分发挥芦列坑近万亩宜林、宜牧、宜果山坡地的地缘优势，积极引导有经济能力的专业户兴办果场、养殖基地等，拓展特色经济。

【科技】 凤山街道坚持科学发展观，以扩大科技应用为出发点，以提高农民科技素质为突破口，以产业结构调整为途径，以发展经济有利于农民增产增收为目的，应用和推广科学技术。在水产养殖方面加大投入，更新了从养、收、产、销“一条龙”所有设备达到了产品出口的加工标准。依靠科技使水产品加工结构进一步加快调整，促进了整个行业加快发展。并多次邀请国家、省、市各级有关专家，深入生产场地进行科技授课，深化了水产品养殖文化。同时组织引导一批骨干企业进行体制创新，鼓励有实力的养殖企业实行跨地域，跨企业联合，实现企业上规模，提高企业资源的整体效益。

【教育】 2014年，该街道党工委、办事处以科学发展观统揽全局，坚持把教育优先发展摆在重要位置，借“创强”东风，不断加大教育投入力度，强化学校管理，深化教育改革，全面推进素质教育，为街道“创强”工作打下良好基础。大力推进义务教育学校布局调整，积极促进区域内义务教育阶段学校的均衡可持续发展。在区教育局的帮助和指导下，2014年全街道学校管理逐步规范，办学条件不断改善，安全德育工作得到加强，素质教育得到提升，义务教育进一步巩固，适龄儿童入学率达100%。

辖区内有初级中学2所（凤山中学、凤翔逸挥基金中学）、九年一贯制学校1所(田家炳中学香洲学校)，小学7所（凤山中心小学、第四小学、继彭小学、盐町头小学、奎山小学、林伟华小学、园林小学），中心幼儿园1所。其中，区一级中学2所(凤山中学、凤翔逸挥基金中学)，市一级小学1所(凤山中心小学)，区一级小学3所（第四小学、奎山小学、林伟华小学），全街道学校实现楼房化，教学电教化。现有在职中小学教职工854人，在校学生11558人，其中，初中学生4467人，小学生7091人。

【文化体育】 2014年，该街道以满足人民群众基本文体需求为目标，加快推进公益性、多层次、多元化、广覆盖的公共文化服务体系建设。一是大力推进公共文化设施建设。2014年街道完成3个文化室建设，现13个社区（村）共有13个文化室，6个（社区）村设立了文化活动场所和休闲小公园，小岛村、文亭社区、盐町头社区、香洲社区、奎山社区、新林社区6个社区（村）开设“农家书屋”，收藏图书2.5万余册，丰富了群众文化生活。二是积极开展群众性文体活动。街道有4个全民性健身广场，7个简易篮球场，3个足球场，有广场舞、太极队、狮队、腰鼓舞等6支健身队伍。街道多次在慈云山公园和妈祖广场举行全民健身活动大型表演，演出人员达上千人，有广场健身舞、太极表演、民乐、气功表演等多个集体演出节目。每逢节假日，街道组织开展象棋、猜谜、乒乓球、篮球等形式多样的文体活动，丰富了群众的精神文化生活。

【卫生】 该街道辖区内有汕尾市人民医院、汕尾市中心血站、汕尾市妇幼保健院、汕尾市疾病预防控制中心、凤山卫生院等5家大中型医疗机构，医护人员约1300多人。其中凤山卫生院为街道下属医院。街道还拥有3家社区服务站和3家卫生站，基本上满足了街道的卫生防疫、诊病、治疗的需求。

凤山卫生院位于汕尾市区文明中路左14号，是一所集医疗、预防、保键、康复、健康教育、计划生育为一体的社区综合性医院，全院干部职工84人，病床22张。医院内设：内科、外科、妇科、五官科、中医科、理疗科、功能康复科等临床科室和B超，心电图、放射、化验等医技科室。妇科更是医院的特色科室。医院经过多年的发展，医疗技术不断提高，对地方病、常见病、多发病的诊疗积累了丰富的经验。医院有彩色及黑白B超机，三通道全自动电图机，400豪安X光机，生化仪，尿液分析仪，全自动血细胞分析仪等医疗设备，开展各项临床检查，能满足群众的各种医疗需求，为辖区公共卫生事业做出了很大贡献。

【综治维稳】 为防止大规模群体和暴力上访等突发事件，街道综治信访维稳中心工作人员，对上访群众认真接待，安抚群众情绪，详细了解矛盾缘由，对上访群众进行劝解和法律法规、政策解说，引导群众以合理方式反映合理诉求。一是加大矛盾排查调处。2014年，街道推进维稳工作源头治理，前端防范，加强排查调处各类矛盾工作力度，有效把矛盾化解在基层，问题解决在萌芽状况，实现了街道辖区和谐稳定，经济社会协调健康发展。二是加强信访工作。坚持街道班子成员和党工委书记、主任接访日制度，落实信访领导责任包案销案制度，切实为群众排忧解难。是年接待群众来信14件、来访11批54人次。三是加大打击违法犯罪力度。2014年，街道共查获各类刑事案件117宗，抓获犯罪嫌疑人28名，查处治安案件253起，查处黄赌毒案件39起，增强群众安全感，以良好的社会秩序为街道的经济建设保驾护航。

【民心工程和社会保障】 坚持以人为本，认真抓好民心工程和社会保障工作，让群众得到实惠。一是民生工作落到实处。2014年为复员军人烈属、残疾人员等185人，发放优抚款124.3万元；为“低保”“五保”对象1648人，发放低保款492.2万元；落实22.5万元为农村低收入困难户，改造危房17间；为生活困难的群众发放17万元的临时救济。是年城乡居民医保参保45893人，参加城乡养老保险10103人。二是做好环境卫生综合整治活动。2014年，与临街商铺住户签订“门前三包”责任书1790份，使环境卫生规范管理进入常态化。三是大力为群众办好事实事。2014年街道团委、民政组织青年志愿者慰问贫困户48户，给他们送去温暖。团委还根据上级文件精神，在广东志愿者网开通凤山街道办事处服务平台，并注册了志愿者671名。四是计生工作扎实推进。该街道落实计生层级管理工作责任制。2014年，辖区人口出生率12.00‰，政策生育率91.75%。五是殡改工作取得新的成效。是年，按照市区二级规定实施火化“一刀切”，2014年度遗体火化数达324具，完成上级下达的任务96.4%。六是教育事业优化发展。一方面认真做好学生“防流控辍”工作，另一方面努力提高教学质量。该街道中心小学，以提高教学能力为着力点，不断完善教研制度，支持教师参加各类培训和继续教育，坚持举办教学开放周、党员教师示范课等活动，通过“请进来，走出去”的活动，积极与其他学校进行学术交流，提高教师队伍的职业道德和教学能力。七是加强供电线路整改。积极与供电部门反映辖区内部分社区供电线路老化问题，得到了供电部门的大力支持，是年3月，供电部门对凤照社区、凤翔社区、奎山社区的供电线路进行全面整改，确保居民群众的正常用电和生命财产安全。八是加强自来水管网改造。筹措资金近20万元，分别对奎山龙泉新区、盐町头头社350多户用水户的自来水管道进行更新改造。解决了群众食用水困难的问题。

【其他】 该街道武装部下辖13个社区（村）民兵营，2014年，征集兵员18人，圆满完成上级下达的征兵任务。是年，凤山街道凤翔社区民兵营长陈远涛被汕尾市军分区评为“优秀民兵营长”，凤山街道盐町头社区被城区武装部授予“先进民兵营”称号。

（吴怡明）

附　凤山街道办事处领导成员名单

党工委副书记：刘宗棍
　　　　　　　林悦钊
委　员：凌巧雅
　　　　韩如初
　　　　何文学
　　　　陈响友
　　　　陈德伦
　　　　吴锦新
　　　　黄进英
办事处主任：刘宗棍
副主任：韩如初
　　　　连清荣
　　　　邱小健
　　　　林莉莉
人大联络室主任：凌巧雅
工会主席：吕碧娱（2014年8月任）

香洲街道

【概况】 香洲街道位于汕尾市区西南部，属汕尾市城区人民政府的派出机构。市、区二级党政办公所在地在辖区内。辖地依山临海，东连东涌镇和凤山街道，南邻新港街道，西接马宫街道，北与红草镇交界。辖区总面积20.8平方公里。户籍总人口79832人，外来人口40500多人。

香洲街道原属海丰县汕尾镇，1989年5月经汕尾市人民政府批准，撤销汕尾镇，划分为香洲街道、凤山街道、新港街道。香洲街道下辖东兴、中区、园林、后径、城西、新兴、西兴、新区、新瑶、城南、新城、兴祥12个社区居委会和梧桐、西洋2个村委会。街道内设党政办公室、社会事务办公室、经济发展办公室（增挂农业办公室）、计划生育办公室4个办公室。

【基层党政建设】 香洲街道党政领导班子树立党建是第一保障理念，以改革创新和与时俱进的精神，采取系列有力有效措施，全面推进基层党政建设。建立健全了党建工作联系点制度和考核机制，推进辖区34个党（总）支部的管理规范化、制度化；坚持“三会一课”制度，改进完善了以民主集中制为核心的议事规则和决策程序，同时大力推行“四议两公开”工作法（党支部提议、“两委”会商议、党员大会审议、村民代表会决议；决议公开、实施结果公开），逐步形成党员干部群众广泛参与党务政务的良好工作机制。扎实推进居村级组织换届选举，顺利完成2014年居（村）级换届选举工作，选优配强基层组织班子，先后调整7名基层党支部书记，并将一批“双带”能力强的能人选进“两委”班子，实现社区（村）党支部书记、居（村）委会主任“一肩挑”比例达到80%以上，增强了基层组织的凝聚力和战斗力。采取“三个一”（一名领导挂驻指导、一个工作组帮助整改、一套方案落实整改）有效措施，着力整顿3个“软弱涣散”基层党支部，发挥出党支部的领导核心和政治堡垒应有作用。加强党员管理与监督，分期分批组织全街道1209名党员进行轮训，并完善14个远程教育终点站建设，组织广大党员深入学习，提高党员思想政治觉悟、知识水平和带领群众致富的能力；把好发展党员质量关，确保党的纯洁性和先进性。2014年发展党员17名，转正党员40名，不断优化街道党员队伍结构。组织基层领导干部参加各类培训，增强知识水平和业务技能，提高办事和驾驭复杂形势的能力。

深化创新载体，加强服务型党组织建设。深入开展党的群众路线教育实践活动，坚持以“为民、务实、清廉”为主题，紧紧围绕“照镜子、正衣冠、洗洗澡、治治病”的总要求，将学习贯穿活动始终，端正态度深挖存在问题，触及灵魂深处剖析主观原因，以整风精神、“见辣味、红脸出汗”开好专题民主生活会和组织生活会，并采取切实有效的整改措施落实整改，打通服务联系群众“最后一公里”。活动中，征集到各方意见建议257条，领导班子及成员按分管职责一一认领，切实采取措施，认真落实整改，整改面达87%，做到了立行立改、善改善成，逐步建立起为民服务和制约“四风”问题的长效机制。在活动中，以人民群众根本利益为重点，办好民生实事，西洋村委筹资250多万元修建自来水工程，解决1200多位村民“饮水难”问题，结束了饮用不净井水的历史，实施接汕马公路村道0.7公里、环村道路1.8公里和村广场4000多平方米的水泥硬化建设；西兴社区筹资180多万元修建环村道路和巷道，改建全村排污、排水管网，建设社区图书馆、篮球场和安装路灯；后径社区组织一支20多名党员干部群众的清洁队伍，定期清理主要巷道及公共场所；其他社区（村）加快资金筹集推进村前公园建设，让人民群众见到教育实践活动的实在效果。开展强作风、塑形象，强基础、通政令，强责任、促发展，强服务、惠民生的“四强”活动，打造有街道特色的“书记项目”，提高了党员干部特别是领导干部的公信力和执行力，树立起良好的人民公仆形象。2014年12月初，在街道全面开展“直联制”工作，解决好联系群众和服务群众“最后一公里”问题，确保群众的“诉求有人听、困难有人帮、事情有人办”，做好“宣传政策法规、掌握社情民意、听取意见建议、解决实际问题、推进基层治理和民事代理”等六项工作任务。通过点对点结对帮扶群众，面对面直接联系群众，同群众“攀亲”“结亲”，为群众解决实际问题，在群众家门口进行民事代理，到12月底止，为群众代办医保、计生、民政和户口等民事108件，让群众省心省事又满意。

深入开展作风整顿活动，推进反腐败廉政建设。开展纪律教育月活动，不打折扣地做好集中学习、查找问题、落实整改三个阶段工作，活动期间，开展4次纪律作风检查，处理党员3名，对2名干部职工进行诫勉约谈，对不遵守上下班制度的21名干部职工进行约谈，在活动中强化作风建设，促使问题真解决，作风真转变。认真开展岗位廉政教育，定期开设廉政讲堂，组织党员干部职工集中学习中央八项规定、领导干部廉洁从政若干守则及习近平总书记反腐倡廉系列重要讲话，集中收看典型警示教育专题片，增强党员干部职工廉洁自律意识，筑牢拒腐防变的思想防线。遵循党内“两个条例”（中国共产党党内监督条例、中国共产党纪律处分条例），严格执行领导干部述职述廉、民主评议、民主生活会、经济责任审计等党内监督制度；认真落实党风廉政建设责任制，加强对基层干部执政行为的监督和约束，全面深入推进反腐倡廉体系建设。

【综合经济指标】 2014年全街道实现工农业总产值383990万元，其中，工业总产值375930万元，占年度任务101%，同比增长3.2%；农业总产值8060万元，占年度任务的102%，同比增长7.1%。固定资产投资总额81000万元，比增20%，占年度任务的120%。社会商品零售额205000万元，比增6.3%。各项经济指标按年初计划完成或超额完成，街道整体经济保持平稳持续增长的良好态势。

【重点经济项目建设】 该街道坚持“全力以赴抓基建，集中精力抓项目”的工作方针，集中时间、聚集精力、全面出击，强力推进“十大重点经济项目”建设。1. 加大金鹏路建设前期工作，做好沿路居民的沟通和调查摸底工作，争取上级支持尽快规划建设；2. 加强沟通协调群众，做过细的思想工作，继续推进红海西路综合改造工程；3. 协助汕尾至马宫送电线路建设，夯实经济发展基础要素，助推经济社会发展；4. 加快推进体育公园建设，完成建设筹备阶段工作，上报方案争取省、市下拨专项扶持资金；5. 加快理顺香洲中学新址约6.7万平方米征用土地手续工作，消除土地界限不明确而引发的争议，2014该项目编制方案已上报市政府理顺相关手续；6. 国泰食品有限公司实现增资530万元，完成约2600平方米的厂房建设，扩大经营规模；7. 海润冰厂增资420万元，2014年上半年动工建设冷冻库一间，经营规模比原来增加一倍；8. 择址后径社区山坡地建公益性骨灰楼，是年完成编制规划设计方案并报审；9. 完成省级文物保护单位墩下城城墙遗址保护方案设计，着手筹备修缮工作及争取省级专项资金投入；10. 加快推进村头公园建设，改善发展环境和村容村貌，丰富村民休闲娱乐、文体健身项目，在各社区（村）推行村头公园建设，西洋村头公园已全面竣工交付使用。

【农业】 该街道一直重视“三农”工作，以农民增产增收为立足点，充分利用区域自然资源优势，着力打造有地方特色的农业产业。在新兴、西兴、梧桐和西洋等社区（村）重点引导农民发展果蔬种养和各类专业合作社，逐步推进农业产业化发展。2014年，全街道以经济作物种植为主，种植面积近6000亩，其中粮食种植面积1020亩，总产量220吨，年产值220万元；水果种植面积1580亩，总产量1102吨，年产值1264万元；蔬菜种植面积3350亩，总产量3625吨，年产值1675万元；花卉苗圃种植面积100亩，年产值320万元。全年农业总产值达到8060多万元，初步形成农民增收、生态改善、村级经济可持续发展的亮点产业。

【工业】 该街道坚持“以情招商，以诚招商，以亲招商”的理念，引进了一批科技含量高、有实力、重环保的经济项目。2014年度全街道规模以上工业企业有万盛针织厂、国泰食品有限公司、维明生物科技有限公司、海饶冷冻厂、林记食品厂、西兴饲料厂等6家，其中国泰食品有限公司是国家农业产业化重点龙头企业。2014年，全街道规模以下工业企业126家，其中新增7家,个体工商户557家，其中新增18家。规模以下工业企业年产值8295万元。

【商业】 香洲街道地处市区商贸圈中心，是各类商业企业的聚集地，商贸往来频繁。辖区内有巴黎半岛酒店、豪都酒楼、海珍酒楼、泰林酒楼、友谊宾馆、富临酒楼等餐饮住宿企业；有信利、协兴、信诚、华赢等大型综合商场；有新楼、奎山、永昌、新兴、百汇、西门等农贸市场；有苏宁、根德、美侨等大型电器商场，是手机、电子产品、家电的集散地。商贸的快速发展，为香洲街道经济社会发展注入新的活力，也带动其他产业的蓬勃发展。2014年，全街道限上贸易业13家，总销售额6150万元，比增12%。

【交通】 香洲街道位于汕尾市区中心，是全市、全区政治、经济、文化、商贸、教育、医疗的中心，常住人口密集，流动人口往来频繁。辖区内中心社区的道路基本完成水泥硬底化建设，有汕尾大道和通航路纵横贯通，与通港路、城南路、城内路、香城路、红海路、康平路等道路形成交通网格，加上濒临汕尾港，海上交通便利快捷，水陆交通发达。

【文化体育】 香洲街道历史文化悠久、底蕴浓厚，人类文明历史最早可追溯到新石器时代，现埔上墩尚存有新石器时代遗迹，具有较高的考古价值。城西社区的墩下城是全国两座保存最完整的明代海防城池之一，也是广东省至今保存最完整的一处明代建筑，被列为省级文物保护单位，为加强文物保护，街道聘请省考古专家多次到墩下城实地考察，已编制出墩下城城墙保护总体规划。街道坚持“以人为本”的文化体育发展理念，加大对公共文体设施投入，加强文化体育惠民工作力度，在辖区内创建了1个文化站和14个社区（村）文化室，各社区（村）在公共旷地安装篮球架、双杠、单杠等体育设施和休闲娱乐设施，推进全民健身活动；西洋、西兴等社区（村）发动各方力量筹集资金，完成村头公园建设，为人民群众生产之余的休闲娱乐提供活动平台，丰富了人民群众的生活内容，提升了生活质量。

【教育】 该街道辖区内有义务教育阶段学校14所，共有学生7808人，其中：公办初级中学2所，有学生1755人；公办小学8所，有学生4301人；民办小学4所，共有学生1752人，九年义务教育覆盖率100%。街道坚持办人民群众满意教育的宗旨，全面推进“教育创强”工作，香洲中心小学充分利用学校现有条件，加快改造，增强学校的硬件建设和完善软件设施；香洲中学、逸夫学校积极争取上级教育扶持资金，扩建综合教学楼，增加多媒体室、语言室、藏书阅览室等多功能教室，增强教育功能；加大教学资源整合力度，合理科学调整了学校布局；加大校园安全隐患排查力度，确保办学安全，从整体上提高了办学水平和教育质量。

【城市综合治理】 积极联合职能部门加强城市环境卫生综合治理，规范街道辖区内垃圾中转站和临时垃圾堆放点的管理，及时收集处理垃圾；在重大节假日组织开展大扫除、灭蚊灭鼠等公益活动，建立

"门前三包"管理制度，将全街道临街商铺、个体户和住户纳入环境卫生管理监督；结合"创文"工作，整治城内路、城南路、通港路等主要道路乱摆摊、乱占道等违规经营，使交通顺畅、城市运行井然有序；改造部分排污设施，减少污水倒灌污染环境，集中力量重点整治了盐仕、新楼等地饲养场所"脏、乱、差"现象，环境卫生得到改善；以点带面加快城市景观林、村庄经济林、交通要道绿化和广场美化等建设步伐，推进城市大绿化建设，美化城市环境，使城市环境有"绿、亮、美"的提升。

加强社会稳定工作，街道以"强综治、创平安、促发展"为目标，做到每周一排查、十天一督查和一月一研判，重大节假日实行每日一查一报和即查即报制度，全面排查辖区内的矛盾纠纷和存在问题，及时准确掌握情况；每月配合区委开展区委书记大接访活动。是年，全街道受理信访案件15宗，调解结案15宗，结案率达100%；共排查各类矛盾纠纷161宗，成功调解矛盾纠纷161宗，成功率达100%；加强集中整治，对重点区域和突出治安问题集中进行整治，重点打击，促使社会面治安稳定、可控。推进街道全面禁毒工作，加大禁毒宣传力度，营造禁毒浓厚氛围；开展"地毯式"清理清查行动，不放过任何蛛丝马迹，多部门联合打击重点区域，不留死角。是年，该街道禁毒专项整治行动队累计出动人员1200多人次，排查清理场所650多处，多部门联合实施重点整治打击7次。

【计划生育】 2014年，该街道深入贯彻落实《中华人民共和国人口与计划生育法》《广东省人口与计划生育条例》和市、区有关计生工作会议精神，以稳定低生育水平、提高人口素质为目标，坚持日常工作和计生集中服务活动相结合。2014年，全街道总育龄对象17162对，总出生951人，出生率11.9‰，政策生育率92.1%，自然增长率6.29‰。进一步完善计生层级动态管理，组建三级责任链，形成工作网格化。加大投入，完善硬软件设施和管理制度，加大信息采集力度，完善计生服务对象全员信息系统数据。以婚育学校为服务站点，定期举办生殖健康、优生优育等服务活动，加大对计生服务对象的帮扶力度。

【社区服务】 该街道坚持"以人为本"原则，切实做好社区建设和服务工作。加强安全生产和应急工作，坚持"安全第一、预防为主、综合治理"的基本方针，落实"一岗双责"（对分管业务工作负责，对分管业务范围内的安全生产工作负责），开展大排查大整治活动，大力整顿消防安全隐患，全年累计共出动200多人次，检查企事业单位410多家，易燃易爆场所5家，"三小"场所（小档口、小作坊、小娱乐场所）48家，有效地遏制安全事故发生；成立4个防山火巡查小组定期对大鹏山等林区进行巡查，保护林区安全和森林资源，在清明节期间组织人员在进山主要路口设卡和上山巡查，发现火源全力组织扑救；在汛期期间街道领导带队值班，全员严阵以待，做好应急预案，确保安全渡汛；是年辖区内没有发生重特大消防安全事故。

认真细致做好民生服务工作，全街道低保对象521户1241人，每月发放低保金3.6万元；"五保"户42人，每月发放2.3万元；孤儿35人，每月发放2.5万元；优抚对象68人，每月总发放4.5万元；伤残、参战涉核军人125人发放5.6万元；60岁以上退役军人45人，每月发放0.25万元；义务兵优待金88人发放15.4万元；全年临时救济和慰问款7.6万元，下发大米、食油、棉被、食物、日常用品等救灾物品一批，基本解决困难群众和受灾群众生活急需问题；完成12户全倒户和2户单亲家庭的危房改造。

做好劳动就业和社会保障工作，充分发挥各类社会团体，联合职业学校举办各类技能培训，提高劳动力就业能力，全年组织1800多人次参加技能培训，比去年同期增长6.2%；帮助解决富余劳力1780人就业问题，实现下岗失业人员400多人再就业，就业困难人员510多人再就业，转移农村劳动力580多人，促进90多人自主创业。以民生为本强保障，积极动员市民参加城乡养老保险，提高城乡养老保险覆盖率；增强服务意识，提高服务水平，抓好城乡医疗保险工作，严格按照有关规定和手续办理参保和医疗费用报销，做到便民利民。2014年度城乡居民养老保险参保人数13181人，完成年度任务的95.5%，参加医疗保险人数46070人，完成年度任务的95.8%，让国家惠民政策落实到位。大力推行殡葬改革，全街道完成火化268具，占年度任务的93.1%。

【旅游】 香洲街道历史悠久，旅游资源丰富且独具地方特色。有明代海防城池墩下城遗址、山清水秀的琉璃径岭水库、历史韵味浓厚的埔上墩官道等旅游胜地；有夏天消暑的西洋、赤岭水上乐园，风光旖旎的海边沙滩，市民户外攀登的西洋后山都是游乐观光的好去处；有奎山休闲公园、大鹏山森林公园、沙滩公园等休闲娱乐场所；有觉源寺、福缘寺、关帝庙等宗教活动场所。

【社区、行政村简介】 东兴社区：办公地址位于莲塘莲兴四街A1号，辖区范围东至荷包岭，南至汕尾大道，西至红海中路，北与后径社区接壤，总面积3.5平方公里。

中区社区：办公地址位于市区香城路东海大厦小区内，辖区范围东至汕尾大道，南至香城路，西至城南路，北至奎山公园路，总面积0.8平方公里。

园林社区：办公地址位于园林东区杨鲜培英学校宿舍楼202号，辖区范围东至文明路，南至翠园街，西至汕尾大道，北至香城路，总面积0.5平方公里。

后径社区：办公地址位于该村后山头，辖区范围东至新楼村，南至城内村，西至盐仕村，北至鼎顶山，总面积2.4平方公里。

城西社区：办公地址位于西门街1号，辖区范围东至中区社区和新区社区，南至城南社区和新城社区，西至兴祥社区和新兴社区，北至后径社区，总面积2.8平方公里。

新兴社区：办公地址位于吉祥路下段，辖区范围东至城西社区，南至兴祥社区，西至西兴社区，北至后径社区，总面积2平方公里。

西兴社区：办公地址位于汕马路旁霞洋村，辖区范围东至大祯祥村，南至海边，西至梧桐村，北与红草镇交界，总面积1.5平方公里。

新区社区：办公地址位于通港路中段食品宿舍楼下，辖区范围东至巴黎半岛，南至城内路口，西至城内路280号，北至城内花园，总面积0.4平方公里。

新瑶社区：办公地址位于新瑶街五巷，辖区范围东至文明路、翠园街，南至二马路（大新酒楼），西至永兴街下段，北至永兴街上段，总面积0.8平方公里。

城南社区：办公地址位于阅海西街，辖区范围东至通港路，南至通航路，西至城南路，北至城西社区，总面积0.5平方公里。

新城社区：办公地址位于城南路中段西侧，辖区范围东至城南路，南至通航路，西至兴祥社区，北至城西社区，总面积0.3平方公里。

兴祥社区：办公地址位于红海新村十五巷8号，辖区范围东至吉祥路，南至红海西路、通航路，西至金鹏路，北与新兴社区交界，总面积0.7平方公里。

梧桐村委会：村委会办公地址位于梧桐村前面，辖区范围东至埔上墩，南至海边，西至西洋村，北至红草镇，总面积2.6平方公里。

西洋村委会：村委会办公地址位于西洋村边，辖区范围东至梧桐村，南至海边，西至马宫街道，北至红草镇，总面积2平方公里。

（吴　静）

附　城区香洲街道办事处党政领导成员名单

党工委书记：吴城池

副书记：詹胜聪

　　　　刘　槐

委　员：林木利

　　　　何世群

　　　　冯立家（2014年12月调离）

　　　　林悦彬

　　　　李小燕

　　　　曾昭极

　　　　孙振江

　　　　吴春莉（2014年8月任）

办事处主任：詹胜聪

副主任：冯立家（2014年12月调离）

　　　　蔡慧敏（2014年8任主任科员）

　　　　江海航

人大联络室主任：林木利

纪工委书记：孙振江

工会主席：刘楚瑜

新港街道

【概况】 新港街道于1989年2月成立，辖区范围以二马路、通航路、汕马公路为界，沿汕尾港南北两岸分布，总陆地面积17.03平方公里。下辖5个村委会（芳荣、新港、红卫、前进、东风）和5个社区（海滨、海港、立新、新园、金海）。2014年，设27个党支部，总人口约5.3万人，渔业人口约2.3万人。

海港社区位于汕尾市区老区中心地段，北起二马路，西以广场路为界，南接海边街，东与海滨居委为邻，面积0.3平方公里。

金海社区原是新园社区居委会的一部分，于2000年3月经汕尾市城区人民政府批准成立。位于汕马公路西段，东起联检路西至新能源发电厂，与马宫接壤，是建市后的新移民区。由于地缘优势较弱，经济欠发展。

海滨社区位于市区靠海繁华地段，东起汕尾市人民医院，西至友谊路，北靠二马路，总面积约0.06平方公里。

新园社区于1985年3月成立，位于汕尾市区靠海繁华地段，东起城南路，西与金海相邻，北接通航路，总面积1平方公里。

前进渔业村位于汕尾市城区新港街道渔村上厂内，东与东风村委相邻，西接新园居委，辖区居住地面积0.1平方公里。前进村历来与东风村委合称为渔村，靠中海捕捞渔业为主。

芳荣村位于对面海，东与捷胜东坑接壤，北与东涌沙海为邻，西与新港村相濡，南面临海，总面积14.036平方公里，属汕尾市城区新港街道一个沿海山区。芳荣村辖有大华、五福、新寮、石角、银牌、温寮、旗杆七个自然村。

红卫村位于市区大马路，汕尾市城区新港街道红卫村是一个从事深海捕捞作业的渔业村委，建于20世纪50年代，村民来自五湖四海，据统计有广东、广西、海南3个省23个县市，主要是珠江三角洲，粤西一带以及汕尾当地的流动渔民，部分村民习惯方言为粤语，当时在汕尾港捕鱼落户，组建红卫大队，80年代行政管理体制改革改为红卫管区，1999年改为红卫渔业村民委员会。红卫村民居住分散，由于是渔民，流动性大，村民住在汕尾市区的各个街道村（居）委，村的管辖区域只有一个有主广场小区，其余大部分村民住在市区其他街道居委会。村划分为4个责任片，长期以来，实行“插花”管理。

新港村位于汕尾市区对面半岛，面积约3平方公里，下辖5个自然村小组，是新港街道较为偏远的村委会之一。新港村与市区之间有2公里海域相隔，交通只能靠轮渡，地缘优势较弱，村民主要依靠农业耕作或近海渔业，经济基础差，属贫困革命老区。

东风渔业村系1999年由原中渔管区改制设立，位于汕尾港畔，辖区范围东至广场路和立新社区相接，西以通港路和前进村相接，北是二马路与香洲街道相邻，南面为汕尾港。是典型的“城中村”，总陆地面积0.096平方公里。历史以来村民都以海洋捕捞为生，汕尾港养育了一代又一代的“渔人”。一般在海南至东沙海域生产，主要作业方式有拖网、刺钓、灯光、杂业四种。

立新社区位于市区海边街中段，面积约0.018平方公里，辖区路道宽阔，交通方便，地处市区海滨大道面临海边，环境卫生清洁，绿化优美，是居民群众休闲舒息及锻炼身体的文体活动场地。

【党建工作】 2014年，新港街道完成村、社区“两委”换届选举工作。该街道党工委高度重视，从2013年下半年就开始谋划村（社区）“两委”换届选举工作。通过抓调查落实、抓重难点村矛盾排查、抓依法依规选举、抓宣传指导，有力推进了选举工作开展。新港街道村（社区）“两委”换届选举工作从是年1月份起全面铺开，选举期间，市委常委、区委书记陈少荣，区长刘闪星，区委副书记罗光钊等领导多次到新港街道调研，听取新港街道选举期间的工作汇报，并对新港街道村（社区）“两委”换届选举工作提出要求。尤其对东风、前进两个换届选举工作中的重难点村，区委、区政府主要领导亲自坐镇指挥。新港街道村（社区）“两委”换届选举工作，于2014年3月底全面完成。村党支部书记、主任一肩担达到90%，“两委”干部交叉率达到94.2%，平均年龄50.5岁，高中以上学历28人，占44%，35周岁以下8人，占12.7%，年龄结构、文化层次均比上一届优化。

2014年，该街道认真开展第二批党的群众路线教育实践活动。教育实践活动开展以来，悬挂宣传标语11幅，出宣传栏15期，发放学习资料700多份，撰写简报12期。领导班子组织专题学习15场次，主要学习了习近平总书记视察广东重要讲话精神，河南兰考调研时的重要讲话精神，以及中共中央八项规定、六项禁令、反“四风”等主要内容。通过“走下去、请上门”、“面对面、背靠背”、设立意见箱、召开座谈会、发放征求意见表等形式，收集意见建议280条，通过梳理，反映“四风”问题有16条，群众反映强烈的问题有10条。对查摆出来的问题，制定整改措施，规定整改时限，指定整改责任人，做到边学边改、边查边改，使教育实践活动取得实实在在的效果。同时，《转变机关工作作风提升服务群众的能力》的书记项目扎实开展，党员干部工作作风得到进一步加强，服务群众的能力进一步的提升，庸、懒、散等问题得以有效解决。

结合教育实践活动，该街道同时开展软弱涣散党支部整顿工作，通过排查，确定海港社区党支部、飞洋公司党支部为软弱涣散党支部。海港社区党支部通过市工商局、区纪委的挂驻帮扶整顿，增强了支部的凝聚力和战斗力，“两委”干部服务群众的理想信念进一步增强。在市工商局、区纪委的帮助下解决了历史负债，完善社区各项工作制度。飞洋公司党支部通过调整党支部书记，制定了支部的各项制度。党支部已完成了整顿目标任务。

【综治维稳工作】 2014年，新港街道认真开展平安创建活动，突出抓好治安防控、严打整治、矛盾纠纷排查调处、信访热点、安全生产和基层基础等工作，积极推进综治信访维稳中心建设，全面落实综治各项措施，有力推进社会治安综合治理，维护社会和谐稳定，为街道的经济社会发展提供一个良好的社会治安环境。该街道按照“属地管理”和“谁主管谁负责”的原则，对10个社区（村）矛盾纠纷进行全面深入排查化解。结合党的群众路线教育实践活动和区政法委的有关部署，街道制定了《关于组织推动街道开展“社会矛盾化解年”工作的方案》，班子成员挂驻10个社区（村）居委，深入基层排查化解矛盾纠纷，做到小事不出社区（村），大事不出街道，矛盾不上交，领导包案到底，谁挂驻谁负责，大的矛盾纠纷由综治信访维稳中心牵头组织化解。2014年，全街道立刑事案件72宗，破12宗；查处治安案件85宗54人；立“两抢一盗”案件40宗；收戒吸毒人员28名；街道工作中心受理调处矛盾纠纷及信访案件14宗，调处成功13宗，办结率93%，为建设平安街道，构建和谐社会做出应有的贡献。

2014年，新港街道在区委、区政府和区禁毒委开展雷霆扫毒专项行动统一部署工作中不断加大禁毒工作力度，采取有力措施，全力开展和推进“雷霆扫毒”专项行动。2014年，该街道共出动人员949多人次、清查出租房屋731间、城乡结合部15处、果场44处、石场19处、养殖场377家、废旧厂房56家、临时工棚130处、渔船113艘、其他场所60处。

【安全生产】 2014年，根据上级安全生产工作要求，结合实际，新港街道党工委、办事处对安全生产工作高度重视，把安全生产工作作为街道党工委、办事处重点工作来抓。2014年，重点抓好水上交通安全整治。针对中山渡口和渔业小渡船存在重大安全隐患的问题，街道要求渡口加强渡船改造，加大安全设施投入，渡工持证上岗，严格限载数量，并多次与区政府、市海事局取得联系，共同做好渡口各项安全生产工作，确保行渡安全。抓好渔船作业的安全，新港街道是城区的渔业大镇，大小马力的渔船800多艘，安全压力大，街道通过宣传教育，召开船长座谈会，发放资料，加大教育，提高渔民的安全意识，确保船只安全。抓好危险化学品和烟花爆竹安全。该街道联合区安监、工商、公安、共出动20多人次，对辖区的液化气销售点进行检查清理，共收缴过期瓶5个，整治安全隐患一处。在春节、清明、春节前对辖区进行巡查，共出动260人次，收缴烟花、孔明灯、爆竹一批。抓好重点企业的检查，街道对冷冻厂企业高度重视，对辖区的四家冻库都进行例行检查，规范他们的操作规程，安全管理、人员到位等。抓好建筑施工安全，针对辖区建筑施工工场的不规范，街道组织人员对每一处施工工场进行检查。2014年，该街道通过一系列安全生产整治活动，加大宣传、突出重点、强化监督、着力隐患整改，取得了一定的成效。是年，街道辖区内没有发生工矿商贸等安全生产事故。

【反腐倡廉建设】 2014年，该街道纪委围绕上级纪委和街道党工委、办事处年初确定的各项目标，以市委、区委提出的作风建设要求为主线，结合第二批党的群众路线教育活动，进一步提高反腐倡廉建设科学化水平，全面提高街道纪工委的工作水平，为新港经济社会转型发展提供有力保证。围绕保持党的先进性和纯洁性，认真贯彻落实中共中央、省委、市委、区委关于改进工作作风、密切联系群众八项规定、六项禁令和反对“四风”，及时召开专题会、班子会以及机关职工大会，深入学习有关规定，并定期走访各（村）社区落实情况。从简安排节日期间各项活动、各种会议，迅速把勤俭节约、反对浪费的各项规定落到实处。该街道纪工委对街道56户“全倒户”在建工程项目开展了监督检查。4月，该街道党工委利用“党的群众路线教育活动”的机会，组织街道党政班子成员给各自所驻村（社区）干部党员上廉政党课，增强广大党员干部的廉政意识，提高拒腐防变的能力，筑牢思想道德防线。纪工委组织了2次“飞行检查”，共检查10个社区（村），抽查3个窗口部门，共查处脱岗离岗2人。对违纪的个人进行内部通报，纪工委对其进行诫勉谈话。配合做好社区（村）换届工作，抓好各村（社区）换届前的经济审计工作，对拟任人选重点从德、能、勤、绩、廉等方面素质严格把关，从源头上为街道“两委”干部选举把关。该街道出台了党员议事、民主监督、责任追究、公开制度、社区（村）监督委员会成员工作职责和管理制度，使全街道村务公开率达到了100%，政务公开、党务公开工作做到按时主动、按要求规范公开，街道农村廉政信息平台每个月的录入率和发布率都达到100%。积极排查案件线索，加大对机关干部和社区两委工作督查力度，依法依纪严厉查处发生在党员干部中的滥用职权、贪污受贿、腐化堕落、失职渎职等案件，并根据有关党纪法规，对违纪违规党员干部进行严肃处理。年初，该街道办事处接到群众举报该街道劳动保障所违规收取群众复印费。接报后，该街道纪委马上组织人员前往调查核实，经核实，该街道劳动保障所在群众办理和领取社保卡时，收取每张一元的复印成本费。调查组将该情况报街道党工委，该街道党工委立即责令街道劳动保障所立即停止收费，并进行整改。截至2014年10月，该街道纪委查处党员违纪案件1宗，立案1宗，结案1宗。

【推进优民惠民事业】 2014年，新港街道调整充实了减轻农民负担专项治理工作领导小组及其办公室，负责对全街道农民“减负”工作的组织实施。加强督查，采取重点项目检查和一年两次的例行检查相结合，落实部门主要领导负责制，实行一票否决，形成一级抓一级层层抓落实的工作格局。在落实惠民补助金政策中没有收取任何工作经费和搭车乱收费现象。

该街道要求各村（社区）利用宣传手册、张贴宣传横标等宣传手段，将城乡居民医疗保险的政策宣传到每家每户，做到家喻户晓。逐家上门做工作，确保全户参保，并电话通知在外务工人员参保。2014年，全街道参保人数44644人，参合率达100%。

【教育、卫生、文化事业】 是年，省教育创强督导验收小组就该街道1所幼儿园、3所小学进行全面督导验收，省创强督导验收组在反馈意见中对该街道创强教育工作措施和成效给予了充分肯定，并提出下来要巩固创强成果，强化对信息技术的学习应用。针对督导验收意见，街道继续加大教育经费投入，积极巩固创强成果，并重视现代教学设备的更新和优化。在创强取得阶段性成果后，教育系统工作人员大胆尝试，强化信息技术的应用和网络教育资源的利用，促进全社会形成共识和共担责任，加大力度共同推动教育事业的持续健康发展。是年7月，该街道教育创强工作通过广东省教育创强督导验收组验收。

为响应“迎国庆、促创文”爱国卫生大扫除统一行动，该街道组织街道全体干部职工及下辖10个村（社区）共100多位党员干部对社区的主要巷道及公共场所进行大扫除。清除各类杂草、沙石及废物等垃圾达400多吨，四轮车装运200多次。

2014年，该街道以创建学习型机关、社区为载体，广泛开展群众性精神文明创建活动。创建“文化社区”，提高社区文明程度，深入社区，在广大居民中广泛开展社会主义核心价值体系、文明礼仪、“社会主义荣辱观”、“三德”等内容的教育活动；大力加强社区文化阵地建设，建立了居民图书阅览室，并充实街道文化室图书；开展群众性文化活动，组建自己的渔歌队，开展自娱自乐的文化活动，丰富了居民的业余文化生活；举办中共十八届四中全会精神宣讲报告会，该街道全体干部职工共70多人到会聆听报告，进一步加强干部职工的理论学习，提高执政能力和为民办实事能力。

【“双拥”工作】 2014年，该街道党工委、办事处高度重视“双拥”工作，积极抓好民兵预备役及征兵工作。2014年，共选送17名应征青年光荣入伍，圆满完成了是年的冬季征兵任务。是年“八一”建军节之际，该街道党工委书记协同上级领导，对新港港口边防派出所和革命伤残军人进行走访慰问，及时了解他们的思想动态以及在日常生活工作中的一些情况，并发放了慰问品。

【殡改工作】 2014年，新港街道加大殡改宣传力度，强化村级管理职能，落实包干责任，实行村（居）委干部包片责任制，全面对年龄已达到60周岁的老人进行登记造册。通过强化工作责任，严肃查处违法违规行为，基本上杜绝偷埋乱葬行为的发生，确保区下达的火化任务的完成。2014年，该街道共完成火化任务221具，火化率达96.8%。

【计生工作】 2014年，该街道人口与计生管理目标责任制全面达标。出生率控制在12.10‰，计划生育率达到91.84%，自然增长率达到6.98‰，全面达到计生工作预期管理目标，并通过省、市的计生考核。

（*曾彦森　江翠萍*）

附　城区新港街道办事处党政领导成员名单

书　记：李树荣
副书记：彭少华
　　　　彭希流
　　　　邓　强（2014年12月离任）
委　员：许永斌
　　　　庄剑锋（2014年12月离任）
　　　　李　利
　　　　曾彦森
　　　　施辉胜
　　　　陈寿华（兼港口派出所所长）
办事处主任：彭少华
办事处副主任：许永斌
　　　　　　卢友聪
工会主席：余敏玲

荣誉奖项

SHANWEISHICHENGQU YEARBOOK

汕尾市城区年鉴 · 2015

RONG YU JIANG XIANG

2014 年获汕尾市委、市政府及市直单位表彰先进集体称号一览表

表 12

获奖单位	评定单位	荣誉称号	授予时间
汕尾万盛针织时装有限公司	中共汕尾市委 汕尾市人民政府	汕尾市 2013 年度扶贫济困突出贡献“慷慨捐助热心公益”	2014 年 6 月
汕尾市开心假期旅行社有限公司	汕尾市旅游局	诚信旅行社	2015 年 2 月
汕尾市国泰食品有限公司	汕尾市总工会	模范职工小家	2014 年 5 月
汕尾市国泰食品有限公司	汕尾市百种优质水产品评选活动组委会	汕尾市百优水产品	2014 年 12 月
汕尾市假日国际旅行社有限公司	汕尾市旅游局	诚信旅行社（2014 年度）	2015 年 2 月
汕尾市开心假期旅行社有限公司	汕尾市旅游局	诚信旅行社（2014 年度）	2015 年 2 月
汕尾市得壹食品有限公司	市委、市政府	汕尾市 2013 年度扶贫济困突出贡献“慷慨捐助热心公益”	2014 年 3 月
汕尾市城区国家税务局工会委员会	汕尾市总工会	汕尾市模范职工之家	2014 年 5 月

2014 年获省委、省政府及省直单位表彰先进集体称号一览表

表 13

获奖单位	评定单位	荣誉称号	授予时间
汕尾信联针织时装有限公司工会委员会	广东省总工会	广东省模范职工之家	2014 年 12 月
汕尾市国泰食品有限公司工会委员会	广东省总工会	模范职工小家	2014 年 12 月
汕尾市新雅地毯制造有限公司	广东省中小企事业局	广东省中小企事业创新产业化示范基地	2014 年 7 月
汕尾市得壹食品有限公司	省政府	广东省农业龙头企业	2014 年 1 月
汕尾市万聪船舶修造有限公司后勤保障组	广东省总工会	2014 年广东省工人先锋号	2014 年 4 月
汕尾市开心假期旅行社有限公司	省妇联	“三八”红旗手	2015 年
汕尾市城区国家税务局	广东省总工会	广东省五一劳动奖状	2014 年 4 月

2014 年汕尾市城区获省委、省政府及省直单位表彰先进个人一览表

表 14

姓名	工作单位	评定单位	荣誉称号	授予时间
彭　雅	汕尾市天明房地产开发有限公司	广东省总工会	广东省五一劳动奖章	2014 年 4 月
王心洁	汕尾市开心假期旅行社有限公司	广东省妇联	三八红旗手	2015 年 2 月
林义鸿	汕尾市美顿食品有限公司	广东省妇联	广东十大最美家庭	2014 年 5 月
罗方成	广东万聪实业发展有限公司	广东省委、省政府	广东省劳动模范	2015 年 4 月

2014 年汕尾市城区获国家部委以上表彰先进集体一览表

表 15

获奖单位	评定单位	荣誉称号	授予时间
汕尾市国泰食品有限公司	国家农业部、国家发改委、财政部、商务部、中国人民银行、国税总局、中国证监会、全国供销合作总社	农业产业化国家重点龙头企业	2014 年 9 月

2014 年汕尾市城区获国家部委以上表彰先进个人一览表

表 16

姓名	工作单位	评定单位	荣誉称号	授予时间
林义鸿	汕尾市美顿食品有限公司	中宣部、全国妇联	全国教子有方最美家庭	2014 年 5 月
林义鸿	汕尾市美顿食品有限公司	全国妇联	全国最美家庭	2014 年 5 月
林孟德	汕尾市国泰食品有限公司	中宣部、中央文明办	中国好人榜·诚实守信	2014 年 11 月

华南电子商务

HUANAN ELECTRONIC COMMERCE

2014年03月

总第十期

马云们纳“妾”原配何去何从

二维码带给快印行业的惊喜

十年之痒——

没有战略规划的传统电子商务危机重重

深圳出台互联网产业振兴发展规划

驿码购>> “驿码购”微商圈推广联盟

中国第一本可以扫码购物的会刊

内部刊物 免费赠阅

深圳市电子商务协会 主办

SHENZHEN ELECTRONIC COMMERCE ASSOCIAION

华南电子商务

HUANAN ELECTRONIC COMMERCE

2014年03

总第十期

马云们纳“妾”原配何去何从

二维码带给快印行业的惊喜

十年之痒——

没有战略规划的传统电子商务危机重重

深圳出台互联网产业振兴发展规划

驿码购>>“驿码购”微商圈推广联盟

中国第一本可以扫码购物的会刊

内部刊物 免费赠阅

深圳市电子商务协会 主办

SHENZHEN ELECTRONIC COMMERCE ASSOCIAION

快印客是目前全球唯一的快印行业电子商务解决方案

快印客是完全基于互联网的快印行业电子商务解决方案，她解决了客人无需亲临店面即可实时设计、下单，是快印店与客人之间沟通的平台；快印客首创的社区营销模式，使您的一间店面可以变成100间，使原本互无关系的店面依托快印客系统客户共享，产品分享。快印客的运营模式预示着未来的快印行业即使没有店面、没有设计人员亦可分享成功的喜悦。快印客引领快印行业进入电子商务时代。

快印客 客印快 自己动手 DIY Do it yourself 自己动手做设计

牛云:快印客首席执行官

深圳市电子商务协会副会长

深圳市营销协会副会长

中国经营大师论坛俱乐部会长

深圳市营销协会战略专家团专家

牛云简介：快印行业资深人士，一直从事印后设备生产和销售以及快印店的运营，2002年著有中国首部快印店印后精装培训的教材。从事快印一线市场营销12年，一直致力于钻研快印产业链背景下的互联网与电子商务商业模式。2009年5月10日，中国第一个快印行业的电子商务应用平台——快印客上线，目前联盟店数量已近200家，合作门店已近10000家。

详情请登陆：

www.1651KY.COM